高等学校土木工程专业"十三五"规划教材

高校土木工程专业规划教材

盐城工学院教材基金资助出版

土木工程测量

金芳芳　张　丹　主　编
朱兆军　胡景东　副主编

中国建筑工业出版社

图书在版编目（CIP）数据

土木工程测量/金芳芳，张丹主编. —北京：中国建
筑工业出版社，2018.11
高校土木工程专业规划教材
ISBN 978-7-112-22840-9

Ⅰ.①土… Ⅱ.①金… ②张… Ⅲ.①土木工程-
工程测量-高等学校-教材 Ⅳ.①TU198

中国版本图书馆 CIP 数据核字（2018）第 242621 号

本书根据高等学校土建类各专业测量教学大纲及国家最新测量规范编写，
内容包括：水准测量、角度测量、距离测量与全站仪测量、测量误差分析、控
制测量、建筑施工测量、道路工程测量、桥梁施工测量、隧道测量、无人机摄
影测量与应用等。

本书专业应用面广，注重工程实践和理论相结合，尤其是无人机信息化测
绘，改变了建筑行业，本书力求反映当代工业智能化测绘的最新技术。每章结
尾附有思考与练习题，并将"互联网＋"思维融入教材，以二维码的形式实现
纸质教材与数字资源的有机结合。

本书既可作为高等学校土建类各专业的教材，也可供有关工程技术人员
参考。

本书作者制作了多媒体课件，有需要的读者可发送邮件至 jiangongkejian
@163.com 索取。

* * *

责任编辑：仕　帅　吉万旺
责任校对：王雪竹

高等学校土木工程专业"十三五"规划教材
高校土木工程专业规划教材
盐城工学院教材基金资助出版

土木工程测量

金芳芳　张　丹　主　编
朱兆军　胡景东　副主编

*

中国建筑工业出版社出版、发行（北京海淀三里河路 9 号）
各地新华书店、建筑书店经销
霸州市顺浩图文科技发展有限公司制版
北京建筑工业印刷厂印刷

*

开本：787×1092 毫米　1/16　印张：16¼　字数：404 千字
2018 年 12 月第一版　2018 年 12 月第一次印刷
定价：**38.00** 元（赠课件及配套二维码资源）
ISBN 978-7-112-22840-9
（32956）

前　　言

近几年来，随着我国科学技术的发展，测绘无人机新技术将改变测绘行业作业方式，信息化测绘方法已经引领了整个测绘市场；从模拟化的光学仪器到数字化全站仪、GPS，再到信息化测绘的无人机，实现了由人工转智能、由点向面的跳跃。

土木工程测量是土建类的专业基础课，本书按照国家最新测量规范，从现代建筑测绘技术的发展和市场经济对人才的需要，并根据高等学校土建类各专业测量教学大纲编写。本书适用于土木工程、工程管理、给水排水工程、建筑学、城市地下空间工程、建筑环境与能源应用工程、交通工程等专业。

本教材在编写过程中参阅了国内外专家论著，尽量体现实用性和先进性，内容共13章，分为四大部分。第一部分为第1～4章，介绍了测量学的基本知识，主要介绍了测量的三项基本工作：测高、测角和测距；第二部分为第5～8章，介绍了测量误差基本理论、小区域控制测量及大比例尺地形图的测图、识图和用图；第三部分为第9～12章，是施工测量部分，详细介绍了建筑、道路、桥梁、隧道与水利施工测量等内容，各专业可根据需要选用。第四部分为第13章，主要介绍了目前在工程中最前沿的测绘技术——无人机测绘，重点介绍了无人机倾斜摄影系统、机载激光雷达、地面控制系统以及数字处理等。对无人机影像的三维重建和空中全景监测等相关技术及其应用进行了深入的探讨。每章结尾附有思考与练习题，并将"互联网＋"思维融入教材，以二维码的形式实现纸质教材与数字资源的有机结合。

本教材由金芳芳、张丹主编，参加本书编写工作的有盐城工学院金芳芳（第1、4、5、13章），江苏盐城元盛建设工程有限公司胡景东（第10、12章），盐城工学院张丹（第7、8、9、11章），盐城工学院朱兆军（第2、3、6章），全书由金芳芳统稿。

由于编者水平有限，本教材不完善之处，敬请专家和读者批评指正，编者在此先行表示感谢！

目　　录

第 1 章

绪　论

1.1 测量学的任务与应用

1.1.1 测量学的任务

测量学是研究地球的形状和大小以及确定地面（包括空中、地下和海底）点位的科学。它的任务包括测定和测设两个部分。测定是指使用测量仪器和工具，通过测量和计算，得到一系列测量数据或成果，将地球表面的地形缩绘成地形图，供经济建设、国防建设、规划设计及科学研究使用。测设（放样）是指用一定的测量方法，按要求的精度，把设计图纸上规划设计好的建（构）筑物的平面位置和高程标定在实地上，作为施工的依据。

测量学按其研究的范围和对象的不同，可分为以下几个分支学科：

普通测量学：研究地球表面小范围测绘的基本理论、技术和方法，不考虑地球曲率的影响，把地球表面当作平面看待，是测量学的基础。

大地测量学：研究整个地球的形状和大小，解决大地区控制测量和地球重力场问题的学科。随着科学技术的发展，大地测量学又分为天文大地测量学、物理大地测量学和空间大地测量学。

摄影测量学：研究利用摄影或遥感技术获取被测物体的信息，进行分析处理，绘制地形图或获得数字化信息的理论和方法的学科。

海洋测量学：以海洋和陆地水域为对象所进行的测量和海图编绘工作，属于海洋测绘学的范畴。

工程测量学：研究工程建设在规划、设计、施工、管理各阶段，进行的控制测量、地形测绘、施工放样、变形监测的理论、技术和方法的学科。

制图学：利用测量所得的成果资料，研究如何投影编绘和印刷各种地图的工作，属于制图学的范畴。

1.1.2 测量学的应用

测量学的应用十分广泛，对于国民经济建设、国防建设和科学研究起着重要的作用。国民经济建设发展的整体规划，城镇和工矿企业的建设与改（扩）建，交通、水利水电、各种管线的修建，农业、林业、矿产资源等的规划、开发、保护和管理，以及灾情监测等都需要测量工作；在国防建设中，测绘技术对国防工程建设、战略部署和战役指挥、诸兵种协同作战、现代化技术装备和武器装备应用等都起着重要作用；对于空间技术研究、地壳形变、海岸变迁、地极运动、地震预报、地球动力学、卫星发射与回收等科学研究方面，测绘信息资料也是不可缺少的。同时，测绘资料是重要的基础信息，其成果是信息产业的重要组成部分。

在土木工程中，测绘科学的各项高新技术，已在或正在土木工程各专业中得到广泛应用。在工程建设的规划设计阶段，各种比例尺地形图、数字地形图或有关 GIS（地理信息系统），用于城镇规划设计、管理、道路选线以及总平面和竖向设计等，以保障建设选址得当，规划布局科学合理；在施工阶段，特别是大型、特大型工程的施工，GPS（全球定位系统）技术和测量机器人技术已经用于高精度建（构）筑物的施工测设，并适时对施工、安装工作进行检验校正，以保证施工符合设计要求；在工程管理方面，竣工测量资料是扩建、改建和管理维护必需的资料。对于大型或重要建（构）筑物还要定期进行变形监测，以确保其安全可靠；在土地资源管理方面，地籍图、房产图对土地资源开发、综合利用、管理和权属确认具有法律效力。因此，测绘资料是项目建设的重要依据，是土木工程勘察设计现代化的重要技术，是工程项目顺利施工的重要保证，是房产、地产管理的重要手段，是工程质量检验和监测的重要措施。

土木工程技术人员必须明确测量学科在土木工程建设中的重要地位。通过本课程的学习，要求学生掌握测量基本理论和技术原理，熟练操作常规测量仪器，正确地应用工程测量基本理论和方法，并具有一定的测图、用图、放图和变形测量等的独立工作能力。

本教材主要介绍土木工程在各个阶段所进行的测绘工作。它与普通测量学、工程测量学等学科都有着密切的联系，主要有绘图、用图、放样和变形观测等项内容。

1.1.3　土木工程测量的基本要求

本课程是土木工程专业的技术基础课。土木工程各专业的学生，学习本课程之后，需要掌握下列内容：

1）地形图测绘——运用测量学的理论、方法和工具，将小范围内地面上的地物和地貌测绘成地形图、地籍图等，这项任务简称为测图。

2）地形图应用——为工程建设的规划设计，从地形图中获取所需要的资料，如点的坐标和高程、两点间的距离、地块的面积、地面的坡度、地形的断面和进行地形分析等，这项任务简称为图的应用。

3）施工放样——把图上设计的工程结构物的位置在实地标定，作为施工的依据，这项任务简称为测设或放样。

1.2　测量学发展简史

1.2.1　测量学的发展概况

测量学是一门历史悠久的学科，是从人类生产实践中逐渐发展起来的。早在公元前二十七世纪建设的埃及大金字塔，其形状与方向都很准确，这说明当时就已有了放样的工具和方法。我国早在二千多年前的夏商时代，为了治水就开始了水利工程测量工作。司马迁在《史记》中对夏禹治水有这样的描述："陆行乘车，水行乘船，泥行乘橇，山行乘檋，左准绳，右规矩，载四时，以开九州，通九道，陂九泽，度九山。"这里所记录的就是当时的工程勘测情景，准绳和规矩就是当时所用的测量工具，准是可揉平的水准器，绳是丈量距离的工具，规是画圆的器具，矩则是一种可定平、测长度、测高度、测深度、画圆和画矩形的通用测量仪器。早期的水利工程多为河道的疏导，以利防洪和灌溉，其主要的测量工作是确定水位和堤坝的高度。秦代李冰父子领导修建的都江堰水利枢纽工程，曾用一个石头人来标定水位，当水位超过石头人的肩时，下游将受到洪水的威胁；当水位低于石头人的脚背时，下游将出现干旱。这种标定水位的办法与现代水位测量的原理完全一样。北宋时沈括为了治理汴渠，测得"京师之地比泗州凡高十九丈四尺八寸六分"，是水准测量的结果。

公元前 14 世纪，在幼发拉底河与尼罗河流域曾进行过土地边界的划分测量。我国的地籍管理和土地测量最早出现在殷周时期，秦、汉过渡到私田制。隋唐实行均田制，建立户籍册。宋朝按乡登记和清丈土地，出现地块图。到了明朝洪武四年，全国进行土地大清查和勘丈，编制的鱼鳞图册，是世界最早的地籍图册。

早在公元前一千多年以前，我国就诞生了地图。《汉书·郊毅志》中有："禹收九牧之金，铸九鼎，像九州"的记载。《左传》中有："惜夏方有德也，远方图物，贡金九牧，铸鼎象物，百物而为之备，使民知神奸"。意思是说，在夏朝极盛时期，远方的人把地貌、地物以及禽兽画成图，而九州的长官把图和一些金属当作礼品献给夏禹，禹收下"九牧之金"铸成鼎，并把远方人画的画铸在鼎上，以便百姓从这些图画中辨别各种事物。文中的"百物而为之备"，很明显说明是供牧人、旅行者使用的图。可惜，原物流传至二千多年前的春秋战国时，因战乱被毁而失传。据宋代思想家朱熹推断，后来的《山海经图》是从夏代九鼎图像演变而来的，也是一种原始地图。在《山海经图》的"五藏三经图"上，画着山、水、动物、植物、矿物等，而且注记着道里的方位，是较规范的地图形式。由此可以说，中国在夏代已经有了原始的地图。

中国战国时期修筑的午道，公元前 210 年秦始皇修建的"堑山堙谷，千八百里"直道，古罗马构筑的兵道，以及公元前 218 年欧洲修建的通向意大利的"汉尼拔通道"等，都是著名的军用道路，修建中应用了测量工具进行地形勘测、定线测量和隧道定向开挖测量。唐代李筌指出"以水佐攻者强，……，先设水平测其高下，可以漂城，灌军，浸营，败将也"，说明了测量地势高低对军事成败的作用。中华民族伟大象征的万里长城修建于秦汉时期，这一规模巨大的防御工程，从整体布局到修筑，都进行了详细的勘察测量和施工放样工作。

工程测量学的发展在很长的一段时间内是非常缓慢的。直到 20 世纪初，由于西方的第一、二次技术革命和工程建设规模的不断扩大，工程测量学才受到人们的重视，并发展成为测绘学的一个重要分支。以核子、电子和空间技术为标志的第三次技术革命，使工程测量学获得了迅速的发展。20 世纪 50 年代，世界各国在建设大型水工建筑物、长隧道、城市地铁中，对工程测量提出了一系列要求；20 世纪 60 年代，空间技术的发展和导弹发射场建设促使工程测量进一步发展；20 世纪 70 年代以来，高能物理、天体物理、人造卫星、宇宙飞行、远程武器发射等，需要建设各种巨型实验室，从测量精度和仪器自动化方面都对工程测量提出了更高的要求。20 世纪末，人类科学技术不断向着宏观宇宙和微观粒子世界延伸，测量对象不仅限于地面而且深入地下、水域、空间和宇宙，如核电站、摩天大楼、海底隧道、跨海大桥、大型正负电子对撞机等。由于仪器的进步和测量精度的提高，工程测量的领域日益扩大，除了传统的工程建设三阶段的测量工作外，在地震观测、海底探测、巨型机器、车床、设备的荷载试验、高大建筑物（电视发射塔、冷却塔）变形观测、文物保护，甚至在医学上和罪证调查中，都应用了最新的精密工程测量仪器和方法。1964 年国际测量师联合会（FIG）为了促进和繁荣工程测量，成立了工程测量委员会（第六委员会），从此，工程测量学在国际上作为一门独立的学科开展活动。

现代工程测量已经远远突破了为工程建设服务的狭窄概念，而向所谓的"广义工程测量学"发展。苏黎世高等工业大学马西斯教授指出："一切不属于地球测量，不属于国家地图集范畴的地形测量和不属于官方的测量，都属于工程测量"。

从工程测量学的发展历史可以看出，它的发展经历了一条从简单到复杂、从手工操作到测量自动化、从常规测量到精密测量的发展道路，它的发展始终与当时的生产力水平相同步，并且能够满足大型特种精密工程中对测量所提出的愈来愈高的需求。举世瞩目的三峡水利枢纽工程，小浪底、二滩和溪洛渡等水利枢纽工程；长达30多公里的杭州湾大桥和东海大桥工程；已竣工的秦岭隧道（18.4km），山西省引黄工程南干线5号隧洞（长26.5km）、7号隧洞（长42.6km），以及辽宁省大伙房引水工程隧道（长达85.3km）；上海磁悬浮铁路；北京国家大剧院等大型精密特种工程，都堪称世界之最。大型特种精密工程建设和对测绘的要求是工程测量学发展的动力。下面结合国内外有关工程予以说明。

三峡水利枢纽工程变形监测和库区地壳形变、滑坡、岩崩以及水库诱发地震监测，其规模之大，监测项目之多，都堪称世界之最。如对滑坡体变形与失稳研究的计算机智能仿真系统，拟进行研究的三峡库区滑坡泥石流预报的3S工程等，都涉及精密工程测量。隔河岩大坝外部变形观测的GPS实时持续自动监测系统，监测点的位置精度达到亚毫米级。该工程用地面方法建立的变形监测网，其最弱点精度优于±1.5mm。

北京正负电子对撞机的精密控制网，点位精度达±0.3mm，设备定位精度优于±0.2mm，200m长的直线段漂移管准直精度达±0.1mm。大亚湾核电站控制网最弱点点位精度达±2mm，秦山核电站的环型安装测量控制网的精度高达±0.1mm。

武汉长江二桥全桥的贯通精度（跨距和墩中心偏差）达毫米级。长达30多公里的杭州湾大桥的GPS首级控制网的最弱点点位精度高达±1.4mm。高454m的上海东方明珠电视塔对于长114m、重300t的钢桅杆天线，安装的铅垂准直误差仅±9mm。

长18.4km的秦岭隧道，洞外GPS网的平均点位精度优于±3mm，一等精密水准线路长120多公里。已贯通的辅助隧道，在仅有一个贯通面的情况下，贯通后实测的横向贯通误差为12mm，高程方向的贯通误差只有3mm。

国外的大型特种精密工程更不胜枚举。以大型粒子加速器为例，德国汉堡的粒子加速器研究中心，堪称特种精密工程测量的历史博物馆。1959年建的同步加速器，直径仅100m；1978年的正负电子储存环，直径743m；1990年的电子质子储存环，直径2000m。为了减少能量损失，改用直线加速器代替环形加速器，正在建的直线加速器长达30km，100～300m的磁件相邻精度要求优于±0.1mm，磁件的精密定位精度仅几个微米，并能以纳米级的精度确定直线度。用精密激光测距仪TC2002K进行距离测量，其测距精度与ME5000相当，平均边长为50m的3800条边，改正数小于±0.1mm的占95%。美国的超导超级对撞机，其直径达27km，为保证椭圆轨道上的投影变形最小且位于一平面上，采用了一种双重正形投影。所做的各种精密测量，均考虑了重力和潮汐的影响。主网和加密网采用GPS测量，精度优于1ppm。

德国的露天煤矿大型挖煤机开挖量动态测量计算系统是GPS、GIS技术相结合在大型特种工程中应用的一个典型例子。大型挖煤机长140m，高65m，自重8000t，其挖斗轮的直径达17.8m，每天挖煤量可达10多万吨。为了实时动态地得到挖煤机的采煤量，在其上安置了三台GPS接收机，与参考站进行无线电实时数据传输和差分动态定位，挖煤机上两点间距离的精度可达±1.5cm，根据三台接收机的坐标，按一定几何模型可计算出挖煤机挖斗轮的位置及采煤层的截面，其平面精度为±3cm，高程精度为±2cm。结合露天煤矿的数字地面模型，可计算出采煤量，经对比试验，其精度高达4%。

南非某一核电站的冷却塔高165m，直径163m，在整个施工过程中，要求每一高程面上塔壁中心线与设计尺寸的限差小于±50mm，在塔高方向上每10m的相邻精度优于

±10mm。由于在建造过程中发现地基地质构造不良,出现不均匀沉陷,使塔身产生变形。为此,要根据精密测量资料拟合出实际的塔壁中心线作为修改设计的依据。采用测量机器人用极坐标法作三维测量,对每一施工层,沿塔外壁设置了 1600 多个目标点,在夜间可完成全部精密测量工作。对大量的测量资料通过恰当的数据处理模型使精度提高了一至数倍,所达到的相邻精度高于设计要求。精密测量不仅是施工的质量保证,为整治工程病害提供可靠的资料,同时也能对整治效果做出精确评价。

瑞士阿尔卑斯山的哥特哈德特长双线铁路隧道长达 57km,为该工程的修改特别地重新做了国家大地测量(LV95),采用 GPS 技术施测的控制网,以厘米级的精度确定出了整个地区的大地水准面。为加快进度和避开不良地质段,中间设了三个竖井,共四个贯通面,较只设一个贯通面可缩短工期 11 年。整个隧道的工程投资预计约 15 亿瑞士法郎,计划于 2004 年全线贯通。整个工程的测量工作集中反映了工程测量的最新技术。

高耸建筑物方面,有人设想,在 21 世纪将建造 2000m 乃至 4000m 的摩天大厦,这不仅是建筑师的梦想,也是对测量工程师的挑战。

1.2.2 测量学的发展展望

工程测量的发展趋势和特点可概括为:测量内外业作业的一体化;数据获取及处理的自动化;测量过程控制和系统行为的智能化;测量成果和产品的数字化;测量信息管理的可视化;信息共享和传播的网络化。现代工程测量发展的特点可概括为:精确、可靠、快速、简便、连续、动态、遥测、实时。

测量内外业作业的一体化系指测量内业和外业工作已无明确的界限,过去只能在内业完成的事现在在外业可以很方便地完成。测图时可在野外编辑修改图形,控制测量时可在测站上平差和得到坐标,施工放样数据可在放样过程中随时计算。

数据获取及处理的自动化主要指数据的自动化流程。电子全站仪、电子水准仪、GPS 接收机都是自动化地进行数据获取,大比例尺测图系统、水下地形测量系统、大坝变形监测系统等都可实现或都已实现数据获取及处理的自动化。用测量机器人还可实现无人观测即测量过程的自动化。

测量过程控制和系统行为的智能化主要指通过程序实现对自动化观测仪器的智能化控制。测量成果和产品的数字化是指成果的形式和提交方式,只有数字化才能实现计算机处理和管理。测量信息管理的可视化包含图形可视化、三维可视化和虚拟现实等。信息共享和传播的网络化是在数字化基础上进一步锦上添花,包括在局域网和国际互联网上实现。

从整个学科的发展来看,精密工程测量的理论技术与方法、工程的形变监测分析与灾害预报、工程信息系统的建立与应用是工程测量学研究的三个主要方向。

展望未来,工程测量学在以下方面将得到显著发展:

测量机器人将作为多传感器集成系统在人工智能方面得到进一步发展,其应用范围将进一步扩大,影像、图形和数据处理方面的能力进一步增强。

在变形观测数据处理和大型工程建设中,将发展基于知识的信息系统,并进一步与大地测量、地球物理、工程与水文地质以及土木建筑等学科相结合,解决工程建设中以及运行期间的安全监测、灾害防治和环境保护的各种问题。

工程测量将从土木工程测量、三维工业测量扩展到人体科学测量,如人体各器官或部位的显微测量和显微图像处理。

多传感器的混合测量系统将得到迅速发展和广泛应用，如 GPS 接收机与电子全站仪或测量机器人集成，可在大区域乃至国家范围内进行无控制网的各种测量工作。

GPS、GIS 技术将紧密结合工程项目，在勘测、设计、施工管理一体化方面发挥重大作用。

大型和复杂结构建筑、设备的三维测量、几何重构以及质量控制将是工程测量学发展的一个热点。固定式、移动式、车载、机载三维激光扫描仪将成为快速获取被测物体乃至地面建筑物、构筑物及地形信息的重要仪器。

数据处理中数学物理模型的建立、分析和辨识将成为工程测量学专业教育的重要内容。

综上所述，测量学的发展，主要表现在从一维、二维到三维乃至四维，从点信息到面信息获取，从静态到动态，从后处理到实时处理，从人眼观测操作到机器人自动寻标观测，从大型特种工程到人体测量工程，从高空到地面、地下以及水下，从人工量测到无接触遥测，从周期观测到持续测量。测量精度从毫米级到微米乃至纳米级。一方面，随着人类文明的进展，对工程测量学的要求愈来愈高，服务范围不断扩大；另一方面，现代科技新成就，为工程测量学提供了新的工具和手段，从而推动了工程测量学的不断发展。而工程测量学的发展又将直接对改善人们的生活环境，提高人们的生活质量起重要作用。

1.3 测量学的基础知识

1.3.1 地球的形状和大小

1. 地球概况

测绘工作大多是在地球表面上进行的，测量基准的确定、测量成果的计算及处理都与地球的形状和大小有关。

然而地球自然表面是极不平坦和不规则的，其中有高达 8844.43m 的珠穆朗玛峰，也有深至 11022m 的马里亚纳海沟，尽管它们高低起伏悬殊，但与庞大的地球比较，还是可以忽略不计的。

下面介绍一下测量学中最重要的概念——大地水准面。地球表面海洋面积约占 71%，陆地面积仅占 29%。因此，人们设想以一个静止不动的海水面延伸穿越陆地，形成一个闭合的曲面包围整个地球，这个闭合的曲面称为水准面。由于海水面在涨落变化，水准面可有无数个，其中通过平均海水面的一个水准面称为大地水准面，它是测量工作的基准面。由大地水准面所包围的地球形体，称为大地体，如图 1-1（a）所示。

水准面是受地球重力影响而形成的，它的特点是水准面上任意一点的铅垂线（重力作用线）都垂直于该点的曲面。由于地球内部质量分布不均匀，重力也受影响，故引起了铅垂线方向的变动，致使大地水准面成为一个有微小起伏的复杂曲面。如果将地球表面的图形投影到这个复杂曲面上，对于地形制图或测量计算工作都是非常困难的。为此，人们经过几个世纪的观测和推算，选用一个既非常接近大地体又能用数学公式表示的规则几何形状来代表地球的实际形体，这个几何形体是由一个椭圆 NWSE 绕其短轴 NS 旋转而成的形体，称为地球椭球体或旋转椭球体，如图 1-1（b）所示。

2. 地球椭球参数

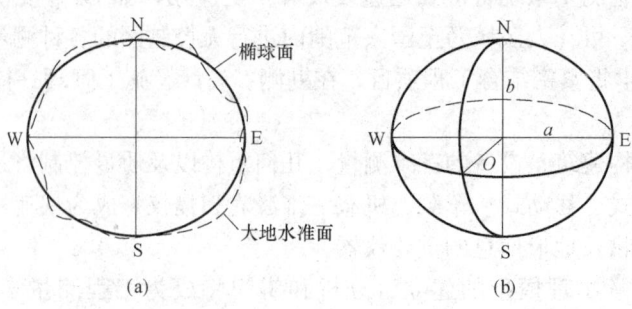

图 1-1　大地水准面与地球椭球体

决定地球椭球体形状和大小的参数为椭圆的长半轴 a、短半轴 b 及扁率 α，其中 $\alpha = \dfrac{a-b}{a}$。我国目前采用的参数数据为：$a=6378140\text{m}$，$b=6356755\text{m}$，$\alpha=1:298.257$，并以陕西省西安市泾阳县永乐镇某点为大地原点，进行大地定位，由此建立了新的全国统一坐标系，即目前使用的"1980 西安坐标系"。

由于地球椭球体的扁率 α 很小，当测区面积不大时，可以把地球当作圆球来看待，其圆球半径为：$R=\dfrac{1}{3}(2a+b)\approx6371\text{km}$。

1.3.2　测量坐标系

测量工作的根本任务是确定地面点位。要确定某地面点的空间位置，通常是求出该点相对于某基准面和基准线的三维坐标或二维坐标。下面介绍几种用以确定地面点位的坐标系。

1. 地理坐标系

地理坐标系属球面坐标系，根据不同的投影面，又分为天文地理坐标系和大地地理坐标系（图 1-2）。

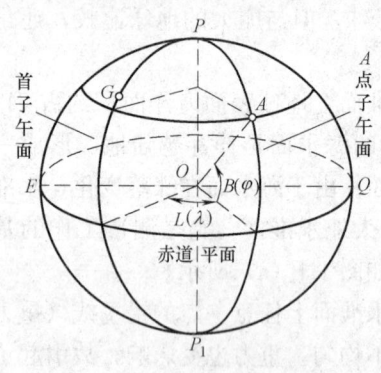

图 1-2　大地地理坐标系

1) 天文地理坐标系

天文地理坐标又称天文坐标，用天文经度 λ 和天文纬度 φ 来表示地面点投影在大地水准面上的位置。A 点的经度 λ 是 A 点的子午面与首子午面所组成的二面角。其计算方法为自首子午线向东或向西计算，数值在 $0°\sim180°$ 之间，向东为东经，向西为西经。A 点的纬度 φ 是过 A 点的铅垂线与赤道平面之间的交角，其计算方法为自赤道起向北或向南计算，数值在 $0°\sim90°$ 之间，在赤道以北为北纬，在赤道以南为南纬。天文地理坐标可以在地面点上用天文测量的方法测定。

2) 大地地理坐标系

大地地理坐标系用大地经度 L 和大地纬度 B 表示地面点投影在地球椭球面上的位置。确定球面坐标（L，B）所依据的基准线为椭球面的法线，基准面为包含法线及南北极的大地子午面。大地经纬度是根据一个起始的大地点（称为大地原点，该点的大地经纬度与天文经纬度相一致）的大地坐标，按大地测量所得数据推算而得。"大地高 H"是沿地面点的椭球面法线计算，点位在椭球面之上为正，点位在椭球面之下为负。大地坐标（L，B，H）可用于确定地面点在大地坐标系中的空间位置。

2. 地心坐标系

地心坐标系属空间三维直角坐标系，用于卫星大地测量。由于人造地球卫星围绕地球运动，地心坐标系取地球质心（地球的质量中心）为坐标系原点，x、y 轴在地球赤道平面内，首子午面与赤道平面的交线为 x 轴，z 轴与地球自转轴相重合，如图 1-3 所示。地面点 A 的空间位置用三维直角坐标 x_A、y_A、z_A 表示。全球定位系统（GPS）采用的就是地心坐标系。地心坐标系和大地坐标系可以通过一定的数学公式进行换算。

3. 平面直角坐标系

1）高斯平面直角坐标

地理坐标系只能确定地面点在大地水准面或地球椭球面上的位置，不能直接用来测图。测量上的计算最好是在平面上进行，而地球椭球面是一个曲面，不能简单地展开成平面，那么如何建立一个平面直角坐标系呢？我国是采用高斯投影来实现的。

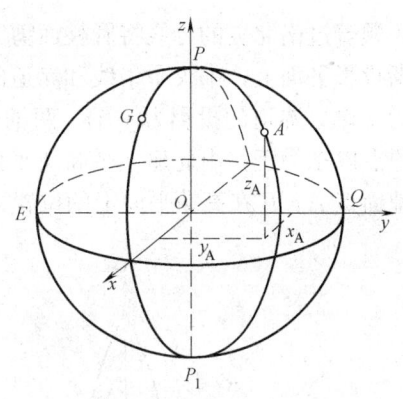

图 1-3　地心坐标系

高斯投影首先是将地球按经线分为若干带，称为投影带。它从首子午线（零子午线）开始，自西向东每隔 6°划为一带，每带均有统一编排的带号，用"N"表示，位于各投影带中央的子午线称为中央子午线（L_0），也可由东经 1°30′开始，自西向东每隔 3°划为一带，其带号用"n"表示，如图 1-4 所示。我国国土所属范围大约为 6°带第 13 号带至第 23 号带，即带号 $N=13\sim23$。相应 3°带大约为第 24 号带至第 46 号带，即带号 $n=24\sim46$。6°带中央子午线经度 $L_0=6N-3$，3°带中央子午线经度 $L_0=3n$。

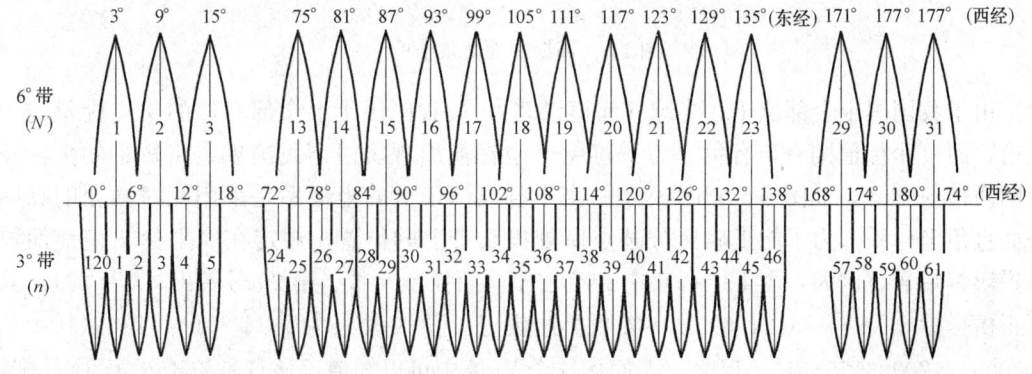

图 1-4　投影分带与 6°（3°）带

设想一个横圆柱体套在椭球外面，使横圆柱的轴心通过椭球的中心，并与椭球上某投影带的中央子午线相切，然后将中央子午线附近（即本带东西边缘子午线构成的范围）的椭球面上的点、线投影到横圆柱面上，如图 1-5 所示。

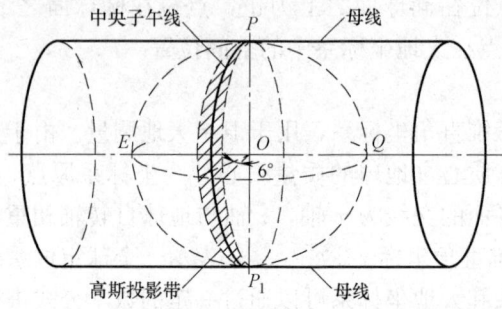

图 1-5 高斯平面直角坐标的投影

再顺着过南北极的母线将圆柱面剪开，并展开为平面，这个平面称为高斯投影平面。在高斯投影平面上，中央子午线和赤道的投影是两条相互垂直的直线。规定中央子午线的投影为 x 轴，赤道的投影为 y 轴，两轴交点 O 为坐标原点，并令 x 轴上原点以北为正，y 轴上原点以东为正，由此建立了高斯平面直角坐标系，如图 1-6（a）所示。在图 1-6（a）中，地面点 A、B 在高斯平面上的位置，可用高斯平面直角坐标 x、y 来表示。

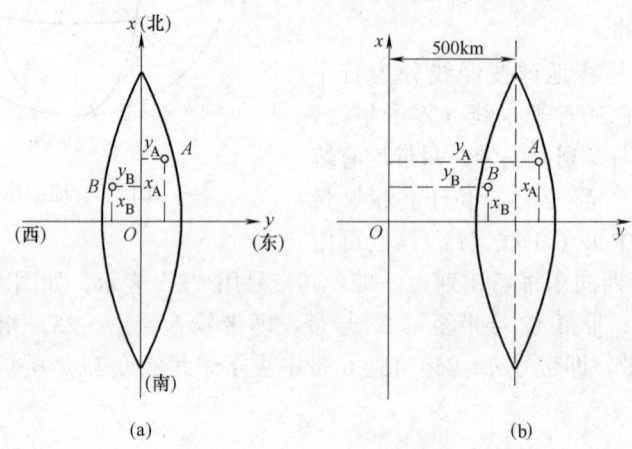

图 1-6 高斯平面直角坐标

由于我国国土全部位于北半球（赤道以北），故我国国土上全部点位的 x 坐标值均为正值，而 y 坐标值则有正有负。为了避免 y 坐标值出现负值，我国规定将每带的坐标原点向西移 500km，如图 1-6（b）所示。由于各投影带上的坐标系是采用相对独立的高斯平面直角坐标系，为了能正确区分某点所处投影带上的位置，规定在横坐标 y 值前面冠以投影带带号。例如，图 1-6（a）中 B 点位于高斯投影 6°带，第 20 号带内（$N=20$），其真正横坐标 $y_B=-113424.690$m，按照上述规定 y 值应改写为 $Y_B=20(-113424.690+500000)=20386575.310$。反之，人们从这个 Y_B 值中可以知道，该点是位于 6°第 20 号带，其真正坐标 $y_B=386575.310-500000=-113424.690$m。

高斯投影是正形投影，一般只需将椭球面上的方向、角度及距离等观测值经高斯投影的方向改化和距离改化后，归化为高斯投影平面上的相应观测值，然后在高斯平面坐标系内进行平差计算，从而求得地面点位在高斯平面直角坐标系中的坐标。

2）独立平面直角坐标

当测量的范围较小时，可以把该测区的地表一小块球面当作平面看待。将坐标原点选在测区西南角使坐标均为正值，以该地区中心的子午线为 x 轴方向来建立该地区的独立平面直角坐标系。

3）建筑坐标系

在房屋建筑或其他工程工地，为了对其平面位置进行施工放样的方便，使所采用的平面直角坐标系与建筑设计的轴线相平行或垂直，对于左右、前后对称的建筑物，甚至可以把坐标原点设置于其对称中心，以简化计算。

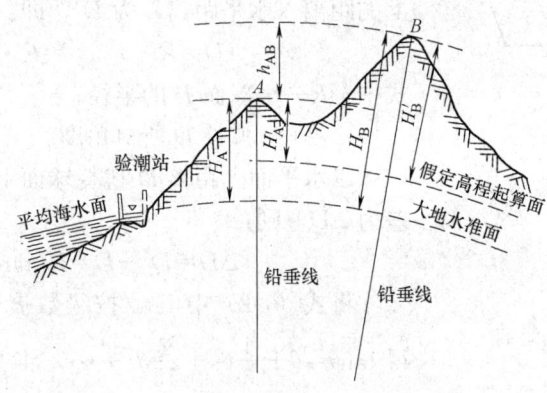

图 1-7　高程和高差

1.3.3　高程系统

地面点到大地水准面的铅垂距离称为绝对高程（简称高程，又称为海拔）。图 1-7 中 A、B 两点的绝对高程分别为 H_A、H_B。

由于海水面受潮汐、风浪等影响，它的高低时刻在变化。通常是在海边设立验潮站，进行长期观测，求得海水面的平均高度作为高程零点，也就是设大地水准面通过该点。在大地水准面上，绝对高程为零。大地水准面为高程的起算面。在局部地区，有时需要假定一个高程起算面（水准面），地面点到该水准面的垂直距离称为假定高程或相对高程。如图 1-7 所示，A、B 点的相对高程分别为 H'_A、H'_B。建筑工地常以建筑物地面层的设计地坪为高程零点，其他部位的高程均相对于地坪而言，称为标高。标高也是属于相对高程。

地面上两点间绝对高程或相对高程之差称为高差，用 h 表示。如图 1-7 所示，A、B 两点间的高差为：$h_{AB}＝H_B－H_A＝H'_B－H'_A$，式中，h_{AB} 有正有负，下标"AB"表示 A 点至 B 点的高差。上式也表明两点间高差与高程起算面无关。

1.3.4　地球曲率对测量工作的影响

测量工作的基准面——大地水准面是一个极其复杂的曲面，测量数据要归化计算（投影）到该曲面上是很困难的，因此，我们已将其简化为圆球面。

在普通测量范围内，将地面点投影到该圆球面上，然后再投影到平面图纸上描绘，显然这还是很复杂的工作。在实际测量工作中，在一定的精度要求和测量面积不大的情况下，往往以水平面代替水准面，即把较小一部分地球表面上的点投影到水平面上来决定其位置，这样可以简化计算和绘图工作。

从理论上讲，将极小部分的水准面（曲面）当作水平面也是要产生变形的，必然对测量观测值（如距离、高差等）带来影响。当上述这种影响较小，不超过规定的误差范围时，认为用水平面代替水准面是可以的，而且是合理的。本节主要讨论用水平面代替水准面对距离和高差的影响（或称地球曲率的影响），以便给出水平面代替水准面的限度。

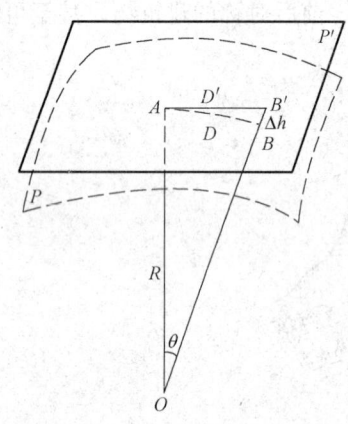

图 1-8 地球曲率的影响

1. 地球曲率对距离的影响

如图 1-8 所示，设球面（水准面）P 与水平面 P' 在 A 点相切，A、B 两点在球面上弧长为 D，在水平面上的距离（水平距离）为 D'，即：

$$D = R \cdot \theta, \quad D' = R \cdot \tan\theta \tag{1-1}$$

式中 R——球面 P 的半径；

θ——弧长 D 所对角度。

以水平面上距离 D' 代替球面上弧长 D 所产生的误差为 ΔD，则：

$$\Delta D = D' - D = R(\tan\theta - \theta) \tag{1-2}$$

将式（1-2）中 $\tan\theta$ 按级数展开，并略去高次项，得 $\tan\theta = \theta + \dfrac{1}{3}\theta^3 + \dfrac{2}{15}\theta^5 + \cdots$，将其代入式（1-2），并顾及 $\theta = \dfrac{D}{R}$，整理可得：

$$\Delta D = \frac{D^3}{3R^2} \tag{1-3}$$

$$\frac{\Delta D}{D} = \frac{D^2}{3R^2} \tag{1-4}$$

若取地球平均曲率半径 $R = 6371\text{km}$，并以不同的 D 值代入式（1-3）或式（1-4），则可得出距离误差 ΔD 和相应相对误差 $\dfrac{\Delta D}{D}$，如表 1-1 所列。

水平面代替水准面的距离误差 表 1-1

距离 D(km)	距离误差 ΔD(mm)	相对误差 $\Delta D/D$	距离 D(km)	距离误差 ΔD(mm)	相对误差 $\Delta D/D$
10	8.2	1/1220000	50	1026	1/49000
25	12.8	1/200000	100	8212	1/12000

由表 1-1 可知，当距离为 10km 时，用水平面代替水准面（球面）所产生的距离相对误差为 1/1220000，这样小的距离误差就是在地面上进行最精密的距离测量也是允许的。因此，可以认为在半径为 10km 的范围内（相当面积 320km²），用水平面代替水准面所产生的距离误差可忽略不计，也就是可不考虑地球曲率对距离的影响。当精度要求较低时，还可以将测量范围的半径扩大到 25km（相当面积 2000km²）。

2. 地球曲率对水平角的影响

由球面三角学可知，同一个空间多边形在球面上投影的各内角之和，较其在平面上投影的各内角之和要大一个球面角 ε，它的大小与图形面积成正比。其计算公式为：

$$\varepsilon = \frac{P}{R^2}\rho'' \tag{1-5}$$

式中　P ——球面多边形面积；

　　　R ——地球半径；

　　　ρ'' ——1 弧度所对应的秒角值（$\rho'' = 206265''$）。

当 $P = 100\text{km}^2$ 时，$\varepsilon = 0.51''$。

通过计算可知，对于面积在 100km^2 内的多边形，地球曲率对水平角的影响值 ε 是很小的。因此，对于地球曲率对水平角的影响，只有在精密测量中才会考虑，而一般测量工作是可以忽略不计的。

3. 地球曲率对高差的影响

在图 1-8 中，A、B 两点在同一球面（水准面）上，其高程应相等（即高差为零）。B 点投影到水平面上得 B' 点，则 BB' 即为水平面代替水准面产生的高差误差。设 $BB' = \Delta h$，则 $(R + \Delta h)^2 = R^2 + D'^2$ 整理得：$\Delta h = D'^2/2R + \Delta h$，可以用 D 代替 D'，同时 Δh 与 $2R$ 相比可略去不计，则：

$$\Delta h = D^2/2R \tag{1-6}$$

以不同的 D 代入式（1-6），取 $R = 6371\text{km}$，则得相应的高差误差值，如表 1-2 所列。

水平面代替水准面的高差误差 　　　　　　 表 1-2

距离 D(km)	0.1	1	5	10	25
Δh(mm)	0.8	78	196	7848	49050

由表 1-2 可知，用水平面代替水准面，在 1km 的距离上高差误差就有 78mm，即使距离为 0.1km（100m）时，高差误差也有 0.8mm。所以，在进行水准测量时，即使很短的距离都应考虑地球曲率对高差的影响。

1.4　测量工作的基本概念

测量工作中将地球表面的形态分为地物和地貌两大类。地面上的河流、房屋、道路、湖泊等称为地物；地面的高低起伏的形态，如山岭、谷地和陡崖等称为地貌。地物和地貌统称为地形。

测量工作的主要任务是测绘地形图和施工放样，本节简单介绍测图和放样的大概过程，为后面的学习建立初步的概念。

1.4.1　测量工作的基本原则

测绘地形图时，要在某一个测站上用仪器测绘该测区所有的地物和地貌是不可能的。同样，某一厂区或住宅区在建筑施工中的放样工作也不可能在一个测站上完成。如图 1-9（a）所示，在 A 点设站，只能测绘附近的地物和地貌，对位于山后面的部分以及较远的地区就观测不到，因此，需要在若干点上分别施测，最后才能拼接成一幅完整的地形图。如图 1-9（b）所示，图中 P、Q、R 为设计的房屋位置，也需要在实地从 A、F 两点进行施工放样。因此，进行某一个测区的测量工作时，首先要用较严密的方法和较精密的仪器，测定分布在全区的少量控制点（例如图 1-9 中的 A、B、…、F）的点位，作为测图或施工放样的框架和依据，以保证测区的整体精度，称为控制测量。然后在每个控制点上，以较低的（当然也需保证必要的）精度施测其周围的局部地形细部或放样需要施工的点位，称为碎部测量。

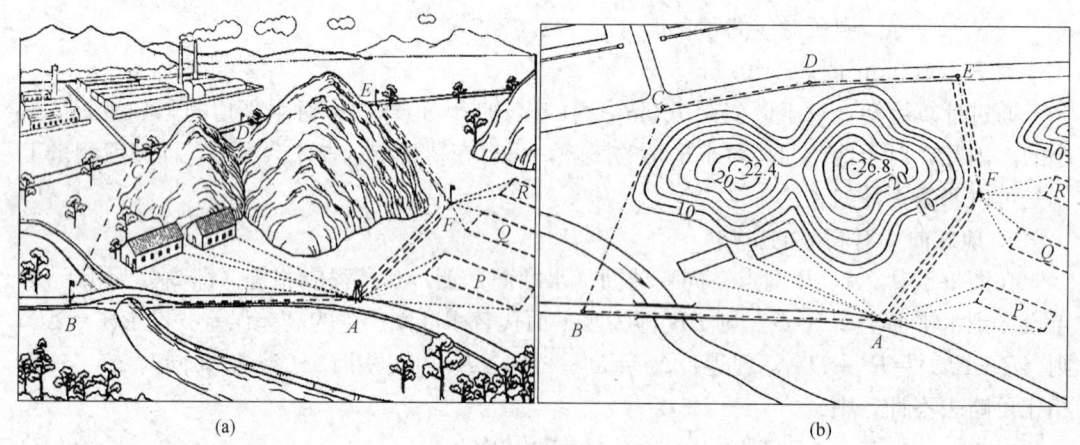

(a)　　　　　　　　　　　　　　　(b)

图 1-9　控制测量与地形图测绘

另外，任何测量工作都不可避免地会产生误差，故每点（站）上的测量都应采取一定的程序和方法，以便检查错误或防止误差积累，保证测绘成果的质量。

因此，在实际测量工作中应当遵守以下基本原则：在布局上，"由整体到局部"；在精度上，"由高级到低级"；在次序上，"先控制后碎部"；还应遵循"逐步检查"。

1.4.2　控制测量

控制测量分为平面控制测量和高程控制测量，由一系列控制点构成控制网。平面控制网以连续的折线构成多边形格网，称为导线网（可参看图 1-9b），其转折点称为导线点，两点间的连线称为导线边，相邻两边间的夹角称为导线转折角，导线测量为测定这些转折角和边长，以计算导线点的平面直角坐标。平面控制网以连续的三角形构成，称为三角网，通过测量三角形的角度，以计算三角形顶点——三角点的平面直角坐标。高程控制网为由一系列水准点构成水准网，用水准测量或三角高程测量测定水准点间的高差，以计算水准点的高程。利用人造地球卫星的全球定位系统（GPS），可以同时测定控制点的坐标和高程，是控制测量的发展方向。

1.4.3　碎部测量

在控制测量的基础上，再进行碎部测量。图 1-10 所示为地形图的图解测绘法：首先，按控制点 A、B……的坐标值，按一定的比例缩小，在图纸上绘出各控制点的位置 a、b……；然后测绘各控制点周围的地物和地貌。例如，在控制点 A 测定附近房屋的房角点 1、2、3……，按比例缩小，连接有关线条，绘制成图。

在地面有高低起伏的地方，根据控制点，可以测定一系列地形特征点的平面位置和高程，据此可以绘制用等高线表示的地貌，如图 1-11 所示，注于线上的数字为地面的高程。

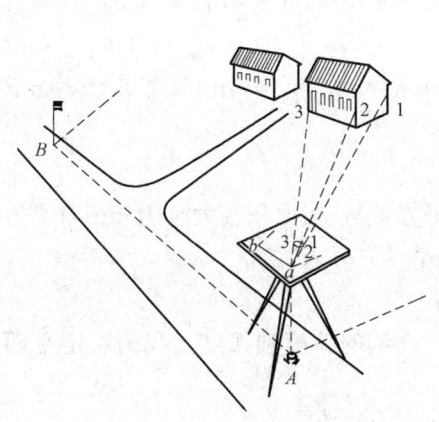

图 1-10 地物的碎部测绘

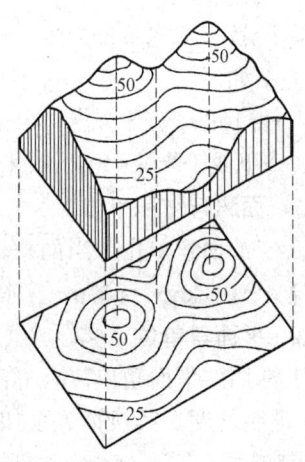

图 1-11 用等高线表示地貌

1.4.4 施工放样的概念

施工放样（测设）是把设计图上建（构）筑物位置在实地上标定出来，作为施工的依据。为了使地面定出的建筑物位置成为一个有机联系的整体，施工放样同样需要遵循"先控制后碎部"的基本原则。

如图 1-9 所示，在控制点 A、F 附近设计了建筑物 P（图中用虚线表示），现要求把它在实地标定下来。根据控制点 A、F 及建筑物的设计坐标，计算水平角 β_1、β_2 和水平距离 D_1、D_2 等放样数据，然后控制点 A 上，用仪器测设出水平角 β_1、β_2 所指的方向，并沿这些方向测设水平距离 D_1、D_2，即在实地定出 1、2 等点，这就是该建筑物的实地位置。上述所介绍的方法是施工放样中常用的极坐标法，此外还有直角坐标法、方向（角度）交会法和距离交会法等。

由于施工放样中施工控制网是一个整体，并具有相应的精度和密度，因此不论建（构）筑物的范围多大，由各个控制点放样出的建（构）筑物各个点位位置，也必将联系为一个整体。

同样，根据施工控制网点的已知高程和建（构）筑物的图上设计高程，可用水准测量方法测设出建（构）筑物的实地设计高程。

1.4.5 测量的三项基本工作

综上所述，控制测量和碎部测量以及施工放样等，其实质都是为了确定点的位置。碎部测量是将地面上的点位测定后标绘到图纸上或为用户提供测量数据与成果，而施工放样则是把设计图上的建（构）筑物点位测设到实地上，作为施工的依据。可见，所有要测定的点位都离不开距离、角度及高差这三个基本观测量。因此，距离测量、角度测量和高差测量是测量的三项基本工作。土木工程技术人员应当掌握这三项基本功。

1.5　测量常用计量单位

1.5.1　长度单位

国际通用长度基本单位为米（m），我国法定长度计量单位采用的米（m）制与其他长度单位关系如下：

1m（米）＝10dm（分米）＝100cm（厘米）＝1000mm（毫米）＝$10^6 \mu$m（微米）＝10^9nm（纳米）；1km（公里或千米）＝1000m（米）。

1.5.2　面积与体积单位

我国法定的面积单位，当面积较小时用 m^2（平方米），当面积较大时用 km^2（平方公里或平方千米），$1km^2 = 10^6 m^2$。体积单位规定用 m^3（立方米）。

1.5.3　平面角单位

测量上常用的平面角单位有 60 进制的度、100 进制的新度和弧度。我国法定平面角单位为 60 进制的度，其换算关系如下：

60 进制的度：

1 圆周角＝360（度）；1（度）＝60′（分）＝3600″（秒）。

100 进制的新度：

1 圆周角＝400g（新度，称为"冈"）；1g（新度）＝100c（新分）＝10000cc（新秒）。

弧度制：

以与半径等长的弧长所对的圆心角为度量角度的单位，称为 1 弧度。用"ρ"表示。它与 60 进制的度的关系为：

1 圆周角＝$2\pi\rho$（弧度）＝360（度）；$1\rho \approx 57.30$（度）；$1\rho \approx 3438′$（分）；$1\rho \approx 206265″$（秒）。

1.5.4　测量数据计算的凑整规则

测量数据在成果计算过程中，往往涉及凑整问题。为了避免凑整误差的积累而影响测量成果的精度，通常采用以下凑整规则：

（1）被舍去数值部分的首位大于 5，则保留数值最末位加 1。

（2）被舍去数值部分的首位小于 5，则保留数值最末位不变。

（3）被舍去数值部分的首位等于 5，则保留数值最末位凑成偶数。

综合上述原则，可表述为："四舍六入，奇进偶不进"，等于 5 视前一位数而定，奇进偶不进。例如：下列数字凑整后保留三位小数时，3.141 59→3.142（奇进），2.645 75→2.646（进1），1.414 21→1.414（舍去），7.142 56→7.142（偶不进）。

思考与练习题

1-1　简述测量学的任务是什么，对你所学专业起什么作用。

1-2　简述测定与测设的概念。

1-3　测量工作的原则是什么？

1-4　何谓水准面、大地水准面？它们的特性是什么？

1-5　用水平面代替水准面对测量结果有哪些影响？

1-6 某地经度为东经 $118°45'$，试求其所在 6°带和 3°带的带号与相应带号内中央子午线的经度。

1-7 测量上的平面直角坐标系和数学上的平面直角坐标系有什么区别？

1-8 从控制点坐标成果表中抄录某点在高斯平面直角坐标系中的纵坐标 $X=3456.780\mathrm{m}$，横坐标 $Y=21386435.260\mathrm{m}$，试问该点在该投影带高斯平面直角坐标系中的真正纵、横坐标 x、y 为多少？该点位于第几象限内？

1-9 已知某高层室内地面±0.000 的绝对高程为 18.300m，室外地面设计高程为－1.500m，求室外地面的绝对高程。

1-10 测量的三项基本工作是什么？

第 2 章

水 准 测 量

测量地面点高程的工作称为高程测量。高程测量按所使用的仪器和施测方法的不同，主要可分为水准测量和三角高程测量等方法。水准测量是高程测量的主要方法，在国家高程控制测量、工程勘测和施工测量中被广泛采用。

二维码 2-1
水准仪

2.1 水准测量原理

水准测量的基本原理是利用水平视线测得两点之间的高差，进而由已知点的高程求得未知点的高程。

如图 2-1 所示，已知 A 点的高程为 H_A，要测定 B 点的高程 H_B，在 AB 两点间安置一架能提供水平视线的仪器——水准仪，并在 AB 两点上分别竖立带有分划的标尺——水准尺，利用水平视线读出 A 点尺上的读数 a 及 B 点尺上的读数 b，由图可知 A、B 两点的高差为：

$$h_{AB} = a - b \tag{2-1}$$

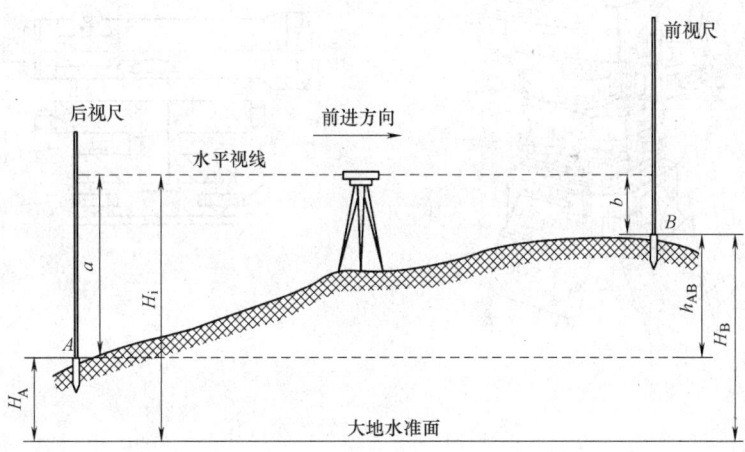

图 2-1 水准测量原理

水准测量是由已知点 A 向未知点 B 方向前进的，即图 2-1 中的箭头所示，一般称 A 点为后视点，a 为后视读数；B 为前视点，b 为前视读数。h_{AB} 为未知点 B 相对已知点 A 的高差，它总是等于后视读数减去前视读数。高差为正时，表明 B 点高于 A 点，反之则 B 点低于 A 点。

计算高程的方法有两种：

1）由高差计算 B 点高程，即：

$$H_B = H_A + h_{AB} \tag{2-2}$$

2）由仪器的视线高程计算 B 点高程。由图可知 A 点的高程加后视读数就是仪器的视线高程，用 H_i 表示，即：

$$H_i = H_A + a \tag{2-3}$$

由此得 B 点的高程为：

$$H_B = H_i - b \tag{2-4}$$

式（2-2）是直接用高差 h_{AB} 计算 B 点高程，称为高差法；式（2-4）是用仪器视线高

程 H_i 计算 B 点高程，称为视线高法。

由上可知：

$$h_{AB} = H_B - H_A = -h_{BA}$$

2.2　DS₃型微倾式水准仪及其使用

我国对水准仪按其精度从高到低分为 DS_{05}、DS_1、DS_3 和 DS_{10} 四个等级，其中 D、S 分别为"大地测量"和"水准仪"汉语拼音的第一个字母，05、1、3、10 表示水准仪每公里往返高差测量的中误差分别为 $\pm0.5mm$、$\pm1mm$、$\pm3mm$、$\pm10mm$。其中 DS_{05} 和 DS_1 型用于精密水准测量，DS_3 和 DS_{10} 型用于普通水准测量。本节主要介绍 DS_3 型微倾式水准仪（图 2-2）。水准仪是为水准测量提供水平视线的仪器。

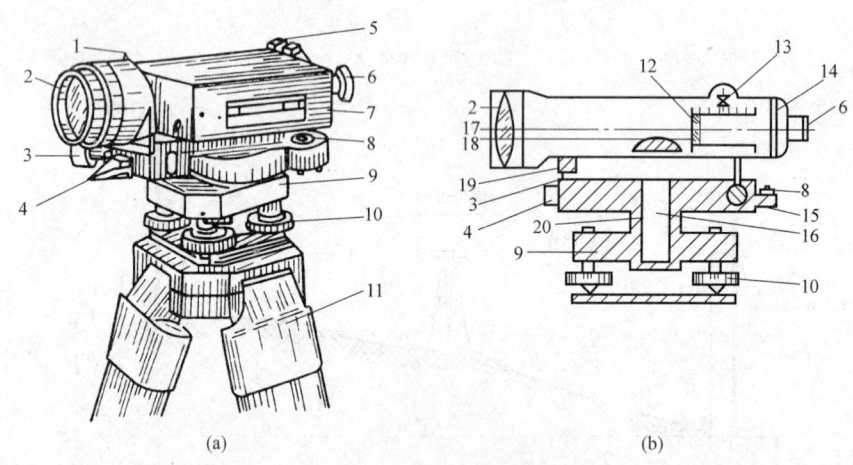

(a)　　　　　　　　　　(b)

图 2-2　DS₃型微倾式水准仪

（a）外形图；（b）构造图

1—准星；2—物镜；3—微动螺旋；4—制动螺旋；5—缺口；6—目镜；7—水准管；8—圆水
准器；9—基座；10—脚螺旋；11—三脚架；12—对光透镜；13—对光螺旋；14—十字
丝分划板；15—微倾螺旋；16—竖轴；17—视准轴；18—水准管轴；19—微倾轴；20—轴套

2.2.1　DS₃型微倾式水准仪的构造

DS₃型微倾式水准仪主要包括三个部分：望远镜、水准器、基座。

1. 望远镜

望远镜由物镜、对光透镜、十字丝分划板和目镜等部分组成。如图 2-3 所示，根据几何光学原理可知，目标通过物镜及对光透镜的作用，在十字丝附近成一倒立的实像，由于目标离开望远镜的远近不同，通过转动对光螺旋令对光透镜在镜内前后移动，即可使其实像恰好落在十字丝平面上，再经过目镜的作用，将倒立的实像和十字丝同时放大，这时倒立的实像成为倒立而放大的虚像。其中放大虚像对眼睛的视角 β 与原目标对眼睛的视角 α 的比值，称为望远镜的放大率 V。国产 DS₃型水准仪望远镜的放大率一般为 28 倍。

十字丝是用以瞄准目标和读数的，其形式一般如图 2-4 所示。其中十字丝的交点和物镜光心的连线称为望远镜的视准轴，也就是用以瞄准和读数的视线。由上可知望远镜的作用一

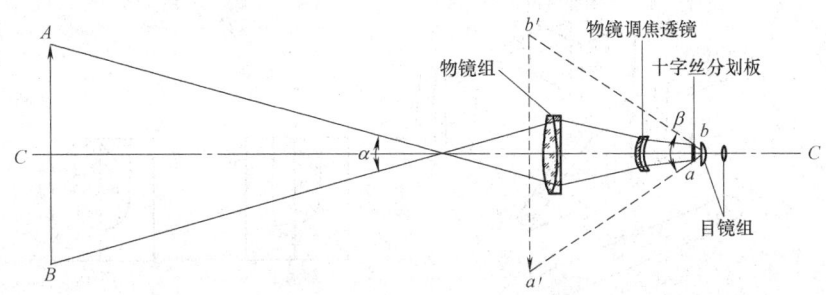

图 2-3　望远镜成像原理

方面是提供一条瞄准目标的视线，另一方面是将远处的目标放大，提高瞄准和读数的精度。

　　2. 水准器

　　水准器是用来整平仪器的器具，分为管水准器和圆水准器两种。管水准器通常称为水准管。它是一个内表面磨成圆弧的玻璃管（图 2-5），管内盛满酒精和乙醚的混合液，加热封闭，冷却后形成一空隙即为水准气泡。管内圆弧的中点为水准管零点，过水准管零点与圆弧相切的切线称为水准管轴。水准管利用液体受重力作用后气泡居于高处的特性，当气泡的中心与水准管的零点重合时，称为气泡居中，此时水准管轴也就处于水平位置。

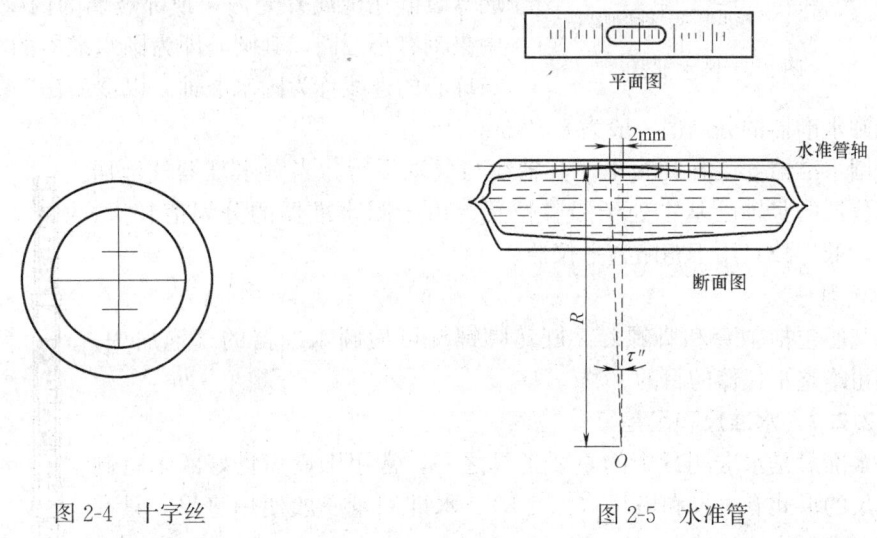

图 2-4　十字丝　　　　　　　图 2-5　水准管

　　水准管零点向两侧分别刻有 2mm 间隔的分划线，水准管上相邻两分划（即 2mm）间的弧长所对的圆心角值称为水准管分划值，以 τ'' 表示，由图 2-5 可知，$\tau'' = \dfrac{2\text{mm}}{R}\rho''$（$\rho'' = 206265''$）。水准管分划值越小则灵敏度（即仪器整平的精度）越高。DS₃型水准仪的水准管分划值一般为 $20''/2\text{mm}$。

　　由图 2-2（b）可知，水准仪上的水准管与望远镜固连在一起，当水准管轴与望远镜的视准轴互相平行、水准管气泡居中时，视线就水平了。因此水准管轴与视准轴平行是水准仪构造的主要条件。

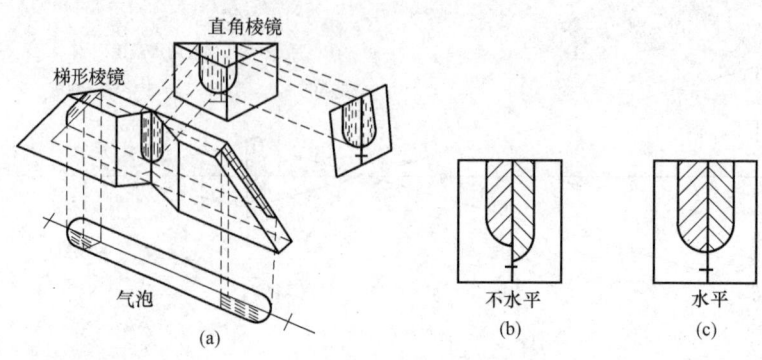

图 2-6 符合水准器

为了提高水准管气泡居中的精度，目前生产的水准仪在水准管上方安装了一组符合棱镜，利用棱镜的折光作用使气泡两端的影像反映在直角棱镜上（图 2-6a）。因此观测者可以很方便地从望远镜旁的小孔中直接观察到气泡两端的影像，当气泡两端各半个影像错开，表明气泡未居中（图 2-6b）；当气泡两端各半个影像符合一致时，则说明气泡居中（图 2-6c）。这种具有棱镜装置的水准器称为符合水准器。

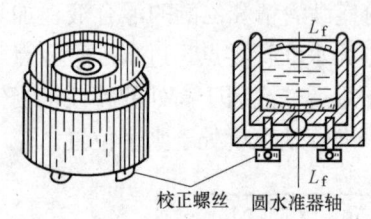

图 2-7 圆水准器

圆水准器如图 2-7 所示，它是用一个圆柱形的玻璃盒装嵌在金属外壳内，顶部玻璃的内壁磨成球面，中央刻有小圆圈，其圆心即为圆水准器的零点，零点与球心的连线称为圆水准轴，以"$L_f L_f$"表示。水准仪上圆水准器的分划值一般为 $8'/2mm$。

圆水准器安装在托板上，其轴线与竖轴平行，当圆水准器气泡居中时仪器的竖轴已基本处于铅直位置。由于圆水准器的分划值较大，精度较低，故只用于粗略整平仪器。

3. 基座

基座包括轴套和脚螺旋。旋转脚螺旋可使圆水准器的气泡居中，达到粗略整平仪器的目的。

2.2.2 水准尺和尺垫

水准尺是水准测量中的重要工具之一，常用干燥而良好的木材制成，尺的形式有直尺和塔尺（图 2-8）。水准测量一般使用直尺，只有精度要求不高时才使用塔尺。

尺垫又称尺台，其形式有三角形、圆形等。测量时为了防止尺子陷入土中，常常将尺垫放在地上踏稳，然后把水准尺竖立在尺垫的圆球顶上。

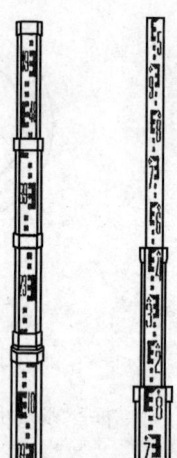

图 2-8 水准尺

2.3 水准仪的使用

1. 安置和粗略整平仪器

支开三脚架，将三脚插入土中，并令架头大致水平。利用连接螺旋使水准仪与三脚架固连，然后旋转脚螺旋使圆水准器的气泡居中，其方法如下：

如图 2-9（a），气泡不在圆水准器的中心而偏到 1 点，这表示脚螺旋 A 一侧偏高，此时可用双手按箭头所指的方向旋转脚螺旋 A 和 B，即降低脚螺旋 A，升高脚螺旋 B，则气泡向脚螺旋 B 方向移动（气泡总是沿着左手拇指移动的方向移动），直至 2 点位置为止；再旋转脚螺旋 C，如图 2-9（b）所示，使气泡从 2 点移到圆水准器的中心，这时仪器的竖轴大致铅直，亦即视线大致水平。

2. 瞄准水准尺

当仪器粗略整平后松开望远镜的制动螺旋，利用望远镜筒上的缺口和准星瞄准水准尺，拧紧制动螺旋，然后转动目镜使十字丝的成像清晰，再转动对光螺旋使水准尺的分划成像清晰，对光工作才算完成。这时，如发现十字丝偏离水准尺，可利用微动螺旋使十字丝对准水准尺（图 2-10）。

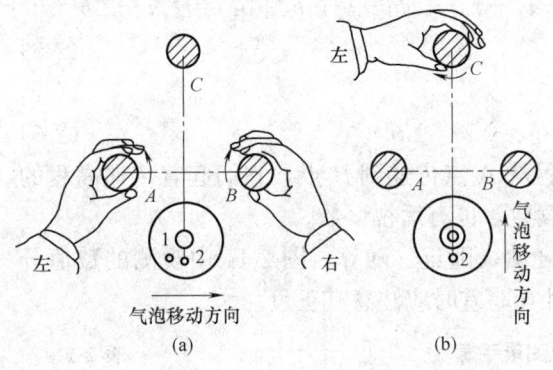

图 2-9 圆水准器的整平

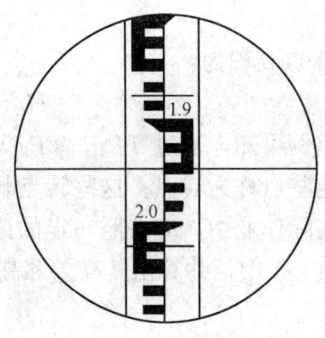

图 2-10 水准尺读数

3. 精确整平和读数

转动微倾螺旋使水准管气泡精确居中（图 2-6c），然后立即利用十字丝中横丝读取尺上读数。如果水准仪的望远镜成倒像，则水准尺上倒写的数从望远镜中看成了正写的数，同时看到尺上刻划的注记是从上至下递增的。如图 2-10 中，从望远镜中读得的读数为 1.946m。需要指出的是：目前生产的大多数水准仪的望远镜成正像。

2.4 水准测量的一般方法

2.4.1 水准测量的实施

水准测量是按一定的水准路线进行的，现仅就由一水准点（已知高程点）测定另一点（待定高程点）的高程为例，说明进行水准测量的一般方法。

如图 2-11 所示，已知 A 点高程，欲测 B 点的高程。在一般情况下，AB 两点相距很远或高差较大，必须分段进行测量。我们首先将水准仪安置在 A 点与 TP_1 点之间，按照上节介绍的水准仪的使用方法施测，瞄准 A 点的水准尺，转动微倾螺旋使气泡居中，读取读数 a_1，接着瞄准 TP_1 点的水准尺，再转动微倾螺旋使气泡居中，读取读数 b_1。这样便求得 A 点和 TP_1 点之间的高差 $h_1 = a_1 - b_1$；如此继续下去，直至 B 点为止。

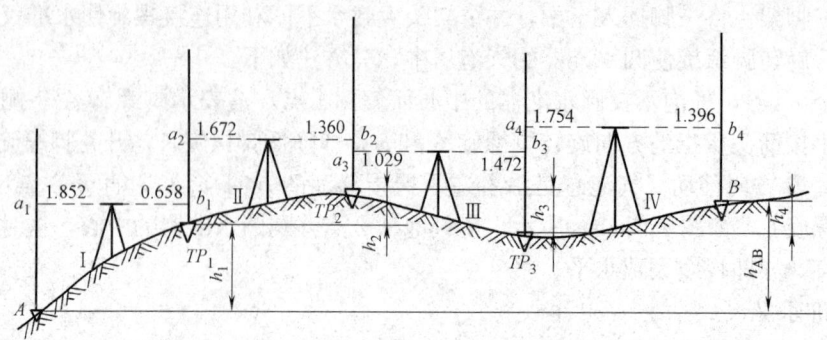

图 2-11 水准测量示意图

由图 2-11 可以看出：$h_1=a_1-b_1$；$h_2=a_2-b_2$；$h_3=a_3-b_3$；$h_4=a_4-b_4$。

将上述各式相加即得 AB 两点高差：

$$h_{AB}=h_1+h_2+h_3+h_4=\sum h=(a_1+a_2+a_3+a_4)-(b_1+b_2+b_3+b_4)=\sum a-\sum b$$

$$(2\text{-}5)$$

则 B 点高程为：

$$H_B=H_A+h_{AB}=\sum a-\sum b \qquad (2\text{-}6)$$

从上例可知，通过 TP_1、TP_2 等点把高程从 A 点传递到 B 点，它们起着传递高程的作用，这些点称为转点。这些转点既有前视读数，也有后视读数。

在实际作业中，应按照一定的记录格式随测、随记、随算。图 2-11 中观测的数值分别记入表 2-1 中，并算出其高差和高程，在计算高差时应注意其正负。

普通水准测量手簿   表 2-1

测站	点号	后视读数	前视读数	高差(m)	高程(m)	备注
1	BM_A	1852		+1.194	71.632	
	TP_1		0658			
2	TP_1	1672		+0.312	72.826	
	TP_2		1360			
3	TP_2	1029		−0.443	73.138	
	TP_3		1472			
4	TP_3	1754		+0.358	72.695	
	B		1396			
	$\sum$	6307	4886		73.053	
计算检核		$\sum a-\sum b=+1421$		$\sum h=+1.421$		

表中"计算的校核"是校核计算是否有误，其计算是按式（2-5）和式（2-6）进行的。

2.4.2 水准测量的校核方法和精度要求

在水准测量中，测得的高差总是不可避免地含有误差。为了判断测量成果是否存在错误以及是否符合精度要求，必须采取相应的措施进行校核。

1. 测站校核

1）改变仪器高法

在每个测站上，测出两点间高差后，可以重新安置仪器（升高或降低仪器 10cm 以上）再测一次，两次测得高差之差如果不超过容许值，则认为符合要求，并取其平均值作为最后结果，否则必须重测。

2）双面尺法

有的水准尺划分为红、黑两面，且红面与黑面的刻划差一个常数，这样在一个测站上对每个测点既读取黑面读数，又读取红面读数，据此校核红、黑面读数之差以及由红、黑面测得高差之差是否在允许范围内。采用双面尺法不必重新安置仪器，从而节约了时间，提高了工效。

测站校核可以校核本测站的测量成果是否符合要求，但整个路线测量成果是否符合要求甚至有错，则不能判定。例如，假设迁站后，转点位置发生移动，这时测站成果虽符合要求，但整个路线测量成果都存在差错，因此，还需要进行下述的路线校核。

2. 路线校核

水准测量的路线形式有多种，下面对单一水准测量路线形式进行校核。

1）闭合水准路线

如图 2-12 所示，设水准点 BM_A 的高程为已知，由该点开始依次测定 1、2、3、4 点高程后，再回到 BM_A 点组成闭合水准路线。这时高差总和在理论上应等于零，即 $\sum h_理 = 0$。但由于测量含有误差，往往 $\sum h \neq 0$，而存在高差闭合差 f_h：

$$f_h = \sum h_测 \tag{2-7}$$

高差闭合差 f_h 的大小反映了测量成果的质量，闭合差的允许值 $f_{h容}$ 视水准测量的等级不同而异，对等外水准测量：

平地：$f_{h容} = \pm 40\sqrt{L}\,(\text{mm})$；山地：$f_{h容} = \pm 10\sqrt{n}\,(\text{mm})$

$$\tag{2-8}$$

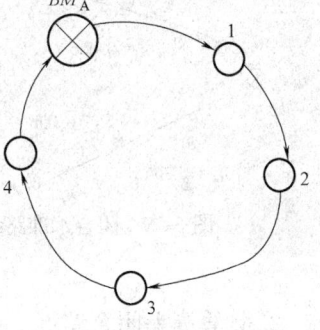

图 2-12 闭合水准路线

式中 L——路线长度，以"km"计；

n——测站数。

若高差闭合差的绝对值大于 $f_{h容}$，说明测量成果不符合要求，应当重测。

2）附合水准路线

如图 2-13 所示，设 BM_1 点的高程 $H_始$、BM_2 点的高程 $H_终$ 均为已知，现从 BM_1 点开始，依次测定 1、2 点的高程，最后附合到 BM_2 点上，组成附合水准路线。这时测得的高差总和应等于两水准点的已知高差（$H_终 - H_始$）。实际上，两者往往不相等，其差值 Δh 即为高差闭合差：

$$f_h = \sum h_测 - (H_终 - H_始) \tag{2-9}$$

高差闭合差的允许值与式（2-8）相同。

3）支水准路线

如图 2-14 所示，从已知水准点 BM_1 开始，依次测定 1、2 点的高程后，既不附合到另一水准点，也不闭合到原水准点。但为了校核，应从 2 点经 1 点返测回到 BM_1。这时往测和返测的高差的绝对值应相等、符号相反。如果往返测得高差的代数和不等于零即为闭

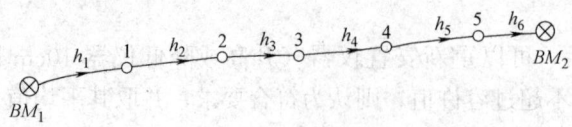

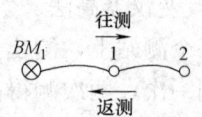

图 2-13 附合水准路线 图 2-14 支水准路线

合差：

$$f_h = h_{往} + h_{返} \tag{2-10}$$

高差闭合差的允许值仍按式（2-8）计算，但路线长度或测站数以单程计。

2.5 水准测量的内业计算

经过路线校核计算，如高差闭合差在允许范围内，说明测量成果符合要求，这时应将闭合差进行合理分配，使调整后的高差闭合差为零，并据此推算各测点的高程。

2.5.1 闭合水准路线的成果检核与整理

如图 2-15 所示，闭合水准路线，已知水准点 BM_A 的高程为 33.012m，1、2、3 点为待定高程点，水准测量观测的各段高差及路线长度标注在图中，其计算步骤如下：

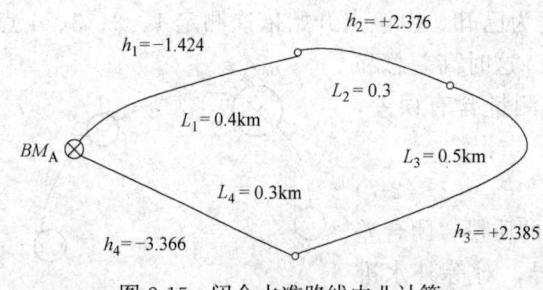

图 2-15 闭合水准路线内业计算

1. 将数据填入表中

将核对过的观测数据及起算数据填入成果计算表 2-2，起算数据用下划线标明。也就是将图 2-3 的点号、测段长度、观测高差以及水准点 BM_A 的高程填入有关栏内。

2. 计算高差闭合差

高差闭合差：$f_h = \sum h_{测} - \sum h_{理} = \sum h_{测} = -0.029\text{m}$

容许闭合差：$f_{h容} = \pm 40\sqrt{L}\text{mm} = \pm 40\sqrt{1.5}\text{mm} \approx \pm 36.7\text{mm}$

$f_h < f_{h容}$，说明观测成果符合要求，可进行闭合差调整。

3. 高差闭合差的调整

一般来说，水准测量路线越长或测站数越多，则误差越大，即误差与路线长度或测站数成正比，因此，高差闭合差的调整原则是：将闭合差反其符号，按路线长度或测站数成正比分配到各段高差观测值上。则高差改正值为：

$$
\begin{aligned}
v_{h_i} &= -\frac{f_h}{\sum L} \times L_i \text{（以路线长成正比分配）} \\
\text{或 } v_{h_i} &= -\frac{f_h}{\sum n} \times n_i \text{（以测站数成正比分配）}
\end{aligned}
\tag{2-11}
$$

式中 $\sum L$——路线总长；

L_i——第 i 测段长度（$i=1$、2、……）；

$\sum n$——测站总数；

n_i——第 i 测段测站数。

在本例中，按与测站数成正比分配，则 BM_1 至第一点的高差改正值为：

$$v_{h_1} = -\frac{f_h}{\sum L} \times L_1 = -\frac{-0.029}{1.5} \times 0.4 = 0.008 \text{m}$$

同法可求得其余各段高差的改正值，列于表 2-2 中第 4 栏内，所算得的高差改正数的总和应与闭合差的数值相等而符号相反，可用来校核计算是否有误。在计算中，如果因尾数取舍而不符合此条件，应通过适当修正使其符合。

4. 计算改正后的高差

改正后的高差：

$$\hat{h}_1 = h_i + v_{h_1} \tag{2-12}$$

则：$\hat{h}_1 = h_1 + v_{h_1} = -1.424 + 0.008 = -1.416 \text{m}$，$\hat{h}_2 = h_2 + v_{h_2} = +2.376 + 0.006 = +2.382 \text{m}$，同理可以计算出 $\hat{h}_3$、$\hat{h}_4$。改正后的高差之和应该为 0。本例中 $\hat{h}_1 + \hat{h}_2 + \hat{h}_3 + \hat{h}_4$ 应为零，可以作为检核计算。

5. 各点高程的计算

$H_1 = H_A + \hat{h}_1 = 31.569 \text{m}$，同理可计算出其他点的高程，并填入高程栏。$H_3$ 计算出来后还需计算 H_A，看结果是否等于已知值，可以作为检核计算。

闭合水准路线高差闭合差的调整　　　　　　　　表 2-2

点号	路线长度 （km）	高差观测值 （m）	高差改正数 （mm）	改正后高差 （m）	高程（m）	点号
BM_A			+0.008		33.012	A
	0.4	-1.424		-1.416		
1					31.569	1
	0.3	+2.376	+0.006	+2.382		
2					33.978	2
	0.5	+2.385	+0.009	+2.394		
3					36.372	3
	0.3	-3.366	+0.006	-3.360		
BM_A					33.012	A
$\sum$	1.5	-0.029	+0.029	0.000		

辅助计算：$f_h = -0.029 \text{m}$，$f_{h容} = \pm 30 \sqrt{L} \text{(mm)} = \pm 36.7 \text{mm}$，$f_h < f_{h容}$，所以成果合格。

2.5.2　附合水准路线高差闭合差的调整

附合水准路线高差闭合差的调整，方法与闭合水准路线基本相同。如图 2-13 中，已知水准点 BM_1 的高程 $H_始 = 29.830 \text{m}$，BM_2 点的高程 $H_终 = 43.640 \text{m}$。

路线长度和测得的高差列于表 2-3 中，其计算方法如下：

1. 将数据填入表中

将核对过的观测数据及起算数据填入成果表2-3，起算数据用下划线标明。也就是将图 2-13 的点号、测段长度、观测高差以及水准点 BM_A 的高程填入有关栏内。

2. 计算高差闭合差

高差闭合差：$f_h = \sum h_{测} - \sum h_{理} = \sum h_{测} - (H_{终} - H_{始}) = 13.876 - (43.640 - 29.830) = +0.066m$

容许闭合差：$f_{h容} = \pm 40 \sqrt{L}mm = \pm 40 \sqrt{17.2}mm \approx \pm 166mm$

$f_h < f_{h容}$，说明观测成果符合要求，可进行闭合差调整。

3. 高差闭合差的调整

一般来说，水准测量路线越长或测站数越多，则误差越大，即误差与路线长度或测站数成正比，因此，高差闭合差的调整原则是：将闭合差反其符号，按路线长度或测站数成正比分配到各段高差观测值上。调整方法与闭合水准路线是相同的，在本例中，按与测站数成正比分配，则 BM_1 至第一点的高差改正值为：

$$v_{h_1} = -\frac{f_h}{\sum L} \times L_1 = -\frac{0.066}{17.2} \times 3.5 = -0.013m$$

同法可求得其余各段高差的改正值，列于表 2-3 中第 4 栏内，所算得的高差改正数的总和应与闭合差的数值相等而符号相反，可用来校核计算是否有误。在计算中，如果因尾数取舍而不符合此条件，应通过适当修正使其符合。

附合水准路线成果计算表   表 2-3

点号	路线长度 （km）	高差观测值 （m）	高差改正数 （mm）	改正后高差 （m）	高程（m）	备注
BM_1					29.830	BM_1
	3.5	+8.364	−0.013	+8.351		
1					38.181	1
	1.5	−3.827	−0.006	−3.833		
2					34.348	2
	2.3	+3.464	−0.009	+3.455		
3					37.803	3
	3.5	+2.186	−0.013	+2.173		
4					39.976	4
	3.9	−1.335	−0.015	−1.350		
5					38.626	5
	2.5	+5.024	−0.010	+5.014		
BM_2					43.640	BM_2
$\sum$	17.2	+13.876	−0.066	+13.810		

辅助计算：$f_h = +0.066m$；$f_{h容} = \pm 40 \sqrt{L}(mm) = \pm 144mm$，$f_h < f_{h容}$，所以成果合格。

4. 计算改正后的高差

改正后的高差 $\hat{h}_1 = h_1 + v_{h_1} = +8.364 + (-0.013) = +8.351$，$\hat{h}_2 = h_2 + v_{h_2} = -3.827 + (-0.006) = -3.833$，同理可以计算出其他的高差改正数。改正后的高差之和应该为 0，可以作为计算检核计算。

5. 各点高程的计算

观测高差经过改正之后，即可根据它推算各点的高程。$H_{BM_1} = H_1 + \hat{h}_1 = 29.830 + 8.351 = 38.181$，同理可计算出其他点的高程，并填入高程栏。$H_5$ 计算出来后还需计算 H_{BM_2} 看结果是否等于已知值，可以检查计算是否正确。

应当指出，在坡度变化较大的地区，由于每公里安置测站数很不一致，闭合差的调整一般按测站数成正比分配；而在地势比较平坦的地区，每公里测站数相差不大，则可按路线长度成正比分配。

2.5.3 支水准路线高差闭合差的调整

支水准路线闭合差的调整是：取往测和返测高差绝对值的平均值作为两点的高差值，其符号与往测同；然后根据起点高程以各段平均高差推算各测点的高程。

2.6 微倾式水准仪的检验和校正

从水准仪的构造可知，水准仪是利用水准管气泡居中来导致视线水平的，因此水准管轴必须与视准轴平行，这样当水准管气泡居中时视线才是水平的，这是水准仪构造的主要条件。此外，仪器还应满足一些其他条件。而这些条件不是总能满足，因此进行测量之前必须对仪器进行检验和校正，使仪器各部分满足正确关系，以保证测量精度。

水准仪各主要部分的关系可用其轴线来表示，如图 2-16 所示，水准仪各轴线应满足下列条件：

（1）圆水准器轴平行于仪器的竖轴，即 $L_f L_f // VV$；

（2）十字丝横丝垂直于竖轴；

（3）水准管轴平行于视准轴，即 $LL // CC$（主要条件）。

检验和校正方法如下：

1. 圆水准器轴平行于仪器竖轴的检验和校正

圆水准器是用来粗略整平水准仪的，

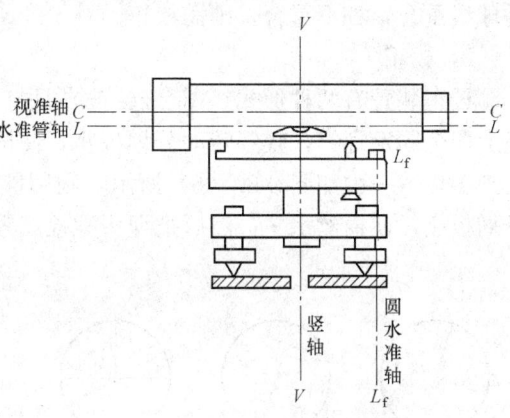

图 2-16 水准仪的轴线关系

如果圆水准器轴 $L_f L_f$ 与仪器的竖轴 VV 不平行，则圆气泡居中时，仪器的竖轴不铅直。若竖轴倾斜过大，可能导致转动微倾螺旋到了极限还不能使水准管的气泡居中，因此必须对此项进行检验和校正。

1）检验

转动三个脚螺旋使圆水准器气泡居中，然后将望远镜旋转 180°，如果气泡仍然居中则说明满足此条件；如果气泡偏离中央位置则需要校正。

2）校正

如图 2-17 所示,假设望远镜旋转 180°后气泡不在中心而在 a 位置,这表示校正螺丝 1 和校正螺丝 2 的一侧偏高。校正时,转动脚螺旋使气泡从 a 位置朝圆水准器中心方向移动偏离量的一半,到图示 b 位置,这时仪器的竖轴基本处于竖直位置,然后用三个校正螺丝(图 2-18)旋进或旋出(圆水准器的一侧升高或降低)使气泡居中。如此反复检验和校正,直至仪器转至任何位置,气泡始终位于中央为止。

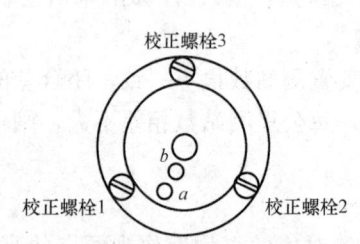

图 2-17　圆水准器的校正

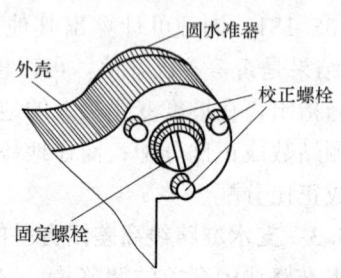

图 2-18　圆水准器校正设备

2. 十字丝横丝垂直于竖轴的检验和校正

水准测量是利用十字丝中横丝来读数的,当竖轴处于铅直位置时,如果横丝不水平(图 2-19a),这时按横丝的左侧或右侧读数将产生误差。

1)检验

用望远镜中横丝的一端对准某一固定标志 A(图 2-19a),旋紧制动螺旋,转动微动螺旋,使望远镜左右移动,检查 A 是否在横丝上移动,若偏离横丝(图 2-19b),则需校正。

此外,也可采用挂垂球的方法进行检验。即将仪器整平后,观察十字丝的竖丝是否与垂球线重合,如不重合,则需校正。

2)校正

校正装置有两种形式。图 2-20(a)是打开目镜看到的情况,这时松开十字丝分划板座上四个固定螺钉,轻轻转动分划板座,使横丝水平(图 2-19c),然后拧紧固定螺丝,盖上护盖。另一种如图 2-20(b)所示,则用螺丝刀松开望远镜上的埋头螺栓,转动十字丝分划板座,使横丝水平,然后把埋头螺栓旋紧。

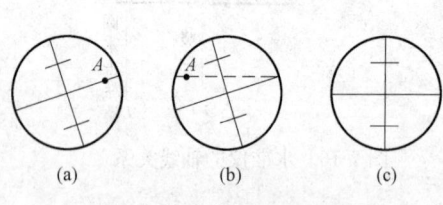

图 2-19　十字线横丝的检验

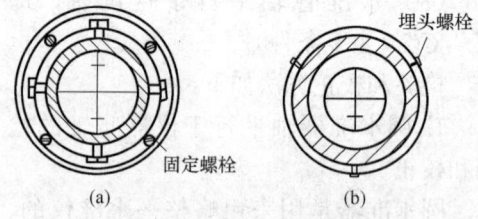

图 2-20　十字丝分划板校正设备

3. 水准管轴平行于视准轴的检验和校正

1)检验

在比较平坦的地面上相距 50m 左右打两个木桩或放两个尺垫作为固定点 A 和 B,立上水准尺。将仪器安置于距 A 点和 B 点的等距离处(图 2-21),转动微倾螺旋使符合气泡居中,分别读取 A、B 点上水准尺的读数 a_1 和 b_1,求得高差 $h_1 = a_1 - b_1$,此时即使视线是倾斜的,但因为仪器到两标尺的距离相等,故误差相等,即 $x_1 = x_2$,由此求得的高差

h_1是正确的；然后将仪器安置于 B 点附近（距 B 点约 3m），令符合气泡居中后读取两水准尺读数 a_2 和 b_2，求得第二次高差 $h_2＝a_2－b_2$。若 h_2 与 h_1 的差值不超过 3mm，则说明仪器的水准管轴平行于视准轴；若 h_2 与 h_1 的差值大于 3mm，则说明水准管轴不平行于视准轴，必须进行校正。

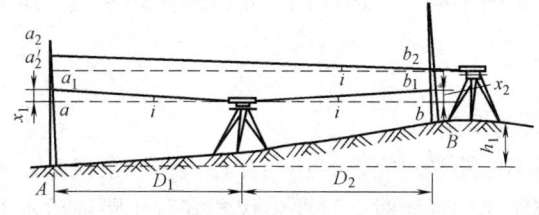

图 2-21 水准管轴平行于视准轴的检验

2）校正

当仪器安置于 B 点附近时，因为仪器距 B 尺很近，距 A 尺较远，故水准管轴不平行于视准轴的误差对 b_2 影响很小，可以忽略，亦即读数 b_2 可认为是正确的，而读数 a_2 包含的误差较大，在校正前应算出 A 尺的正确读数 a_2'，从图 2-21 可知：

$$a_2'＝b_2+h_1 \tag{2-13}$$

校正方法是：转动微倾螺旋，令在 A 尺上的读数恰为 a_2'，此时视线水平，但符合气泡不居中，则用校正针拨动水准管上、下两个校正螺栓（图 2-22），使气泡居中，水准管轴即平行于视准轴。为了检查校正是否完善，必须在 B 点附近重新安置仪器，分别读取 A、B 尺上读数 a_3 和 b_3，求得 $h_3＝a_3－b_3$，若 h_3 与 h_1 之差不超过 3mm，则校正工作结束。

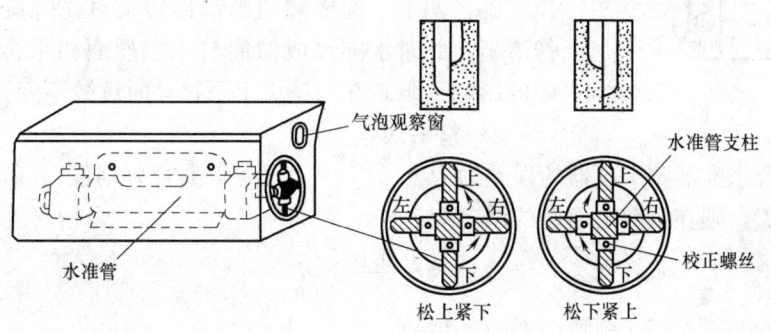

图 2-22 水准管的校正

水准管的校正螺栓往往是上下左右共四个（图 2-22），校正时，先稍微松开左右两个中的一个，然后利用上下两个螺栓进行校正。例如松上紧下，则把该处水准管支柱升高，气泡往校正螺栓一方移动；松下紧上，则把该处水准管支柱降低，气泡往相反方向移动。校正时应遵守先松后紧的原则，未松而紧会把螺栓拧断或产生滑丝；相反如只松不紧，水准管支柱未固定，也达不到校正的目的。校正完毕，各校正螺栓应与水准管支柱处于顶紧状态。校正时要细心，用力不能过猛，所用校正针的粗细应与校正孔的大小相适应，否则容易弄坏仪器。

2.7　水准测量的误差及其消减方法

在水准测量中，观测成果的好坏与观测条件有密切的关系，而观测条件又受仪器误差、观测误差和外界因素的影响。下面我们对水准测量误差的主要来源及消减方法进行分析和讨论。

1. 仪器误差

1）仪器校正不完善的误差

仪器虽经校正，但不可能绝对完善，还会存在一些残余误差，主要是水准管轴不平行于视准轴的误差。如前所述，观测时，只要将仪器安置于距前后水准尺等距离处就可消除这项误差。

2）水准尺误差

水准尺误差包括刻划和尺底零点不准确等误差。观测前应对水准尺进行检验，尺底零点误差可采用测偶数站的方法消除。

2. 观测误差

1）视差

由于对光不完善而引起的误差称为视差。如图 2-23 所示，因为对光不完善，水准尺

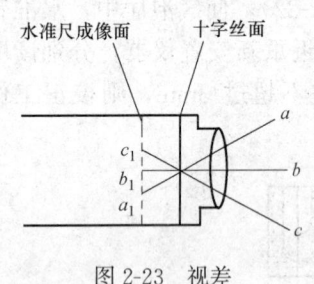

图 2-23　视差

的成像面与十字丝面不重合，这时若观测者的眼睛靠近目镜从 a 点移到 b 点、c 点时，十字丝的交点在水准尺上的读数将相应为 a_1、b_1、c_1，这就使读数产生误差，因此观测时应消除视差。方法是：切实做好对光工作，即先转动目镜螺旋，使十字丝成像清晰，再转动对光螺旋使水准尺成像清晰，此时水准尺成像面与十字丝面相重合，消除了视差的影响。眼睛在目镜端上下移动时读数不变。

2）整平误差

利用符合水准器整平仪器的误差约为 $\pm 0.075\tau''$（τ''为水准管分划值），若仪器至水准尺的距离为 D，则在读数上引起的误差为：

$$m_{平}=\pm\frac{0.075\tau''}{\rho''}D \tag{2-14}$$

式中，$\rho''=206265''$，指 1 弧度所对应的秒数。

由上式可知，整平误差与水准管分划值及视线长度成正比。若以 DS$_3$ 型水准仪（$\tau''=20''/2mm$）进行等外水准测量，视线长 $D=100m$ 时，$m_{平}=\pm 0.73mm$。可见此时整平误差较大，因此在观测时必须切实使符合气泡居中，且视线不能太长，后视完毕转向前视，要注意重新转动微倾螺旋令气泡居中才能读数，但不能转动脚螺旋，否则将改变仪器高产生错误。此外在晴天观测时，必须打伞保护仪器，特别要注意保护水准管。

3）照准误差

人眼的分辨力，通常视角小于 $1'$ 就不能分辨尺上的两点，若用放大倍率为 V 的望远镜照准水准尺，照准精度为 $60''/V$，由此照准距水准仪 D 米处水准尺的照准误差为：

$$m_{照}=\pm\frac{60''}{V\cdot\rho}\cdot D \tag{2-15}$$

当 $V=30$，$D=100\mathrm{m}$ 时，$m_{照}=\pm0.97\mathrm{mm}$。

若望远镜放大倍率较小或视线过长，尺子成像小，并显得不够清晰，照准误差将增大。故对各等级的水准测量，都规定了仪器应具有的望远镜放大倍率及视线最大长度。

4）水准尺竖立不直的误差

如图 2-24 所示，若水准尺未竖直立于地面而倾斜时，其读数 b' 或 b'' 都比尺子竖直时的读数 b 要大，而且视线越高误差越大。故作业时应切实将尺子竖直，并且尺上读数不能太大，一般应不大于 2.7mm。

3. 外界条件的影响

1）仪器和尺垫升降的误差

由于土壤的弹性及仪器的自重，可能引起仪器上升或下沉，从而产生误差。如图2-25所示，若后视完毕转向前视时，仪器下沉了 Δ_1，使前视读数 b_1 小了 Δ_1，即测得的高差 $h_1=a_1-b_1$ 大了 Δ_1。设在一测站上进行两次测量，第二次先前视再后视，若从前视转向后视过程中仪器又下沉了 Δ_2，则第二次测得的高差 $h_2=a_2-b_2$ 小了 Δ_2。如果仪器随时间均匀下沉，即 $\Delta_2\approx\Delta_1$，取两次所测高差的平均值，这项误差就可得到有效地削弱。故在国家三等水准测量中，按后、前、前、后的顺序观测。

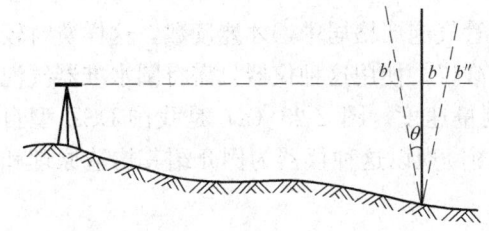

图 2-24 水准尺竖立不直的误差

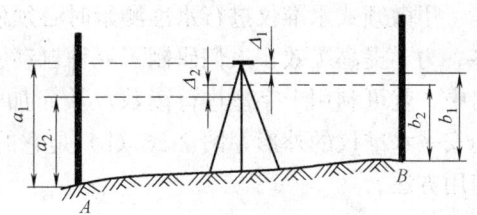

图 2-25 仪器下沉引起的误差

与仪器升降情况相类似。如转站时尺垫下沉，使所测高差增大，如上升则使高差减小。对一条水准路线采用往返观测取平均值，这项误差可以得到削弱。

2）地球曲率的影响

在绪论中已经证明，地球曲率对高程的影响是不能忽略的。如图 2-26 所示，由于水准仪提供的是水平视线，因此后视和前视读数 a 和 b 中分别含有地球曲率误差 δ_1 和 δ_2，AB 的高差应为 $h_{AB}=(a-\delta_1)-(b-\delta_2)$，但只要将仪器安置于距 A 点和 B 点等距离处，这时 $\delta_1=\delta_2$，$h_{AB}=a-b$，就可消除地球曲率的影响。

3）大气折光的影响

我们知道，地球表面空气的密度随温度不同而异，在白天地表吸收太阳的照射热，地表温度高于空气温度，则接近地表的空气密度小于远离地表的空气密度，光线从密度不同的空气通过将产生折射，如图 2-27 所示。由于折光的影响，水准仪在 A 尺和 B 尺上的读数并不是按照理想的水平线方向读得 a 和 b，而产生折射读得 a_1 和 b_1，其中 $r_1=a_1-a$，$r_2=b_1-b$，即为折光差。从图 2-27 中可以看出，仪器安置在

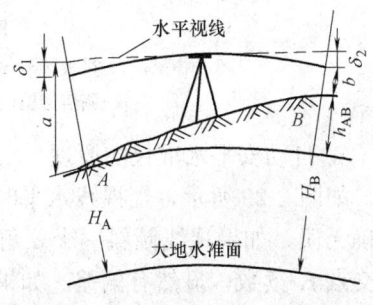

图 2-26 地球曲率引起的误差

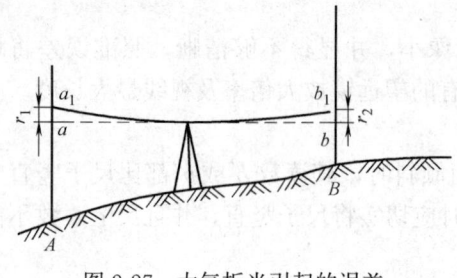

图2-27 大气折光引起的误差

距前后尺等距离处时 $r_1 \approx r_2$，折光差即可部分消除。为什么说是部分消除呢？因为折光差大小随着视线高度和地面覆盖物的不同而异，越接近地面折光差越大，尤其在中午时，由于太阳照射，地面水分蒸发，折光影响增大。所以在水准测量中，视线不能太接近地面，高度应在0.3m以上；前后视地表应大致一样；视线尽可能避免跨越河流、塘堰等水面，否则应特别注意。

以上分析了有关误差的来源及其消减方法。实际上由于误差产生的随机性，其综合影响将会相互抵消一部分。在一般情况下观测误差是主要的，但事物不是固定不变的，在一定条件下，其他因素也可能成为主要方面。测量者的任务之一就是掌握误差产生的规律，采取相应措施保证测量精度，同时提高工作效率。

2.8 自动安平水准仪

用微倾式水准仪进行水准测量时必须使水准管气泡严格居中，才能读数，这样费时较多。为了提高工效，人们研制了一种自动安平水准仪。使用这种仪器只需将圆水准器气泡居中，就可利用十字丝进行读数，从而加快了测量速度。图2-28（a）是我国 DSZ$_3$ 型自动安平水准仪的外形，图2-28（b）是它的剖面图。现以这种仪器为例介绍其构造原理和使用方法。

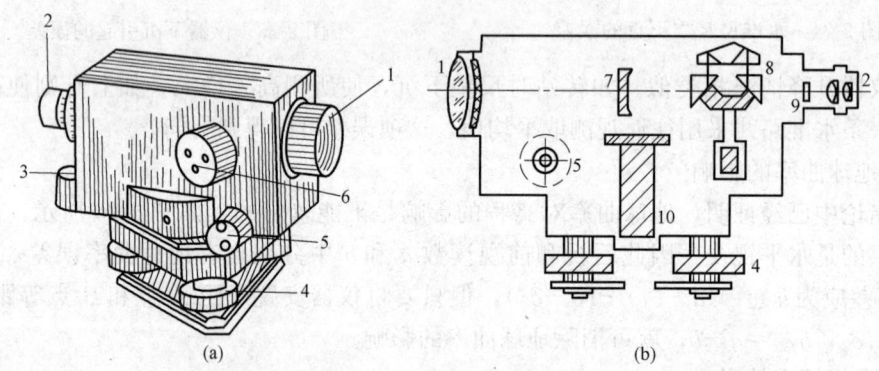

(a)   (b)

图2-28 自动安平水准仪

1—物镜；2—目镜；3—圆水准器；4—脚螺旋；5—微动螺旋；6—对光螺旋；
7—调焦透镜；8—补偿器；9—十字丝分划板；10—竖轴

1. 自动安平水准仪的原理

如图2-29所示，当视线水平时，水平光线恰好与十字丝交点所在位置 K' 重合，读数正确无误，如果视线倾斜一个 α 角，十字丝交点移动一段距离 d 到达 K 处，这时按十字丝交点 K 读数，显然有偏差。如果我们在望远镜内的适当位置装置一个"补偿器"，使进入望远镜的水平光线经过补偿器后偏转一个 β 角，恰好通过十字丝交点 K，这样按十字

交点 K 读出的数仍然是正确的。由此可知，补偿器的作用是使水平光线发生偏转，而偏转角的大小正好能够补偿视线倾斜所引起的读数偏差。因为 α 和 β 角都很小，从图 2-29 可知：

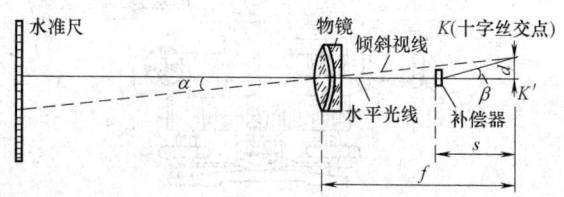

图 2-29　自动安平水准仪原理

$$fa = s\beta \tag{2-16}$$

即

$$\frac{\beta}{\alpha} = \frac{f}{s} = n \tag{2-17}$$

式中　f——物镜和对光透镜的组合焦距；

　　　s——补偿器至十字丝分划板的距离；

　　　α——视线的倾斜角；

　　　β——水平视线通过补偿器后的偏转角；

　　　n——β 与 α 的比值，称为补偿器的放大倍数。

在设计时，只要满足式（2-17）的关系，即可达到补偿的目的。

2. 自动安平水准仪的使用

使用自动安平水准仪进行水准测量，只要把仪器安置好，令圆水准器气泡居中，即可用望远镜瞄准水准尺读数。为了检查补偿器是否起作用，有的仪器有一个掀钮，按下掀钮可把补偿器轻轻触动，待补偿器稳定后，看尺上读数是否有变化，如无变化，说明补偿器正常。如仪器没有掀钮装置，可微微转动脚螺旋，如尺上读数没有变化，说明补偿器起作用，仪器正常，否则应进行检查修理。

2.9　精密水准仪

国家一、二等水准测量和精密工程测量（精密施工测量和建筑物变形观测等）往往需要使用 DS_{05} 或 DS_1 型精密水准仪，现简述如下。

1. 精密水准仪的构造

精密水准仪的类型有多种，这里仅以 Wild N_3 水准仪为例，介绍精密水准仪的构造及使用方法。N_3 水准仪的外形如图 2-30 所示，其望远镜放大率为 42 倍，水准管分划值为 $10''/2mm$，每千米往返测量高差中误差小于 $\pm 0.5mm$，属 DS_{05} 型精密水准仪，适用于一、二等水准测量。

仪器的望远镜设有平行玻璃板及测微装置（图 2-31）。当转动测微轮时将带动平行玻璃板转动，水准尺的构像也随着移动，测微轮转动一周，水准尺上的构像移动 10mm，测微轮带动望远镜内的测微尺，测微尺共 100 格，相当于水准尺上的 10mm，故每格为 0.1mm，从测微尺上可直读 0.1mm，估读到 0.01mm，不必像一般水准测量那样，在水

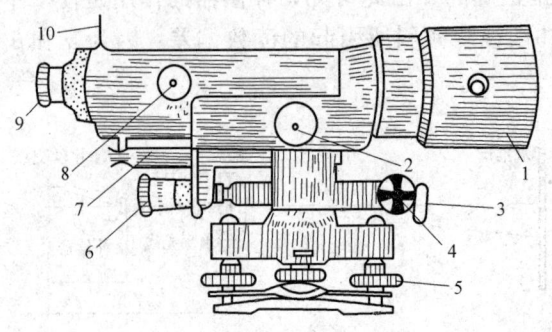

图 2-30　Wild N_3 水准仪

1—楔形保护玻璃；2—平行玻璃板测微手轮；3—制动螺旋；4—微动螺旋；5—脚螺旋；
6—微倾螺旋；7—水准器反光板；8—调焦螺旋；9—目镜；10—瞄准器

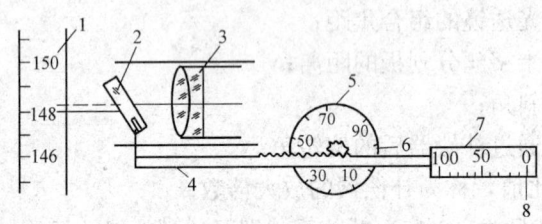

图 2-31　平行玻璃板测微装置

1—水准尺；2—平行玻璃板；3—物镜；4—联系杆；5—测微轮；
6—测微轮指标；7—测微尺；8—测微尺指标

准尺上估读，读数精度大为提高。

仪器配有一对 3m 长的铟瓦水准尺，铟瓦受温度影响较小，从而保证了尺长的稳定。水准尺一侧为基本分划，尺的底部为零；另一侧为辅助分划，尺的底部一般从 3.0155m 起算（图 2-32），用作测站校核。

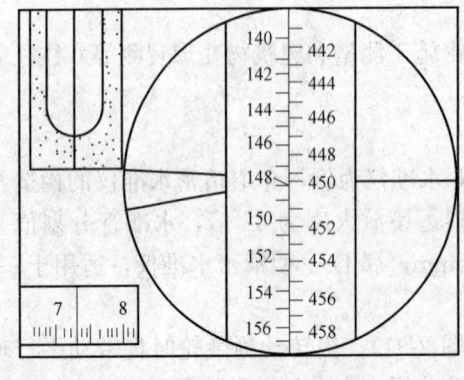

图 2-32　N_3 水准仪读数

2. 仪器的使用

操作步骤如下：

（1）安置仪器，转动三个脚螺旋令圆水准器的气泡居中。

（2）用望远镜照准水准尺，转动微倾螺旋，使符合水准器气泡严格居中。

（3）转动测微轮，令十字丝分划板的楔形丝正好夹住水准尺上基本分划的一条刻划，如图 2-32 中为 148，即 148cm，接着在测微尺上读出尾数，图中为 734（即 0.734cm），则整个读数为 148＋0.734＝148.734cm。辅助分划的读数方法与基本分划的读数方法相同。

2.10 数字水准仪

数字水准仪又称电子水准仪，它除了在望远镜内安置自动安平补偿器外，还增加了分光镜和光电探测器（CCD）等部件，配合使用条形码水准尺和图像处理电子系统，实现自动安平、自动读数、自动记录、检核、计算数据处理和存储，构成水准测量外业和内业的一体化，避免了读错记错等差错，可自动多次测量，削弱外界条件变化的影响，大大提高观测精度和速度。

1. 数字水准仪的原理

数字水准仪的主要技术是电子自动读数和数据处理系统，目前各厂家所采用的原理和方法各有差异，现仅以瑞士徕卡 NA3003 数字水准仪为例，简述如下。

如图 2-33 所示，望远镜照准水准尺并调焦后，尺上的条形影像进入分光镜后，分光镜将其分为可见光和红外光两部分，可见光影像成像在分划板上，供目视观测，红外光影像成像在 CCD 探测器上，探测器将接收到的光图像转换成模拟信号，再转换为数字信号传至处理器，与仪器内原先存储的水准尺条形码数字信息进行相关比较，当两信号处于最佳相关位置时，即获得水平视线读数和视距读数（仪器至水准尺的距离），并将处理结果存储和显示于屏幕上。从上可知，数字水准仪应与相应厂家生产的条码尺配套使用，不能互换。若不用条码水准尺，改用普通的水准尺，则数字水准仪变成一台普通的自动安平水准仪。

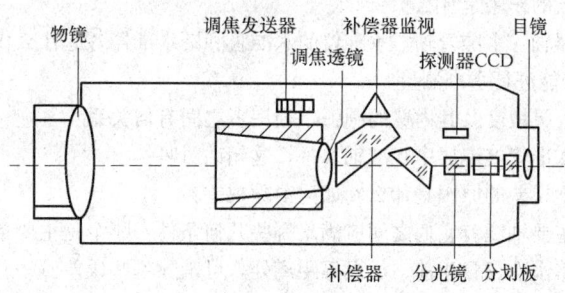

图 2-33 徕卡水准仪测量原理

NA3003 数字水准仪配合条码尺，其观测精度可达 0.4mm/km，主要用于精密水准测量。

2. 条码水准尺

配合数字水准仪使用的条码尺一般为铟瓦带尺，其刻划类似于商品包装印刷的条纹码，一般采用三种独立互相嵌套在一起的编码尺。如图 2-34 所示，R 为参考码，A 和 B 为信息码，参考码 R 为三道等宽的黑色码条，以中间码条的中线为准，每隔 3cm 就有一 R 码，信息码 A 与信息码 B 位于 R 码的上、下两边，下边 10mm 处为 B 码，上边 10mm 处为 A 码，A 码与 B 码宽度按正弦规律改变，其信号波长分别为 33cm 和 30cm，最窄的码条宽度不到 1mm，这三种信号的频率和相位可以通过快速傅立叶变换（FFT）获得。条形码的另一面，一般采用长度单位分划，适用于普通水准观测。

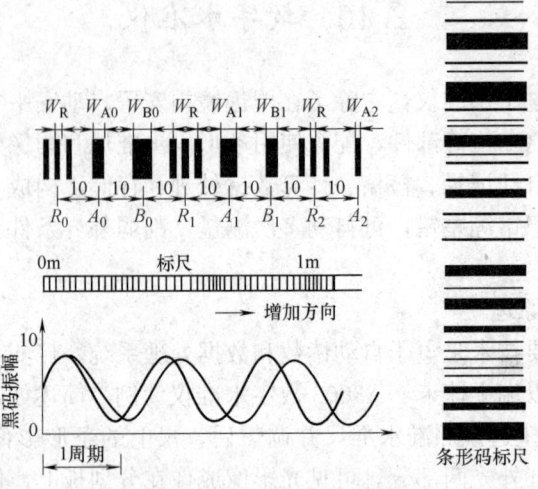

图 2-34 条形码标尺原理图

思考与练习题

2-1 何谓高差？水准仪是根据什么原理测定两点间高差的？高差正、负号的意义是什么？

2-2 何谓后视读数和前视读数？将水准仪置于 P、N 两点之间，在 P 尺上的读数为 1.586m，在 N 尺上的读数为 0.435m，试求高差 h_{NP}，并指出哪点高。

2-3 何谓转点？转点的作用是什么？

2-4 什么叫圆水准轴、水准管轴？水准仪的水准管和圆水准器各起什么作用？若一架水准仪只有水准管没有圆水准器是否能进行水准测量？

2-5 水准管分划值、灵敏度及其内壁的圆弧半径三者之间有何关系？

2-6 何谓视准轴？水准管气泡居中视准轴水平，这句话对吗？

2-7 何谓视差？产生视差的原因是什么？如何消除视差？

2-8 水准仪有哪些主要轴线？它们之间应满足哪些几何条件？哪个是主要条件？为什么？

2-9 水准测量中，将水准仪置于前、后尺等距离处，可消除哪些误差？

2-10 在进行水准测量时，当后视完毕转向前视时水准管的气泡往往又不居中，为什么？如何处理？能否能用脚螺旋使气泡居中？如果发现圆水准器也偏离中心，如何处理？

2-11 已知某水准仪的水准管分划值为 $20''/2\text{mm}$，当尺子离仪器 75m 时，欲使因水准管气泡不居中而产生的读数误差不超过 2mm，问气泡偏离中心位置不应超过几格？

2-12 水准尺倾斜对水准测量有何影响？设由于水准尺倾斜所引起的读数误差不超过 2mm，当读数为 2.5m 时，允许水准尺倾斜多少？

2-13 安置仪器于 A、B 两点中间，测得 A 尺读数为 1.321m，B 尺读数为 1.117m，仪器搬至 B 点附近，测得 B 尺读数为 1.466m，A 尺读数为 1.695m。试问：水准管轴是否平行于视准轴？如不平行，应怎样校正？

第 3 章

角 度 测 量

角度测量是测量的三项基本工作中的一项。角度测量分为水平角测量和竖直角测量。

3.1　角度测量原理

3.1.1　水平角测量原理

水平角是指从空间一点出发的两个方向在水平面上的投影所夹的角度。如图 3-1 所示，设有从 B 点出发的 BA、BC 两条方向线，分别过 BA、BC 作的两个铅垂面与水平面 H 的交线 B_1A_1 和 B_1C_1 所夹的 $\angle A_1B_1C_1$，即为 BA、BC 间的水平角 β。

设想在 B 点的铅垂线上的 O 点水平放置一个顺时针均匀刻划的度盘，且度盘的中心与 O 点重合，通过直线 BA 与直线 BC 各作一竖直面与水平度盘相交，交线在水平度盘上的读数依次为 a 和 c，则水平角为右方向读数 c 减去左方向读数 a，即：

$$\beta = c - a \tag{3-1}$$

3.1.2　竖直角测量原理

同一竖直面内，地面某点至目标的方向线与水平视线的夹角，称为竖直角。如图 3-2 所示，视线在水平线之上称为仰角，符号为正；视线在水平线之下称为俯角，符号为负。所以竖直角的取值范围为是 $0° \sim \pm 90°$。

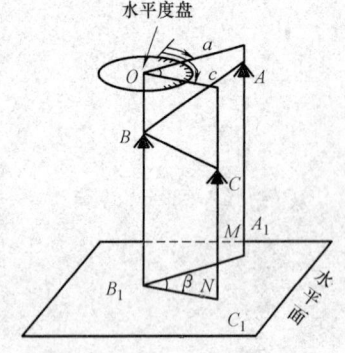

图 3-1　水平角测量原理

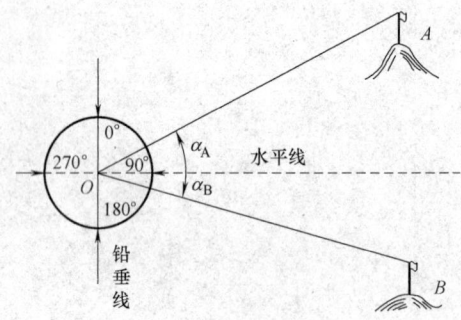

图 3-2　竖直角测量原理

如果在测站点 O 上安置一个带有竖直刻度盘的测角仪器，其竖盘中心通过水平视线，设照准目标点 A 时视线的读数为 n，水平视线的读数为 m，则竖直角 α 为：

$$\alpha = n - m \tag{3-2}$$

对于某一光学经纬仪而言，水平视线方向的竖直度盘读数应为 $90°$ 的整倍数，因此测量竖直角时，只要瞄准目标，读取竖直度盘读数，就可以计算出竖直角。

3.2　DJ6 型经纬仪

经纬仪是测量角度的仪器，它虽也兼有其他功能，但主要是用来测角。根据测角精度的不同，我国的经纬仪系列分为 DJ_{07}、DJ_1、DJ_2、DJ_6、DJ_{30} 等几个等级。D 和 J 分别是大地测量和经纬仪两词汉语拼音的首字母，角码注字是它的精度指标。

根据上节所述的测角原理，经纬仪的构造必须具有以下一些装置：

（1）对中整平装置，用以将度盘中心（即仪器中心）安置在过所测角度顶点的铅垂线上，并使度盘处于水平位置。

（2）照准装置，要有一个望远镜以照准目标，即建立方向线。且望远镜可上下旋转形成一个铅垂面，以保证照准同一铅垂面上的不同目标时，其在水平面上的投影位置不变。它也可以水平旋转，以保证不在同一铅垂面上的目标，在水平面上有不同的投影位置。

（3）读数装置，用以读取在照准某一方向时水平度盘和竖直度盘的读数。

二维码 3-1
经纬仪

经纬仪中目前最常用的是 DJ$_6$ 和 DJ$_2$ 级光学经纬仪。图 3-3 是 DJ$_6$ 级光学经纬仪的外貌。

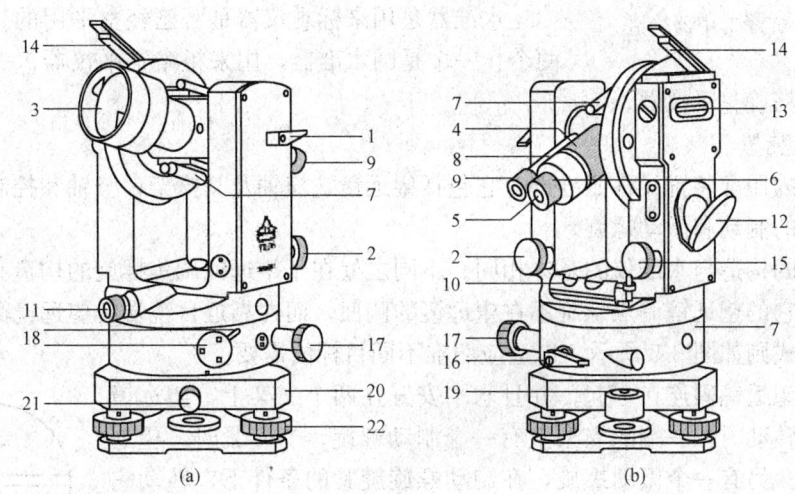

(a)   (b)

图 3-3   DJ$_6$ 型光学经纬仪构造

1—望远镜制动扳钮；2—望远镜微动螺旋；3—物镜；4—望远镜调焦筒；5—目镜；6—目镜调焦螺旋；
7—粗瞄准器；8—竖盘指标水准管；9—望远镜制动螺旋；10—管水准器；11—光学对中器；
12—度盘照明反光镜；13—竖盘指标水准管；14—竖盘指标水准反光镜；
15—竖盘指标水准管微动螺旋；16—照准部制动扳钮；17—照准部微动螺旋；
18—度盘换像旋钮；19—圆水准器；20—基座；21—轴座固定螺旋；22—脚螺旋

1. 对中整平装置

该装置包括三脚架，垂球或光学对中器，脚螺旋，圆水准器及管水准器。

三脚架的作用是用来支撑仪器。移动三脚架的架腿，可使仪器的中心粗略地位于角顶上，并使安装仪器的三脚架头平面粗略地处于水平。架腿一般可以伸缩，以便于携带，但也有不能伸缩的，其优点是较为稳定，故多用于精度较高的经纬仪。

垂球的作用是用来标志仪器是否对中的，它悬挂于连接三脚架与仪器的中心连接螺旋上。当仪器整平，即仪器的竖轴铅垂时，它即与竖轴位于同一铅垂线上。当垂球尖对准地面上角顶的标志时，即表示竖轴的中心线及水平度盘的刻划中心与角顶在同一条铅垂线上。

光学对中器也是用来标志仪器是否对中的。其优点是不像垂球对中会受风力的影响，所以对中精度较垂球为高。它的构造如图 3-4 所示，它是在一个平置的望远镜前面，安装一块直角棱镜。望远镜的视线通过棱镜而偏转 90°，以使其处于铅垂状态，且要保持与仪

41

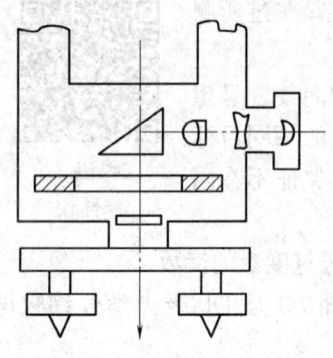

图 3-4　光学对中器构造

器的竖轴重合。当仪器整平后，从光学对中器的目镜看去，如果地面点与视场内的圆圈重合，则表示仪器已经对中。旋转目镜可对分划板调焦，推拉目镜可对地面目标调焦。

光学对中器安置的位置，有的是在照准部上，有的则在基座上。如在照准部上，则可与照准部共同旋转，而在基座上则不能。

经纬仪的三个脚螺旋位于基座的下部，当旋转脚螺旋时，可使仪器的基座升降，从而将仪器整平。

水准器是用来标志仪器是否已经整平用的。它一般有两个：一个是圆水准器，用来粗略整平仪器；一个是管水准器，用来精确整平仪器。

2. 照准装置

经纬仪的照准装置又称照准部，它包括望远镜，横轴及其支架，竖轴和控制望远镜及照准部旋转的制动和微动螺旋。

望远镜的构造与水准仪的基本相同。不同之处在于望远镜调焦螺旋的构造和分划板的刻线方式。它的望远镜调焦螺旋不在望远镜的侧面，而在靠近目镜端的望远镜筒上。分划板的刻划方式则如图 3-5 所示，以适应照准不同目标的需要。

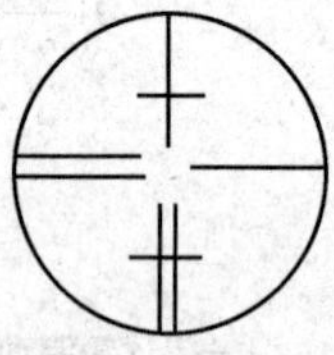

横轴与望远镜固连在一起，并且水平安置在两个支架上，望远镜可绕其上下转动。在一端的支架上有一个制动螺旋，当旋紧时，望远镜不能转动。另有一个微动螺旋，在制动螺旋旋紧的条件下，转动它可使望远镜作上下微动，以便于精确地照准目标。

望远镜连同照准部可绕竖轴在水平方向旋转，以照准不在同一铅垂面上的目标。照准部也有一对制动和微动螺旋，以控制其固定或作微小转动。照准部的旋转轴位于基座轴套内，而度盘的旋转轴则套在

图 3-5　十字丝

基座轴套外，其目的是使照准部的旋转轴与度盘旋转轴分离，以避免两者互相带动。根据照准部与度盘的关系，可分为两类。一类是照准部和度盘可以共同转动，也可以各自分别转动。这种仪器可以用复测法测水平角，因而称作复测经纬仪。它是利用一个复测扳手，使照准部与度盘可以脱开，也可以固连。当复测扳手扳下时，弹簧夹将度盘夹住；则旋转照准部时，度盘也一起转动，因而度盘读数不发生变化；当复测扳手扳上时，弹簧夹与度盘脱离，则旋转照准部时，度盘仍保持不动，从而使读数变化。另一类是照准部和度盘都可单独转动，但两者不能共同转动。这类仪器只能用方向法测角，因而称为方向经纬仪。精度在 DJ$_2$ 级以上的经纬仪都是这种结构，有的 DJ$_6$ 级经纬仪也采用这种结构。这类仪器有一个度盘变换手轮，转动它时，度盘在其本身的平面内单独旋转，可以在照准方向固定后，任意安置度盘读数。为了防止无意中触动而改变读数，通常都设有保护装置。

3. 读数装置

经纬仪的读数装置包括度盘、读数显微镜及测微器等。不同精度不同厂家的产品其基本结构是相似的，但测微机构及读数方法则差异很大。现只介绍在我国应用最为普遍的几种。

光学经纬仪的水平度盘及竖直度盘皆由环状的平板玻璃制成，在圆周上刻有360°分划，在每度的分划线上注以度数。在工程上常用的DJ$_6$级经纬仪一般为1°或30″一个分划，DJ$_2$级仪器则将1°的分划再分为3格，即20″一个分划。

读数显微镜位于望远镜的目镜一侧。通过位于仪器侧面的反光镜将光线反射到仪器内部，通过一系列光学组件，使水平度盘、竖直度盘及测微器的分划都在读数显微镜内显示出来，从而可以读取读数。

最常见的读数方法有分微尺法、单平板玻璃测微器法等。下面分别说明其构造原理及读数方法。

1）分微尺法

分微尺法也称带尺显微镜法，多用于DJ$_6$级仪器。由于这种方法操作简单，不含隙动差，其应用较广。如国产的TDJ$_6$、Leica T16等都采用这种方法。

这种测微器是一个固定不动的分划尺，它有60个分划，度盘分划经过光路系统放大后，其1°的间隔与分微尺的长度相等。即相当于把1°又细分为60格，每格代表1′，从读数显微镜中看到的影像如图3-9所示。图中H代表水平度盘，V代表竖直度盘。度盘分划注字向右增加，而分微尺注字则向左增加。分微尺的0分划线即为读数的指标线，度盘分划线则作为读取分微尺读数的指标线。从分微尺上可直接读到1′，还可以估读到0.1′。图3-6中的水平度盘读数为207°54.3′，也就是207°54′18″。

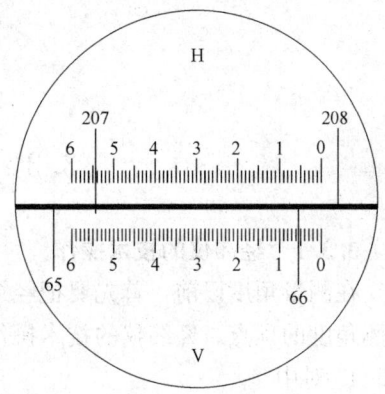

图3-6　分微尺法测微器读数方法

2）单平板玻璃测微器法

这种测微方法也是用于DJ$_6$级经纬仪。由于操作不便，且有隙动差，现已较少采用。但旧仪器中还可见到，如Wild T$_1$和部分国产DJ$_6$的读数装置即属此类。

它的结构原理如图3-7所示。度盘影像在传递到读数显微镜的过程中，要通过一块平板玻璃，故称单平板玻璃测微器。在仪器支架的侧面有一个测微手轮，它与平板玻璃及一个刻有分划的测微尺相连，转动测微手轮时，平板玻璃产生转动。由于平板玻璃的折射，度盘分划的影像则在读数显微镜的视场内产生移动，测微分划尺也产生位移。测微尺上刻有60个分划。如果度盘影像移动一格，则测微尺刚好移动60个分划。因而通过它可读出不到1°的微小读数。

在读数显微镜读数窗内，所看到的影像如图3-8所示。图内下面的读数窗为水平度盘的影像，中间为竖直度盘的影像，上面则为测微尺的影像。水平及竖直度盘不足1°的微小读数，都利用测微尺的影像读取。读数时需转动测微手轮，使度盘刻划线的影像移动到读数窗中间双指标线的中央，并根据这指标线读出度

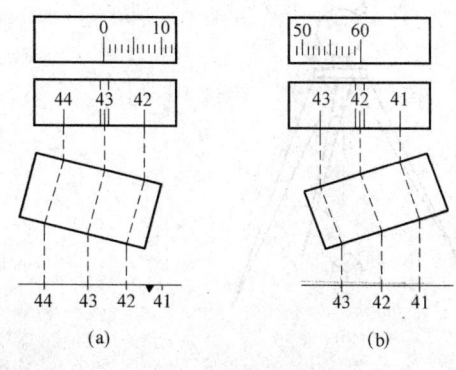

(a)　　　　　(b)

图3-7　结构原理

盘的读数。这时测微尺读数窗内中间单指标线所对的读数即为不足 1°的微小读数，将两者相加即为完整的读数。例如图 3-8（b）中的水平度盘读数为 42°45.6′。

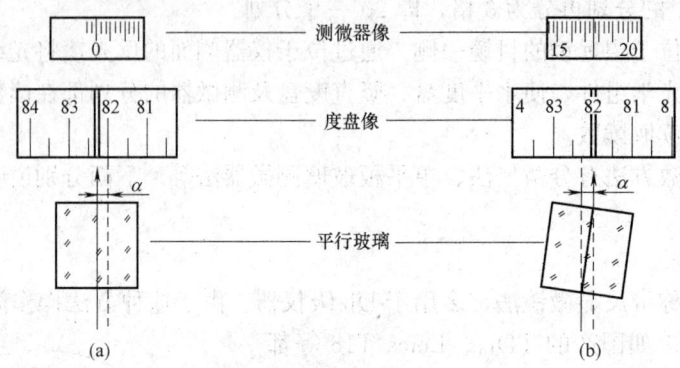

图 3-8 读数影像

3.3 水平角测量的方法

3.3.1 经纬仪的技术操作

在测量角度以前，首先要把经纬仪安置在设置有地面标志的测站上。所谓测站，即是所测角度的顶点。经纬仪的技术操作包括对中、整平、瞄准、读数等步骤。

1. 对中

在安置仪器以前，首先将三脚架打开，抽出架腿，并旋紧架腿的固定螺旋。然后将三个架腿安置在以测站为中心的等边三角形的角顶上。这时架头平面即约略水平，且中心与地面点约略在同一铅垂线上。

从仪器箱中取出仪器，用附于三脚架头上的连接螺旋，将仪器与三脚架固连在一起，然后即可精确对中。

根据仪器的结构，可用垂球对中，也可用光学对中器对中。用垂球对中时，先将垂球挂在三脚架的连接螺旋上，并调整垂球线的长度，使垂球尖刚刚离开地面，再看垂球尖是否与角顶点在同一铅垂线上。如果偏离，则将角顶点与垂球尖连一方向线，将最靠近连线的一条腿，沿连线方向前后移动，直到垂球与角顶对准，如图 3-9（a）所示。这时如果架

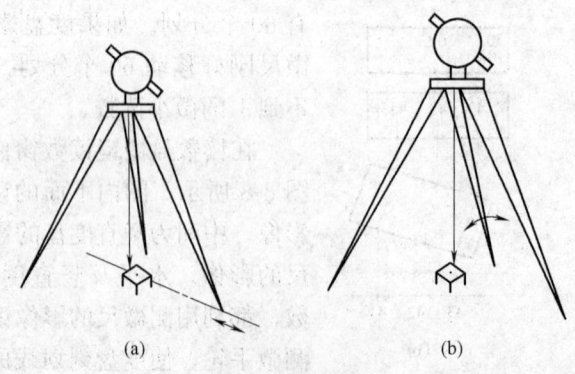

图 3-9 垂球对中

头平面倾斜，则移动与最大倾斜方向垂直的一条腿，从高的方向向低的方向划一以地面顶点为圆心的圆弧，直至架头基本水平，且对中偏差不超过 $1\sim2\mathrm{cm}$ 为止。最后将架腿踩实，如图 3-9（b）。为使精确对中，可稍稍松开连接螺旋，将仪器在架头平面上移动，直至准确对中，最后再旋紧连接螺旋。

如果使用光学对中器对中，可以先用垂球粗略对中，然后取下垂球，再用光学对中器对中。但在使用光学对中器时，仪器应先利用脚螺旋使圆水准器气泡居中，再看光学对中器是否对中。如有偏离，仍在仪器架头上平行移动仪器，在保证圆水准气泡居中的条件下，使其与地面点对准。如果不用垂球粗略对中，则一面观察光学对中器一面移动脚架，使光学对中器与地面点对准。这时仪器架头可能倾斜很大，则根据圆水准气泡偏移方向，伸缩相关架腿，使气泡居中。伸缩架腿时，应先稍微旋松伸缩螺旋，待气泡居中后，立即旋紧。因为光学对中器的精度较高，且不受风力影响，应尽量采用。待仪器精确整平后，仍要检查对中情况。因为只有在仪器整平的条件下，光学对中器的视线才居于铅垂位置，对中才是正确的。

2. 整平

经纬仪整平的目的是使竖轴居于铅垂位置。整平时要先用脚螺旋使圆水准气泡居中，以粗略整平，再用管水准器精确整平。

由于位于照准部上的管水准器只有一个，如图 3-10（a）所示，可以先使它与一对脚螺旋连线的方向平行，然后两手同时向内或者向外旋转这两个脚螺旋，使管水准器的气泡居中。再将照准部平转 $90°$，左手调节第三个角螺旋使气泡居中。这样反复进行，直至管水准器在任一方向上气泡都居中为止。在整平后还需检查光学对中器是否偏移。如果偏移，则重新进行对中，对中好了之后再看一下气泡在不在中间，不在的话说明刚才的对中影响了整平，要重新进行整平。一般重复两到三次可以精确的对中整平好。

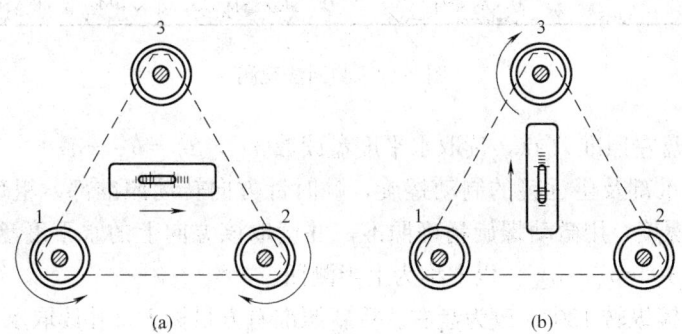

图 3-10 经纬仪整平

3. 瞄准

经纬仪对中整平好后，要用望远镜瞄准目标，首先将望远镜照准天空或者明亮的目标（如白色的墙壁），调节目镜调焦螺旋使十字丝清晰；然后松开照准部及望远镜的制动扳钮，用望远镜的光学瞄准器对准目标。转动物镜对光螺旋使目标影像清晰；而后旋紧望远镜和照准部的制动扳钮，通过旋转望远镜和照准部的微动螺旋，使十字丝对准目标，并观察有无视差，如有视差，应注意消除视差。对于细的目标，宜用单丝照准，使单丝平分目标像；而对于粗的目标，则宜用双丝照准，使目标像平分双丝，以提高照准的精度。图

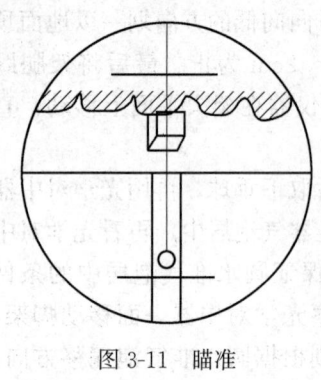

图 3-11 瞄准

3-11 是测量水平角的时候用竖丝对准目标。测量竖直角的时候则用横丝对准目标。

4. 读数

读数前，先将进光反光镜张开适当角度，转动使其镜面朝向光源，并使读数窗明亮而亮度均匀；旋转显微镜调焦螺旋，使分划和注记清晰，然后读数。

3.3.2 测回法测水平角

在水平角观测中，为发现错误并提高测角精度，一般要用盘左和盘右两个位置进行观测。当观测者对着望远镜的目镜，竖盘在望远镜的左边时称为盘左位置，又称正镜；若竖盘在望远镜的右边时称为盘右位置，又称倒镜。

当所测的角度只有两个方向时，通常都用测回法观测。如图 3-12 所示，欲测 OA、OB 两方向之间的水平角 $\angle AOB$ 时，在角顶 O 安置仪器，在 A、B 处设立观测标志。经过对中、整平以后，即可按下述步骤观测。

图 3-12 测回法观测

（1）照准部盘左照准 A 点，读取水平度盘读数 $a_左$，$\beta_左 = b_左 - a_左$。

（2）松开照准部及望远镜的制动螺旋，顺时针方向转动照准部，粗略照准右方目标 B。再关紧制动螺旋，用微动螺旋精确照准，并读取该方向上的水平度盘读数 $b_左$。盘左所得角值即为：$\beta_左 = b_左 - a_左$。以上称为上半测回。

（3）将望远镜纵转 180°，改为盘右。重新照准右方目标 B，并读取水平度盘读数 $b_右$。然后顺时针或逆时针方向转动照准部，照准左方目标 A，读取水平度盘读数 $a_右$，则盘右所得角值 $\beta_右 = b_右 - a_右$。以上称为下半个测回。两个半测回角值之差不超过规定限值时，取盘左盘右所得角值的平均值 $\beta = \dfrac{\beta_左 + \beta_右}{2}$，即为一测回的角值。观测结果应及时记入手簿，并进行计算，看是否满足精度要求。

手簿的格式如表 3-1 所示。

值得注意的是：上下两个半测回所得角值之差，应满足有关测量规范规定的限差，对于 DJ_6 级经纬仪，限差一般为 40″。如果超限，则必须重测。

两个方向相交可形成两个角度，计算角值时始终应以右边方向的读数减去左边方向的

测回法观测手簿 表 3-1

日期		仪器型号		观测		
天气		仪器编号		记录		

测站	测点	竖盘位置	水平度盘读数 ° ′ ″	水平角值 ° ′ ″	平均角值 ° ′ ″	备 注
1	2	3	4	5	6	7
O	左	A	118 47 00	72 36 00	72 36 10	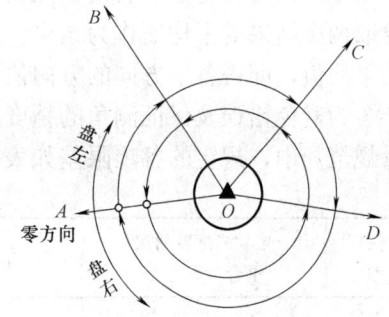
		B	191 23 00			
	右	A	298 47 00	72 36 20		
		B	11 23 20			

读数。如果右方向读数小于左方向读数，则应先加 360° 后再减，例如表 3-1 中 $\beta_{右}=11°23'20''+360°-298°47'00''=72°36'20''$。若用 $298°47'00''-11°23'20''=287°23'40''$，所得的则是 $\angle AOB$ 的外角。

当测角精度要求较高需要对一个角度观测若干个测回时，为了减弱度盘分划不均匀误差的影响，在各测回间，应使用度盘变换手轮或复测机钮，按测回数 n，将水平度盘位置依次变换 $180°/n$。例如某角要求观测两个测回，第一测回盘左瞄准起始方向应配置度盘在 $0°00'$ 或稍大于 $0°00'$ 处，相当于用量角器量角的时候起始边对准零刻度；第二测回起始方向的水平度盘应配置在 $180°/2=90°00'$ 或稍大于 $90°00'$ 处。

3.3.3　方向观测法测水平角

当在一个测站上需观测多个方向时，宜采用这种方法，因为可以简化外业工作。它的直接观测结果是各个方向相对于起始方向的水平角值，也称为方向值。相邻方向的方向值之差，就是它的水平角值。

如图 3-13 所示，设在 O 点有 OA、OB、OC、OD 四个方向，其观测步骤为：

（1）在 O 点安置仪器，对中、整平。

（2）选择一个距离适中且影像清晰的方向作为起始方向，设为 OA。

（3）盘左照准 A 点，并安置水平度盘读数，使其稍大于 0°，读取此时读数并记入手簿。

（4）以顺时针方向依次照准 B、C、D 诸点读数。最后再顺时针转动照准部照准起始目标 A，读取读数并记录，称为归零。以上称为上半测回。

图 3-13　方向观测法

（5）倒转望远镜改为盘右，先瞄准起始目标 A，读数并记录；再以逆时针方向依次照准 D、C、B、A，每次照准时，读取读数并记录。这称为下半测回，上下两个半测回构成一个测回。

（6）如需观测多个测回时，为了消减度盘刻度不匀的误差，每个测回都要改变度盘的位置，即在照准起始方向时，改变度盘的安置读数。为使读数在圆周及测微器上均匀分布，如用 DJ₂ 级仪器作精密测角时，则各测回起始方向的安置读数应按 $180°/n$ 变动水平度盘位置。n 为总测回数。每次读数后，应及时记入手簿，格式如表 3-2 所示。

方向观测法观测手簿　　　　　　　　　　　　　　　　表 3-2

日期：2017 年 4 月 20 日　　　　　仪器型号 JD68326　　　　　观测：

天气：晴　　　　　　　　　　　　地点：东校区　　　　　　　记录：

测站	测回数	目标	水平度盘读数		2c=左－ （右±180°）	平均读数＝ 左＋ （右±180°）	归零后 方向值	各测回归零后 方向平均值
			盘左	盘右				
			°′″	°′″	°′″	°′″	°′″	°′″
1	2	3	4	5	6	7	8	9
O	1	A	0 02 30	180 02 36	−6	0 02 33	0 00 00	00 00 00
		B	60 23 36	240 23 42	−6	60 23 39	60 21 06	60 20 39
		C	225 19 06	45 19 18	−12	45 19 12	45 16 39	45 16 24
		D	290 14 54	110 14 48	+6	110 14 51	110 11 18	110 11 27
		A	0 02 36	180 02 42	−6	0 02 39	—	
	2	A	90 03 30	270 03 24	+6	90 03 27	0 00 00	
		B	150 23 48	330 23 30	+18	150 23 39	60 20 12	
		C	135 19 42	315 19 30	+12	135 19 36	45 16 09	
		D	200 15 06	200 15 00	+6	200 15 03	110 11 36	
		A	90 03 24	270 03 18	+6	90 03 21		

表中第 4 列从上而下是盘左依次瞄准 A、B、C、D、A 的读数。表中第 5 列从下而上是盘右依次瞄准 A、D、C、B、A 的读数。第 6 栏为同一方向上盘左盘右读数之差，名为 $2c$，意思是二倍的照准差，它是由于视线不垂直于横轴的误差引起的。因为盘左、盘右照准同一目标时的读数相差 180°，所以 $2c=L-(R-180°)$。第 7 栏是盘左盘右的平均值，在取平均值时，也是盘右读数减去 180° 后再与盘左读数平均。起始方向经过了两次照准，要取两次结果的平均值作为结果。从各个方向的盘左盘右平均值中减去起始方向两次结果的平均值，即得各个方向的方向值。

为避免错误及保证测角的精度，对各项操作都规定了限差。例如在《新建铁路工程测量规范》中，规定的各项限差如表 3-3 所示。

方向观测法的限差　　　　　　　　　　　　　　表 3-3

仪器 型号	光学测微器两次 重合读数之差	半测回归零差	各测回同方向 2c 值互差	各测回同一方向值互差
DJ₁	1″	6″	9″	6″
DJ₂	3″	8″	13″	10″
DJ₆	—	18″		24″

3.4　竖直角测量的方法

3.4.1　竖直度盘的构造

竖直度盘主要由竖盘、竖盘指标水准管、微动螺旋和反光镜等组成，如图 3-14 所示。

为测竖直角而设置的竖直度盘（简称竖盘）固定安置于望远镜旋转轴（横轴）的一端，其刻划中心与横轴的旋转中心重合，所以在望远镜作竖直方向旋转时，度盘也随之转动。另外有一个固定的竖盘指标，以指示竖盘转动在不同位置时的读数，这与水平度盘是不同的。

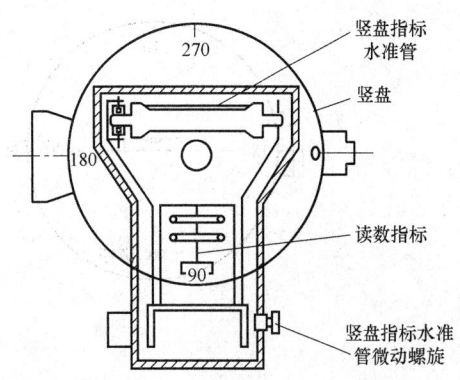

图 3-14 竖直度盘构造示意图

竖直度盘的刻划也是在全圆周上刻为360°，但注记的方式有顺时针及逆时针两种。通常在望远镜方向上注以0°及180°，如图3-15所示。在视线水平时，指标所指的读数为90°或270°。竖盘读数也是通过一系列光学组件传至读数显微镜内读取。

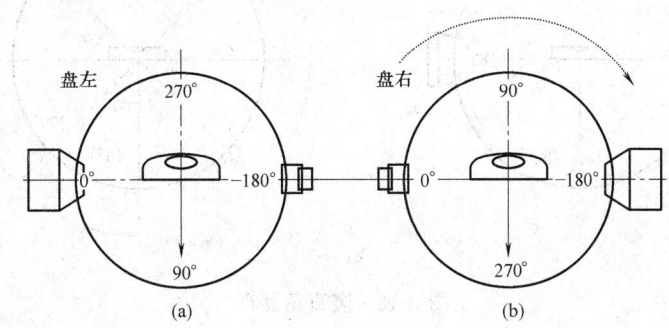

图 3-15 竖直度盘

3.4.2 竖直角的计算公式

竖直度盘的刻划也是在全圆周上刻为360°，但注记的方式有顺时针及逆时针两种。通常在望远镜方向上注以0°及180°，如图3-15所示。在视线水平时，指标所指的读数为90°或270°。竖盘读数也是通过一系列光学组件传至读数显微镜内读取。

竖直角的计算方法，因竖盘刻划的方式不同而异。但现在已逐渐统一为全圆分度，顺时针增加注记，且在视线水平时的竖盘读数为90°。现以这种刻划方式的竖盘为例，说明竖直角的计算方法，如遇其他方式的刻划，可以根据同样的方法推导其计算公式。

如图3-16（a）所示，经纬仪盘左位置视线水平时，竖盘的读数为90°，如照准高处一点 A，则视线向上倾斜，得读数 L。按前述的规定，竖直角应为"＋"值，所以盘左时的竖直角应为：

$$\alpha_{左} = 90° - L \tag{3-3}$$

如图3-16（b）所示，当在盘右位置且视线水平时，竖盘读数为270°，在照准高处的同一点 A 时，得读数 R。则竖直角应为：

$$\alpha_{右} = R - 270° \tag{3-4}$$

取盘左、盘右的平均值，即为一个测回的竖直角值，即：

$$\alpha = \frac{\alpha_{左} + \alpha_{右}}{2} = \frac{R - L - 180°}{2} \tag{3-5}$$

如果测多个测回，则取各个测回的平均值作为最后成果。

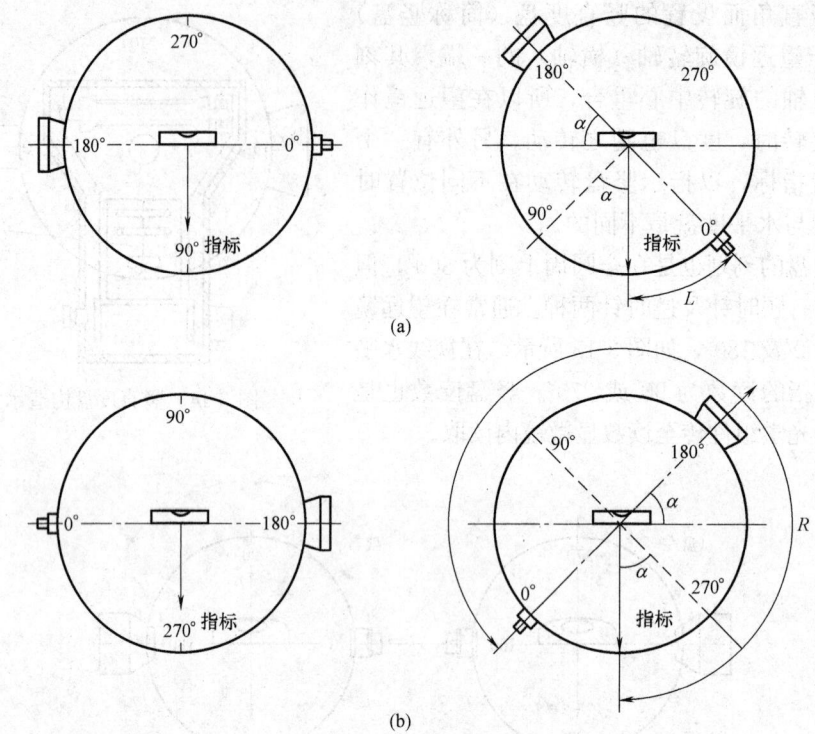

(a)

(b)

图 3-16　竖直角计算

3.4.3　竖直角的观测方法

由竖直角的定义已知，它是倾斜视线与在同一铅垂面内的水平视线所夹的角度。由于水平视线的读数是固定的，所以只要读出倾斜视线的竖盘读数，即可求算出竖直角值。但为了消除仪器误差的影响，同样需要用盘左、盘右观测。其具体观测步骤为：

（1）在测站上安置仪器，也就是对中、整平经纬仪。

（2）以盘左照准目标，如果是指标带水准器的仪器，必须用指标微动螺旋使水准器气泡居中，然后读取竖盘读数 L，这称为上半测回。

（3）将望远镜倒转，以盘右用同样方法照准同一目标，使指标水准器气泡居中后，读取竖盘读数 R，这称为下半测回。

观测结果应及时记入手簿，手簿的格式如表 3-4 所示。

竖直角观测手簿

表 3-4

| 日期 | 仪器型号 | 观测 |
| 天气 | 仪器编号 | 记录 |

测站	测点	盘位	竖盘度数			竖直角			指标差	平均角值		
			°	′	″	°	′	″	″	°	′	″
O	A	左	80	05	20	+9	54	40	−10	+9	54	30
		右	279	54	20	+9	54	20				

3.4.4　竖盘指标差

如果指标不位于过竖盘刻划中心的铅垂线上，则如图 3-17 所示，视线水平时的读数不是 90°或 270°，而相差 x，这样用一个盘位测得的竖直角值，即含有误差 x，这个误差称为竖盘指标差。为求得正确角值 α，需加入指标差改正。即：

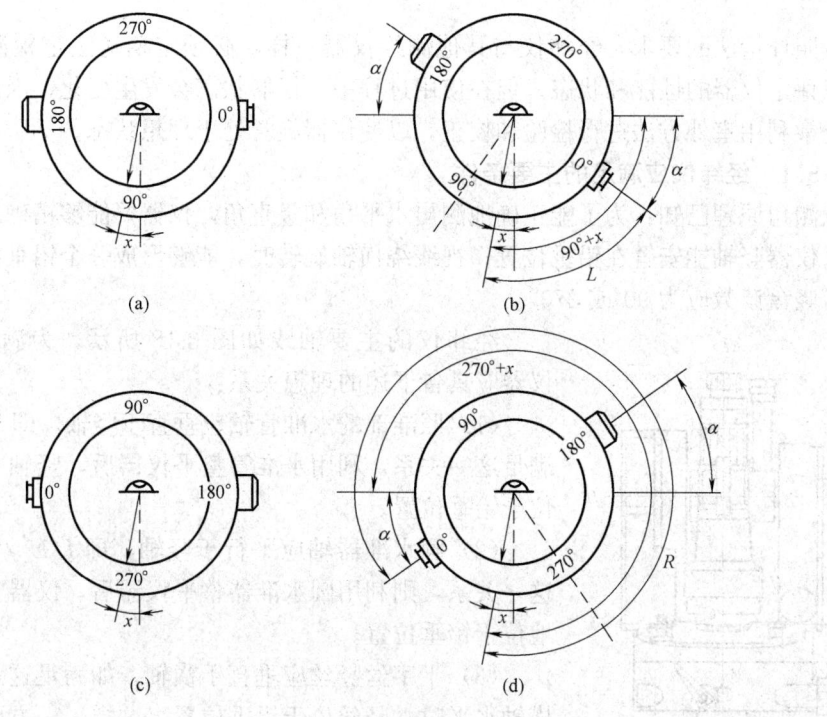

图 3-17　竖盘指标差

$$\alpha = \alpha_左 + x \tag{3-6}$$

$$\alpha = \alpha_右 - x \tag{3-7}$$

解上两式可得：

$$\alpha = \frac{\alpha_右 + \alpha_左}{2} \tag{3-8}$$

$$x = \frac{\alpha_右 - \alpha_左}{2} \tag{3-9}$$

从式（3-8）可以看出，取盘左、盘右结果的平均值时，指标差 x 的影响已自然消除。将式（3-3）、式（3-4）代入式（3-9），可得：

$$x = \frac{R + L - 360°}{2} \tag{3-10}$$

即利用盘左、盘右照准同一目标的读数，可按上式直接求算指标差 x。如果 x 为正值，说明视线水平时的读数大于 90°或 270°，如果为负值，则情况相反。

以上各公式是按顺时针方向注字的竖盘推导的，同理也可推导出逆时针方向注字竖盘的计算公式。

在竖直角测量中，常常用指标差来检验观测的质量，即在观测的不同测回中或不同的目标时，指标差的较差应不超过规定的限值。例如用 DJ₆ 级经纬仪做一般工作时，指标差的较差要求不超过 25″。此外，在单独用盘左或盘右观测竖直角时，按式（3-6）或式（3-7）加入指标差 x，仍可得出正确的角值。

3.5 经纬仪的检验和校正

按照计量法的要求，经纬仪与其他测绘仪器一样，必须定期送法定检测机关进行检测，以评定仪器的性能和状态。但在使用过程中，仪器状态会发生变化，因而仪器的使用者应经常利用室外方法进行检验和校正，以使仪器经常处于理想状态。

3.5.1 经纬仪应满足的主要条件

从测角原理已知：为了能正确地测出水平角和竖直角，仪器要能够精确地安置在测站点上；仪器竖轴能安置在铅垂位置；视线绕横轴旋转时，能够形成一个铅垂面；当视线水平时，竖盘读数应为90°或270°。

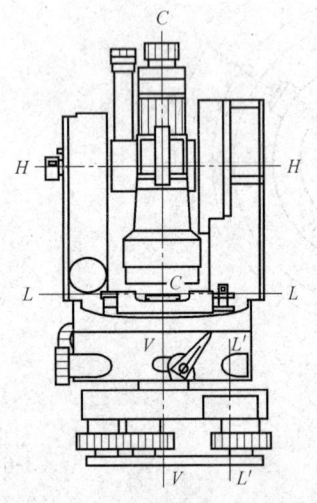

图 3-18 经纬仪的主要轴线

经纬仪的主要轴线如图 3-18 所示，为满足上述要求，仪器应具备下述的理想关系：

（1）照准部的水准管轴应垂直于竖轴，即 $LL \perp VV$。如满足这一关系，利用水准管整平仪器后，竖轴才可以精确地位于铅垂位置。

（2）圆水准器轴应平行于竖轴，即 $L'L' \parallel VV$。如满足这一关系，则利用圆水准器整平仪器后，仪器竖轴才可粗略地位于铅垂位置。

（3）十字丝竖丝应垂直于横轴。如满足这一关系，则当横轴水平时，竖丝位于铅垂位置。这样，一方面可利用它检查照准的目标是否倾斜，同时也可利用竖丝的任一部位照准目标，以便于工作。

（4）视准轴垂直于横轴，即 $CC \perp HH$。如满足这一关系，则在视线绕横轴旋转时，可形成一个垂直于横轴的平面。

（5）横轴应垂直于竖轴，即 $HH \perp VV$。如满足这一关系，则当仪器整平后，横轴即水平。

（6）光学对中器的视线应与竖轴的旋转中心线重合。如果满足这一关系，则利用光学对点器对中后，竖轴旋转中心才位于过地面点的铅垂线上。

（7）视线水平时竖盘读数应为90°或270°。如果这一条件不满足，则有指标差存在，给竖直角的计算带来不便。

3.5.2 经纬仪的检验和校正方法

经纬仪检验的目的，就是检查上述的各种关系是否满足。如果不能满足，且偏差超过允许的范围时，则需进行校正。检验和校正应按一定的顺序进行，确定这些顺序的原则是：

（1）如果某一项不校正好，会影响其他项目的检验时，则这一项先做。

（2）如果不同项目要校正同一部位，则会互相影响，在这种情况下，应将重要项目在后边检验，以保证其条件不被破坏。

（3）有的项目与其他条件无关，则先后均可。

现分别说明各项检验与校正的具体方法。

1. 照准部的水准管轴垂直于仪器竖轴

检验：先将仪器粗略整平后，使水准管平行于一对相邻的脚螺旋，并用这一对脚螺旋使水准管气泡居中，这时水准管轴 LL 已居于水平位置。如果两者不相垂直（图 3-19a），则竖轴 VV 不在铅垂位置。然后将照准部平转 $180°$，由于它是绕竖轴旋转的，竖轴位置不动，则水准管轴偏移水平位置，气泡也不再居中，如图 3-19（b）所示。如果两者不相垂直的偏差为 α，则平转后水准管轴与水平位置的偏移量为 2α。

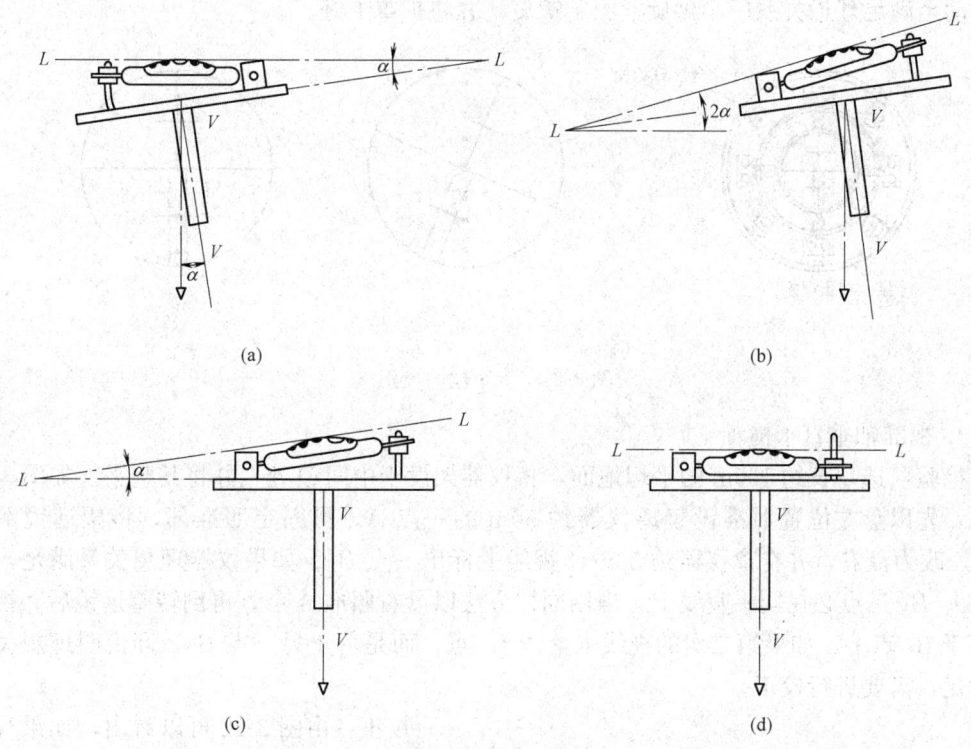

图 3-19 照准部水准管轴的检验与校正

校正：校正时用脚螺旋使气泡退回原偏移量的一半，则竖轴便处于铅垂位置，如图 3-19（c）所示。再用校正装置升高或降低水准管的一端，使气泡居中，则条件满足，如图 3-19（d）所示。重复检验，直到照准部转动任何位置水准管气泡偏离量都在一格以内。

2. 圆水准器轴平行竖轴

检验：利用已校好的照准部水准管将仪器整平，这时竖轴已居铅垂位置。如果圆水准器的理想关系满足，则气泡应该居中，否则需要校正。

校正：在圆水准器盒的底部有三个校正螺栓，如图 3-20 所示。根据气泡偏移的方向，将其旋进或旋出，直至气泡居中则条件

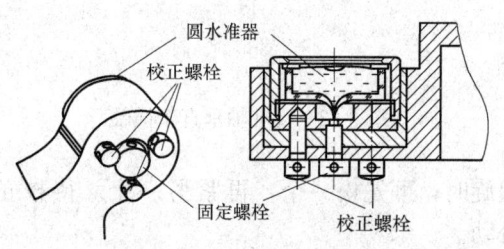

图 3-20 圆水准器的校正

满足。校正好后，应将三个螺栓旋紧，使其紧固。

3. 十字丝竖丝垂直横轴

检验：以十字丝竖丝的中心一端照准一个小而清晰的目标点，再用望远镜的微动螺旋使目标点移动到竖丝的另一端，如图 3-21（b）所示。如果目标点到另一端时仍位于竖丝上，则理想关系满足，如图 3-21（c）。否则，需要校正。

校正：校正的部位为十字丝分划板，它位于望远镜的目镜端。将护罩打开后，可看到四个固定分划板的螺旋，如图 3-21（a）所示。稍微拧松这四个螺旋，则可将分划板转动。待转动至满足理想关系后，再旋紧固定螺旋，并将护罩上好。

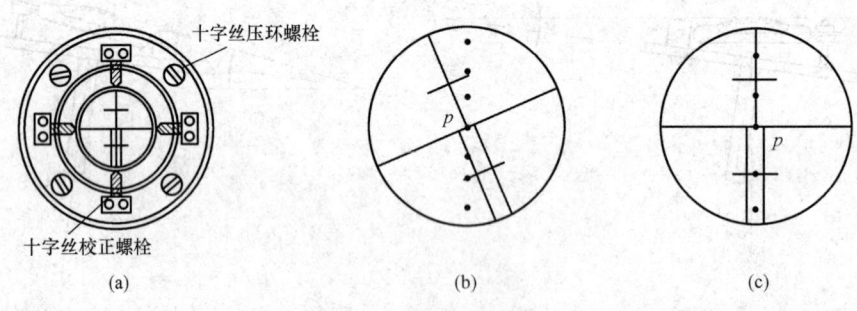

十字丝压环螺栓

十字丝校正螺栓

(a) (b) (c)

图 3-21　十字丝的校正

4. 视准轴垂直于横轴

检验：选一长约 100m 的平坦地面，将仪器架设于中间 O 处，并将其整平。如图 3-22 所示，先以盘左位置照准设于离仪器约 50m 的一点 A。再固定照准部，将望远镜倒转 180°，改为盘右，并在离仪器约 50m 于视线上标出一点 B_1。如果仪器理想关系满足，则 A、O、B_1 三点必在同一直线上。当用同样方法以盘右照准 A 点，再倒转望远镜后，视线应落于 B_1 点上。如果第二次的视线未落于 B_1 点，而是落于另一点 B_2，即说明理想关系不满足，需要进行校正。

校正：由图 3-22 可以看出，如果视线与横轴不相垂直，而有一偏差角 c，则 $\angle B_1OB_2=4c$。将 B_1B_2 距离分为四等份，取靠近 B_2 点的等分点 B，则可近似地认为 $\angle BOB_2=c$。在照准部不动的条件下，将视线从 OB_2，校正到 OB，则理想关系可得到满足。

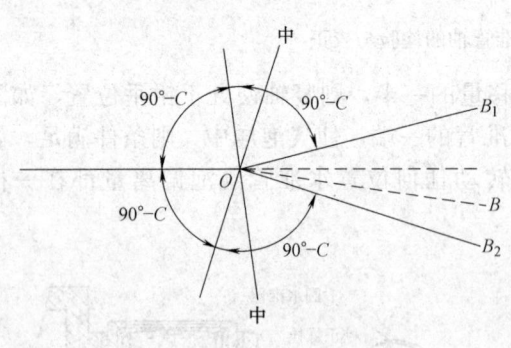

中

90°-C 90°-C

B_1

90°-C 90°-C

O

B

B_2

中

图 3-22　视准轴垂直于横轴

由于视线是由物镜光心和十字丝交点构成的，所以校正的部位仍为十字丝分划板。在图 3-21 中，校正分划板左右两个校正螺旋，则可使视线左右摆动。旋转校正螺旋时，可先松一个，再紧另一个。待校正至正确位置后，应将两个螺旋旋紧，以防松动。

5. 横轴垂直于竖轴

检验：在竖轴位于铅垂的条件下，如果横轴不与竖轴垂直，则横轴倾斜。如果视线已垂直横轴，则绕横轴旋转时构成的是一个倾斜平面。根据这一特点，在作这项检验时，应将仪器架设在一个高的建筑物附近。当仪器整平以后，在望远镜倾斜约 30°左右的高处，以盘左照准一清晰的目标点 A，然后将望远镜放平，在视线上标出墙上的一点 B，如图 3-23（a）所示。再将望远镜改为盘右，仍然照准 A 点，并放平视线，在墙上标出一点 C，如图 3-23（b）所示。如果仪器理想关系满足，则 B、C 两点重合。否则，说明这一理想关系不满足，需要校正。

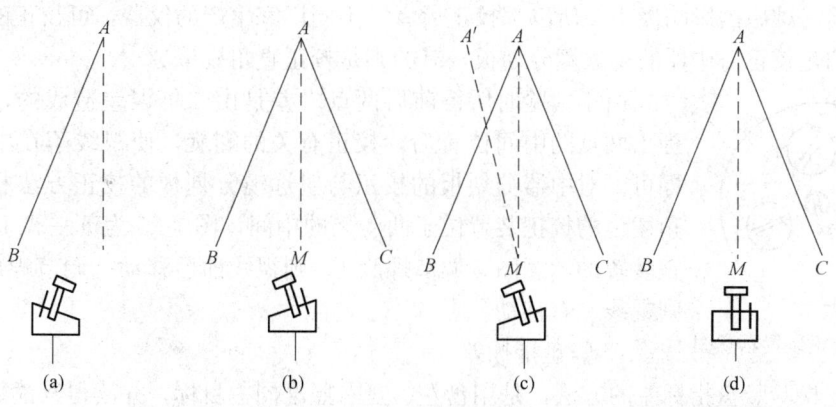

图 3-23　横轴与竖轴垂直的检验

校正：由于盘左盘右倾斜的方向相反而大小相等，所以取 B、C 的中点 M，则 A、M 在同一铅垂面内。然后照准 M 点，将望远镜抬高，则视线必然偏离 A 点，而落在 A' 处，如图 3-23（c）所示。在保持仪器不动的条件下，校正横轴的一端，使视线落在 A 上，如图 3-23（d），则完成校正工作。

在校正横轴时，需将支架的护罩打开。其内部的校正装置如图 3-24 所示，它是一个偏心轴承，当松开三个轴承固定螺旋后，轴承可作微小转动，以迫使横轴端点上下移动。待校正好后，要将固定螺旋旋紧，并上好护罩。

由于这项校正需打开支架护罩，一般不宜在野外进行，交由专业维修人员进行。

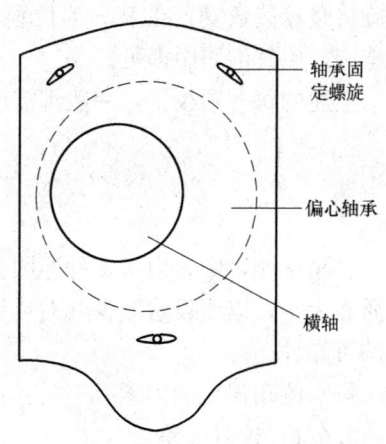

轴承固定螺旋

偏心轴承

横轴

图 3-24　横轴与竖轴垂直的校正

6. 光学对中器的视线与竖轴旋转中心线重合

检验：如果这一理想关系满足，光学对中器的望远镜绕仪器竖轴旋转时，视线在地面上照准的位置不变。否则，视线在地面上照准的轨迹为一个圆圈。

由于光学对中器的构造有在照准部上和基座上两种，所以检验的方法也不同。

对于安装在照准部上的光学对中器，将仪器架好后，在地面上铺以白纸，在纸上标出视线的位置，然后将照准部平转 180°，如果视线仍在原来的位置，则理想关系满足。否则，需要校正。

对于安装在基座上的光学对中器，由于它不能随照准部旋转，不能采用上述的方法。

可将仪器平置于稳固的桌子上，使基座伸出桌面。在离仪器 1.3m 左右的墙面上铺以白纸，在纸上标出视线的位置，然后在仪器不动的条件下将基座旋转 180°，如果视线偏离原来的位置，则需校正。

校正：造成光学对中器误差的原因有二：一是在直角棱镜上视线的折射点不在竖轴的旋转中心线上；二是望远镜的视线不与竖轴的旋转中心线垂直，或者直角棱镜的斜面与竖轴的旋转中心线不呈 45°。

由于前一种原因影响极小，所以都校正后者。不同厂家生产的仪器，可校正的部位也不同。有的是校正对中器的望远镜分划板，有的则是校正直角棱镜。

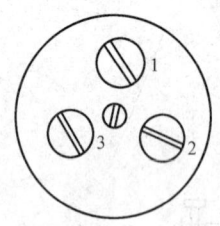

图 3-25 校正装置示意图

由于检验时所得前后两点之差是由二倍误差造成的，因而在标出两点的中间位置后，校正有关的螺旋，使视线落在中间点上即可。对中器分划板的校正与望远镜分划板的校正方法相同。直角棱镜的校正装置位于两支架的中间，图 3-25 为苏一光 DJK-6 校正装置的示意图。调节螺旋 1，则视线前后移动，调节螺旋 2、3，则视线左右移动。

7. 竖盘指标差

检验：检验竖盘指标差的方法，是用盘左、盘右照准同一目标，并读得其读数 L 和 R 后，按公式（3-9）计算其指标差值。

校正：保持盘右照准原来的目标不变，这时的正确读数应为 $R-x$。用指标水准管微动螺旋将竖盘读数安置在 $R-x$ 的位置上，这时水准管气泡必不再居中，调节指标水准管校正螺旋，使气泡居中即可。

上述的每一项校正，一般都需反复进行几次，直至其误差在容许的范围以内。

3.6 角度测量的误差分析

在角度测量中，由于多种原因会使测量的结果含有误差。研究这些误差产生的原因、性质和大小，以便设法减少其对成果的影响，同时也有助于预估影响的大小，从而判断成果的可靠性。

影响测角误差的因素有三类：仪器误差、观测误差、外界条件的影响。

3.6.1 仪器误差

仪器虽经过检验及校正，但总会有残余的误差存在。仪器误差的影响，一般都是系统性的，可以在工作中通过一定的方法予以消除或减小。

主要的仪器误差有：水准管轴不垂直于竖轴，视线不垂直横轴，横轴不垂直竖轴，照准部偏心，光学对中器视线不与竖轴旋转中心线重合及竖盘的指标差等。

1. 水准管轴不垂直竖轴

这项误差影响仪器的整平，即竖轴不能严格铅垂，横轴也不水平。但安置好仪器后，它的倾斜方向是固定不变的，不能用盘左盘右消除。如果存在这一误差，可在整平时于一个方向上使气泡居中后，再将照准部平转 180°，这时气泡必然偏离中央。然后用脚螺旋使气泡移回偏离值的一半，则竖轴即可铅垂。这项操作要在互相垂直的两个方向上进行，直至照准部旋转至任何位置时，气泡虽不居中，但偏移量不变为止。

2. 视准轴不垂直横轴

如图 3-26 所示，如果视线与横轴垂直时的照准方向为 AO，当两者不垂直而存在一个误差角 c 时，则照准点为 O_1。如要照准 O，则照准部需旋转 c' 角。这个 c' 角就是由于这项误差在一个方向上对水平度盘读数的影响。由于 c' 是 c 在水平面上的投影，从图 3-26 可知：

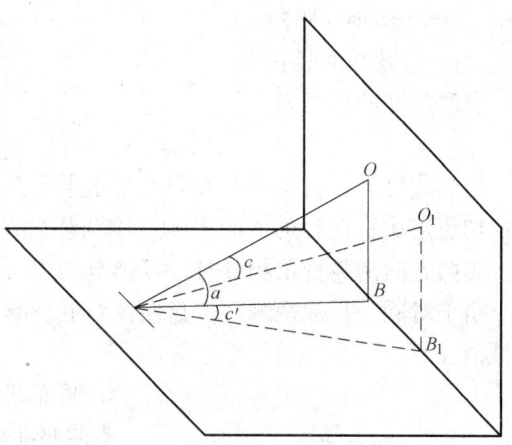

$$c' = \frac{BB_1}{AB} \cdot \rho \qquad (3\text{-}11)$$

而 $AB = AO\cos\alpha$，$BB_1 = OO_1$，
所以：

图 3-26　视准轴不垂直横轴

$$c' = \frac{OO_1}{AO\cos\alpha} \cdot \rho = \frac{c}{\cos\alpha} = c \cdot \sec\alpha \qquad (3\text{-}12)$$

由于一个角度是由两个方向构成的，则它对角度的影响为：

$$\Delta c = c'_2 - c'_1 = c(\sec\alpha_2 - \sec\alpha_1) \qquad (3\text{-}13)$$

式中，α_2、α_1 为两个方向的竖直角。

由上式可知，在一个方向上的影响与误差角 c 及竖直角 α 的正割的大小成正比；对一个角度而言，则与误差角 c 及两方向竖直角正割之差的大小成正比，如两方向的竖直角相同，则影响为零。

因为在用盘左、盘右观测同一点时，其影响的大小相同而符号相反，所以在取盘左盘右的平均值时，可自然抵消。

3. 横轴不垂直竖轴

因为横轴不垂直竖轴，则仪器整平后竖轴居于铅垂位置，横轴必发生倾斜。视线绕横轴旋转所形成的不是铅垂面，而是一个倾斜平面，如图 3-27 所示。过目标点 O 作一垂直于视线方向的铅垂面，O' 点位于过 O 的铅垂线上。如果存在这项误差，则仪器照准 O 点，将视线放平后，照准的不是 O' 点而是 O_1 点。如果照准 O'，则需将照准部转动 ε 角。这就是在一个方向上，由于横轴下垂直竖轴，而对水平度盘读数的影响，倾斜直线 OO_1 与铅垂线之间的夹角 i 与横轴的倾角相同，从图 3-27 可知：

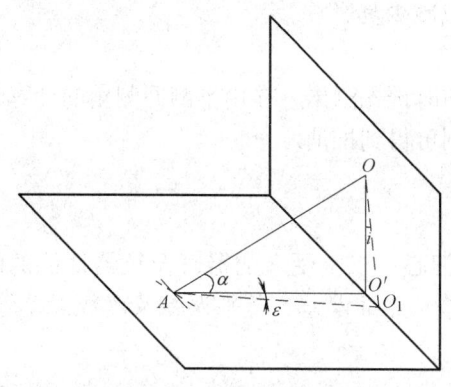

图 3-27　横轴不垂直竖轴

$$\varepsilon = \frac{O'O_1}{AO'} \cdot \rho \qquad (3\text{-}14)$$

因 $O'O_1 = \dfrac{i}{\rho} \cdot OO'$

故：

$$\varepsilon = i \cdot \frac{OO'}{AO'} = i \cdot \tan\alpha \qquad (3\text{-}15)$$

式中 i——横轴的倾角；

α——视线的竖直角。

它对角度的影响为：

$$\Delta\varepsilon=\varepsilon_2-\varepsilon_1=i(\tan\alpha_2-\tan\alpha_1) \tag{3-16}$$

由上式可见，它在一个方向上对水平度盘读数的影响，与横轴的倾角及目标点竖直角的正切成正比；它对角度的影响，则与横轴的倾角及两个目标点的竖直角正切之差成正比。当两方向的竖直角相等时，其影响为零。

由于对同一目标观测时，盘左盘右的影响大小相同而符号相反，所以取平均值可以得到抵消。

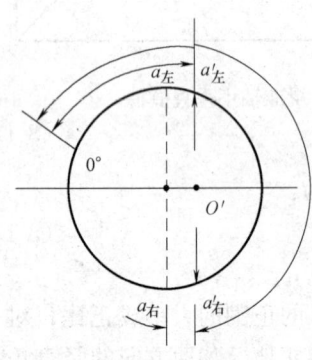

图 3-28 照准部偏心

4. 照准部偏心

所谓照准部偏心，即照准部的旋转中心与水平盘的刻划中心不相重合。这项误差只有在直径一端有读数的仪器才有影响，而采用对径符合读法的仪器，可将这项误差自动消除。

如图 3-28 所示，设度盘的刻划中心为 O，而照准部的旋转中心为 O'。

照准部偏心影响的大小及符号是依偏心方向与照准方向的关系而变化。当用盘左、盘右观测同一方向时，是取了对径读数，其影响值大小相等而符号相反，在取读数平均值时，可以抵消。

5. 光学对中器视线不与竖轴旋转中心线重合

这项误差是影响测站偏心，将在后边详细说明，如果对中器是附在基座上，在观测测回数的一半时，可将基座平转 $180°$ 再进行对中，以减少其影响。

6. 竖盘指标差

这项误差是影响竖直角的观测精度。如果工作时预先测出，在用半测回测角的计算时予以考虑，或者用盘左、盘右观测取其平均值，则可得到抵消。

3.6.2 观测误差

造成观测误差的原因有二：一是工作时不够细心；二是受人的器官及仪器性能的限制。观测误差主要有：仪器对中误差、目标偏心差、照准误差、整平误差及读数误差等。对于竖直角观测，则有指标水准器的调平误差。

1. 仪器对中误差

仪器对中误差是指使仪器中心与测站点不在同一铅锤线上，造成测角的误差。

如图 3-29 所示，设 O 为地面标志点，O' 为仪器中心在地面上的投影，OO' 的长度为 e，e 也称为偏心距。实际测得的角为 β' 而非应测的 β，两者相差为：

$$\Delta\beta=\beta-\beta'=\varepsilon_1+\varepsilon_2 \tag{3-17}$$

式中 β——准确的水平角；

β'——有对中误差时观测到的角值；

ε_1、ε_2——两目标方向的改正值。

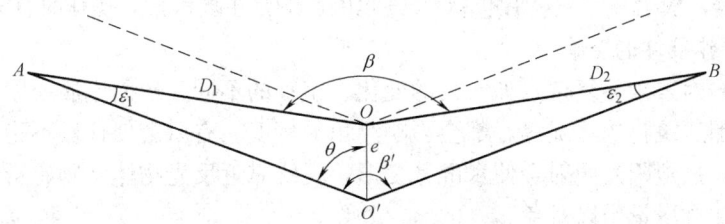

图 3-29 仪器对中误差的影响

在 $\triangle AOO'$ 中和 $\triangle OBO'$ 中，ε_1、ε_2 都很小，由正弦定理可得：

$$\varepsilon_1 \approx \frac{e\sin\theta}{D_1} \cdot \rho'', \varepsilon_2 \approx \frac{e\sin(\beta'-\theta)}{D_2} \cdot \rho''$$

$$\Delta\beta = \varepsilon_1 + \varepsilon_2 = e\rho'' \left[\frac{\sin\theta}{D_1} + \frac{\sin(\beta'-\theta)}{D_1} \right] \tag{3-18}$$

从式（3-18）可见，仪器对中误差的影响 $\Delta\beta$ 与偏心距成正比，与视线边长成反比，还与水平角的大小有关。观测方向与偏心方向越接近 $90°$，边长越短，偏心距 e 越大，则对测角的影响越大。所以在测角精度要求一定时，边越短，则对中精度要求越高。

仪器对中误差不能通过观测方法消除，测水平角时通过仔细对中可以减弱其影响；其对竖直角测量的影响较小，可忽略不计。

2. 目标偏心

在测角时，通常都要在地面点上设置观测标志，如花杆、垂球等。造成目标偏心的原因可能是标志与地面点对得不准，或者标志没有铅垂，而照准标志的上部时使视线偏移，如图3-30所示。

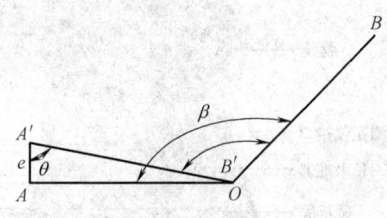

图 3-30 仪器对中误差的影响

与测站偏心类似，偏心距越大，边长越短，则目标偏心对测角的影响越大。所以在短边测角时，尽可能用垂球作为观测标志，并尽可能瞄准底部。

3. 照准误差

照准误差的大小，决定于人眼的分辨能力、望远镜的放大率、目标的形状及大小和操作的仔细程度。

人眼的分辨能力一般为 $60''$；设望远镜的放大率为 v，则照准时的分辨能力为 $\frac{60''}{v}$。我国统一设计的 DJ$_6$ 及 DJ$_2$ 级光学经纬仪放大率为 28 倍，所以照准时的分辨力为 $2.14''$。照准时应仔细操作，对于粗的目标宜用双丝照准，细的目标则用单丝照准。

4. 读数误差

对于分微尺读法，主要是估读最小分划的误差，对于对径符合读法，主要是对径符合的误差所带来的影响，所以在读数时宜特别注意。DJ$_6$ 级仪器的读数误差最大为 $\pm 12''$，DJ$_2$ 级仪器为 $\pm(2'' \sim 3'')$。

5. 竖盘指标水准器的整平误差

在读取竖盘读数以前，须先将指标水准器整平。DJ$_6$ 级仪器的指标水准器分划值一般为

$30''$，DJ_2级仪器一般为$20''$。这项误差对竖直角的影响是主要因素，操作时宜分外注意。

3.6.3　外界条件的影响

外界条件的因素十分复杂，如天气的变化、植被的不同、地面土质松紧的差异、地形的起伏以及周围建筑物的状况等，都会影响测角的精度。有风会使仪器不稳，地面土松软可使仪器下沉，强烈阳光照射会使水准管变形，视线靠近反光物体，则有折光影响。这些在测角时，应注意尽量予以避免。

3.7　电子经纬仪

随着电子技术、计算机技术、光电技术、自动控制等现代科学技术的发展，1968年电子经纬仪问世。电子经纬仪与光电测距仪、计算机、自动绘图仪相结合，使地面测量工作实现了自动化和内外业一体化，这是测绘工作的一次历史性变化。图3-31是电子经纬仪的全貌。

电子经纬仪与光学经纬仪相比较，主要差别在读数系统，其他如照准、对中、整平等装置是相同的。

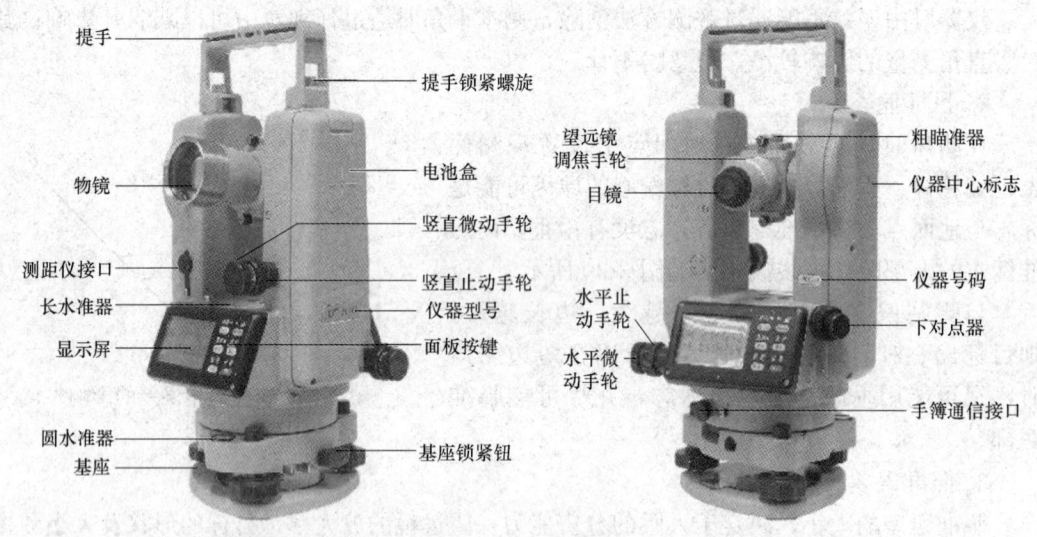

图 3-31　电子经纬仪

1. 电子经纬仪的读数系统

电子经纬仪的读数系统是通过角-码变换器，将角位移量变为二进制码，再通过一定的电路，将其译成度、分、秒，而用数字形式显示出来。

目前常用的角-码变换方法有编码度盘、光栅度盘及动态测角系统等，有的也将编码度盘和光栅度盘结合使用。现以光栅度盘为例，说明角-码变换的原理。

光栅度盘又分透射式及反射式两种。透射式光栅是在玻璃圆盘上刻有相等间隔的透光与不透光的辐射条纹。反射式光栅则是在金属圆盘上刻有相等间隔的反光与不反光的条纹。用得较多的是透射式光栅。

2. 电子经纬仪的特点

由于电子经纬仪是电子计数，通过置于机内的微型计算机，可以自动控制工作程序和计算，并可自动进行数据传输和存储，因而它具有以下特点：

（1）读数在屏幕上自动显示，角度计量单位（360°六十进制、360°十进制、400g、6400 密位）可自动换算。

（2）竖盘指标差及竖轴的倾斜误差可自动修正。

（3）有与测距仪和电子手簿连接的接口。与测距仪连接可构成组合式全站仪，与电子手簿连接，可将观测结果自动记录，没有读数和记录的人为错误。

（4）可根据指令对仪器的竖盘指标差及轴系关系进行自动检测。

（5）如果电池用完或操作错误，可自动显示错误信息。

（6）可单次测量，也可跟踪动态目标连续测量，但跟踪测量的精度较低。

（7）有的仪器可预置工作时间，到规定时间，则自动停机。

（8）根据指令，可选择不同的最小角度单位。

（9）可自动计算盘左、盘右的平均值及标准偏差。

（10）有的仪器内置驱动马达及 CCD 系统，可自动搜寻目标。

根据仪器生产的时间及档次的高低，某种仪器可能具备上述的全部或部分特点。随着科学技术的发展，其功能还在不断扩展。

思考与练习题

3-1　什么是水平角和竖直角？如何定义竖直角的符号？

3-2　根据测角的要求，经纬仪应具有哪些功能？其相应的构造是什么？

3-3　试根据图 3-32，读出水平度盘的读数和竖直度盘的读数。

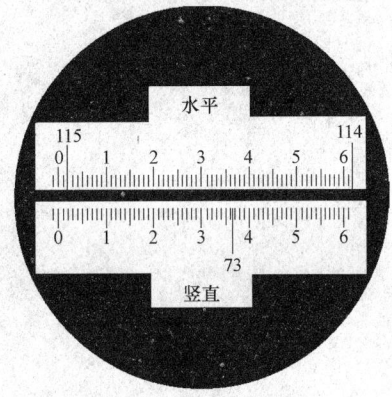

图 3-32　习题 3-3 用图

3-4　试述测回法测水平角的步骤，并根据表 3-5 的记录计算平均值及平均角值。

测回法测水平角手簿　　　　　　　　　　　　　　　　　　　　　　表 3-5

测站	竖盘	目标	水平度盘读数 。′″	水平角值 。′″	平均角值 。′″	备注
O	左	A	20 01 10			
		B	67 12 30			
	右	A	200 01 50			
		B	247 12 56			

3-5 在表 3-6 的方向观测法的记录表中，完成其记录的计算工作。

方向观测法手簿   表 3-6

测站	测回数	目标	水平度盘读数		2C (")	方向值 (°′″)	归零方向值 (°′″)	角值 (°′″)
			盘左 (°′″)	盘右 (°′″)				
M	1	A	0 01 06	180 01 24				
		B	69 20 30	249 20 24				
		C	124 51 24	304 51 30				
		A	0 01 12	180 01 18				
检验归零差 △								

3-6 在观测竖直角时，为什么指标水准管的气泡必须居中？

3-7 什么是竖盘指标差？怎样测定它的大小？怎样决定其符号？

3-8 经纬仪应满足哪些理想关系？如何进行检验？各校正什么部位？检校次序根据什么原则决定？

3-9 在测量水平角及竖直角时，为什么要用两个盘位？

3-10 影响水平和竖直角测量精度的因素有哪些？各应如何消除或降低其影响？

3-11 电子经纬仪与光学经纬仪相比较，其最主要的区别是什么？

第 4 章

距离测量与全站仪测量

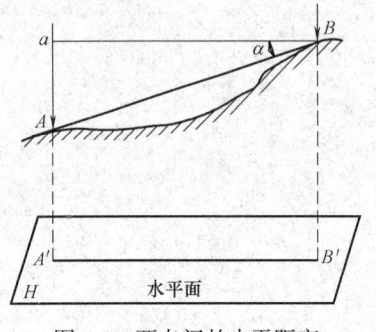

图 4-1 两点间的水平距离

距离是确定地面点位置的基本要素之一。测量上要求的距离是指两点间的水平距离（简称平距），如图 4-1 中，$A'B'$ 的长度就代表了地面点 A、B 之间的水平距离。若测得的是倾斜距离（简称斜距），还须将其改算为平距。水平距离测量的方法很多，按所用测距工具的不同，测量距离的方法有一般有钢尺量距、视距测量、光电测距、全站仪测距等。

4.1 钢 尺 量 距

4.1.1 量距工具

钢尺分为普通钢卷带尺和因瓦线尺两种。

普通钢卷带尺，尺宽 10~15mm，长度有 20m、30m 和 50m 数种，卷放在圆形盒或金属架上，钢尺的分划有几种，有以厘米为基本分划的，适用于一般量距；有的则在尺端第一分米内刻有毫米分划；也有将整尺都刻出毫米分划的；后两种适用于精密量距，如图 4-2 所示。所示较精密的钢尺，制造时有规定的温度及拉力，如在尺端刻有"30m、20℃、100N"字样。它表示在检定该钢尺时的温度为 20℃，拉力为 100N，30m 为钢尺刻线的最大注记值，通常称之为名义长度。

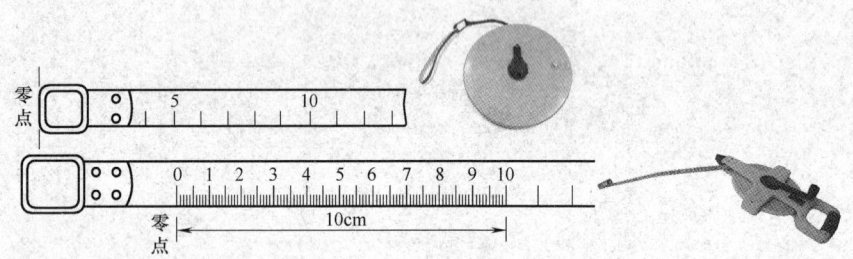

图 4-2 端点钢尺和刻线钢尺

因瓦线尺是用镍铁合金制成的，尺线直径 1.5mm，长度为 24m，尺身无分划和注记，在尺两端各连一个三棱形的分划尺，长 8cm，其上最小分划为 1mm。因瓦线尺全套由 4 根主尺、1 根 8m（或 4m）长的辅尺组成。不用时卷放在尺箱内。

钢尺量距的辅助工具有测钎、花杆、垂球、弹簧秤和温度计，如图 4-3 所示。

4.1.2 直线定线

1. 目估定线

当两点距离较远，需分段丈量时，为使各点处在同一直线上，用花杆以标定直线的位置，这项工作称为直线定线，如图 4-4 所示。

2. 经纬仪定线

钢尺精密量距时，必须用经纬仪定线，如图 4-5 所示。

4.1.3 钢尺量距的一般方法

1. 平坦地面的距离丈量

要丈量平坦地面上 A、B 两点间的距离，其做法是：先在标定好的 A、B 两点立标杆，进行直线定线，然后进行丈量。丈量时后尺手拿尺的零端，前尺手拿尺的末端，两尺手蹲下，后尺手把零点对准 A 点，喊"预备"，前尺手把尺边近靠定线标志钎，两人同时拉紧尺子，当尺拉稳后，后尺手喊"好"，前尺手对准尺的终点刻划将一测钎竖直插在地面上，这样就量完了第一尺段。用同样的方法，继续向前量第二、第三……第 N 尺段。量完每一尺段时，后尺手必须将插在地面上的测钎拔出收好，用来计算量过的整尺段数。最后量不足一整尺段的距离，如图 4-6 所示。当丈量到 B 点时，由前尺手用尺上某整刻划线对准终点 B，后尺手在尺的零端读数至"mm"，量出零尺段长度 q。

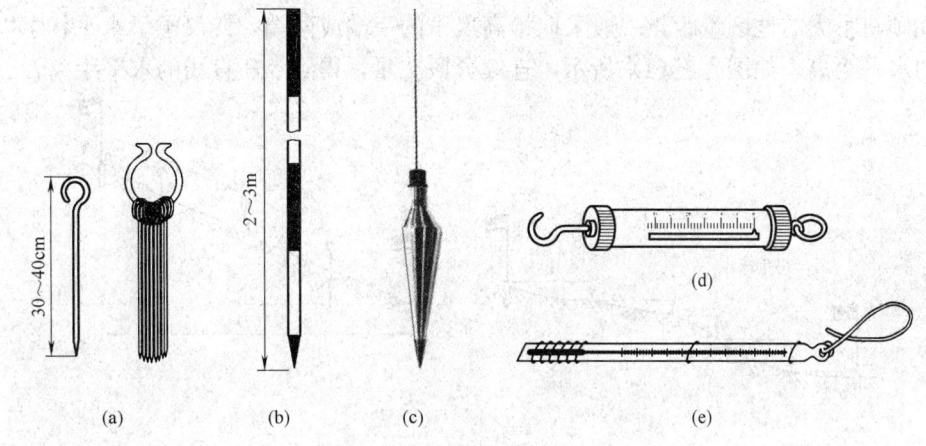

图 4-3 钢尺量距的辅助工具

（a）测钎；（b）标杆；（c）垂球；（d）弹簧秤；（e）温度计

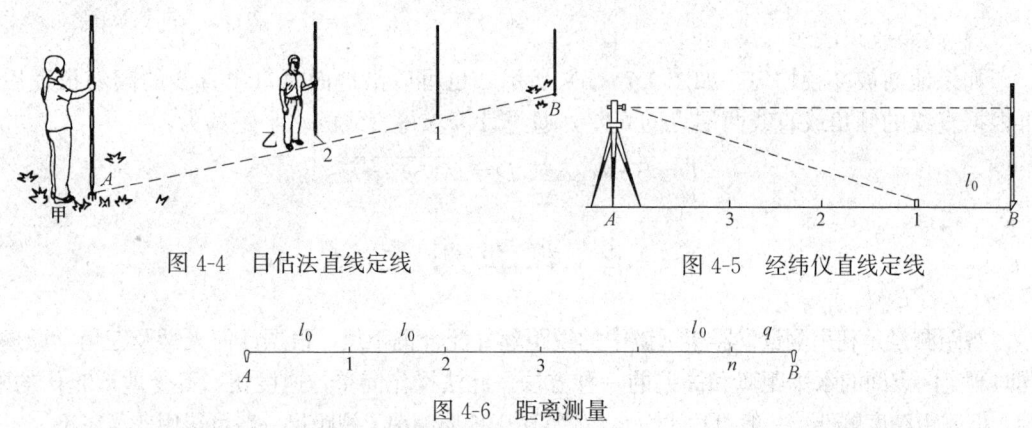

图 4-4 目估法直线定线　　　　图 4-5 经纬仪直线定线

图 4-6 距离测量

上述过程称为往测，往测的距离用下式计算：

$$D=nl_0+q \tag{4-1}$$

式中　l_0——整尺段的长度；

$\quad\quad n$——丈量的整尺段数；

$\quad\quad q$——零尺段长度。

接着再调转尺头用以上方法，从 B 至 A 进行返测，直至 A 点为止。然后再依据式

（4-1）计算出返测的距离。一般往返各丈量一次称为一测回，在符合精度要求时，取往返距离的平均值作为丈量结果。

相对误差：往返丈量的距离之差的绝对值与平均距离之比，并化成分子为一的分数，即：

$$K=\frac{|D_{往}-D_{返}|}{D_{平均}}=\frac{1}{\dfrac{D_{平均}}{|\Delta D|}}=\frac{1}{M} \tag{4-2}$$

若 $K\leqslant\dfrac{1}{2000}$，则 $D_{平均}=\dfrac{1}{2}(D_{往}+D_{返})$。

2. 倾斜地面的距离丈量

1）水平钢尺法

在倾斜不大的地区量距，一般采取抬高尺子的一端或两端，使尺子呈水平状态以量得直线的水平距离。如图 4-7（a）所示，连续分段丈量，得到 AB 直线的水平距离 D。

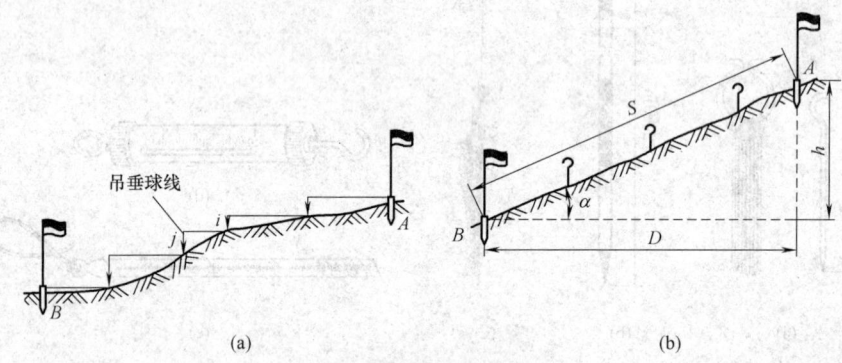

图 4-7　倾斜地面量距

（a）平量法；（b）斜量法

2）高差改正法

如果地面坡度较均匀，如图 4-7（b）所示，也可以沿地面丈量出直线的倾斜长度后，再根据直线的倾角或直线两端点的高差，通过计算求得直线的水平距离为：

$$D=S\cdot\cos\alpha \text{ 或 } D=\sqrt{(S)^2-h^2} \tag{4-3}$$

4.2　视　距　测　量

视距测量是利用测量仪器望远镜中的视距丝并配合视距尺，根据几何光学及三角学原理，同时测定两点间的水平距离和高差的一种方法。此法操作简单，速度快，不受地形起伏的限制，但测距精度较低，一般可达 1/200，故常用于地形测图。视距尺一般可选用普通塔尺。

1. 视距测量原理

1）视线水平时的视距测量公式

欲测定 A、B 两点间的水平距离，如图 4-8 所示，在 A 点安置经纬仪，在 B 点竖立视距尺，当望远镜视线水平时，视准轴与尺子垂直，经对光后，通过上、下两条视距丝 m、n 就可读得尺上 M、N 两点处的读数，两读数的差值 l 称为视距间隔或视距。f 为物镜焦距，p 为视距丝间隔，δ 为物镜至仪器中心的距离，由图可知，A、B 点之间的平距为：

$$D = d + f + \delta \qquad (4-4)$$

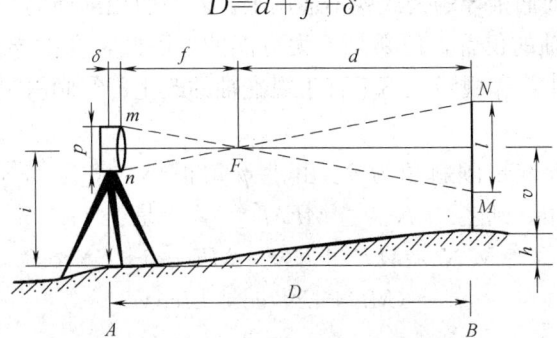

图 4-8　水平视距测量

其中 d 由两相似三角形 $\triangle MNF$ 和 $\triangle mnF$ 求得：

$$\frac{d}{f} = \frac{l}{p}, d = \frac{f}{p}l \qquad (4-5)$$

因此：

$$D = \frac{f}{p}l + (f + \delta) \qquad (4-6)$$

令 $K = \dfrac{f}{p}$，称为视距乘常数；令 $c = f + \delta$，称为视距加常数；则：

$$D = Kl + c \qquad (4-7)$$

在设计望远镜时，适当选择有关参数后，可使 $K = 100$，$c = 0$。于是，视线水平时的视距公式为：

$$D = 100l \qquad (4-8)$$

两点间的高差为：

$$h = i - v \qquad (4-9)$$

式中　i——仪器高；

　　　v——望远镜的中丝在尺上的读数。

2）视线倾斜时的视距测量公式

当地面起伏较大时，必须将望远镜倾斜才能照准视距尺，如图 4-9 所示，此时的视准

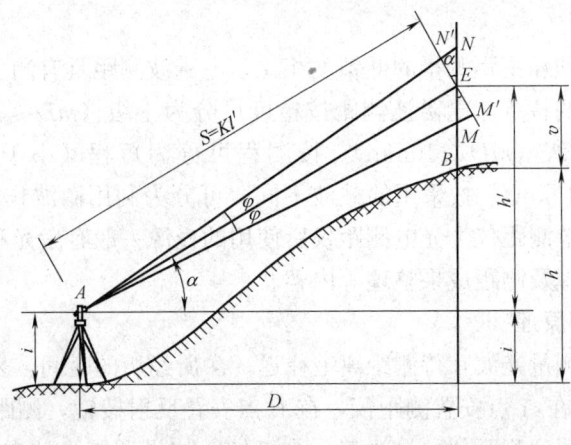

图 4-9　倾斜视距测量

轴不再垂直于尺子，前面推导的公式就不适用了。若想引用前面的公式，测量时则必须将尺子置于垂直于视准轴的位置，但那是不太可能的。因此，在推导倾斜视线的视距公式时，必须加上两项改正：①视距尺不垂直于视准轴的改正；②倾斜视线（距离）化为水平距离的改正。

在图 4-9 中，设视准轴倾斜角为 δ，由于 φ 角很小，略为 $17'$，故可将 $\angle NN'E$ 和 $\angle MM'E$ 近似看成直角，则 $\angle NEN' = \angle MEM' = \delta$，于是：

$$l' = M'N' = M'E' + EN' = ME\cos\delta + EN\cos\delta$$
$$= (ME + EN)\cos\delta = l\cos\delta \tag{4-10}$$

得倾斜距离：

$$S = Kl' = Kl\cos\delta \tag{4-11}$$

化算为平距为：

$$D = S\cos\delta = Kl\cos^2\delta \tag{4-12}$$

A、B 两点间的高差为：

$$h = h' + i - v \tag{4-13}$$

$$h' = S\sin\delta = Kl\cos\delta \cdot \sin\delta = \frac{1}{2}Kl\sin2\delta \tag{4-14}$$

故视线倾斜时的高差公式为：

$$h = \frac{1}{2}Kl\sin2\delta + i - v \tag{4-15}$$

2. 视距测量方法

1）安置仪器于测站点上，对中、整平后，量取仪器高 i 至厘米。

2）在待测点上竖立视距尺。

3）转动仪器照准部照准视距尺，在望远镜中分别用上、下、中丝读得读数 M、N、V；再使竖盘指标水准管气泡居中，在读数显微镜中读取竖盘读数。

4）根据读数 M、N 算得视距间隔 l；根据竖盘读数算得竖角 δ；利用视距公式（4-12）和式（4-15）计算平距 D 和高差 h。

4.3 光电测距

与钢尺量距的繁琐和视距测量的低精度相比，电磁波测距具有测程长、精度高、操作简便、自动化程度高的特点。电磁波测距按精度可分为Ⅰ级（$mD \leqslant 5mm$）、Ⅱ级（$5mm < mD \leqslant 10mm$）和Ⅲ级（$mD > 10mm$）。按测程可分为短程（小于 3km）、中程（3～5km）和远程（大于 15km）。按采用的载波不同，可分为利用微波作载波的微波测距仪；利用光波作载波的光电测距仪。光电测距仪所使用的光源一般有激光和红外光。下面将简要介绍光电测距的原理及测距成果整理等内容。

4.3.1 光电测距原理

光电测距是通过测量光波在待测距离上往返一次所经历的时间，来确定两点之间的距离。如图 4-10 所示，在 A 点安置测距仪，在 B 点安置反射棱镜，测距仪发射的调制光波到达反射棱镜后又返回到测距仪。设光速 c 为已知，如果调制光波在待测距离 D 上的往

返传播时间为 t，则距离 D 为：

$$D = \frac{1}{2}c \cdot t \qquad (4-16)$$

式中　$c = c_0/n$，其中 c_0 为真空中的光速，其值为 299792458m/s，n 为大气折射率，它与光波波长 λ、测线上的气温 T、气压 P 和湿度 e 有关。因此，测距时还需测定气象元素，对距离进行气象改正。

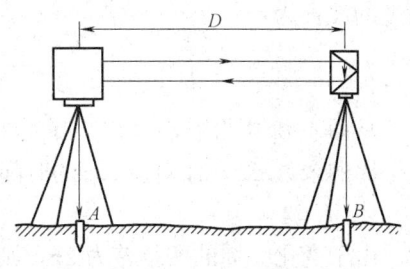

图 4-10　光电测距

由式（4-16）可知，测定距离的精度主要取决于时间 t 的测定精度，即 $dD = \frac{1}{2}cdt$。当要求测距误差 dD 小于 1cm 时，时间测定精度 dt 要求准确到 6.7×10^{-11} s，这是难以做到的。因此，时间的测定一般采用间接的方式来实现。间接测定时间的方法有两种。

1. 脉冲法测距

由测距仪发出的光脉冲经反射棱镜反射后，又回到测距仪而被接收系统接收，测出这一光脉冲往返所需时间间隔 t 的钟脉冲的个数，进而求得距离 D。由于钟脉冲计数器的频率所限，所以测距精度只能达到 $0.5\sim1$m。故此法常用在激光雷达等远程测距上。

2. 相位法测距

相位法测距是通过测量连续的调制光波在待测距离上往返传播所产生的相位变化来间接测定传播时间，从而求得被测距离。红外光电测距仪就是典型的相位式测距仪。

红外光电测距仪的红外光源是由砷化镓（GaAs）发光二极管产生的。如果在发光二极管上注入一恒定电流，它发出的红外光光强则恒定不变。若在其上注入频率为 f 的高变电流（高变电压），则发出的光强随着注入的高变电流呈正弦变化，如图 4-11 所示，这种光称为调制光。

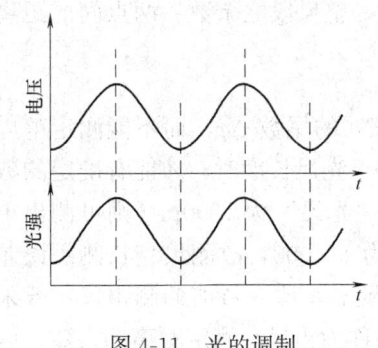

图 4-11　光的调制

测距仪在 A 点发射的调制光在待测距离上传播，被 B 点的反射棱镜反射后又回到 A 点而被接收机接收，然后由相位计将发射信号与接收信号进行相位比较，得到调制光在待测距离上往返传播所引起的相位移 φ，其相应的往返传播时间为 t。如果将调制波的往程和返程展开，则有如图 4-12 所示的波形。

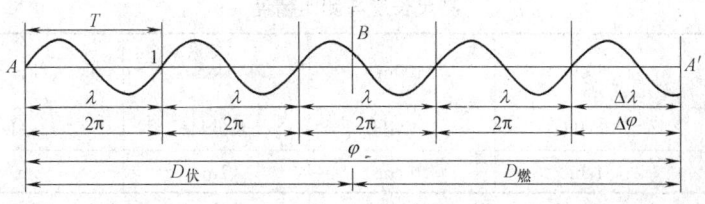

图 4-12　相位式测距原理

设调制光的频率为 f（每秒振荡次数），其周期 $T = \frac{1}{f}$（每振荡一次的时间（s）），则调制光的波长为：

$$\lambda = c \cdot T = \frac{c}{f} \tag{4-17}$$

从图 4-12 中可看出，在调制光往返的时间 t 内，其相位变化了 N 个整周（2π）及不足一周的余数 $\Delta\varphi$，而对应 $\Delta\varphi$ 的时间为 Δt，距离为 $\Delta\lambda$ 则：

$$t = NT + \Delta t \tag{4-18}$$

由于变化一周的相位差为 2π，则不足一周的相位差 $\Delta\varphi$ 与时间 Δt 的对应关系为：

$$\Delta t = \frac{\Delta\phi}{2\pi} \cdot T \tag{4-19}$$

于是得到相位测距的基本公式：

$$D = \frac{1}{2}c \cdot t = \frac{1}{2}c \cdot \left(NT + \frac{\Delta\phi}{2\pi}T\right)$$
$$= \frac{1}{2}c \cdot T\left(N + \frac{\Delta\phi}{2\pi}\right) = \frac{\lambda}{2}(N + \Delta N) \tag{4-20}$$

式中 $\Delta N = \frac{\Delta\phi}{2\pi}$ 为不足一整周的小数。

在相位测距基本公式（4-12）中，常将 $\frac{\lambda}{2}$ 看作是一把"光尺"的尺长，测距仪就是用这把"光尺"去丈量距离。N 则为整尺段数，ΔN 为不足一整尺段之余数。两点间的距离 D 就等于整尺段总长 $\frac{\lambda}{2}N$ 和余尺段长度 $\frac{\lambda}{2}\Delta N$ 之和。

测距仪的测相装置（相位计）只能测出不足整周（2π）的尾数 $\Delta\varphi$，而不能测定整周数 N，因此使式（4-20）产生多值解，只有当所测距离小于光尺长度时，才能有确定的数值。例如，"光尺"为 10m，只能测出小于 10m 的距离；"光尺"为 1000m，则可测出小于 1000m 的距离。又由于仪器测相装置的测相精度一般为 1/1000，故测尺越长测距误差越大，其关系可参见表 4-1。为了解决扩大测程与提高精度的矛盾，目前的测距仪一般采用两个调制频率，即两把"光尺"进行测距。用长测尺（称为粗尺）测定距离的大数，以满足测程的需要；用短测尺（称为精尺）测定距离的尾数，以保证测距的精度。将两者结果衔接组合起来，就是最后的距离值，并自动显示出来。例如：

粗测尺结果 0324

精测尺结果　　3.817

显示距离值　323.817m

测尺长度与测距精度　　　　　　　　　　　　表 4-1

测尺长度（$\frac{\lambda}{2}$）	10m	100m	1km	2km	10km
测尺频率（f）	15MHz	1.5MHz	150kHz	75kHz	15kHz
测距精度	1cm	10cm	1m	2m	10m

若想进一步扩大测距仪器的测程，可以多设几个测尺。

4.3.2　测距成果整理

在测距仪测得初始斜距值后，还需加上仪器常数改正、气象改正和倾斜改正等，最后求得水平距离。

1. 仪器常数改正

仪器常数有加常数 K 和乘常数 R 两项。

由于仪器的发射中心、接收中心与仪器旋转竖轴不一致而引起的测距偏差值，称为仪器加常数。实际上仪器加常数还包括由于反射棱镜的组装（制造）偏心或棱镜等效反射面与棱镜安置中心不一致引起的测距偏差，称为棱镜加常数。仪器的加常数改正值 δ_k 与距离无关，并可预置于机内作自动改正。

仪器乘常数主要是由于测距频率偏移而产生的。乘常数改正值 δ_R 与所测距离成正比。在有些测距仪中可预置乘常数作自动改正。

仪器常数改正的最终式可写成：

$$\Delta S = \delta_k + \delta_R = K + R \cdot S \tag{4-21}$$

2. 气象改正

仪器的测尺长度是在一定的气象条件下推算出来的。野外实际测距时的气象条件不同于制造仪器时确定仪器测尺频率所选取的基准（参考）气象条件，故测距时的实际测尺长度就不等于标称的测尺长度，使测距值产生与距离长度成正比的系统误差。所以在测距时应同时测定当时的气象元素：温度和气压，利用厂家提供的气象改正公式计算距离改正值。如某测距仪的气象改正公式为：

$$\Delta S = \left(283.37 - \frac{106.2833P}{273.15+t} \right) \cdot S(\text{mm}) \tag{4-22}$$

式中　P——气压（hPa）；

　　　t——温度（℃）；

　　　S——距离测量值（km）。

目前，所有的测距仪都可将气象参数预置于机内，在测距时自动进行气象改正。

3. 倾斜改正

距离的倾斜观测值经过仪器常数改正和气象改正后得到改正后的斜距。

当测得斜距的竖角 δ 后，可按下式计算水平距离：

$$D = S\cos\delta \tag{4-23}$$

4.3.3　测距仪标称精度

当顾及仪器加常数 K，相位测距的基本公式可写成：

$$S = \frac{c_0}{2nf}\left(N + \frac{\Delta\varphi}{2\pi} \right) + K \tag{4-24}$$

上式中，c_0、n、f、$\Delta\varphi$ 和 K 的误差，都会使距离产生误差。若对上式作全微分，并应用误差传播定律，则测距误差可表示成：

$$M_S^2 = \left(\frac{m_{c_0}^2}{c_0^2} + \frac{m_n^2}{n^2} + \frac{m_f^2}{f^2} \right) S + \left(\frac{\lambda}{4\pi} \right) m_{\Delta\varphi}^2 + m_k^2 \tag{4-25}$$

公式（4-15）中的测距误差可分成两部分，前一项误差与距离成正比，称为比例误差。而后两项与距离无关，称为固定误差。因此，常将上式写成如下形式，作为仪器的标称精度：

$$M_S = \pm(A + B \cdot S) \tag{4-26}$$

例如，某测距仪的标称精度为：$\pm 3mm + 2ppm \cdot S$。说明该测距仪的固定误差 $A = 3mm$，比例误差 $B = 2mm/km$（ppm），S 的单位为"km"。

目前，测距仪已很少单独生产和使用，而是将其与电子经纬仪组合成一体化的全站仪。因此，关于测距仪的使用，将在下一节全站仪中介绍。

4.4 全站仪测量

4.4.1 全站仪的基本构造

全站型电子速测仪是由电子测角、电子测距、电子计算和数据存储等单元组成的三维坐标测量系统，能自动显示测量结果，能与外围设备交换信息的多功能测量仪器。由于仪器较完善地实现了测量和处理过程的电子一体化，所以人们通常称之为全站型电子速测仪（Electronic Total Station）或简称全站仪。

二维码 4-1　　　二维码 4-2
全站仪视频　　全站仪说明书

全站仪由以下两大部分组成：

1）采集数据设备：主要有电子测角系统、电子测距系统、自动补偿设备等。

2）微处理器：微处理器是全站仪的核心装置，主要由中央处理器、随机储存器和只读存储器等构成，测量时，微处理器根据键盘或程序的指令控制各分系统的测量工作，进行必要的逻辑和数值运算以及数字存储、处理、管理、传输、显示等。

通过上述两大部分有机结合，才真正地体现"全站"功能，既能自动完成数据采集，又能自动处理数据，使整个测量过程工作有序、快速、准确地进行。

4.4.2 全站仪的分类

20 世纪 80 年代末、90 年代初，人们根据电子测角系统和电子测距系统的发展不平衡，把两种系统结构配置在一起构成全站仪，按其结构形式，全站仪分成两大类，积木式和整体式。

积木式，也称组合式，它是指电子经纬仪和测距仪可以分离开使用，照准部与测距轴不共轴。作业时，测距仪安装在电子经纬仪上，相互之间用电缆实现数据通信，作业结束后卸下分别装箱。这种仪器可根据作业精度要求，用户可以选择不同测角、测距设备进行组合，灵活性较好。

整体式，也称集成式，它是将电子经纬仪和测距仪融为一体，共用一个光学望远镜，使用起来更方便。

目前世界各仪器厂商生产出各种型号的全站仪，而且品种越来越多，精度越来越高。常见的有日本（SOKKIA）SET 系列、拓普康（TOPOCON）GTS 系列、尼康（NIKON）DTM 系列、瑞士徕卡（LEICA）TPS 系列、我国的 NTS 和 ETD 系列。随着计算机技术的不断发展与应用以及用户的特殊要求，出现了带内存、防水型、防爆型、电脑型、马达驱动型等各种类型的全站仪，使得这一最常规的测量仪器越来越满足各项测绘工作的需求，发挥更大的作用。

4.4.3 全站仪的等级与检测

全站仪作为一种光电测距与电子测角和微处理器综合的外业测量仪器，其主要的精度

指标为测距标准差 m_D 和测角标准差 m_β。仪器根据测距标准差，即测距精度，按国家标准，分为三个等级：小于 5mm 为 I 级仪器，标准差大于 5mm 小于 10mm 为 II 级仪器，大于 10mm 小于 20mm 为 III 级仪器。

全站仪设计中，关于测距和测角的精度一般遵循等影响的原则，即：

$$\frac{m_D}{D} = \frac{m_\beta}{\beta} \ \text{或} \ \frac{m_\beta}{\beta} = 2 \times \frac{m_D}{D} \tag{4-27}$$

由于全站仪作为一种现代化的计量工具，必须依法对其进行计量检定，以保证量度的统一性、标准性、合格性，检定周期最多不能超过一年。对全站仪的检定分为三个方面：对测距性能的检测，对测角性能的检测，对其数据记录及数据通信及数据处理功能的检查。

电子测角系统的检测主要项目包括：光学对中器和水准管的检校，照准部旋转时仪器基座方位稳定性检查，测距轴与视准轴重合性检查，仪器轴系误差（照准差 C，横轴误差 i，竖盘指标差 I）的检定，倾斜补偿器的补偿范围与补偿准确度的检定，一测回水平方向指标差的测定和一测回竖直角标准偏差测定。

数据采集与通信系统的检测包括检查内存中的文件状态，检查贮存数据的个数和剩余空间；查阅记录的数据；对文件进行编辑，输入和删除功能的检查；数据通信接口数据通信专用电缆的检查等。

4.4.4 徕卡 TS02 全站仪的使用

TS02 是徕卡 TS 系列全站仪中一款基本型全站仪，配有标准的应用程序，能够满足一般测量作业的要求，其外观如图 4-13 所示。

1. 仪器的对中整平

仪器的对中整平是使用全站仪的第一步。全站仪架上三脚架后开机，仪器的激光对中器将自动激活，并且仪器出现"整平/对中"界面，如图 4-14 所示为 TS02 全站仪对中整平界面。对中方法与经纬仪相似。整平的话先用圆气泡整平，再根据图中的电子气泡按照提示精确整平。对中整平好后按 F4确定。

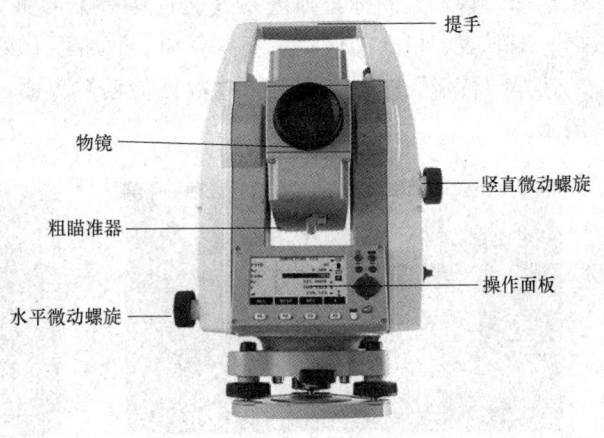

图 4-13　TS02 教学版全站仪

2. 显示主菜单界面

对中整平好后按 F4 确定后仪器显示【主菜单】界面，如图 4-15 所示。主菜单界面是访问仪器的所有功能的开始界面，一般是完成对中整平后就会出现。

1）主菜单功能

选择"测量"图标，则进入【常规测量】界面，如图 4-16 所示。

选择"程序"图标，则进入【程序】测量界面，如图 4-17 所示。这里预置了广泛的应用程序，如设站、测量、放样、参考元素、对边测量、悬高测量、面积-体积测量、建筑轴线测量等程序，使日常野外工作更加方便快捷。

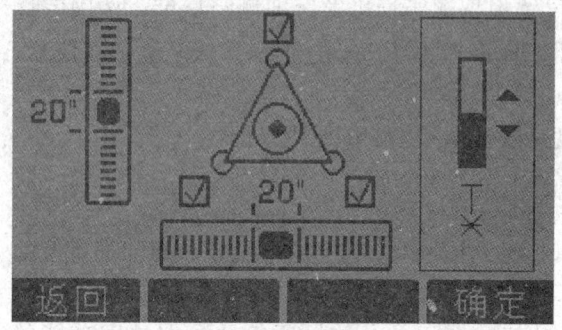

图 4-14 TS02 全站仪对中整平界面

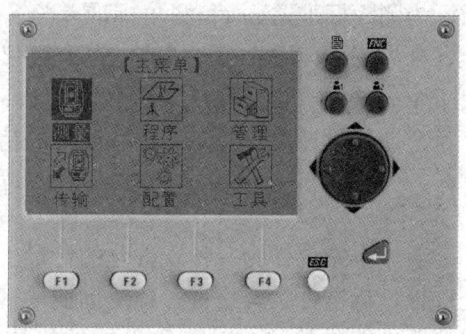

图 4-15 全站仪操作面板和主菜单界面

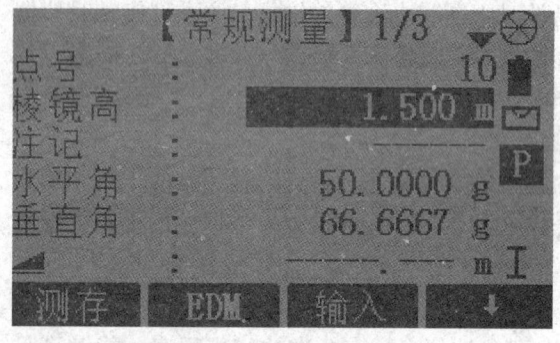

图 4-16 全站仪常规测量界面

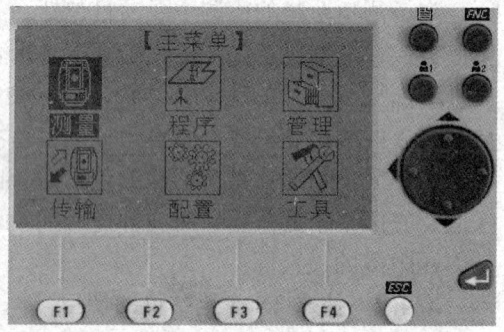

图 4-17 全站仪程序界面

选择"管理"图标，则进入【文件管理】界面，如图 4-18 所示。管理：管理作业、数据、编码表、格式文件、系统内存和 usb 储存卡文件。

选择"传输"图标，则进入【数据传输】界面，如图 4-19 所示。传输：数据的输入和输出。

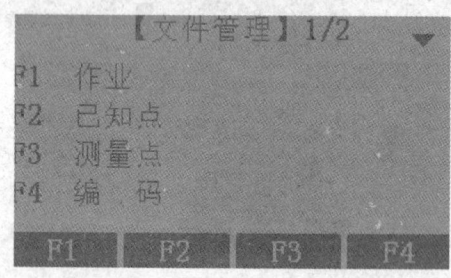

图 4-18 全站仪文件管理界面

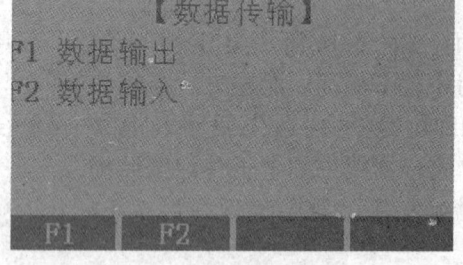

图 4-19 全站仪数据传输界面

选择"配置"图标，则进入【配置菜单】界面，如图 4-20 所示。配置：更改 EDM 设置、通信参数和一般设置。

选择"工具"图标，则进入【工具菜单】界面，如图 4-21 所示。工具：与仪器相关的一些工具。

2）操作面板按键功能。图 4-15 所示全站仪操作面板中各键功能见表 4-2。

3）测量前的设置

仪器在测量前要进行一些基本设置，比如棱镜的选择、无棱镜还是有棱镜等，主要包括以下内容：

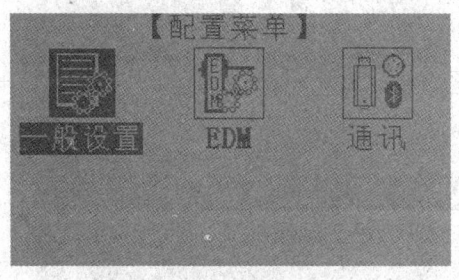

图 4-20 全站仪配置界面   图 4-21 全站仪工具菜单界面

（1）一般设置。进入主菜单，在【配置】菜单中选择【一般设置】，进行参数设置，如图 4-22 所示。

TS02 全站仪按键功能说明   表 4-2

按　　键	功　能　说　明
	翻页键。当有多页可用时显示下一屏
	FNC 键。快速进入测量辅助功能
	用户自定义键。在 FNC 目录中可自己定义功能
	用户自定义键。在 FNC 目录中可自己定义功能
	导航键。在屏幕上移动光标并进入特定域。与电脑中的方向键功能类似
	右边红的为回车键。确认输入然后到下一个域。同电脑中的回车键类似
	左边白色的为 ESC 键。不做任何更改的退出当前屏或编辑模式。回到高一级的目录。同电脑中的退出键类似
	对应于屏幕底部显示功能的功能键

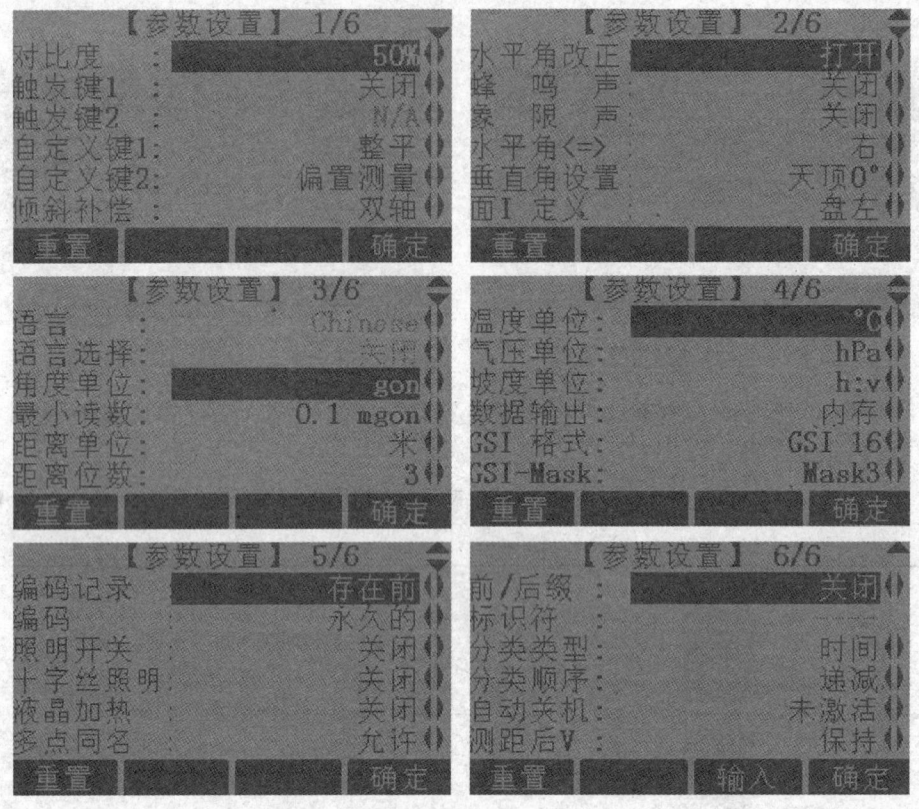

图 4-22　TS02 型全站仪一般设置界面

（2）EDM 设置。进入主菜单，在【配置】菜单中选择【EDM 设置】，进行参数设置，如图 4-23 所示。距离测量直接受测距光路上的大气条件影响，因此需要使用大气改正参数。图 4-24 大气数据（PPM）界面可以输入与大气有关的参数。

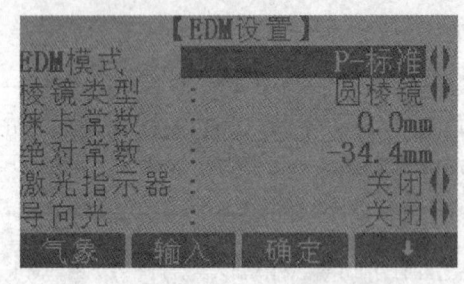

图 4-23　EDM 设置

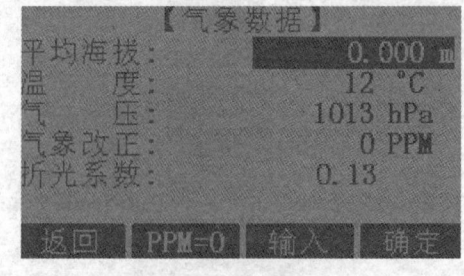

图 4-24　气象数据设置

4）基本测量

（1）角度和距离的测量

在目标点架好棱镜后，全站仪精确瞄准棱镜中心的照准标志或者采用无棱镜模式用激光束瞄准目标。进入主菜单，选择测量选项，如图 4-16 所示。在这里可以进行常规的角度和距离测量。

（2）坐标测量

① 设置作业。不同类型的测量数据都存放在如图目录一样的"作业"里，每个"作

业"都可以单独管理，分别输出、编辑或删除。因此开始测量前首先要设置一个"作业"，以便进行数据管理。设置作业的过程如下：进入主菜单，启动【程序】菜单（图4-17），按F2键（测量）出现图4-25【设站】界面。再按F1键（设置作业），出现如图4-26设置作业界面。此时可以选择仪器中已有的作业，按"确定"键继续测量；或者按"新建"，输入作业名、作业员的姓名，新建一个作业，使后续测量数据都存储在这个作业目录下，再按"确定"键返回上一级界面。也可以启动【文件管理】（图4-18），按F1（作业）键进入【设置作业】界面。

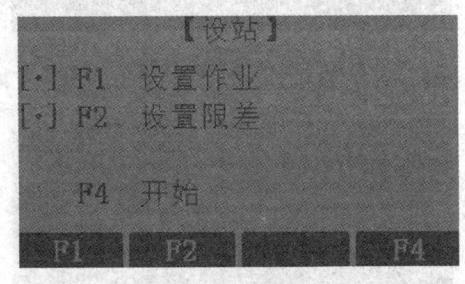

图4-25 设站界面

图4-26 设置作业界面

② 设站。设站的目的是输入测站点和后视点的坐标，全站仪再计算出已知边的方位角。当然也可以直接输测站点和已知边的方位角，这个过程也称之为角度定向。设站是进行坐标测量和放样等测量程序必须首先完成的一步。

在TS02里设站，根据不同的需要分作角度定向、坐标定向、后方交会和高程传递。在这里主要说明常用的两种角度定向和坐标定向。

a. 角度定向设站方法：在主菜单界面进入程序，选择设站，出现如图4-25设站界面。按F4开始后出现如图4-27全站仪设站输入测站数据界面。在方法里选择角度定向，在测站处输入测站点号，并且输入仪器的高。按"确定"键进入【人工输入】界面，按"确定"键进入下一界面，把仪器瞄准另一已知点，在水平角处输入已知边的方位角。按"设定"键完成设站。

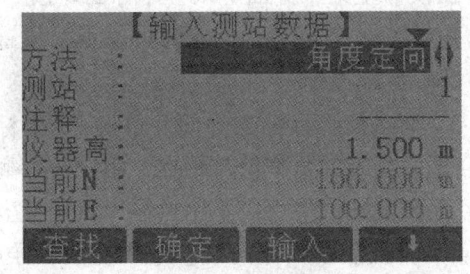

图4-27 全站仪设站输入测站数据

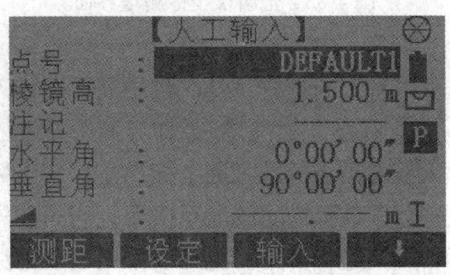

图4-28 全站仪设站人工输入界面

b. 坐标定向设站方法。输入测站数据与角度定向是一样的。在图4-27全站仪设站输入测站数据及图4-28全站仪设站人工输入界面之后按"确定"键出现如图4-29全站仪目标点输入界面，输入后视点点号按"确认"键。在后边出现的界面中输入后视点的坐标并按"确认"键出现图4-30全站仪目标点测量界面。将全站仪瞄准后视点，按"测存"键观测后视点。

进入【结果】界面，如图4-31全站仪设站结果界面。按F1键计算测站坐标和方位角。

进入【设站结果】界面，如图4-32全站仪设站结果界面，显示出测站的坐标和已知边的方位角。按 F4 键（设定），选择"新值"，完成设站并返回【程序】菜单。

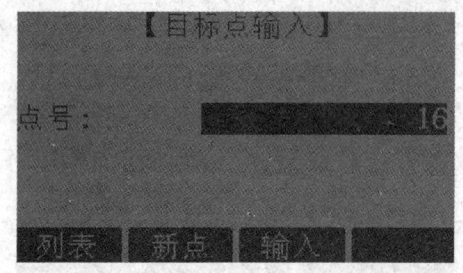

图 4-29　全站仪目标点输入界面

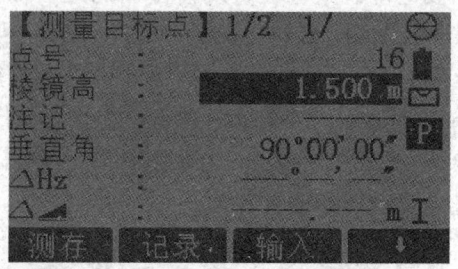

图 4-30　全站仪目标点测量界面

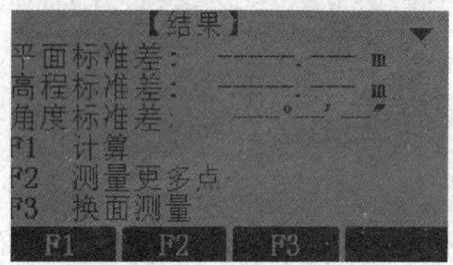

图 4-31　全站仪设站结果界面

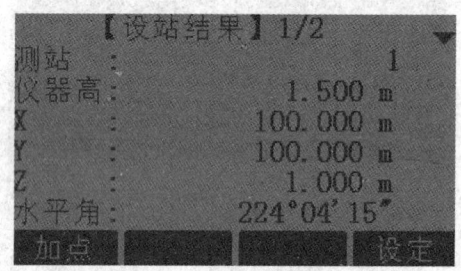

图 4-32　全站仪设站结果界面

图 4-33　全站仪坐标测量界面

③ 进行待测点坐标测量。设站完成后，量取棱镜高，在图 4-33 全站仪坐标测量界面中输入棱镜高，点号可以重命名，也可以采用默认的点名，注意点名不要有重名。全站仪望远镜瞄准目标点按 F1 测存就可以得到目标点的坐标和高程。

（3）放样

① 在仪器主菜单界面进入程序界面，按 F3 进入图 4-34（a）放样界面。此时可以重新设置作业或者重新进行设站。设站完成后进入图 4-34（b）放样界面。

② 在图 4-34（b）放样界面中按 F4 进入图 4-35 全站仪坐标输入界面，再按 F1 坐标输入要放样点的点号和坐标。点号和坐标输入后会显示相差的角度值与距离，用户通过翻页键可以选择其他的显示内容。假如放样的点已经存在全站仪中可以不用再输入点号与坐标，直接进行调用。也可以采用极坐标法进行放样，即直接输入方向值、距离值来放样，还可直接放点，便于用户输入一个无点号和无需保存数据的放样点。

5）高级应用程序

（1）对边测量

对边测量用于确定两个点之间的相对位置关系，如两点之间的斜距、平距、高差、方位角等，在工程测量以及横断面测量中，该程序非常实用。

其原理示意见图 4-36。在测站点上依次测量各反射棱镜的距离 S_1、S_2 和水平角 θ_1，以及高差 h_{A1}、h_{A2}，则可求得 P_1 至 P_2 间的距离 C 和高差 h_{12}：

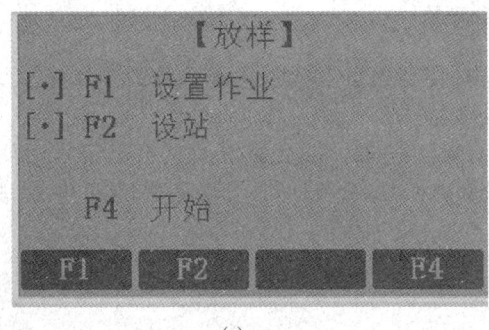
(a)

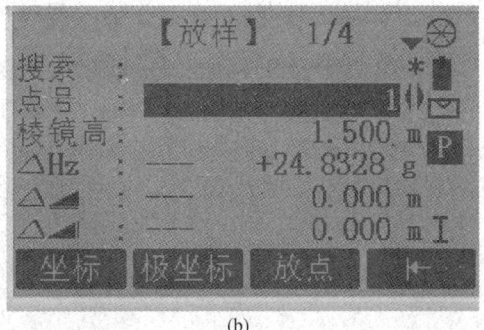
(b)

图 4-34 全站仪放样界面

$$C=\sqrt{S_1^2+S_2^2-2S_1\cdot S_2\cdot\cos\theta_1}\;;\qquad h_{12}=h_{A2}-h_{A1} \qquad (4\text{-}28)$$

在测量两点间高差时，将棱镜安置在测杆上，并使所有各点的目标高相同。

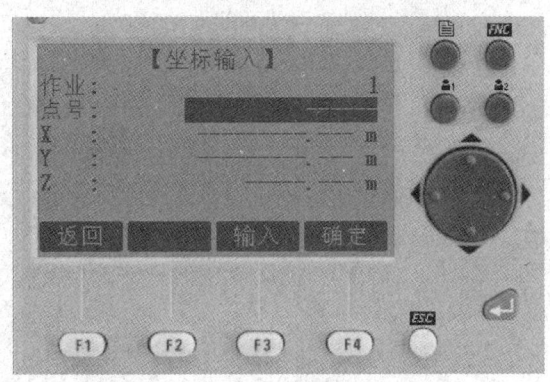

图 4-35 全站仪坐标输入界面

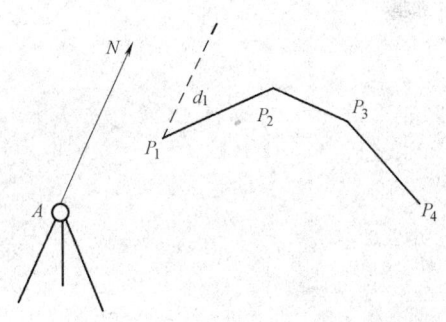

图 4-36 对边测量方法

（2）悬高测量

悬高测量用于对不能设置棱镜的目标（如高压输电线、桥梁等）高度的测量，其示意如图 4-37 所示。图中可以看出，目标高计算公式：

$$\left.\begin{array}{l}H_t=h_1+h_2\\h_2=S\sin\theta_{Z1}\times\cot\theta_{Z2}-S\cos\theta_{Z1}\end{array}\right\} \qquad (4\text{-}29)$$

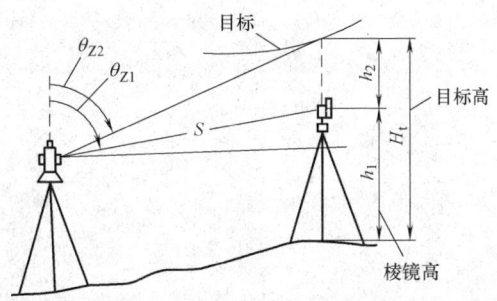

图 4-37 悬高测量

思考与练习题

4-1 距离测量有哪几种方法？光电测距仪的测距原理是什么？

4-2 量距时为什么要进行直线定线？如何进行直线定线？

4-3 钢尺丈量 AB 段的水平距离，往测为 357.23，返测为 357.33；丈量 CD 段的水平距离，往测为 248.83，返测为 248.63；则 AB 段、CD 段的平均距离和相对误差分别为多少？哪段丈量结果精确一些？

4-4 简述全站仪的基本结构、组成与基本功能。

第 5 章

测量误差基本知识

5.1 测量误差概述

在实际的测量工作中发现：当对某个确定的量进行多次观测时，所得到的各个结果之间往往存在着一些差异，例如重复观测两点的高差，或者是多次观测一个角或丈量若干次一段距离，其结果都互有差异。另一种情况是，当对若干个量进行观测时，如果已经知道在这几个量之间应该满足某一理论值，实际观测结果往往不等于其理论上的应有值。例如，一个平面三角形的内角和等于 180°，但三个实测内角的结果之和并不等于 180°，而是有一差异，这些差异称为不符值。这种差异是测量工作中经常而又普遍发生的现象，这是由于观测值中包含有各种误差的缘故。测量中的被观测量客观上多存在一个实际正确值，这个实际正确值称为客观真值 X，对该量进行观测得到观测值 L_i，观测值与实际正确值（或理论值）X 之差称为真误差 Δ_i，即：

$$\Delta_i = L_i - X \quad (i = 1, 2, 3, \cdots, n) \tag{5-1}$$

任何的测量都是利用特制的仪器、工具进行的，由于每一种仪器只具有一定限度的精密度，因此测量结果的精确度受到了一定的限制，且各个仪器本身也有一定的误差，使测量结果产生误差。测量是在一定的外界环境条件下进行的，客观环境包括温度、湿度、风力、大气折光等因素。客观环境的差异和变化也使测量的结果产生误差。测量是由观测者完成的，人的感觉器官的鉴别能力有一定的限度，人们在仪器的安置、照准、读数等方面都会产生误差。此外，观测者的工作态度、操作技能也会对测量结果的质量（精度）产生影响。

5.1.1 测量误差来源

观测值中存在观测误差有下列三方面原因：

（1）观测者。由于观测者的感觉器官的鉴别能力的局限性，在仪器安置、照准、读数等工作中都会产生误差。同时，观测者的技术水平及工作态度也会对观测结果产生影响。

（2）测量仪器。测量工作所使用的测量仪器都具有一定的精密度，从而使观测结果的精度受到限制。另外，仪器本身构造上的缺陷，也会使观测结果产生误差。

（3）外界观测条件。外界观测条件是指野外观测过程中，外界条件的因素，如天气的变化、植被的不同、地面土质松紧的差异、地形的起伏、周围建筑物的状况，以及太阳光线的强弱、照射的角度大小等。

观测者、测量仪器和观测时的外界条件是引起观测误差的主要因素，通常称为观测条件。观测条件相同的各次观测，称为等精度观测。观测条件不同的各次观测，称为非等精度观测。任何观测都不可避免地要产生误差。为了获得观测值的正确结果，就必须对误差进行分析研究，以便采取适当的措施来消除或削弱其影响。

5.1.2 测量误差分类

观测误差按其性质，可分为系统误差、偶然误差和粗差。

（1）系统误差。由仪器制造或校正不完善、观测员生理习性、测量时外界条件、仪器检定时不一致等原因引起。在同一条件下获得的观测列中，其数据、符号或保持不变，或按一定的规律变化。在观测成果中具有累计性，对成果质量影响显著，应在观测中采取相应措施予以消除。

（2）偶然误差。它的产生取决于观测进行中的一系列不可能严格控制的因素（如湿度、温度、空气振动等）的随机扰动。在同一条件下获得的观测列中，其数值、符号不定，表面看没有规律性，实际上是服从一定的统计规律的。随机误差又可分两种：一种是误差的数学期望不为零称为"随机性系统误差"；另一种是误差的数学期望为零称为偶然误差。这两种随机误差经常同时发生，须根据最小二乘法原理加以处理。

（3）粗差。它是每一些不确定因素引起的误差，国内外学者在粗差的认识上还未有统一的看法，目前的观点主要有3类：一类是将粗差看作与偶然误差具有相同的方差，但期望值不同；另一类是将粗差看作与偶然误差具有相同的期望值，但其方差不同；还有一类是认为偶然误差与粗差具有相同的统计性质，但有正态与病态的不同。以上的理论均是建立在偶然误差和粗差均为连续型随机变量。还有一些学者认为粗差属于离散型随机变量。

5.1.3 偶然误差特性

当观测值中剔除了粗差，排除了系统误差的影响，或者与偶然误差相比系统误差处于次要地位后，占主导地位的偶然误差就成了我们研究的主要对象。从单个偶然误差来看，其出现的符号和大小没有一定的规律性，但对大量的偶然误差进行统计分析，就能发现其规律性，误差个数越多，规律性越明显。

例如，在相同的观测条件下，对 358 个三角形的内角进行了观测。由于观测值含有偶然误差，致使每个三角形的内角和不等于 $180°$。设三角形内角和的客观真值 X 为 $180°$，观测值为 L_i，观测值与客观真值之差为真误差。

由式（5-1）可以计算出 358 个三角形内角和的真误差，对 358 个真误差进行统计，正的误差个数为 181 个，负的误差个数为 177 个；并取误差区间为 $0.2''$，分别统计出它们在各误差区间内的个数 V 和频率 v/n，结果列于表 5-1。

偶然误差的区间分布 表 5-1

误差区间 $d\triangle''$	正 误 差		负 误 差		合 计	
	个数 vvv	频率 V/n	个数 V	频率 v/n	个数 v	频率 v/n
0.0～0.2	45	0.126	46	0.128	91	0.254
0.2～0.4	40	0.112	41	0.115	81	0.226
0.4～0.6	33	0.092	33	0.092	66	0.184
0.6～0.8	23	0.064	21	0.059	44	0.123
0.8～1.0	17	0.047	16	0.045	33	0.092
1.0～1.2	13	0.036	13	0.036	26	0.073
1.2～1.4	6	0.017	5	0.014	11	0.031
1.4～1.6	4	0.011	2	0.006	6	0.017
1.6 以上	0	0	0	0	0	0
	181	0.505	177	0.495	358	1.000

从表 5-1 中可看出，最大误差不超过 $1.6''$，小误差比大误差出现的频率高，绝对值相等的正、负误差出现的个数近于相等。

根据表 5-1 中所列数据作频率直方图见图 5-1，可以更直观地看出偶然误差的分布情况。图中横坐标表示误差的大小，纵坐标表示各区间误差出现的频率除以区间的间隔值。

从表 5-1 和图 5-1 我们可以归纳出偶然误差具有如下特性：

(1) 在一定的观测条件下，偶然误差的绝对值不会超过一定的限度；

(2) 绝对值小的误差比绝对值大的误差出现的可能性大；

(3) 绝对值相等的正误差与负误差出现的机会相等；

(4) 当观测次数无限增多时，偶然误差的算术平均值趋近于零。即：

$$\lim_{n \to \infty} \frac{[\Delta]}{n} = 0 \tag{5-2}$$

上述第四个特性说明，偶然误差具有抵偿性，它是由第三个特性导出的。

当观测次数无限增多时，即 $n \to \infty$ 时，如果将误差的区间间隔无限缩小，则图 5-1 中各长方形顶边所形成的折线将变成一条光滑的曲线，称为误差分布曲线。在概率论中，把这种误差分布曲线称为高斯正态分布密度曲线。

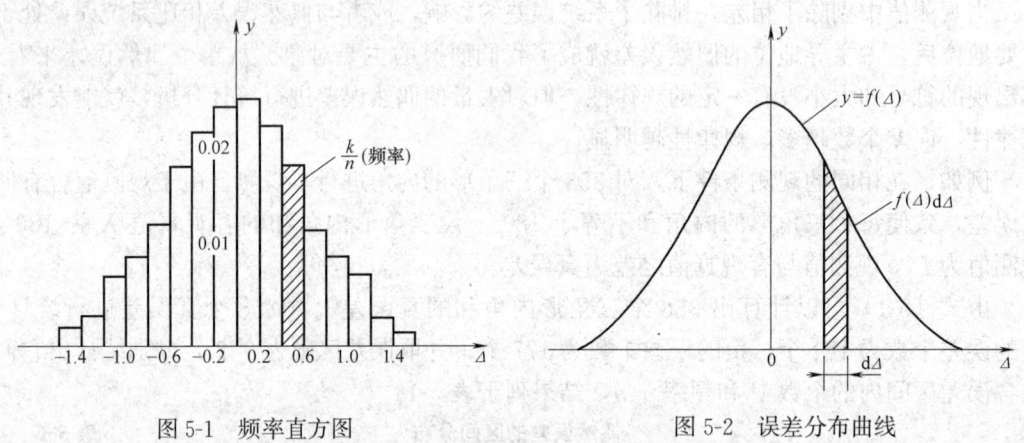

图 5-1　频率直方图　　　　　　　　　图 5-2　误差分布曲线

误差分布曲线上任一点的纵坐标 y 都是观测误差 Δ 的函数，即：

$$y = f(\Delta) = \frac{1}{\sqrt{2\pi}\sigma} e^{\frac{\Delta^2}{2\sigma^2}} \tag{5-3}$$

式中，σ 为观测误差的标准差，σ 的大小体现了观测误差的离散特征，也反映出测量成果精度的高低。

如图 5-2 所示，高斯正态分布密度函数是一个偶函数，对称于纵轴；当 $\Delta = 0$ 有最大值。高斯正态分布密度曲线与横轴所围的面积为 1。正误差出现的概率为 0.5，也就是左半曲线与横轴所围的面积为 0.5；负误差出现的概率也是 0.5，也就是右半曲线与横轴所围的面积为 0.5。

图 5-3 表示三个测量队对某量分别进行了一系列观测，将三组数据的观测误差绘制成曲线。由图 5-3 可知：σ 越小函数曲线越高陡，误差分布比较集中，测量结果精度越高；σ 越大函数曲线越平缓，误差分布比较分散，测量结果精度越低。所以 σ 可以衡量测量结果的精度。

掌握了偶然误差的特性，就能根据带有偶然误差的观测值求出未知量的最可靠值，并衡

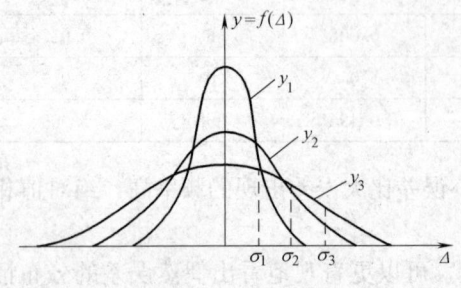

图 5-3　三组观测数据的误差分布曲线

量其精度。同时，也可应用误差理论来研究最合理的测量工作方案和观测方法。

5.2 衡量精度的标准

衡量观测值精度的常用标准有以下几种。

5.2.1 中误差

概率论中衡量观测值精度的标准是观测误差的标准差，标准差是依据无穷多个观测值计算出的理论上的观测精度，而在测量实践中对某量的等精度观测总是有限的，这样就只能以有限的次数计算出标准差的估值，标准差的估值定义为中误差 m，作为衡量测量结果精度的标准。中误差 m 的计算公式为：

$$m = \pm \sqrt{\frac{[\Delta\Delta]}{n}} \tag{5-4}$$

式中，$[\Delta\Delta] = \Delta_1^2 + \Delta_2^2 + \cdots\cdots + \Delta_n^2$，$m$ 值越大，精度越低，m 值越小，精度越高。

【例 5-1】 设有两组等精度观测列，其真误差分别为：第一组 $-3''$、$+3''$、$-1''$、$-3''$、$+4''$、$+2''$、$-1''$、$-4''$；第二组 $+1''$、$-5''$、$-1''$、$+6''$、$-4''$、$0''$、$+3''$、$-1''$。试求这两组观测值的中误差。

【解】

$$m_1 = \pm\sqrt{\frac{9+9+1+9+16+4+1+16}{8}} = 2.9''$$

$$m_2 = \pm\sqrt{\frac{1+25+1+36+16+0+9+1}{8}} = 3.3''$$

比较 m_1 和 m_2 可知，第一组观测值的精度要比第二组高。

必须指出，在相同的观测条件下所进行的一组观测，由于它们对应着同一种误差分布，因此，对于这一组中的每一个观测值，虽然各真误差彼此并不相等，有的甚至相差很大，但它们的精度均相同，即都为同精度观测值。

5.2.2 相对误差

对于某些观测结果，有时单靠中误差还不能完全反映观测精度的高低。例如，分别丈量 100m 和 200m 两段距离，中误差均为 $\pm 0.02m$。虽然两者的中误差相同，但就单位长度而言，两者精度并不相同，后者显然优于前者。为了客观反映实际精度，常采用相对误差。

观测值中误差 m 的绝对值与相应观测值 S 的比值称为相对中误差，也称为相对误差。它是一个无名数，常用分子为 1 的分数表示，即：

$$K = \frac{|m|}{S} = \frac{1}{\dfrac{S}{|m|}} \tag{5-5}$$

上例中前者的相对中误差为 $\dfrac{1}{5000}$，后者为 $\dfrac{1}{10000}$，表明后者精度高于前者。

对于真误差或容许误差，有时也用相对误差来表示。例如，距离测量中的往返测较差与距离值之比就是所谓的相对真误差，即：

$$\frac{|D_{往} - D_{近}|}{D_{平均}} = \frac{1}{\dfrac{D_{平}}{\Delta D}} \tag{5-6}$$

与相对误差对应，真误差、中误差、容许误差都是绝对误差。

5.2.3　极限误差与容许误差

由偶然误差的第一特性可知，在一定的观测条件下，偶然误差的绝对值不会超过一定的限值，这个限值称极限误差。此限值有多大呢？根据误差理论和大量的实践证明，在一系列的同精度观测误差中，真误差绝对值大于标准差的概率约为 32%；大于 2 倍标准差的概率约为 5%；大于 3 倍标准差的概率约为 0.3%。也就是说，大于 3 倍中误差的真误差实际上是不可能出现的。因此，通常以 3 倍中误差作为偶然误差的极限值。

$$\Delta_{极} = 3m \tag{5-7}$$

在测量工作中一般取 2 倍中误差（要求较严）或 3 倍中误差（要求较宽）作为观测值的容许误差，即：

$$\Delta_{容} = (2 \sim 3)m \tag{5-8}$$

当某观测值的误差超过了容许的 3 倍中误差时，将认为该观测值含有粗差，而应舍去不用或重测。

5.3　误差传播定律

当对某量进行了一系列的观测后，观测值的精度可用中误差来衡量。但在实际工作中，往往会遇到某些量的大小并不是直接测定的，而是由观测值通过一定的函数关系间接计算出来的。例如，水准测量中，在一测站上测得后、前视读数分别为 a、b，则高差 $h = a - b$，这时高差 h 就是直接观测值 a、b 的函数。当 a、b 存在误差时，h 也受其影响而产生误差，这就是所谓的误差传播。阐述观测值中误差与观测值函数中误差之间关系的定律称为误差传播定律。

本节以下四种常见的函数来讨论误差传播的情况。

1. 倍数函数

设有函数：

$$Z = kx \tag{5-9}$$

式中，k 为常数，x 为直接观测值，其中误差为 m_x，现在求观测值函数 Z 的中误差 m_Z。

设 x 和 Z 的真误差分别为 Δ_x 和 Δ_Z，由式（5-9）知它们之间的关系为：

$$\Delta_Z = k\Delta_x$$

若对 x 共观测了 n 次，则：

$$\Delta_{Z_i} = k\Delta_{x_i} \quad (i = 1, 2, \cdots, n)$$

将上式两端平方后相加，并除以 n，得：

$$\frac{[\Delta_Z^2]}{n} = k^2 \frac{[\Delta_x^2]}{n} \tag{5-10}$$

按中误差定义可知：

$$m_Z^2 = \frac{[\Delta_Z^2]}{n}$$

所以式（5-10）可写成：

或

$$m_Z^2 = k^2 m_x^2$$

$$m_z = k m_x \qquad (5-11)$$

即观测值倍数函数的中误差，等于观测值中误差乘倍数（常数）。

【例 5-2】 用水平视距公式 $D = k \cdot l$ 求平距。

【解】 已知观测视距间隔的中误差 $m_l = \pm 1\text{cm}$，$k = 100$，则平距的中误差 $m_D = 100 \cdot m_l = \pm 1\text{m}$。

2. 和差函数

设有函数：

$$z = x + y \qquad (5-12)$$

式中，x、y 为独立观测值，它们的中误差分别为 m_x 和 m_y，设真误差分别为 Δ_x 和 Δ_y，由式（5-12）可得：

$$\Delta_z = \Delta_x \pm \Delta_y$$

若对 x、y 均观测了 n 次，则：

$$\Delta_{z_i} = \Delta_{x_i} \pm \Delta_{y_i} \qquad (i = 1, 2, \cdots, n)$$

将上式两端平方后相加，并除以 n 得：

$$\frac{[\Delta_z^2]}{n} = \frac{[\Delta_x^2]}{n} + \frac{[\Delta_y^2]}{n} \pm 2\frac{[\Delta_x \Delta_y]}{n}$$

上式 $[\Delta_x \Delta_y]$ 中各项均为偶然误差，根据偶然误差的特性，当 n 趋近于无穷大时，式中最后一项将趋近于零，于是上式可写成：

$$\frac{[\Delta_z^2]}{n} = \frac{[\Delta_x^2]}{n} + \frac{[\Delta_y^2]}{n} \qquad (5-13)$$

根据中误差定义，可得：

$$m_z^2 = m_x^2 + m_y^2 \qquad (5-14)$$

即观测值和差函数的中误差平方，等于两观测值中误差的平方之和。

【例 5-3】 在 $\triangle ABC$ 中，$\angle C = 180° - \angle A - \angle B$，$\angle A$ 和 $\angle B$ 的观测中误差分别为 $3''$ 和 $4''$，则 $\angle C$ 的中误差 $m_c = \pm \sqrt{m_A^2 + m_B^2} = \pm 5''$。

3. 线性函数

设有线性函数：

$$z = k_1 x_1 \pm k_2 x_2 \pm \cdots \pm k_n x_n \qquad (5-15)$$

式中，x_1、x_2、$\cdots$、x_n 为独立观测值，k_1、k_2、$\cdots$、k_n 为常数，则综合式（5-11）和式（5-14）可得：

$$m_z^2 = (k_1 m_1)^2 + (k_2 m_2)^2 + \cdots + (k_n m_n)^2 \qquad (5-16)$$

【例 5-4】 有一函数 $Z = 2x_1 + x_2 + 3x_3$，其中 x_1、x_2、x_3 的中误差分别为 $\pm 3\text{mm}$、$\pm 2\text{mm}$、$\pm 1\text{mm}$，则 $m_Z = \pm \sqrt{6^2 + 2^2 + 3^2} = \pm 7.0''$。

4. 一般函数

设有一般函数：

$$z = f(x_1, x_2, \cdots, x_n) \qquad (5-17)$$

式中，x_1、x_2、$\cdots$、x_n 为独立观测值，已知其中误差为 m_i（$i = 1, 2, \cdots, n$）。

当 x_i 具有真误差 Δ_i 时，函数 Z 则产生相应的真误差 Δ_z，因为真误差 Δ 是一微小量，故将式（5-17）取全微分，将其化为线性函数，并以真误差符号"Δ"代替微分符号

"d"，得：

$$\Delta_z = \frac{\partial f}{\partial x_1}\Delta_{x_1} + \frac{\partial f}{\partial x_2}\Delta_{x_2} + \cdots + \frac{\partial f}{\partial x_n}\Delta_{x_n} \tag{5-18}$$

式中，$\frac{\partial f}{\partial x_1}$ 是函数对 x_i 取的偏导数并用观测值代入算出的数值，它们是常数，因此，上式变成了线性函数，按式（6-14）得：

$$m_z^2 = \left(\frac{\partial f}{\partial x_1}\right)^2 m_1^2 + \left(\frac{\partial f}{\partial x_2}\right)^2 m_2^2 + \cdots + \left(\frac{\partial f}{\partial x_n}\right)^2 m_n^2 \tag{5-19}$$

上式是误差传播定律的一般形式。前述的式（5-11）、式（5-14）、式（5-16）都可看成上式的特例。

【例 5-5】 某一斜距 $S = 106.28\text{m}$，斜距的竖直角 $\delta = 8°30'$，中误差 $m_s = \pm 5\text{cm}$、$m_\delta = \pm 20''$，求水平距离的中误差 m_D。

【解】
$$D = S \cdot \cos\delta$$

全微分化成线性函数，用 "Δ" 代替 "d"，得：

$$\Delta_D = \cos\delta \cdot \Delta_s - S\sin\delta\Delta_\delta$$

应用式（5-16）后，得：

$$m_D^2 = \cos^2\delta\, m_s^2 + (S \cdot \sin\delta)^2 \left(\frac{m_\delta}{\rho''}\right)^2$$

$$= (0.989)^2 \times (\pm 5)^2 + (1570.918)^2 \times \left(\frac{20}{206265}\right)^2$$

$$= 24.45 + 0.02 = 24.47\text{cm}^2$$

$$m_D = 4.9\text{cm}$$

在上式计算中，单位统一为厘米，$\left(\frac{m_\delta}{\rho''}\right)$ 是将角值的单位由秒化为弧度。

5.4 算术平均值及其中误差

5.4.1 算术平均值

设在相同的观测条件下对某量进行了 n 次等精度观测，观测值为 L_1、L_2、$\cdots$、L_n，其真值为 X，真误差为 Δ_1、Δ_2、$\cdots$、Δ_n。由式（5-1）可写出观测值的真误差公式为：

$$\Delta_i = L_i - X \quad (i = 1, 2, \cdots, n)$$

将上式相加后，得：

$$[\Delta] = [L] - nX$$

故：

$$X = \frac{[L]}{n} - \frac{[\Delta]}{n}$$

若以 x 表示上式中右边第一项的观测值的算术平均值，即：

$$x = \frac{[L]}{n} \tag{5-20}$$

则：

$$X = x - \frac{[\Delta]}{n} \tag{5-21}$$

上式右边第二项是真误差的算术平均值。由偶然误差的第四特性可知，当观测次数 n 无限增多时，$\dfrac{[\Delta]}{n} \to 0$，则 $x \to X$，即算术平均值就是观测量的真值。

在实际测量中，观测次数总是有限的。根据有限个观测值求出的算术平均值 x 与其真值 X 仅差一微小量 $\dfrac{[\Delta]}{n}$，故算术平均值是观测量的最可靠值，通常也称为最或是值。

5.4.2 观测值改正数

由于观测值的真值 X 一般无法知道，故真误差 Δ 也无法求得。所以不能直接应用式（5-4）求观测值的中误差，而是利用观测值的最或是值 x 与各观测值之差 V 来计算中误差，V 被称为改正数，即：

$$v = x - L \tag{5-22}$$

设在相同的观测条件下对某量进行了 n 次等精度观测，观测值为 L_1、L_2、$\cdots$、L_n，算术平均值为 x，观测值的改正数 v_i 分别为：

$$\left. \begin{aligned} v_1 &= x - L_1 \\ v_2 &= x - L_2 \\ &\cdots\cdots \\ v_n &= x - L_n \end{aligned} \right\} \tag{5-23}$$

将上式相加得：

$$[v] = n \cdot x - [L] \tag{5-24}$$

将式（5-20）代入式（5-24）得：

$$[v] = 0 \tag{5-25}$$

此式用于计算检核。

5.4.3 等精度观测值的中误差

将式（5-1）和式（5-23）联立，得：

$$\left. \begin{aligned} \Delta_1 &= -v_1 + (x - X) \\ \Delta_2 &= -v_2 + (x - X) \\ &\cdots\cdots \\ \Delta_n &= -v_n + (x - X) \end{aligned} \right\} \tag{5-26}$$

式（5-26）中各式两边平方后再相加得：

$$[\Delta\Delta] = [vv] + n(x - X)^2 + 2(x - X)[v]$$

即得：

$$[\Delta\Delta] = [vv] + n(x - X)^2$$

将上式两边同除以 n，得：

$$\frac{[\Delta\Delta]}{n} = \frac{[vv]}{n} + (x - X)^2 \tag{5-27}$$

式中，$(x - X)$ 是算术平均值的真误差，则有：

$$(x - X)^2 = \left(\frac{[L]}{n} - X \right)^2 = \left(\frac{[L] - nX}{n} \right)^2 = \frac{1}{n^2}[\Delta]^2$$

$$= \frac{1}{n^2}[\Delta\Delta] + \frac{1}{n^2}(\Delta_1\Delta_2 + \Delta_2\Delta_3 + \cdots)$$

由于 Δ_1，Δ_2，$\cdots$，Δ_n 为相互独立的偶然误差，所以当 $n \to \infty$ 时，$\dfrac{1}{n^2}(\Delta_1\Delta_2 + \Delta_2\Delta_3 + \cdots)$

也趋近于 0。这样式（5-27）可写成：

$$\frac{[\Delta\Delta]}{n} = \frac{[vv]}{n} + \frac{[\Delta\Delta]}{n^2} \tag{5-28}$$

将中误差的定义（5-4）$m = \sqrt{\frac{[\Delta\Delta]}{n}}$ 代入上式，得：

$$m^2 = \frac{[vv]}{n} + \frac{m^2}{n}$$

通过整理得：

$$m = \pm\sqrt{\frac{[vv]}{n-1}} \tag{5-29}$$

5.4.4 等精度观测算术平均值中误差

在求出观测值的中误差 m 后，就可应用误差传播定律求观测值算术平均值的中误差 M，推导如下：

$$x = \frac{[L]}{n} = \frac{L_1}{n} + \frac{L_2}{n} + \cdots + \frac{L_n}{n}$$

应用误差传播定律有：

$$M_x^2 = \left(\frac{1}{n^2}\right)^2 m^2 + \left(\frac{1}{n}\right)^2 m^2 + \cdots + \left(\frac{1}{n}\right)^2 m^2 = \frac{1}{n}^2 m^2 \tag{5-30}$$

$$m_x = \pm\frac{m}{\sqrt{n}}$$

由上式可知，增加观测次数能削弱偶然误差对算术平均值的影响，提高其精度。但因观测次数与算术平均值中误差并不是线性比例关系，所以，当观测次数达到一定数目后，即使再增加观测次数，精度却提高得很少。因此，除适当增加观测次数外，还应选用适当的观测仪器和观测方法，选择良好的外界环境，才能有效地提高精度。

【例 5-6】 对某段距离进行了 5 次等精度观测，观测结果列于表 5-2 中，试求该段距离的算术平均值、观测值中误差、算术平均值中误差以及算术平均值相对误差。计算见表 5-2。

【解】 算术平均值的相对误差为：

$$K = \frac{|M_x|}{x} = \frac{1}{\dfrac{x}{|M_x|}} = \frac{1}{\dfrac{251.49}{|0.01|}} = \frac{1}{25149}$$

最后结果可写成 $x = (251.49 \pm 0.01)$m。

等精度观测计算　　　　　　　　　　　　　　　　　　　　　　表 5-2

序号	L(m)	V(cm)	VV(cm)	精度评定
1	251.52	-3	9	
2	251.46	$+3$	9	$x = \dfrac{[L]}{n} = 251.49$
3	251.49	0	0	
4	251.48	-1	1	$m = \pm\sqrt{\dfrac{[vv]}{n-1}} = \sqrt{\dfrac{20}{4}} = \pm2.2\text{cm}$
5	251.50	$+1$	1	$M_x = \pm\dfrac{m}{\sqrt{n}} = \dfrac{\pm2.2}{\sqrt{5}} = \pm1\text{cm} = \pm0.01\text{m}$
	$x = \dfrac{[L]}{n} = 251.49$	$[v] = 0$	$[vv] = 20$	

5.5　非等精度观测值的精度评定

当各观测量的精度不相同时，不能按算术平均值式（5-20）和中误差式（5-29）及式（5-30）来计算观测值的最或是值和评定其精度。计算观测量的最或然值应考虑到各观测值的质量和可靠程度，显然对精度较高的观测值，在计算最或然值时应占有较大的比重，反之，精度较低的应占较小的比重，为此，各个观测值要给定一个数值来比较它们的可靠程度，这个数值在测量计算中被称为观测值的权。显然，观测值的精度越高，中误差就越小，权就越大，反之亦然。

在测量计算中，给出了用中误差求权的定义公式：

$$P_i = \frac{\mu^2}{m_i^2} \qquad (i=1,2,\cdots,n) \tag{5-31}$$

式中　P——观测值的权；

　　　μ——任意常数；

　　　m——各观测值对应的中误差。

在用上式求一组观测值的权 P_i 时，必须采用同一 μ 值。当取 $P=1$ 时，μ 就等于 m，即 $\mu=m$，通常称数字为 1 的权为单位权，单位权对应的观测值为单位权观测值。单位权观测值对应的中误差 μ 为单位权中误差。

当已知一组非等精度观测值的中误差时，可以先设定 μ 值，然后按式（5-31）计算各观测值的权。

例如，已知三个角度观测值的中误差分别为 $m_1=\pm3''$、$m_2=\pm4''$、$m_3=\pm5''$，它们的权分别为：$P_1=\mu^2/m_1^2$，$P_2=\mu^2/m_2^2$，$P_3=\mu^2/m_3^2$。若设 $\mu=\pm3''$，则 $P_1=1$，$P_2=9/16$，$P_3=9/25$；若设 $\mu=\pm1''$，则 $P_1'=1/9$，$P_2'=1/16$，$P_3'=1/25$。

上例中 $P_1:P_2:P_3=P_1':P_2':P_3'=1:0.56:0.36$。可见，$\mu$ 值取得不同，权值也不同，但不影响各权之间的比例关系。当 $\mu=\pm3''$ 时，P_1 就是该问题中的单位权，$m_1=\pm3''$ 就是单位权中误差。

中误差是用来反映观测值的绝对精度，而权是用来比较各观测值相互之间的精度高低。因此，权的意义在于它们之间所存在的比例关系，而不在于它本身数值的大小。

对某量进行了 n 次非等精度观测，观测值分别为 L_1、L_2、$\cdots$、L_n，相应的权为 P_1、P_2、$\cdots$、P_n，则加权平均值 x 就是非等精度观测值的最或是值，计算公式为：

$$x = \frac{P_1L_1+P_2L_2+\cdots+P_nL_n}{P_1+P_2+\cdots+P_n} = \frac{[PL]}{[P]} \tag{5-32}$$

显然，当各观测值为等精度时，其权为 $P_1=P_2=\cdots=P_n=1$，上式就与求算术平均值的式（5-20）一致。

设 L_1，$\cdots$，L_n 的中误差为 m_1，$\cdots$，m_n，则根据误差传播定律，由式（5-32）可导出加权平均值的中误差为：

$$M^2 = \frac{P_1^2}{[P]^2}m_1^2 + \frac{P_2^2}{[P]^2}m_2^2 + \cdots + \frac{P_n^2}{[P]^2}m_n^2 \tag{5-33}$$

而 $m_i^2 = \frac{M^2}{P_i}$，由式（5-31），有 $P_im_i^2=\mu^2$，代入上式得：

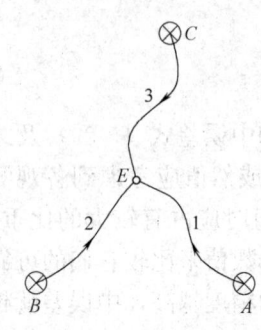

图 5-4 水准路线

$$M_x^2 = \frac{\mu^2}{[P]^2}(P_1 + P_2 + \cdots + P_n) = \frac{\mu^2}{[P]}$$

$$M_x = \pm \frac{\mu}{\sqrt{[P]}} \tag{5-34}$$

实际计算时，上式中的单位权中误差 μ 一般用观测值的改正数来计算，其公式为：

$$\mu = \pm \sqrt{\frac{[PVV]}{n-1}} \tag{5-35}$$

【例 5-7】 如图 5-4 所示，从已知水准点 A、B、C 经三条水准路线，测得 E 点的观测高程 H_i 及水准路线长度 S_i。求 E 点的最或是高程及其中误差。

【解】 计算见表 5-3，计算中的定权公式为 $P_i = 1/S_i$。

非等精度观测平差计算　　　　　　　　　　　　表 5-3

路线	E 点高程 H (m)	路线长 (km)	$P = \dfrac{1}{S}$	V (mm)	PVV	精 度 评 定
1	527.459	4.5	0.22	10	22.00	
2	527.484	3.2	0.31	−15	69.75	$\mu = \pm\sqrt{\dfrac{122}{2}} = 7.81\text{mm}$
3	527.458	4.0	0.25	11	30.25	$M_F = \pm\dfrac{7.81}{\sqrt{0.78}} = 8.84\text{mm}$
	$x = 527.469$	—	0.78		122	

最后结果可写成 $H_E = (527.469 \pm 0.009)\text{m}$。

思考与练习题

5-1 应用测量误差理论可以解决测量工作中的哪些问题？

5-2 测量误差的主要来源有哪些？偶然误差具有哪些特性？

5-3 何谓中误差？何谓容许误差？何谓相对误差？

5-4 何谓等精度观测？何谓非等精度观测？权的定义和作用是什么？

5-5 何谓误差传播定律？

5-6 某圆形建筑物直径 $D = 34.50\text{m}$，$m_D = \pm 0.01\text{m}$，求建筑物周长及中误差。

5-7 用长 30m 的钢尺丈量 310 尺段，若有尺段中误差为 $\pm 5\text{mm}$，求全长 L 及其中误差。

5-8 对某一距离进行了 6 次等精度观测，其结果为：398.772m，398.784m，398.776m，398.781m，398.802m，398.779m。试求其算术平均值、一次丈量中误差、算术平均值中误差和相对中误差。

5-9 测得一正方形的边长 $a = 65.37\text{m} \pm 0.03\text{m}$。试求正方形的面积及其中误差。

5-10 用同一台经纬仪分三次观测同一角度，其结果为 $\beta_1 = 30°24'36''$（6 测回），$\beta_2 = 30°24'34''$（4 测回），$\beta_3 = 30°24'38''$（8 测回）。试求单位权中误差、加权平均值中误差、一测回观测值的中误差。

第 6 章

控 制 测 量

控制测量是在一定的区域内通过建立控制网（区域控制网）所进行的测量工作。控制测量技术是地形测图和工程测量的重要方法。

6.1 概 述

测量工作的组织原则是"从整体到局部""先控制后碎部"，其含义就是在测区内，先建立测量控制网，用来控制全局，然后根据控制网测定控制点周围的地形或进行建筑施工放样。这样不仅可以保证整个测区有一个统一的、均匀的测量精度，而且可以加快测量进度。

所谓控制网，就是在测区内选择一些有控制意义的点（称为控制点）构成的几何图形。按控制网的功能可分平面控制网和高程控制网。按控制网的规模可分为国家控制网、城市控制网、小区域控制网和图根控制网。测定控制网平面坐标的工作称为平面控制测量；测量控制网高程的工作称为高程控制测量。

1. 国家控制网

国家控制网，又称基本控制网，即在全国范围内按统一的方案建立的控制网，它是用精密仪器精密方法测定，并进行严格的数据处理，最后求定控制点的平面位置和高程。

国家控制网按其精度可分为一、二、三、四等四个级别，而且是由高级向低级逐级加以控制。就平面控制网而言，先在全国范围内，沿经纬线方向布设一等网，作为平面控制骨干。在一等网内再布设二等全面网，作为全面控制的基础。为了其他工程建设的需要，再在二等网的基础上加密三、四等控制网（图6-1）。建立国家平面控制网，主要是用三角测量、精密导线测量和GPS测量。对国家高程控制网，首先是在全国范围内布设纵、横一等水准路线，在一等水准路线上布设二等水准闭合或附合路线，再在二等水准环路上加密三、四等闭合或附合水准路线（图6-2所示）。国家高程控制测量，主要是采用精密水准测量的方法。

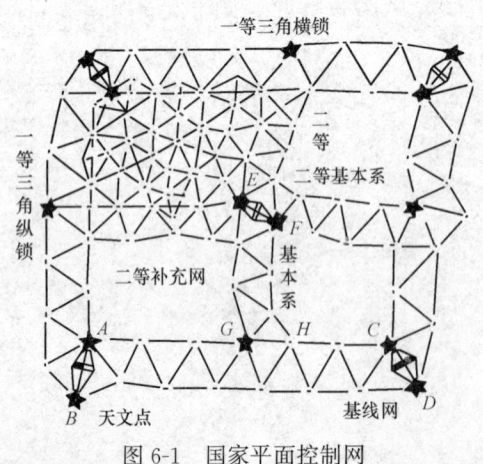

图6-1 国家平面控制网

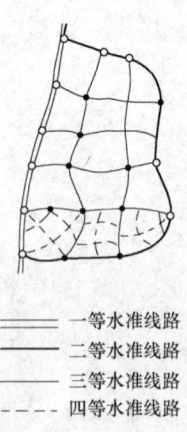

图6-2 国家高程控制网

国家一、二级控制网，除了作为三、四级控制网的依据外，它还为研究地球形状和大小以及其他科学提供依据。

2. 城市控制网

城市控制网是在国家控制网的基础上建立起来的，目的在于为城市规划、市政建设、工业民用建筑设计和施工放样服务。城市控制网建立的方法与国家控制网相同，只是控制网的精度有所不同。为了满足不同目的的要求，城市控制网也要分级建立。

国家控制网和城市控制网，均由专门的测绘单位承担。控制点的平面坐标和高程，由测绘管理部门统一，为社会各部门服务。

3. 小区域控制网

所谓小区域控制网，是指在面积小于 15 km² 范围内建立的控制网。小区域控制网原则上应与国家或城市控制网相连，形成统一的坐标系和高程系。但当连接有困难时，为了建设的需要，也可以建立独立控制网。小区域控制网，也要根据面积大小分级建立，主要采用一、二、三级导线，一、二级小三角网或一、二级小三边网，其面积和等级的关系，如表 6-1 所示。

小区域控制网的建立　　　　　　　　　　　　　　表 6-1

测区面积	首级控制	图根控制
2～15 km²	一级小三角或一级导线	二级图根控制
0.5～2 km²	二级小三角或二级导线	二级图根控制
0.5km² 以下	图根控制	

4. 图根控制网

直接为测图目的建立的控制网，称图根控制网。图根控制网的控制点，又称图根点。图根控制网也应尽可能与上述各种控制网连接，形成统一系统。各别特困难地区连接有困难时，也可建立独立图根控制网。由于图根控制专为测图而做，左移图根点的密度和精度要满足测图要求。表 6-2 是对平坦开阔地区图根点密度的规定。对山区或特别困难地区，图根点的密度，可适当增大。

开阔地区图根点的密度　　　　　　　　　　　　　表 6-2

测图比例尺	1：500	1：1000	1：2000	1：5000
图根点个数个/km²	150	50	15	5
每幅图图根点个数	9～10	12	15	20

6.2　直　线　定　向

确定地面上两点之间的相对位置，仅仅知道两点之间的水平距离是不够的，还必须确定此直线与标准方向之间的关系。确定直线方向与标准方向之间的关系称为直线定向。要确定直线的方向，首先要选定一个标准方向作为直线定向的依据，然后测出这条直线方向与标准方向之间的水平角，则直线的方向便可确定。在测量工作中以子午线方向为标准方向。子午线分真子午线、磁子午线和轴子午线三种，也称为三北方向。

6.2.1　标准方向

（1）真子午线方向：也称为真北方向，真子午线方向是通过地球表面某点的真子午面的切线方向，称为该点的真子午线方向，它是用天文测量的方法测定的。

（2）磁子午线方向：也称为磁北方向，磁子午线方向地面上某点当磁针静止时所指的方向，称为该点的磁子午线方向。磁子午线方向可用罗盘仪测定。由于地球的磁南、北极与地球的南、北极是不重合的，其夹角称为磁偏角，以δ表示。当磁子午线北端偏于真子午线方向以东时，称为东偏；当磁子午线北端偏于真子午线方向以西时，称为西偏；在测量中以东偏为正，西偏为负，如图6-3所示。磁偏角在不同地点有不同的角值和偏向，我国磁偏角的变化范围大约在＋6°（西北地区）至－10°（东北地区）之间。

（3）轴子午线方向：又称坐标纵轴方向，也称为坐标北方向，就是大地坐标系中纵坐标的方向，由于地面上各点子午线都是指向地球的南北极，所以不同地点的子午线方向不是互相平行的，这就给计算工作带来不便，因此在普通测量中一般均采用纵坐标轴方向作为标准方向，这样测区内地面各点的标准方向就都是互相平行的。在局部地区，也可采用假定的临时坐标纵轴方向，作为直线定向的标准方向。

综上所述，不论任何子午线方向，都是指向北（或南）的，由于我国位于北半球，所以常把北方向做为标准方向。

6.2.2 直线方向的表示法

直线方向常用方位角来表示。方位角就是以标准方向为起始方向顺时针转到该直线的水平夹角，所以方位角的取值范围是由0°到360°，如图6-4所示。直线 OM 的方位角为 A_{OM}；直线 OP 的方位角为 A_{OP}。

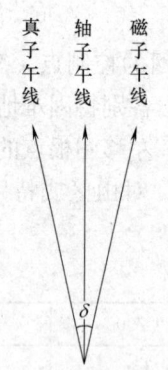

图6-3 三北方向线

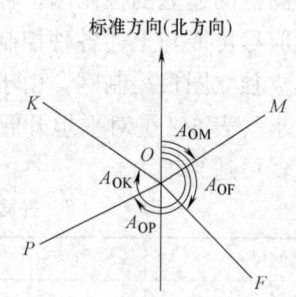

图6-4 坐标方位角示意图

以真子午线方向为标准方向（简称真北）的方位角称为真方位角，用 A 表示；以磁子午线方向为标准方向（简称磁北）的方位角称为磁方位角，用 A_m 表示；以坐标纵轴方向为标准方向（简称坐标北）的方位角称为坐标方位角，以 α 表示。

6.2.3 正、反坐标方位角

每条直线段都有两个端点，若直线段从起点 A 到终点 B 为直线的前进方向，则在起点 A 处的坐标方位角 α_{AB} 为正方位角，在终点 B 处的坐标方位角 α_{BA} 为反方位角。从图6-5中可看出同一直线段的正、反坐标方位角相差为180°，即：

$$\alpha_{BA} = \alpha_{AB} \pm 180° \tag{6-1}$$

6.2.4 坐标方位角的推算

为了整个测区坐标系统的统一，测量工作中并不直接测定每条边的坐标方位角，而是已知一条边的坐标方位角，然后测定已知边与未知边的水平角，推算出另外一条边的方位角。

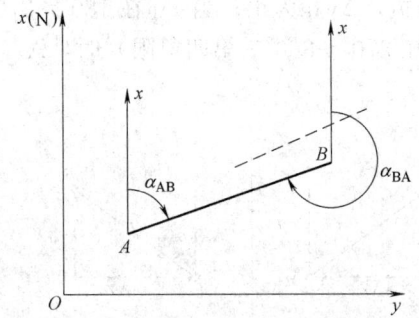

图 6-5 正、反坐标方位角示意图

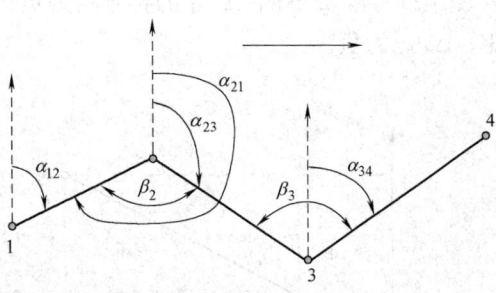

图 6-6 坐标方位角推算图

如图 6-6 所示，12 边的方位角 α_{12} 已知，通过连测求得 12 边与 23 边的连接角为 β_2，求 23 边的方位角 α_{23}。由图 6-6 中分析可知：

$$\alpha_{23} = \alpha_{21} - \beta_2 = \alpha_{12} + 180° - \beta_2。$$

前进方向是 1 点、2 点、3 点，β_2 角在前进方向的右侧，所以把 β_2 称为右角；12 边在后，23 边在前，12 边的方位角用 $\alpha_{后}$ 表示，23 边的方位角用 $\alpha_{前}$ 表示，得右角的方位角推算公式为：

$$\alpha_{前} = \alpha_{后} + 180 - \beta_{右} \tag{6-2}$$

注意：计算中，若 $\alpha_{前} > 360°$，减 360°；若 $\alpha_{前} < 0°$，加 360°。

现在 23 边的方位角 α_{23} 已知，23 边与 34 边的连接角为 β_3（左角），推算 34 边的方位角 α_{34}。

$$\alpha_{34} = \alpha_{23} - 180° + \beta_3$$

左角的方位角推算公式为：

$$\alpha_{前} = \alpha_{后} - 180° + \beta_{左} \tag{6-3}$$

6.3 坐标正算与坐标反算

6.3.1 坐标正算公式

根据已知点的坐标及已知边长和坐标方位角计算未知点的坐标，即坐标的正算。如图 6-7 所示，在平面直角坐标系中，A、B 两点坐标分别为 $A(x_A、y_A)$ 和 $B(x_B、y_B)$，它们相应的坐标差称为坐标增量，分别以 Δx_{AB} 和 Δy_{AB} 表示，从图中可以看出：

$$\left.\begin{array}{l} \Delta x_{AB} = x_B - x_A \\ \Delta y_{AB} = y_B - y_A \end{array}\right\} \tag{6-4}$$

假如 A 点的坐标（$x_A、y_A$）已知，AB 边的距离为 D_{AB}，AB 边的方位角为 α_{AB}，则：

$$\left.\begin{array}{l} \Delta x_{AB} = D_{AB} \cdot \cos\alpha_{AB} \\ \Delta y_{AB} = D_{AB} \cdot \sin\alpha_{AB} \end{array}\right\} \tag{6-5}$$

$$\left.\begin{array}{l} x_B = x_A + \Delta y_{AB} \\ y_B = y_A + \Delta x_{AB} \end{array}\right\} \tag{6-6}$$

Δx_{AB}、Δy_{AB}的正负号从图 6-8 中可以看出，当导线边 AB 位于不同的象限，其纵、横坐标增量的符号也不同。也就是当 α_{AB} 在 $0°\sim90°$（即第一象限）时，Δx_{AB}、Δy_{AB} 的符号均为正，α_{AB} 在 $90°\sim180°$（第二象限）时，Δx_{AB} 为负，Δy_{AB} 为正；当 α_{AB} 在 $180°\sim270°$（第三象限）时，Δx_{AB}、Δy_{AB} 的符号均为负；当 α_{AB} 在 $270°\sim360°$（第四象限）时，Δx_{AB} 为正，Δx_{AB} 为负。

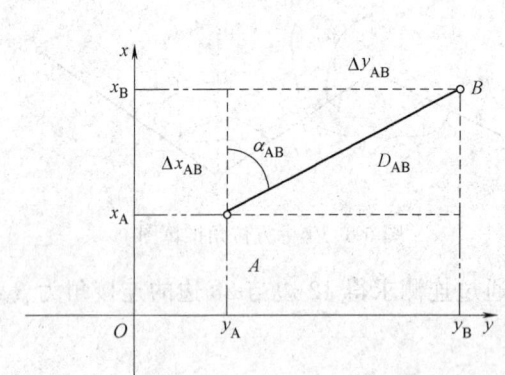
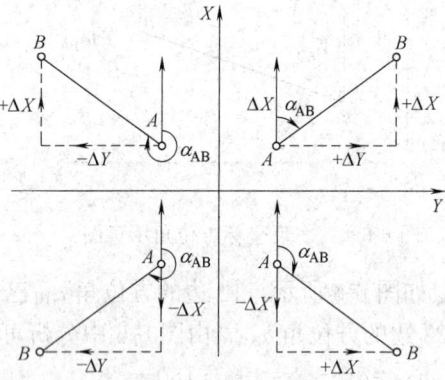

图 6-7 坐标正反算示意图　　　　图 6-8 不同象限坐标方位角示意图

$$X_B = X_A + D_{AB} \cdot \cos\alpha_{AB}$$
$$\left.\begin{array}{r}\\ Y_B = Y_A + D_{AB} \cdot \sin\alpha_{AB}\end{array}\right\} \tag{6-7}$$

6.3.2 坐标反算

由两个已知点的坐标反算其坐标方位角和边长，称为坐标反算。如图 6-7 所示，若设 A、B 为两已知点，其坐标分别为 x_A、y_A 和 x_B、x_B 则可得：$\Delta x_{AB} = x_B - x_A$，$\Delta y_{AB} = y_B - y_A$。

$$\tan\alpha_{AB} = \frac{\Delta y_{AB}}{\Delta x_{AB}} \tag{6-8}$$

$$D_{AB} = \sqrt{(\Delta x_{AB})^2 + (\Delta y_{AB})^2} \tag{6-9}$$

由式（6-8）反正切求得 α_{AB}。需要指出的是：按式（6-4）计算出来的坐标方位角是有正负号的，因此，还应按坐标增量 ΔX_{AB} 和 ΔY_{AB} 的正负号最后确定 AB 边的坐标方位角。若按式（6-8）计算的坐标方位角为：

$$\alpha' = \arctan\frac{\Delta y_{AB}}{\Delta x_{AB}} \tag{6-10}$$

则 AB 边的坐标方位角 α_{AB} 参见图 6-8 应为：

$$\left.\begin{array}{l}\text{在第 I 象限，即当 } \Delta x_{AB}>0 \text{、} \Delta y_{AB}>0 \text{ 时，} \alpha_{AB} = \alpha' \\ \text{在第 II 象限，即当 } \Delta x_{AB}<0 \text{、} \Delta y_{AB}>0 \text{ 时，} \alpha_{AB} = 180° + \alpha' \\ \text{在第 III 象限，即当 } \Delta x_{AB}<0 \text{、} \Delta y_{AB}<0 \text{ 时，} \alpha_{AB} = 180° + \alpha' \\ \text{在第 IV 象限，即当 } \Delta x_{AB}>0 \text{、} \Delta y_{AB}<0 \text{ 时，} \alpha_{AB} = 360° + \alpha'\end{array}\right\} \tag{6-11}$$

【**例 6-1**】已知 B 点的坐标为 $B(2507.693，1215.632)$，B1 边的坐标方位角 $157°00'38''$，B1 边的长度为 225.853m，如图 6-9 所示。求 B1 边的坐标增量，1 点的坐标。

【**解**】

$\Delta y_{B1} = D_{B1} \cdot \sin\alpha_{B1} = 225.853 \cdot \sin157°00'35'' = +88.209$

$$\Delta x_{B1} = D_{B1} \cdot \cos\alpha_{B1} = 225.853 \cdot \cos157°00'35''$$
$$= -207.915$$
$$x_1 = x_B + \Delta y_{B1} = 2507.693 + (-207.915) = 2299.778$$
$$y_2 = y_B + \Delta y_{B1} = 1215.632 + 88.209 = 1303.841$$

【**例 6-2**】 已知 A、B 点坐标为 $A(14.22, 86.71)$、$B(42.34, 85.00)$，求 AB 的方位角与 AB 的距离。

【**解**】

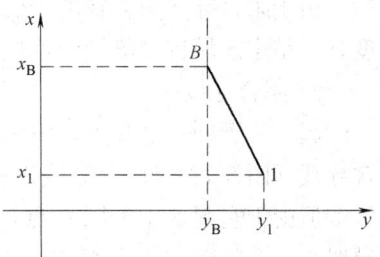

图 6-9 【例 6-1】图

$$\tan\alpha_{AB} = \frac{\Delta y_{AB}}{\Delta x_{AB}} = \frac{y_B - y_A}{x_B - x_A}$$
$$= \frac{85 - 86.11}{42.34 - 14.22} = \frac{-1.71}{28.12}$$

计算器可按得 $\arctan\dfrac{-1.71}{28.12} = -3°28'48''$，从图 6-10 中可看出 α_{AB} 的取值范围为 $(270, 360)$，α_{AB} 即处于第四象限；也可以从坐标增量的正负来判定方位角的取值范围，因为 Δy_{AB} 为负，Δx_{AB} 为正，α_{AB} 即处于第四象限，所以 $\alpha_{AB} = -3°28'48'' + 360° = 356°31'12''$。

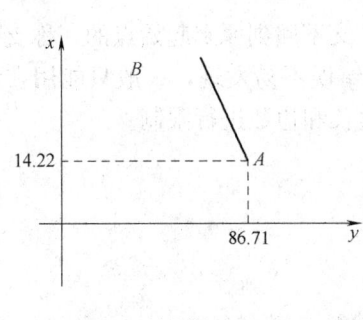

图 6-10 【例 6-2】图

6.4 导 线 测 量

1. 概述

导线测量是进行平面控制测量的主要方法之一，它适用于平坦地区、城镇建筑密集区及隐蔽地区。由于光电测距仪及全站仪的普及，导线测量的应用更为广泛。

导线就是在地面上按一定要求选择一系列控制点，将相邻点用直线连接起来构成的折线。折线的顶点称为导线点，相邻点间的连线称为导线边。导线分精密导线和普通导线，前者用于国家或城市平面控制测量，而后者多用于小区域和图根控制测量。

导线测量，就是测量导线各边长和各转折角，然后根据已知数据和观测值计算各导线点的平面坐标。用经纬仪测角和钢尺量边的导线称为经纬仪导线。用光电测距仪测边的导线则称为光电测距导线。用于测图控制的导线称图根导线，此时的导线点又称图根点。

2. 导线的布设形式

根据测区的地形以及已由高级控制点的情况，导线可布设成以下 3 种形式。

1) 附合导线

导线起始于一个高级控制点，最后附合到另一高级控制点的，称为附合导线（图 6-11）。

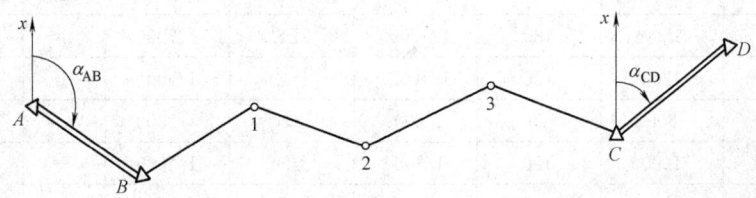

图 6-11 附合导线

由于附合导线附合在两个已知点和两个已知方向上，所以具有自行检核条件，图形强度好，是小区域控制测量的首选方案。

2）闭合导线

起、止于同一已知点，中间经过一系列的导线点，形成一闭合多边形，这种导线称闭合导线（图 6-12）。闭合导线也有图形自行检核，是小区域控制测量的常用布设形式。

但由于它起、止于同一点，产生图形整体偏转不易发现，因而图形强度不及附合导线。

3）支导线

导线从一已知控制点开始，既不附合到另一已知点，又不回到原来起始点的，称支导线（图 6-13）。支导线没有图形自行检核条件，因此发生错误不易发现，一般只能用在无法布设附合或闭合导线的少数特殊情况，并且要对导线边长和边数进行限制。

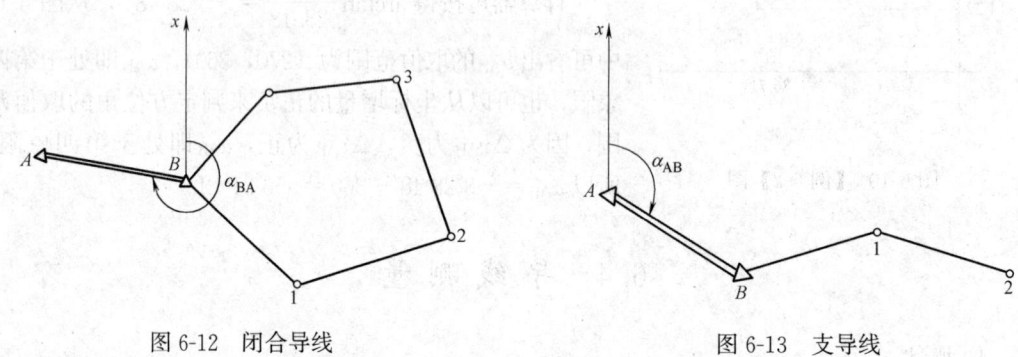

图 6-12　闭合导线　　　　　　　　　　　图 6-13　支导线

3. 导线测量的技术要求

表 6-3 是测量规范中对小区域和图根导线测量的技术要求。在表 6-3 中，图根导线的平均边长和导线的总长度是根据测图比例尺所定的。因为图根导线点是测图时的测站点，测图中要求两相邻测站点上测定同一地物作为检核，而测 1：500 地形图时，规定测站到地物的最大距离为 40m，即两测站之间的最大距离为 80m，所以对应的导线边最长为 80m，表中规定平均边长为 75m。测图中又规定点位中误差不大于图上 0.5mm，对 1：500 地形图上 0.5mm 对应的实际点位误差为 0.25mm。如果把 0.25mm 视为导线的全长闭合差，根据全长相对闭合差则导线的全长为 500m。

小区域和图根导线测量的技术要求　　　　　　　　　　表 6-3

等级		测图比例尺	附合导线长度(m)	平均边长(m)	往返丈量较差相对中误差	测角中误差(″)	导线全长相对中误差	测回数		角度闭合差(″)
								DJ$_6$	DJ$_2$	
一级		—	2500	250	1/20000	±5	1/10000	2	4	$\pm10\sqrt{n}$
二级		—	1800	180	1/15000	±8	1/7000	1	3	$\pm16\sqrt{n}$
三级		—	1200	120	1/10000	±12	1/5000	1	2	$\pm24\sqrt{n}$
图根		1：500	500	75	1/3000	±20	1/2000	—	1	$\pm60\sqrt{n}$
		1：1000	1000	110	1/3000	±20	1/2000	—	1	$\pm60\sqrt{n}$
		1：2000	2000	180	1/3000	±20	1/2000	—	1	$\pm60\sqrt{n}$

4. 导线测量的外业工作

导线测量工作分为外业和内业，外业工作主要是布设导线，通过实地测量获取导线的有关数据，其具体工作包括以下 4 个方面：

1）踏勘、选点

导线点的选择，一般是利用测区内已有地形图，先在图上选点，拟定导线布设方案，然到实地踏勘，落实点位。当测区不大或无现成的地形图可利用时，可直接到现场，边踏勘，边选点。不论采用什么方法，选点时应注意下列几点：

（1）相邻点间通视要良好，地势平坦，视野开阔，其目的在于方便量边、测角和有较大的控制范围。

（2）点位应放在土质坚硬又安全的地方，其目的在于能稳固地安置经纬仪和有利于点位的保存。

（3）导线边长应符合表 6-3 的要求，导线边长应大致相等，相邻边长差不宜过大，点的密度要符合表 6-2 的要求，且均匀分布于整个测区。

当点位选定后，应马上建立和埋设标志。标志的形式，可以制成临时性标志，如图 6-14 所示，即在选的点位上打入木桩，在桩顶钉一钉子或刻画"十"字，以示点位。如果需要长期保存点位，可以制成永久性标志，如图 6-15 所示，即埋设混凝土桩，在桩中心的钢筋顶面上刻"十"字，以示点位。

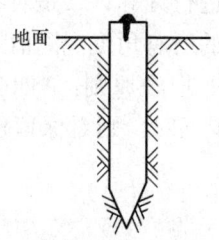

图 6-14　导线桩

图 6-15　永久性控制桩

标志埋设好后，对作为导线点的标志要进行统一编号，并绘制导线点与周围固定地物的相关位置图，称为点之记，如图 6-16 所示，作为今后找点的依据。

2）测角

测角，就是测导线的转折角。转折角以导线点序号前进方向分为左角和右角。对附合导线和支导线测左角或测右角均可，但全线必须统一。对闭合导线，不论测左角或右角，都应该测闭合多边形的内角。

对导线角度测量的有关技术要求，可参考表 6-3。图根导线测量，一般用 J_6 经纬仪测一个测回。上、下半测回角差不大于 40″时，即可取平均值作为角值。

当测站上只有两个观测方向，即测单角时，用测回法观测；当测站上有三个观测方向时，

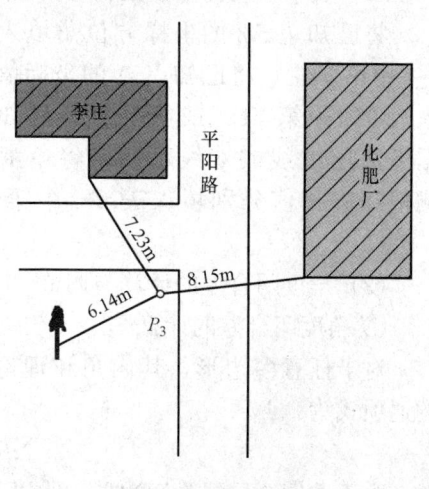

图 6-16　点之记

用方向测回法观测，可以不归零；当观测方向超过三个时，方向测回法观测一定要归零。

3）量边

导线边长一般要求用检定过的钢尺进行往、返丈量。对图根导线测量，通常可以在同一方向丈量两次。当然，如果有条件，可用光电测距仪测量边长，既能保证精度，又省力、省时。

4）连测

导线连测，目的在于把已知点的坐标系传递到导线上来，使导线点的坐标与已知点的坐标形成统一系统。由于导线与已知点和已知方向连接的形式不同，连测的内容也不相同。

有时不光要测连接角还需要测连接边。连测工作可与导线测角、量边同时进行，要求相同。如果建立的是独立坐标系的导线，则要假定导线任一点的坐标值和某一条边的坐标方位角已知，方能进行坐标计算。

5. 导线测量的内业工作

导线测量的内业工作就是内业计算，又称导线平差计算，即用科学的方法处理测量成果，合理地分配测量误差，最后求出各导线点的坐标值。

为了保证计算的正确性和满足一定的精度要求，计算之前应注意两点：一是对外业测量成果进行复查，确认没有问题，方可在专用计算表格上进行计算；二是对各项测量数据和计算数据取到足够位数。对小区域控制和图根控制测量的所有角度观测值及其改正数取到整秒；距离、坐标增量及其改正数和坐标值均取到厘米。取舍原则："四舍六入，单进双不进"，即保留位后的数大于五就进，小于五就舍，等于五时，则看保留位上的数是单数就进，是双数就舍。

1）闭合导线计算

图 6-17 是实测图根闭合导线，图中各项数据是从外业观测手簿中获得的。已知 A2 边的坐标方位角为 $97°58'08''$，$x_A = 5032.70$，$y_A = 4537.66$，现结合本例说明闭合导线计算步骤如下。

（1）表中填入已知数据和观测数据

将已知边 A2 的坐标方位角填入表 6-4 中第 5 栏，将已知点 A 的坐标值填入表 6-4 中第 11、12 栏，并在已知数据下边用红线或双线示明。将角度观测值和边长值分别填入表 6-4 中第 2、6 栏。

（2）角度闭合差的计算与调整

① 角度闭合差的计算

对于任意多边形，其内角和理论值的通项式为：

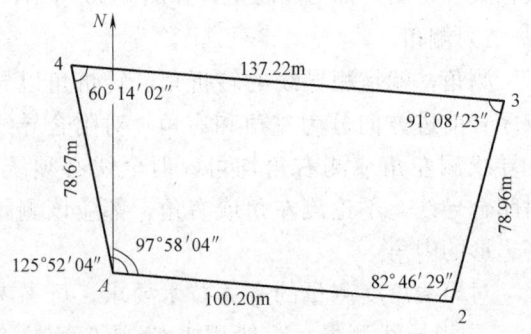

图 6-17　图根闭合导线

$$\sum \beta_{理} = (n-2) \times 180° \tag{6-12}$$

由于此闭合导线为四边形，所以其内角和的理论值为 $(4-2) \times 180° = 360°$。如果用

$\sum\beta_{测}$ 表示四边形内角实测之和，由于存在测量误差，使得 $\sum\beta_{测}$ 不等于 $\sum\beta_{理}$，两者之差称为闭合导线的角度闭合差，通常用 f_β 表示，即：

$$f_\beta=\sum\beta_{测}-\sum\beta_{理}=\sum\beta_{测}-(n-2)\times180° \tag{6-13}$$

② 角度闭合差的检核

根据误差理论，一般情况下，f_β 不会超过一定的界限，称之为容许闭合差或闭合差限差。如果用 $f_{\beta容}$ 表示这个界限值，那么当 $f_\beta\leqslant f_{\beta容}$ 时，我们认为导线的角度测量是符合要求的，否则要对计算进行全面检查，若计算没有问题，就要对角度进行重测。本例 $f_\beta=+58''$，$f_{\beta容}=\pm60''\sqrt{n}=\pm120''$，则有 $f_\beta<f_{\beta容}$，所以观测成果合格。

③ 角度闭合差的调整

虽然 $f_\beta<f_{\beta容}$，但 f_β 的存在，就是存在矛盾。因此，要根据误差理论，设法消除 f_β，这项工作叫角度闭合差的调整。调整前提是假定所有角的观测误差是相等的，则调整的方法是将 f_β 反符号平均分配到每个观测角上，即每个观测角改正 $-\dfrac{f_\beta}{n}$（n 为观测角的个数）。即角度改正数为：

$$v_\beta=-\frac{f_\beta}{n} \tag{6-14}$$

如 f_β 不能整除，则将多余的秒数分配到短边大角中去。这项计算结果填在表 6-4 中第 3 栏，并以改正数总和等于 $-f_\beta$ 作为检核。再将角度观测值加改正数求得改正后的角度值，填入表 6-4 中第 4 栏，并以改正后角度总和等于理论值作为计算检核。即：

$$\beta_{i改}=\beta_i+v_\beta \tag{6-15}$$

闭合导线坐标计算表　　　　　　　　　　　　　　表 6-4

点号	观测左角 (°′″)	改正数 (″)	改正后角值 (°′″)	方位角 (°′″)	距离 (m)	Δx (m)	Δy (m)	$\Delta x'$ (m)	$\Delta y'$ (m)	X	Y
A										5032.70	4537.66
				97 58 08	100.29	−13.90	99.32	−13.90	99.32		
2	82 46 29	−14	82 46 15							5018.80	4636.98
				0 44 23	78.96	78.95	1.02	78.95	1.02		
3	91 08 23	−15	91 08 08							5097.75	4638.00
				271 52 31	137.22	−1 −4.49	−137.15	−4.48	−137.15		
4	60 14 02	−14	60 13 48							5102.23	4500.85
				152 06 19	78.67	−69.53	36.81	−69.53	36.81		
A	125 52 04	−15	125 51 49							5032.70	4537.66
2				97 58 08							
Σ	360 00 58	−58	360 00 00		395.14	$f_x=0.01$	$f_y=0.00$	0	0		
辅助计算											

辅助计算：

$$f_\beta=\sum\beta_{测}\quad\sum\beta_{理}=+58''$$
$$f_\beta=\pm60''\sqrt{n}=\pm120'',\ f_\beta\leqslant f_{\beta容}$$
$$f_D=\sqrt{f_x^2+f_y^2}=0.01$$
$$K=\frac{f_D}{\sum D}=\frac{0.01}{395.14}=\frac{1}{39514}<\frac{1}{2000}$$

（3）推算导线各边的坐标方位角

根据已知边坐标方位角和改正后的角值，按前面式（6-2）和式（6-3）推算导线各边坐标方位角：

$$\alpha_{前}=\alpha_{后}+180°+\beta_{左}$$

$$\alpha_{前}=\alpha_{后}+180°-\beta_{右}$$

式中，$\alpha_{前}$、$\alpha_{后}$表示导线前进方向的前一条边的坐标方位角和与之相连的后一条边的坐标方位角。$\beta_{左(右)}$为前后两条边所夹的左（右）角。由式（6-2）求得：

$$\alpha_{23}=\alpha_{A2}+180°+\beta_{2改}=97°58'08''+180°+82°46'15''=0°44'23''$$
$$\alpha_{34}=\alpha_{23}+180°+\beta_{3改}=271°52'31''$$
$$\alpha_{4A}=\alpha_{34}+180°+\beta_{4改}=152°06'19''$$
$$\alpha'_{A2}=\alpha_{4A}+180°+\beta_{1改}=97°58'08''=\alpha_{A2}（检核）$$

在运用式（6-2）和式（6-3）计算时，应注意两点：

① 由于边的坐标方位角只能在 0～360° 之间，求出的 $\alpha_{前}$大于 360° 时，应减去 360°；$\alpha_{后}$ ＋180°＜$\beta_{右}$时，应先加 360°，然后再减 $\beta_{右}$。

② 最后推算出的已知边坐标方位角，应与已知值相比，以此作为计算检核。此项工作填入表 6-4 第 5 栏。

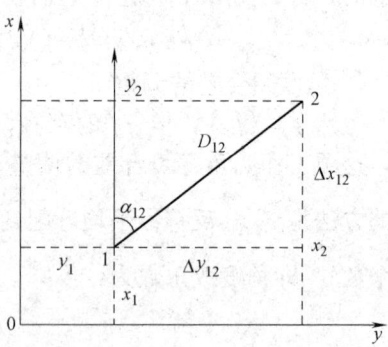

图 6-18 坐标增量计算

（4）坐标增量计算

在图 6-18 中，设 α_{12}、D_{12}为已知，则 12 边的坐标增量为：

$$\left.\begin{array}{l}\Delta x_{12}=D_{12}\cos\alpha_{12}\\\Delta y_{12}=D_{12}\sin\alpha_{12}\end{array}\right\} \tag{6-16}$$

式（6-17）说明，一条边的坐标增量，是该边边长和该边坐标方位角的函数。坐标增量的符号取决于边的坐标方位角，此项计算在表 6-4 中第 7、8 栏。

（5）坐标增量闭合差计算及其调整

对于闭合导线，由于起、止同一点，所以闭合导线的坐标增量总和理论上为零，如图 6-19 所示，即：

$$\left\{\begin{array}{l}\sum\Delta x_{理}=0\\\sum\Delta y_{理}=0\end{array}\right.$$

如果用$\sum\Delta x_{测}$和$\sum\Delta y_{测}$分别表示计算的坐标增量总和，由于存在测量误差，计算出的坐标增量总和与理论值不相等，两者之差称为闭合导线坐标增量闭合差，分别用 f_x、f_y 表示，即有：

$$\left\{\begin{array}{l}f_x=\sum\Delta x_{测}-\sum\Delta x_{理}\\f_y=\sum\Delta y_{测}-\sum\Delta y_{理}\end{array}\right. \tag{6-17}$$

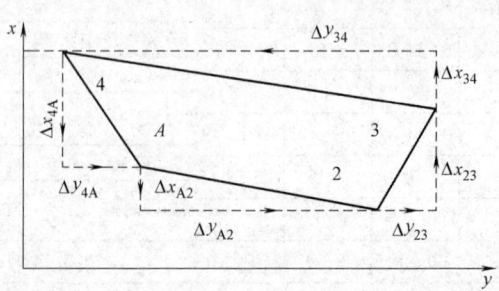

图 6-19 导线坐标增量闭合差的理论值与导线坐标计算

坐标增量闭合差是坐标增量的函数，或者说是导线边长和边的坐标方位角的函数，而坐标方位角是通过已知边方位角和改正后的角值求得的，两者可以视为是正确的。这样，坐标增量闭合差可以认为是由导线边长误差引起的，也就是说，导线从 A 点出发，经过 2、3、4 点后，因各边丈量的误差，使导线没有回到 A 点，而是落在 A'。如图 6-20 所示，AA'为导线全长闭合差，用 f_D 表示，可见 f_x、f_y 是 f_D 在 x、y 轴上的分量，所以有：

$$f_D = \sqrt{f_x^2 + f_y^2} \qquad (6\text{-}18)$$

既然所有边长误差总和为 f_D，若用 $\sum D$ 表示导线总长，则导线全长相对闭合差为：

$$K = \frac{f_D}{\sum D} \qquad (6\text{-}19)$$

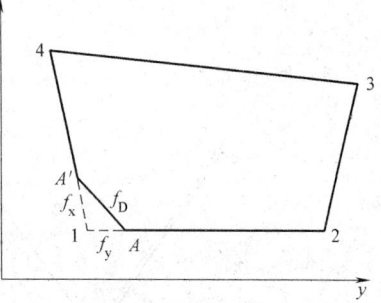

图 6-20 闭合导线全长闭合差

根据误差理论，导线全长相对闭合差不会超过一定界限，假设用 $K_容$ 表示这个界限值，则当 $K \leqslant K_容$ 时，我们认为导线边长丈量是符合要求的（本例中 $K_容 = \dfrac{1}{2000}$）。在这个前提下，本着边长误差与边的长度成正比的原则，将坐标增量闭合差 f_x、f_y 反符号按边长成正比例进行调整。

令 v_{xi}、v_{yi} 为第 i 条边的坐标增量改正数，则有：

$$\left. \begin{array}{l} v_{xi} = -\dfrac{f_x}{\sum D} D_i \\[2mm] v_{yi} = -\dfrac{f_y}{\sum D} D_i \end{array} \right\} \qquad (6\text{-}20)$$

此项计算填在表 6-4 中第 7、8 栏坐标增量上面，并以 $\sum v_{xi} = -f_x$，$\sum v_{yi} = -f_y$ 作检核。再将坐标增量加坐标增量改正数后填入表 6-4 中第 9、10 栏，作为改正后的坐标增量，此时表 6-4 中第 9、10 栏的总和为零，以此作为计算检核。

（6）导线点坐标计算

在图 6-17 中，A 点的坐标是已知的，各边的坐标增量已经求得。所以有：

$$\left. \begin{array}{l} x_2 = x_A + \Delta x_{A2} \\ y_2 = y_A + \Delta y_{A2} \end{array} \right\} \qquad (6\text{-}21)$$

同理类推，即可分别求出 3、4 点的坐标，用同样的方法，由 4 点推算 A 点的坐标，应与已知值相等，以此作计算检核。此项计算填入表 6-4 中第 11、12 栏。

至此闭合导线内业计算全部结束。

2）附合导线计算

附合导线计算方法和计算步骤与闭合导线计算相同，只是由于已知条件的不同，致使角度闭合差和坐标增量闭合差的计算略有不同。

（1）角度闭合差的计算及其调整

如图 6-21 所示，附合导线是附合在两条已知坐标方位角的边上，也就是说 α_{BA}、α_{CD} 是已知的。由于我们已测出 β_A、β_1、β_2 和 β_C，所以从 α_{BA} 出发，经各转折角也可以求得 CD 边的坐标方位角，若用 α'_{CD} 表示则有：

$$a_{A1} = a_{BA} + 180° + \beta_A$$
$$a_{12} = a_{A1} + 180° + \beta_1$$
$$a_{23} = a_{12} + 180° + \beta_2$$
$$a_{3C} = a_{23} + 180° + \beta_3$$
$$a'_{CD} = a_{3C} + 180° + \beta_C = a_{BA} + 5 \times 180° + \sum \beta$$

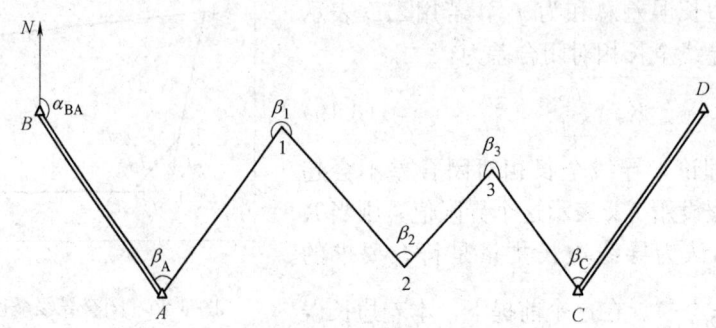

图 6-21　附合导线计算

如果写成通项公式，即为：

$$\left.\begin{aligned}\alpha'_{终}&=\alpha_{始}+n\times180°+\sum\beta_{左}\\\alpha'_{终}&=\alpha_{始}+n\times180°-\sum\beta_{右}\end{aligned}\right\}\tag{6-22}$$

式中，n 为测角个数（包括连接角个数）。

由于存在测量误差，致使 $\alpha'_{CD}\neq\alpha_{CD}$，两者之差叫附合导线角度闭合差，如用 f_β 表示，则：

$$f_\beta=\alpha'_{CD}-\alpha_{CD}=\alpha_{BA}+5\times180°+\sum\beta-\alpha_{CD}\tag{6-23}$$

和闭合导线一样，当 $f_\beta\leqslant f_{\beta容}$ 时，说明附合导线角度测量是符合要求的，这时要对角度闭合差进行调整。其方法是：当附合导线测的是左角时，则将闭合差反符号平均分配，即每个角改正 $-\dfrac{f_\beta}{n}$。当测的是右角时，则将闭合差同符号平均分配，即每个角改正 $\dfrac{f_\beta}{n}$。

（2）坐标增量闭合差的计算

在图 6-16 中，由于 A、C 的坐标为已知，所以从 A 到 C 的坐标增量也就已知，即：

$$\left.\begin{aligned}\sum\Delta x_{理}&=\Delta x_{AC}=x_C-x_A\\\sum\Delta y_{理}&=\Delta y_{AC}=y_C-y_A\end{aligned}\right\}\tag{6-24}$$

然而通过附合导线测量也可以求得 A、C 间的坐标增量，假设用 $\sum\Delta x_{测}$、$\sum\Delta y$ 表示，则由于测量误差的缘故，致使：

$$\sum\Delta x_{测}\neq\sum\Delta x_{理}$$

$$\sum\Delta y_{测}\neq\sum\Delta y_{理}$$

两者之差称为附合导线坐标增量闭合差，即：

$$\left.\begin{aligned}f_x&=\sum\Delta x_{测}-(x_C-x_A)\\f_y&=\sum\Delta y_{测}-(y_C-y_A)\end{aligned}\right\}\tag{6-25}$$

附合导线的导线全长闭合差、全长相对闭合差的计算以及坐标增量闭合差的调整与闭合导线相同。附合导线坐标计算的全过程见表 6-5。

附合导线坐标计算表

表 6-5

点号	观测左角 (° ′″)	改正数 (″)	改正后 角值 (° ′″)	方位角 (° ′″)	距离 (m)	Δx(m)	Δy(m)	改正后 $\Delta x'$(m)	改正后 $\Delta y'$(m)	x	y
1	2	3	4	5	6	7	8	9	10	11	12
B											
A	67 54 44	+5	67 54 49	137 24 26			68.86	145.53	68.86	1873.59	8785.05
1	248 28 06	+5	248 28 11	25 19 15	161.01	−1 145.54	68.86	145.53	68.86	2019.12	8853.91
2	100 05 57	+5	100 06 02	93 47 26	239.51	−1 −15.83	−1 238.99	−15.84	238.98	2003.28	9092.89
3	279 07 09	+4	279 07 13	13 53 28	169.25	−1 164.30	−1 40.63	164.29	40.62	2167.57	9133.51
C	91 24 36	+5	91 24 41	113 00 41	132.62	−51.84	122.07	−51.84	122.07	2115.73	9255.58
D				24 25 22							
Σ	787 00 32	+24	787 00 56		702.39	242.17	470.55	242.14	470.53		

辅助 计算	$f_\beta = \alpha'_{CD} - \alpha_{CD} = \alpha_{BA} + 5 \times 180° + \Sigma\beta - \alpha_{CD} = -24''$ f_β 容 $= \pm 60''\sqrt{n} = \pm 134''$ $f_\beta < f_{\beta容}$	$f_x = 0.028 \qquad f_y = 0.017$ $f_D = \sqrt{f_x^2 + f_y^2} = 0.032$ $K = \dfrac{f_D}{\Sigma D} = \dfrac{0.032}{702.397} = \dfrac{1}{21000} < \dfrac{1}{2000}$

6.5 交会法定点

平面控制网是同时测定一系列点的平面坐标。但在测量中往往会遇到只需要确定一个或两个的平面坐标，如增设个别图根点。这时可以根据已知控制点，采用交会法确定点的平面坐标。

6.5.1 角度前方交会

所谓前方交会，就是在两个已知控制点上观测角度，通过计算求得待定的坐标值。在图 6-22 中，A、B 为已知控制点，P 为待定点。在 A、B 两点上安置经纬仪，测量 α、β 角，通过计算即可求得 P 点的坐标。

从图 6-22 中可得：
$$x_p = x_A + D_{AP}\cos\alpha_{AP}$$
$$\alpha_{AP} = \alpha_{AB} - \alpha$$

按正弦定理 $D_{AP} = D_{AB}\dfrac{\sin\beta}{\sin(\alpha+\beta)}$

故 $x_P = x_A + D_{AB}\dfrac{\sin\beta}{\sin(\alpha+\beta)}\cos(\alpha_{AB} - \alpha)$

$\qquad = x_A + D_{AB}\dfrac{\sin\beta}{\sin(\alpha+\beta)}(\cos\alpha_{AB} \cdot \cos\alpha +$

$\qquad \sin\alpha_{AB} \cdot \sin\alpha)$ 　　　　　　(6-26)

因 $\quad D_{AB}\cos\alpha_{AB} = x_B - x_A; \quad D_{AB}\sin\alpha_{AB} = y_B - y_A$

所以 $x_P = x_A + \dfrac{(x_B - x_A)\sin\beta\cos\alpha + (y_B - y_A)\sin\beta\sin\alpha}{\cot\alpha + \cot\beta}$

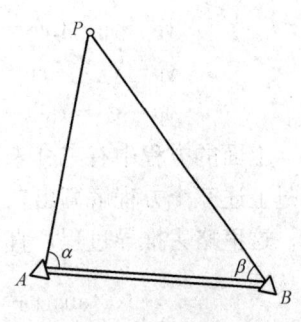

图 6-22　前方交会

化简后得：
$$x_P = \dfrac{x_A \cot\beta + x_B \cot\alpha - y_A + y_B}{\cot\alpha + \cot\beta}$$
$$y_P = \dfrac{y_A \cot\beta + y_B \cot\alpha + x_A - x_B}{\cot\alpha + \cot\beta}$$
$$\left.\begin{array}{c} \\ \\ \end{array}\right\} \tag{6-27}$$

利用上式计算时，需注意 $\triangle ABP$ 是按逆时针编号的，否则公式中的加减号将有改变。为了得到检核，一般都要求从三个已知点作两组前方交会。如图 6-23 所示，分别按 A、B 和 B、C 求出 P 点的坐标。如果两组坐标求出的点位较差在允许范围内，则可取平均值作为待定点的坐标。对于图根控制测量而言，其较差应不大于比例尺精度的 2 倍，即：

$$\Delta = \sqrt{\delta_x^2 + \delta_y^2} \leqslant 2 \times 0.1 M \text{（mm）}$$

式中，δ_x、δ_y 为 P 点两组坐标之差，M 为测图比例尺分母。

6.5.2 侧方交会

侧方交会是在一个已知控制点和待定点上测角来计算待定点坐标的一种方法。在图 6-24 中，如果在已知点 A 及待求点 P 上，分别观测了 α 和 γ 角，则可计算出 β 角。这样就和前方交会公式一样，根据 A、B 两点的坐标和 α、β 角，按前方交会的公式求出 P 点的坐标。

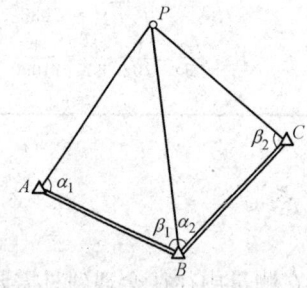

图 6-23　两组前方交会

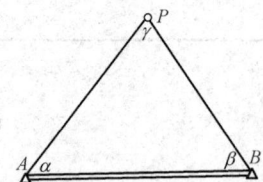

图 6-24　侧方交会

6.5.3 后方交会

后方交会是在待定点上对三个或三个以上的已知控制点进行角度观测，从而求得待定点的坐标。

如图 6-25 中，A、B、C 为三个已知控制点，P 点为待求点。现在 P 点观测了 α、β 角，下面给出有关的计算公式。

由图 6-25 可以列出下列各式：

$$y_P - y_B = (x_P - x_B)\tan\alpha_{BP}$$
$$y_P - y_A = (x_P - x_A)\tan(\alpha_{BP} + \alpha)$$
$$y_P - y_C = (x_P - x_B)\tan(\alpha_{BP} - \beta)$$
$$\left.\begin{array}{c} \\ \\ \\ \end{array}\right\} \tag{6-28}$$

上面的方程中有三个未知数，即 x_P、y_P 和 α_{BP}，故可通过上述三个方程解算出三个未知数，从而得出 P 点的坐标。这里略去推导过程，直接给出计算公式如下：

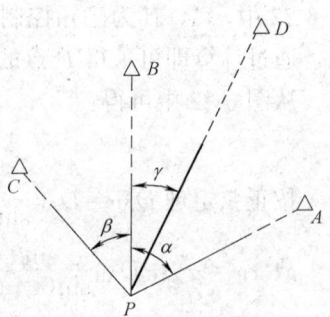

图 6-25　后方交会

$$\tan\alpha_{BP} = \frac{(y_B - y_A)\cot\alpha + (y_B - y_C)\cot\beta + (x_A - x_C)}{(x_B - x_A)\cot\alpha + (x_B - x_C)\cot\beta - (y_A - y_C)} \tag{6-29}$$

$$x_P = \frac{(y_B - y_A) + x_A \tan(\alpha_{BP} + \alpha) - x_B \tan\alpha_{BP}}{\tan(\alpha_{BP} + \alpha) - \tan\alpha_{BP}}$$

$$\Delta x_{BP} = x_P - x_B = \frac{(y_B - y_A)(\cot\alpha - \tan\alpha_{BP}) + (x_B - x_A)(1 + \cot\alpha\tan\alpha_{BP})}{\tan(\alpha_{BP} + \alpha) - \tan\alpha_{BP}} \quad (6\text{-}30)$$

$$\Delta y_{BP} = \Delta x_{BP}\tan\alpha_{BP} \quad (6\text{-}31)$$

$$\left.\begin{array}{l} x_P = x_B + \Delta x_{BP} \\ y_P = y_B + \Delta y_{BP} \end{array}\right\} \quad (6\text{-}32)$$

实际计算中，利用式（6-28）～式（6-33）时，点号的安排应与图 6-25 一致，即 A、B、C、P 按逆时针排列，A、B 间为 α 角，B、C 间为 β 角。为了检核，实际工作中常要观测四个已知点，每次用三个点，共组成两组后方交会。对于图根控制，两组点位较差不得超过 $2 \times 0.1M$（mm）。后方交会还有其他解法。在后方交会中，若 P 点与 A、B、C 点位于同一圆周上时，则在这一圆周上的任意点与 A、B、C 组成的 α 和 β 角的值都相等，故 P 点的位置无法确定，所以称这个圆为危险圆。在作后方交会时，必须注意勿使待求点位于危险圆附近。表 6-6 为后方交会计算算例。

后方交会计算	表 6-6

已知：$x_A = 4374.87$，$y_A = 6564.14$	$\alpha = 118°58'18''$
$x_B = 5144.96$，$y_B = 6083.70$	$\beta = 106°14'22''$
$x_C = 4512.97$，$y_C = 5541.71$	$\gamma = 36°24'29''$
$x_D = 5684.10$，$y_D = 6860.08$	

第一组（已知点 A、B、C）	第二组（已知点 D、B、C）
$\tan\alpha_{BP} = +0.018025$	$\tan\alpha_{BP} = +0.017978$
$\Delta x_{BP} = -487.22$	$\Delta x_{BP} = -487.19$
$\Delta y_{BP} = -8.78$	$\Delta y_{BP} = -8.76$
$x_P = 4657.74$	$x_P = 4657.77$
$y_P = 6074.29$	$y_P = 6074.31$

$\Delta = \sqrt{3^2 + 4^2} = 3.6\text{cm} < (2 \times 0.1 \times 1000 = 200\text{mm})$，$M = 1000$ 平均值 $x_P = 4657.76$ $y_P = 6074.30$

6.5.4 距离交会法

距离交会法，就是在两已知点上分别测定到待定点的距离，进而求定待定点的坐标。下面介绍其计算方法。

图 6-26 中，A、B 为已知点，P 点为待定点。根据 A、B 的已知坐标可反算出 A、B 的边长 D 和坐标方位角 α。

$$D = \sqrt{(x_B - x_A)^2 + (y_B - y_A)^2}$$

$$\alpha = \tan^{-1}\left(\frac{y_B - y_A}{x_B - x_A}\right)$$

作 $PQ \perp AB$，并令 $PQ = h$，$AQ = r$，则 $r = S_a \cos A$。

按余弦定理 $S_b^2 = S_a^2 + D^2 - 2S_a D \cdot \cos A = S_a^2 + D^2 - 2Dr$

故：

$$\left.\begin{array}{l} r = \dfrac{S_a^2 + D^2 - S_b^2}{2D} \\ h = \sqrt{S_a^2 - r^2} \end{array}\right\} \quad (6\text{-}33)$$

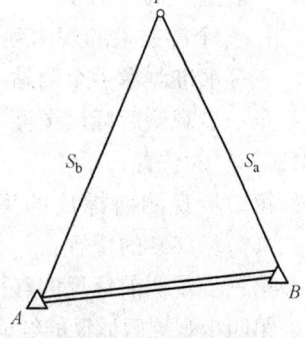

图 6-26 距离交会法

根据 r、h 求 A、P 的坐标增量如下：

$$\Delta x_{AP} = r\cos\alpha + h\sin\alpha$$

$$\Delta y_{AP} = r\sin\alpha - h\cos\alpha$$

故：

$$\left.\begin{array}{l} x_P = x_A + r\cos\alpha + h\sin\alpha \\ y_P = y_A + r\sin\alpha - h\cos\alpha \end{array}\right\} \tag{6-34}$$

应用上述公式时，应注意点号的排列须与图 6-26 一致，即 A、B、P 按逆时针排列。为了检核，可选三个已知点，进行两组距离交会。两组所得点位误差规定如前所述。

6.6 高程控制测量

高程控制测量主要用水准测量方法。小区域高程控制测量，根据情况可采用三、四等水准测量和三角高程测量。本节仅就三、四等水准测量和三角高程测量予以介绍。

6.6.1 三、四等水准测量

前已述及，三、四等水准测量是国家高程控制网的加密方法，也可用作小区域的首级高程控制。三、四等水准测量的外业工作和等外水准测量的外业工作基本上一样。三、四等水准点可以是单独埋设标石，也可以用平面控制点标志代替，即平面控制点和高程控制点共用。三、四等水准测量应由二等水准点上引测。有关三、四等水准测量的技术要求，见表 6-7。

三、四等水准测量的技术要求　　　　　　　　　　　　　　　　表 6-7

等级	附合路线总长(km)	仪器	视线长度(m)	视线距地面最低高度(m)	水准尺	观测次数 与已知点连测	观测次数 附合线路或环线	线路闭合差 平地(mm)	线路闭合差 山地(mm)
三等	≤50	DS₁	75	0.3	铟瓦	往返一次	往一次	$\pm12\sqrt{L}$	$\pm4\sqrt{n}$
		DS₃			双面		往返各一次		
四等	≤16	DS₃	100	0.2	双面	往返一次	往一次	$\pm20\sqrt{L}$	$\pm6\sqrt{n}$

注：L 为水准线路总长度，以千米为单位；n 为全线总测站数。

三、四等水准测量的观测方法、计算和检核说明如下：

双面标尺在第 2 章已做了介绍。这里只强调两点：一是两根标尺的两面零点差不相同，一般是一根为 4.687，另一根为 4.787；二是两根标尺应成对使用。

1. 一个测站上的观测顺序、记录

三等水准测量一个测站上的观测顺序为：

第一步观测后标尺黑面，读上、下、中三丝，将读数记录在表 6-8 中的相应于（1）、（2）、（3）的位置；

第二步观测前标尺的黑面，读上、下、中三丝，将读数记录在表 6-8 中的相应于（4）、（5）、（6）的位置；

第三步观测前标尺的红面，只读中丝，将读数记录在表 6-8 中的相应于（7）的位置；

第四步观测后标尺的红面，也只读中丝，将读数记录在表 6-8 中的相应于（8）的位置。

上述四步 8 个读数。为便于记忆，可把观测顺序归纳为：后-前-前-后。

四等水准测量，由于精度较低，因此可以采用后-后-前-前的顺序。

2. 一个测站上的计算与检核

1）视距计算与检核

后视距离：(9)＝[(1)－(2)]×100；

前视距离：(10)＝[(4)－(5)]×100；

前后视距差：(11)＝(9)－(10)；

视距累差：(12)本＝上一站的(12)＋本站(11)；

限差检核：三等水准(9)和(10)均小于75m，(11)小于3m，(12)小于6m；四等水准的(9)和(10)均小于100m，(11)小于5m，(12)小于10m。

2）同一根标尺黑红面零点差检核计算

黑面中丝读数加黑红面零点差K(4.787或4.687)，减去红面中丝读数，理论上应为零。但由于误差的影响，一般不为零，根据误差理论，在水准测量中规定同一根标尺黑红面零点差检核计算：

$$\left.\begin{array}{l}(14)＝(3)＋K－(8)\\(13)＝(6)＋K－(7)\end{array}\right\}\leqslant2mm(三等)或3mm(四等)$$

四等水准测量记录簿 表 6-8

测站编号	测点编号	后尺 下丝／上丝，后视距	前尺 下丝／上丝，前视距	方向及尺号	水准尺读数(m) 黑面	水准尺读数(m) 红面	K＋黑减红(mm)	高差中数(m)	备注
		视距差 d	Σd						
		(1)	(5)	后	(3)	(4)	(13)		
		(2)	(6)	前	(7)	(8)	(14)		
		(9)	(10)	后－前	(15)	(16)	(17)	(18)	
		(11)	(12)						
1	BM1 ─ TP1	1.426	0.801	后6	1.211	5.998	0		
		0.995	0.371	前7	0.586	5.273	0		
		43.1	43.0	后-前	0.625	0.725	0	0.6250	
		+0.1	+0.1						$K_6＝$ 4.787
2	TP1 ─ TP2	1.812	0.570	后7	1.554	6.241	0		
		1.296	0.052	前6	0.311	5.097	+1		
		51.6	51.8	后-前	1.243	1.144	−1	1.2435	
		−0.2	−0.1						$K_7＝$ 4.687
3	TP2 ─ TP3	0.889	1.713	后6	0.698	5.486	−1		
		0.507	1.333	前7	1.523	6.210	−1		
		38.2	38.0	后-前	−0.825	−0724	−1	−0.8245	
		+0.2	+0.1						
4	TP3 ─ A	1.891	0.758	后7	1.708	6.395	0		
		1.525	0.390	前6	0.574	5.361	0		
		36.6	36.8	后-前	1.134	1.034	0	1.134	
		−0.2	-0.1						
检核		$\Sigma(9)-\Sigma(10)=169.5-169.6=-0.1m$ $(9)+\Sigma(10)=339.1m$ $\Sigma[(3)+\Sigma(8)]=29.291$ $-\Sigma[(6)+\Sigma(7)]=24.935$ $=+4.356$			$\Sigma[(15)+\Sigma(16)]=4.356$ $2\Sigma(8)=4.356$				

3）高差计算与检核

黑面高差为：(15)＝(3)－(6)；

红面高差为：(16)＝(8)－(7)；

检核：(17)＝(15)－[(16)±0.10]＝＝(14)－(13)≤3mm(三等)或 5mm（四等）

±0.10 为两根标尺零点之差，当检核符合要求后，取黑、红面高差的平均值作为该站的高差，即：

$$(18)=\frac{1}{2}\{(15)+[(16)\pm0.100]\}$$

3. 测段计算与检核

两水准点之间为测段，测段计算与检核的内容包括测段总长度、总高差和视距累差。

总长度计算：$D=\sum[(9)+(10)]$；

视距累差检核：末站的(12)＝$\sum(9)-\sum(10)$。

总高差计算与检核：

$$h=\frac{1}{2}\{\sum[(3)+(8)]-\sum[(6)+(7)]\}=\frac{1}{2}\{\sum(15)+\sum[(16)\}=\sum(18)$$

或
$$h=\frac{1}{2}\{\sum(15)+\sum[(16)\pm0.100]\}=\sum(18)$$

以上两个公式，分别适用于测段总站数为偶数和奇数的情况。

6.6.2 三角高程测量

1. 三角高程测量的原理

在山区当无法采用水准测量作图根高程控制测量时，可采用三角高程测量作高程控制测量，精度可以满足测图要求，但是三角高程测量的起始点的高程需要用水准测量引测。

三角高程测量是根据两点间的水平距离和竖直角度求得两点间的高差，如图 6-27 所示，假设 A、B 之间的水平距离是已知的，在 A 点上安置经纬仪，在 B 点上立一标尺，经纬仪中丝在标尺上的读数为 v，此时测得的竖直角为 α，记 A 点的仪器高为 i（仪器横轴至地面点 A 的高度），则 A、B 间的高差为：

$$h_{AB}=D\tan\alpha+i-v \qquad (6-35)$$

如果 A 点的高程已知，则 B 点的高程为：

$H_B=H_A+h_{AB}=H_A+D\tan\alpha+i-v$

当 $i=v$ 时，计算更简便。当两点间距离大于 300m 时，应考虑地球曲率和大气折光对高差的影响。为了消除这个影响，三角高程测量应进行往、返观测，即所谓对向观测。也就是由 A 观测 B，又由 B 观测 A。往、返所测高差之差不大于 0.1Dm（D 以"km"为单位）时，取平均值作为两点间的高差。

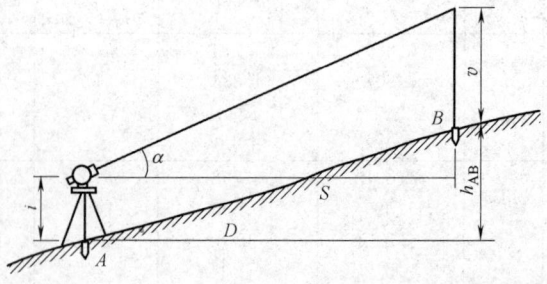

图 6-27 三角高程测量

用三角高程测量作图根高程时，应组成闭合或附合的三角高程路线。路线闭合差允许

值为：$F_h = \pm 0.1h\sqrt{n}$

式中，h 为测图基本等高距；n 为路线边数。

当 $f_h \leqslant F_h$ 时，将 f_h 反号按边长成比例分配于各高差中。最后用改正后的高差，由已知高点开始推算各点高程。

2. 光电三角高程测量

在三角高程测量时，水平距离是从图上量得或通过间接的方法求得的。有了红外测距仪与全站仪，就可以在测定竖直角的同时，直接测得 A、B 点的斜距，在求得平距的同时也就确定了高程。

图 6-28 表示了光电三角高程测量的原理。通常也是采用对向观测（往返观测），竖直角的观测应在盘左、盘右两个盘位进行，观测 2～3 个测回。当采用组合式红外测距仪时，应使测距仪中心与经纬仪水平轴之间的距离等于反光镜中心与照准觇牌中心之间的距离。

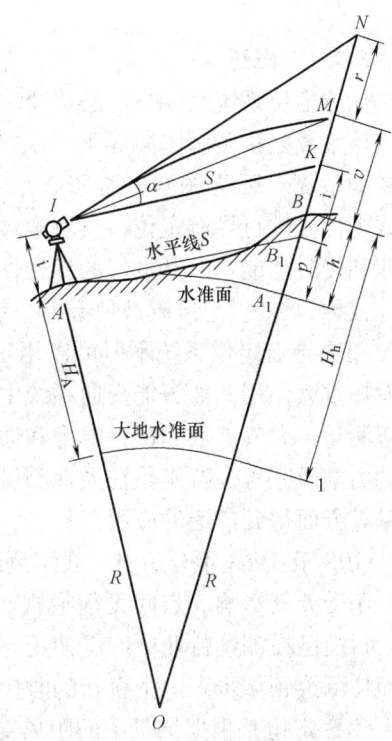

图 6-28 光电三角高程测量

光电三角高程测量的计算公式为：

$$\left.\begin{aligned} h_{AB} &= S\sin\alpha_A + i_A - v_B + f \\ h_{AB} &= S\cos z_A + i_A - v_B + f \end{aligned}\right\} \tag{6-36}$$

式中 S——用测距仪测得的斜距；

     α——竖直角；

     z——天顶距；

     i——仪器高；

     v——觇牌中心高；

     f——大气折光与地球曲率改正，$f = p - r \approx 0.43\dfrac{D^2}{2R}$

     D——两点之间的水平距离。

如果进行双向观测，则由 B 向 A 观测时可得：

$$h_{BA} = S_{返}\sin\alpha_B + i_B - v_A + f \tag{6-37}$$

取双向观测的平均值得：

$$\bar{h}_{AB} = \frac{1}{2}(h_{AB} - h_{BA})$$

从而 $H_B = H_A + \bar{h}_{AB}$

以上式（6-37）及式（6-38）的计算通常可由测距仪或全站仪的有关功能自动计算并显示结果。

众多的试验研究表明，如果精心地组织工作，则光电三角高程测量能达到三、四等水准测量的精度要求，这就使光电三角高程测量扩大了其使用范围。

6.7 全球定位系统（GPS）定位原理简介

6.7.1 概述

全球定位系统（GPS）是"授时、测距导航系统/全球定位系统的简称。该系统是由美国国防部于 1973 年组织研制，主要为军事导航与定位服务的系统。历经 20 年，耗资 300 亿美元，于 1993 年建设成功。GPS 是利用卫星发射的无线电信号进行导航定位，具有全球性、全天候、高精度、快速实时、三维导航、定位、测速和授时功能，以及良好的保密性和抗干扰性。它已成为美国导航技术现代化的重要标志，被称为 20 世纪继阿波罗登月、航天飞机之后又一重大航天技术。

GPS 导航定位系统不但可以用于军事上各种兵种和武器的导航定位，而且在民用上也发挥重大作用。如智能交通系统中车辆导航、车辆管理和救援；民用飞机和船只导航及姿态测量；大气参数测试；电力和通信系统中的时间控制；地震和地球板块运动监测；地球动力学研究等。特别是在大地测量、城市和矿山控制测量、建筑物变形测量、水下地形测量等方面得到广泛的应用。

GPS 于 1986 年开始引入我国测绘界，由于它比常规测量方法具有定位速度快、成本低、不受天气影响、点间无须通视、不建标等优越性，且具有仪器轻巧、操作方便等优点，目前已在测绘行业中广泛使用。卫星定位技术的引入已引起了测绘技术的一场革命，从而使测绘领域步入一个崭新的时代。

GPS 定位是根据测量中的距离交会定点原理实现的。如图 6-29 所示，在待测点 P 设置 GPS 接收机，在某一时刻同时接收到 3 颗（或 3 颗以上）卫星 S_1、S_2、S_3 所发出的信号。通过数据处理和计算，可求得该时刻接收机天线中心（测站点）至卫星的距离 ρ_1、ρ_2、ρ_3。根据卫星星历可查到该时刻 3 颗卫星的三维坐标 (X_j, Y_j, Z_j)，$j=1,2,3$，从而解算出 P 点的三维坐标 (X, Y, Z)：

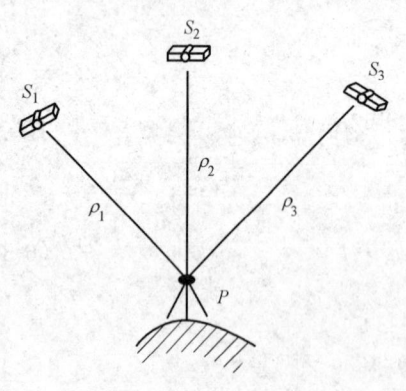

图 6-29 定位原理图

6.7.2 全球定位系统（GPS）的组成

全球定位系统（GPS）主要由三部分组成，即空间卫星部分、地面监控部分和用户设备，见图 6-30 GPS 系统组成部分示意图。

1. 空间卫星部分

1) GPS 卫星星座

GPS 卫星星座由 24 颗卫星组成。其中 21 颗工作卫星，3 颗备用卫星。工作卫星分布在 6 个近圆形的轨道面内，每个轨道上有 4 颗卫星。卫星轨道面相对地球赤道面倾角为 55⁰，各轨道面升交点赤径相差 60⁰。轨道平均高度为 20200km，卫星运行周期为 11 小时 58 分。卫星同时在地平线以上至少有 4 颗，最多可达 11 颗。这样的布设方案将保证在世界任何地方、任何时间，都可进行实时三维定位。

2) GPS 卫星及功能

GPS卫星主要功能是接收并存储由地面监控站发来的导航信息，接收并执行主控站发出的控制命令，如调整卫星姿态、启用备用卫星等，向用户连续发送卫星导航定位所需信息，如卫星轨道参数、卫星健康状态以及卫星信号发射时间标准等，图6-31为GPS卫星星座。

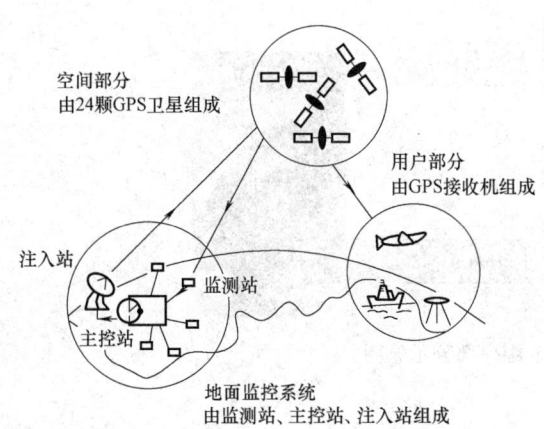

图6-30　GPS系统组成部分示意图　　　　图6-31　GPS卫星星座

2. 地面监控部分

地面监控部分是由分布在世界各地五个地面站组成。按功能可分为监测站、主控站和注入站三种。图6-32为GPS地面控制部分示意图。

1）监测站

监测站设在科罗拉多、阿松森群岛、迭哥伽西亚、卡瓦加兰和夏威夷，站内设有双频GPS接收机、高精度原子钟、气象参数测试仪和计算机等设备，主要任务是完成对GPS卫星信号的连续观测，并将搜集的数据和当地气象观测资料经处理后传送到主控站。

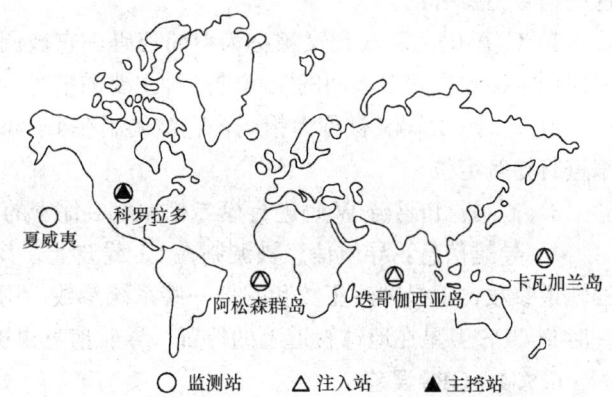

图6-32　GPS地面控制部分示意图

2）主控站

主控站设在美国本土科罗拉多空间中心。它除了协调管理地面监控系统外，还负责将监测站的观测资料联合处理推算卫星星历、卫星钟差和大气修正参数，并将这些数据编制成导航电文送到注入站。

3）注入站

注入站设在阿松森群岛、迭哥伽西亚、卡瓦加兰。其主要任务是将主控站编制的导航电文，通过直径为3.6m的天线注入给相应的卫星。

3. 用户设备部分

用户设备是指用户 GPS 接收机，如图 6-33 所示。其主要任务是捕获卫星信号，跟踪并锁定卫星信号。对接收的卫星信号进行处理，测量出 GPS 信号从卫星到接收机天线间的传播时间，能译出 GPS 卫星发射的导航电文，实时计算接收机天线的三维坐标、速度和时间。

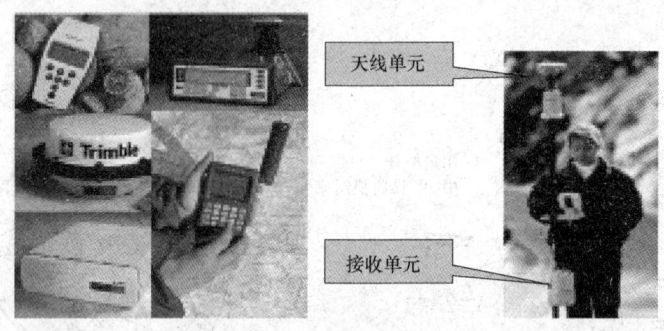

图 6-33　GPS 用户部分示意图

6.7.3　GPS 信号

GPS 导航定位系统属于无线电导航定位系统，用户只需通过接收设备接收卫星播的信号就能测定卫星信号传播时间延迟或相位延迟，解算出接收机与 GPS 卫星间的距离（称为伪距），确定接收机位置。

GPS 卫星发射两种频率的载波信号——伪随机码，即频率为 1575.42MHz 的 L1 载波和频率为 1227.60MHz 的 L2 载波，它们的频率分别是基本频率 10.23MHz 的 154 倍和 120 倍，它们的波长分别为 19.03cm 和 24.42cm。在 L1 和 L2 上又分别调制着多种信号，这些信号主要有：

1）C/A 码：C/A 码又被称为粗捕获码，它被调制在 L1 载波上，C/A 码是普通用户用以测定接收机到卫星间的距离的一种主要的信号。

2）P 码：P 码又被称为精码，它被调制在 L1 和 L2 载波上，一般用户无法利用 P 码来进行导航定位。

3）Y 码：P 码与 W 码进行模二相加生成保密的 Y 码。

4）导航信息：导航信息被调制在 L1 载波上，其信号频率为 50Hz，包含有 GPS 卫星的轨道参数、卫星钟改正数和其他一些系统参数。用户一般需要利用此导航信息来计算某一时刻 GPS 卫星在地球轨道上的位置，导航信息也被称为广播星历。

6.7.4　GPS 误差

利用 GPS 定位时，GPS 卫星播发的信号受各种因素影响，使得测量结果产生误差、精度下降。影响 GPS 定位精度的因素可分为下列几个方面：

1. 与 GPS 卫星有关的因素

1）SA 政策：美国政府从其国家利益出发，通过对导航电文采用 ε 技术、对 GPS 卫星基准频率加入高频抖动（δ 技术）、对 P 码采用译密技术（P 码经过译密技术处理成 Y 码——反电子欺骗 SA 政策），人为降低普通用户利用 GPS 进行导航定位时的精度，单机定位误差达 100m。现已取消 SA 政策，单机误差约 15m。

2）卫星星历误差：卫星星历是 GPS 卫星定位中的重要数据。卫星星历是由地面监控站跟踪监测 GPS 卫星测定的。由于地面监控站测试的误差以及卫星在空中运行受到多种摄动力影响，地面监测站难以充分可靠地测定这些作用力的影响，使得测定的卫星轨道会有误差。

3）卫星钟差：卫星钟差是 GPS 卫星上所安装的原子钟的钟面时与 GPS 标准时间之间会有偏差和漂移，并且随着时间的推移而发生变化。而 GPS 定位所需要的观测量都是以精密测时为依据，卫星钟差会对伪码测距和载波相位测量产生误差。当卫星钟差总量达到 1ms 时，产生的等效距离误差可达 300km。

4）地球自转的影响：GPS 定位采用的坐标是协议地球坐标系，地面接收到卫星信号时与地球固连的协议坐标系相对于卫星发射瞬间的位置已产生了旋转（绕 Z 轴旋转），这样接收到的卫星信号会有时间延迟。（卫星发送信号瞬间坐标与接收机接收的瞬间坐标产生位置上的旋转）。

5）发射天线相位中心偏差：发射天线相位中心偏差是 GPS 卫星上信号发射天线的标称相位中心与其真实相位中心之间的差异。

2. 与信号传播有关的误差

1）电离层延迟：地球周围的电离层对电磁波的折射效应，使得 GPS 信号的传播速度发生变化，这种变化称为电离层延迟。

2）对流层延迟：由于地球周围的对流层对电磁波的折射效应，使得 GPS 信号的传播速度发生变化，这种变化称为对流层延迟。

3）多路径效应：由于接收机周围环境的影响，使得接收机所接收到的卫星信号中还包含有各种反射和折射信号的影响，这些信号会相互叠加，这就是所谓的多路径效应。

3. 仪器本身的误差

1）接收机钟差：接收机石英钟与卫星的原子钟钟面时间的误差。

2）接收机天线相位中心偏差：GPS 接收机天线的标称相位中心与其真实的相位中心之间的差异。

3）接收机软件和硬件造成的误差：在进行 GPS 定位时，定位结果还会受到诸如处理与控制软件和硬件等的影响。

4. 其他方面影响

1）GPS 控制部分人为或计算机造成的影响：由于 GPS 控制部分的问题或用户在进行数据处理时引入的误差等。

2）数据处理软件的影响：数据处理软件的算法不完善对定位结果的影响。

6.7.5 GPS 卫星定位基本原理

如前所述 GPS 卫星定位原理是空间距离交会法。根据测距原理，其定位方法主要有伪距法定位、载波相位测量定位和 GPS 差分定位。对于待定点位，根据其运动状态可分为静态定位和动态定位。静态定位是指用 GPS 测定相对于地球不运动的点位。GPS 接收机安置在该点上，接收数分钟乃至更长时间，以确定其三维坐标，又称为绝对定位。动态定位是确定运动物体的三维坐标。若将两台或两台以上 GPS 接收机分别安置在固定不变的待定点上，通过同步接收卫星信号，确定待测点之间的相对位置，称为相对定位。

GPS 接收机接收的卫星信号有：伪距观测值和载波相位观测值及卫星广播星历。利用伪距和载波相位均可进行静态定位。利用伪距定位精度较低。高精度定位常采用载波相位观测值的各种线性组合，即差分，以减弱卫星轨道误差、卫星钟差、接收机钟差、电离层和对流层延迟等误差影响。这样获得的是两点间的坐标差即基线向量，其测量精度可达到$\pm(5mm+10-6D)$，D为相邻点间距离。

1. 伪距观测值及伪距单点定位

伪距测量就是测定由卫星发射的测距码信号到达 GPS 接收机的传播时间乘以光速所得的距离。

伪距法单点定位，就是利用 GPS 接收机在某一时刻测定的四颗以上 GPS 卫星伪距及从卫星导航电文中获得的卫星位置。采用距离交会法求定天线所在的三维坐标。

由于大气延迟、卫星钟差、接收机钟差等误差影响，伪距法单点定位精度不高。用 C/A 码伪距定位精度一般为 25m，P 码伪距定位精度为 10m。当美国施行 SA 技术后，C/A 码伪距定位精度降到 50m。但是由于伪距单点定位速度快、无多值性问题，因此在运动载体的导航定位上仍应用很广泛。此外伪距还可以作为载波相位测量中解决整周模糊度的参考数据。

2. 载波相位观测值

测距码的码元长，测距分辨率低，这是伪随机码定位低的主要原因。如 C/A 码码长 293m，测量精度为百分之一时，伪距精度为 3m。P 码码长 29.3m，尺码伪距精度为 0.3m。用这样精度的观测值，定位精度只能达到几十米，满足不了一些工程的需要。如果将载波作为测量信号，由于载波波长短，L1 载波 $\lambda_{L1}=19cm$，L2 载波 $\lambda_{L2}=24cm$，按测量精度百分之一，载波相位测量精度为 0.2mm。但是由于载波信号是一种周期性正弦信号，在相位测量中只能测定其不足一个周期（即波长）的小数部分，存在着整周数不确定性问题，因此，载波相位解算过程比较复杂。

载波相位测量是测定 GPS 卫星载波信号到接收机天线之间的相位延迟。GPS 卫星载波上调制了测距码和导航电文，所以 GPS 接收机接收到卫星信号后要将调制在载波上的测距码和卫星电文去掉，重新获得载波，这一工作称为重建载波。GPS 接收机将卫星重建载波与接收机内由振荡器产生的本振信号通过相位计比相，即可得到相位差。

用载波相位测量进行相对定位一般是用两台 GPS 接收机，分别安置在测线两端（该测线称为基线），固定不动，同步接收 GPS 卫星信号。利用相同卫星的相位观测值进行解算，求定基线端点在 WGS-84 坐标系中的相对位置或基线向量。当其中一个端点坐标已知，则可推算另一个待定点的坐标。

3. GPS 实时差分定位

利用 GPS 对运动物体进行实时定位（如 1Hz 或 10Hz 采样率），常采用 GPS 导航接收机单点定位。由于 GPS 定位精度受 GPS 卫星钟差、接收机钟差、大气中电离层和对流层对 GPS 信号的延迟等误差的影响，利用 C/A 码单点定位精度是 25m。在海湾战争后，美国对 GPS 施加了 SA 技术（即选择利用技术）。它是在 GPS 卫星钟和卫星广播星历上施加人为的干扰信号，致使 C/A 码伪距单点定位精度降到 50m。2000 年 5 月美国政府取消了 GPS SA 技术。为提高实时定位精度，可采用 GPS 差分定位技术。

GPS 差分定位的原理是在已有精确地心坐标点安放 GPS 接收机（称为基准站），利用已知地心坐标和星历计算 GPS 观测值的校正值，并通过无线电通信设备（称为数据链）将校正值发送给运动中的 GPS 接收机（称为流动台）。流动台利用校正值对自己的 GPS

观测值进行修正，以消除上述误差，从而提高实时定位精度。

GPS差分定位系统由基准台、流动台和无线电通信链三部分组成。

基准台：接收GPS卫星信号，并实时向流动台提供差分修正信号。

流动台：接收GPS卫星信号和基准台发送的差分修正信号，对GPS卫星信号进行修正，并进行实时定位。

无线电通信链：将基准站差分信息传送到流动台。

6.7.6 GPS测量实施

GPS测量实施过程与常规测量一样，包括方案设计、外业测量和内业数据处理三部分。由于以载波相位观测值为主的相对定位法是当前GPS精密测量中普遍采用的方法，所以本节主要介绍在城市与工程控制网中采用GPS定位的方法和工作程序。

1. GPS控制网设计

GPS控制网的技术设计是进行GPS测量的基础。它应根据用户提交的任务书或测量合同所规定的测量任务进行设计。其内容包括测区范围、测量精度、提交成果方式、完成时间等。设计的技术依据是国家测绘局颁发的《全球定位系统（GPS）测量规范》GB/T 18314—2009及住房城乡建设部颁发的《全球定位系统城市测量技术规程》CJJ/T 73—2010。其主要内容如下：

1) GPS测量精度指标

GPS网的精度指标通常是以网中相邻点之间的距离误差 m_D 来表示：

$$m_D = a + b \times 10^{-6} D$$

式中　D——相邻点间距离；

a——固定误差；

b——比例误差。

2) 网形设计

① 网的可靠性设计；

② 建立方向联测；

③ 坐标系统转换；

④ 为了利用GPS进行高程测量，在测区内GPS点应尽可能与水准点重合，或者进行等级水准联测；

⑤ GPS点尽量选在天空视野开阔、交通方便地点，并要远离高压线、变电所及微波辐射干扰源。

2. 选点、建标志

该项工作与常规控制测量相同。

1) 外业观测计划设计

（1）编制GPS卫星可见性预报图。利用卫星预报软件，输入测区中心点概略坐标、作业时间、卫星截止高度角不小于15°等，利用不超过20天的星历文件即可编制卫星预报图。

（2）编制作业调度表。应根据仪器数量，交通工具状况，测区交通环境及卫星预报状况制定作业调度表。作业调度表应包括：

① 观测时段（测站上开始接收卫星信号到停止观测，连续工作的时间段），注明开、关机时间；

② 测站号、测站名；

③ 接收机号、作业员；

④ 车辆调度表。

2）野外观测

野外观测应严格按照技术设计要求进行。

（1）安置天线。天线安置是 GPS 精密测量的重要保证。要仔细对中、整平、量取仪器高。仪器高要用钢尺在互为 120°方向量三次，互差小于 3mm。取平均值后输入 GPS 接收机。

（2）安置 GPS 接收机。GPS 接收机应安置在距天线不远的安全处，连接天线及电源电缆，并确保无误。

（3）按规定时间打开 GPS 接收机，输入测站名，卫星截止高度角，卫星信号采样间隔等。

一般 GPS 接收机 3min 即可锁定卫星进行定位，若仪器长期不用，超过 3 个月，仪器内星历过期，仪器要重新捕获卫星，这就需要 12.5min。GPS 接收机自动化程度很高，仪器一旦跟踪卫星进行定位，接收机自动将观测到的卫星星历、导航文件以及测站输入信息以文件形式存入接收机内。作业员只需要定期查看接收机工作状况，发现故障及时排除，并做好记录。在接收机正常工作过程中不要随意开关电源，更改设置参数，关闭文件等。

（4）一个时段测量结束后要查看仪器高和测站名是否输入，确保无误再关机、关电源、迁站。

（5）GPS 接收机记录的数据有：

① GPS 卫星星历和卫星钟差参数；

② 观测历元的时刻及伪距观测值和载波相位观测值；

③ GPS 绝对定位结果；

④ 测站信息。

3）观测数据下载及数据预处理

观测成果的外业检核是确保外业观测质量和实现定位精度的重要环节，外业观测数据在测区时要及时进行检查。对外业预处理成果，按规范要求进行严格检查、分析，根据情况进行必要的重测和补测，确保外业成果无误方可离开测区。

6.7.7 RTK 简介

RTK 是实时动态测量系统的英文缩写，是 GPS 测量技术与数据传输技术相结合而构成的组合系统。它是 GPS 测量技术发展中的一个新的突破。RTK 定位技术是基于载波相位观测值的实时差分 GPS 测量技术，它能够实时地提供测站点在指定坐标系中的三维定位结果，并达到厘米级精度。RTK 的基本思想是：在基准站上安置一台 GPS 接收机，对所有可见的 GPS 卫星进行连续的观测，并将其观测数据通过无线电传输设备实时的传送给流动站。流动站不仅通过数据链接收来自基准站的数据，还要采集 GPS 观测数据，并在系统内组成差分观测值进行实时处理，计算出流动站的三维坐标及其精度。

6.7.8 CORS 简介

CORS 是连续运行参考系统的英文缩写。系统由基准站网、数据处理中心、数据传输系统、定位导航数据播发系统、用户应用系统五个部分组成，各基准站与监控分析中心间通过数据传输系统连接成一体，形成专用网络。基准站网是由一定范围内均匀分布的基准站组成，负责采集 GPS 卫星观测数据并输送至数据处理中心，同时提供系统完好性监测服务。数据处理中心是系统的控制中心，用于接收各基准站数据，进行数据处理，形成多基准站差分定位用户数据，组成一定格式的数据文件，分发给用户。数据传输系统将各基准站的数据传输至监控分析中心，该系统包括数据传输硬件设备及软件控制模块。数据播发系统通过移动网络、UHF 电台、Internet 等形式向用户播发定位导航数据。用户应用系统包括用户信息接收系统、网络型 RTK 定位系统、事后和快速精密定位系统以及自主式导航系统和监控定位系统等。

CORS 系统彻底改变了传统 RTK 测量作业方式，其主要优势体现在：①改进了初始化时间，扩大了有效工作的范围；②采用连续基站，用户随时可以观测，使用方便，提高了工作效率；③拥有完善的数据监控系统，可以有效地消除系统误差和周跳，增强差分作业的可靠性；④用户不需架设参考站，真正实现单机作业，减少了费用；⑤使用固定可靠的数据链通信方式，减少了噪声干扰；⑥提供远程 INTERNET 服务，实现了数据的共享；⑦扩大了 GPS 在动态领域的应用范围，更有利于车辆、飞机和船舶的精密导航；⑧为建设数字化城市提供了新的契机。

目前，为满足国民经济建设信息化的需要，我国一大批城市、省区和行业正在筹划建立类似的连续运行网络系统。深圳市建立了我国第一个连续运行参考站系统（CORS），如图 6-34 所示，目前已开始全面地测量应用。全国部分省、市也已初步建成或正在建立类似的省、市级 CORS 系统，如：广东、江苏、北京、天津、上海、广州、东莞、成都、武汉、昆明、重庆等。

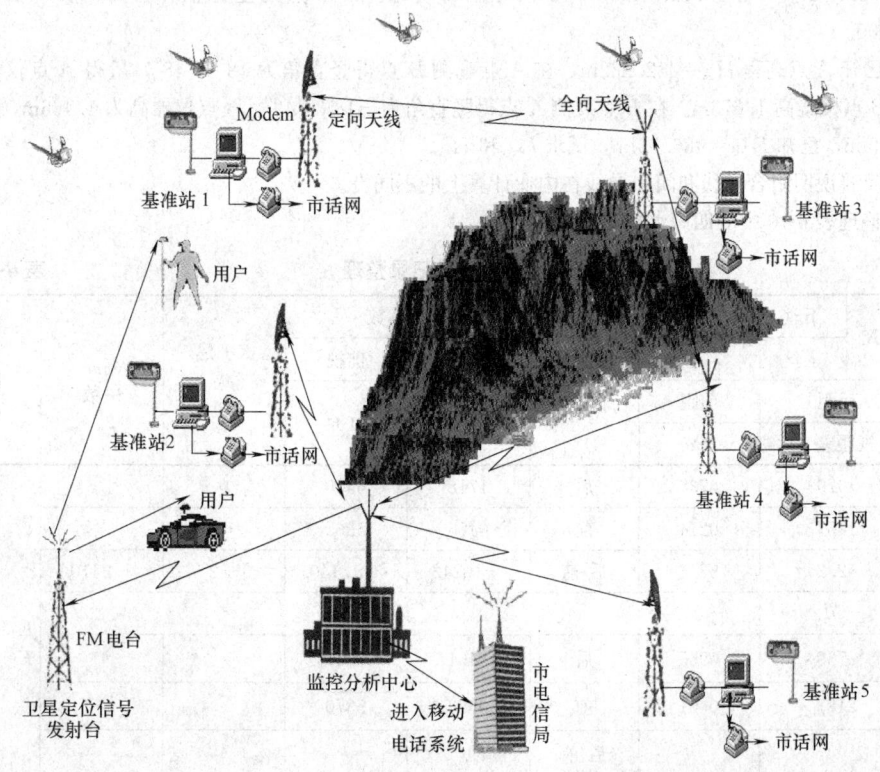

图 6-34 深圳市连续运行卫星定位导航服务系统结果及通信网络示意图

思考与练习题

6-1 什么叫控制点？什么叫控制测量？

6-2 什么叫碎部点？什么叫碎部测量？

6-3 选择测图控制点（导线点）应注意哪些问题？

6-4 按表 6-9 的数据，计算闭合导线各点的坐标值。已知 $f_{\beta容} = \pm 40'' \sqrt{n}$，$K_容 = 1/2000$。

闭合导线坐标计算 表 6-9

点号	角度观测值(右角)(° ′ ″)	坐标方位角(° ′ ″)	边长(m)	坐标	
				x(m)	y(m)
1				2000.00	2000.00
2	139 05 00	69 45 00	103.85		
3	94 15 54		114.57		
4	88 36 36		162.46		
5	122 39 30		133.54		
1	95 23 30		123.68		

6-5 附合导线 AB123CD 中 A、B、C、D 为高级点，已知 $\alpha_{AB} = 48°48'48''$，$x_B = 1438.38$m，$y_B = 4973.66$m，$\alpha_{CD} = 331°25'24''$，$x_C = 1660.84$m，$y_C = 5296.85$m；测得导线左角 $\angle B = 271°36'36''$，$\angle 1 = 94°18'18''$，$\angle 2 = 101°06'06''$，$\angle 3 = 267°24'24''$，$\angle C = 88°12'12''$。测得导线边长：$D_{B1} = 118.14$m，$D_{12} = 172.36$m，$D_{23} = 142.74$m，$D_{3C} = 185.69$m。计算 1、2、3 点的坐标值。已知 $f_{\beta容} = \pm 40'' \sqrt{n}$，$K_容 = 1/2000$。

6-6 已知 A 点高程 $H_A = 182.232$m，在 A 点观测 B 点得竖直角为 $18°36'48''$，量得 A 点仪器高为 1.452m，B 点棱镜高 1.673m。在 B 点观测 A 得竖直角为 $-18°34'42''$，B 点仪器高为 1.466m，A 点棱镜高为 1.615m，已知 $D_{AB} = 486.751$m，试求 h_{AB} 和 H_B。

6-7 简要说明附合导线和闭合导线在内业计算上的不同点。

6-8 整理表 6-10 中的四等水准测量观测数据。

四等水准测量记录整理 表 6-10

测站编号	后尺 下丝	前尺 下丝	方向及尺号	标尺读数		K+黑减红	高差中数	备考
	上丝	上丝		后视	前视			
	后距	前距		黑面	红面			
	视距差 d	Σd						
1	1979	0738	后	1718	6405	0		
	1457	0214	前	0476	5265	−2		
	52.2	52.4	后-前	+1.242	+1.140	+2	1.2410	
	−0.2	−0.2						$K_1 = 4.687$
2	2739	0965	后	2461	7247			$K_2 = 4.787$
	2183	0401	前	0683	5370			
			后-前					

续表

测站编号	后尺 下丝 上丝	前尺 下丝 上丝	方向及尺号	标尺读数 后视 黑面	标尺读数 前视 红面	$K+$黑减红	高差中数	备考
	后距	前距						
	视距差 d	$\sum d$						
3	1918	1870	后	1604	6291			
	1290	1226	前	1548	6336			
			后-前					
4	1088	2388	后	0742	5528			
	0396	1708	前	2048	6736			
			后-前					
检查计算	$\sum D_a=$ $\sum D_b=$ $\sum d=$		$\sum$后视$=$ $\sum$前视$=$ $\sum$后视$-\sum$前视$=$			$\sum h=$ $\sum h_{平均}=$ $2\sum h_{平均}=$		

6-9 在导线计算中，角度闭合差的调整原则是什么？坐标增量闭合差的调整原则是什么？

6-10 在三角高程测量时，为什么必须进行对向观测？

第 7 章

地形图测绘

7.1 地形图的基本知识

地形是地物和地貌的总称。地物是地面上天然或人工形成的各种固定物体，如湖泊、河流、房屋、道路等。地貌是指地表面的高低起伏状态，它包括山地、丘陵和平原等。地形图是按一定的比例尺，用规定的符号表示地物、地貌平面位置和高程的正投影图。地形图示例见图 7-1。如果图上只反映地物的平面位置，不反映地貌的形态，则称为平面图。

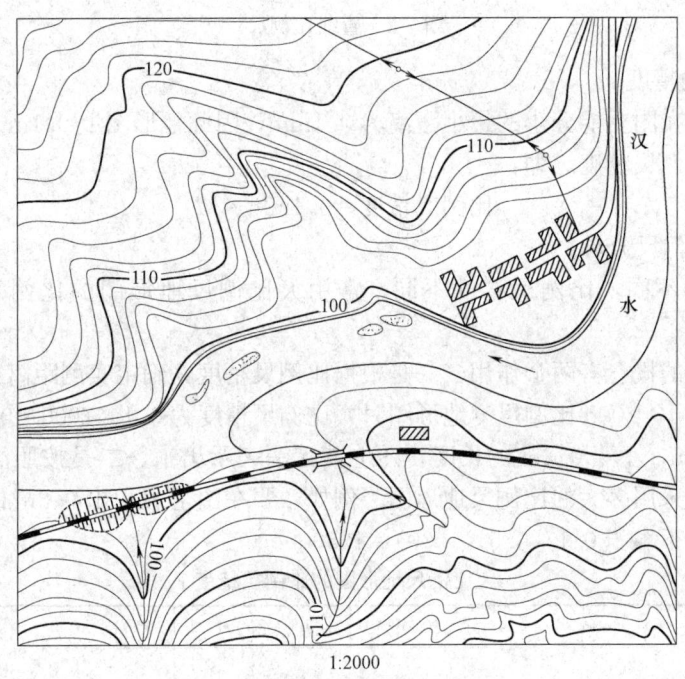

图 7-1　地形图

7.1.1　地形图比例尺

1. 比例尺的种类

图上任一线段 d 与地上相应线段水平距离 D 之比，称为图的比例尺。常见的比例尺有两种：数字比例尺和直线比例尺（图示比例尺）。

1）数字比例尺

用分子为 1 的分数式来表示的比例尺，称为数字比例尺，即：

$$\frac{d}{D} = \frac{1}{M} \tag{7-1}$$

式中，M 称为比例尺分母，表示缩小的倍数。M 越小，比例尺越大，图上表示的地物地貌越详尽。通常把 1 : 500、1 : 1000，1 : 2000、1 : 5000 的比例尺称为大比例尺；1 : 10000、1 : 25000、1 : 50000、1 : 100000 的称为中比例尺；小于 1 : 100000 的称为小比例尺。不同比例尺的地形图有不同的用途。大比例尺地形图多用于各种工程建设的规划和设计，为国防和经济建设等多种用途的多属中小比例尺地图。

2）直线比例尺

为了用图方便，以及避免由于图纸伸缩而引起的误差，通常在图上绘制图示比例尺，也称直线比例尺。如图 7-2 为 1∶1000 的直线比例尺，在两条平行线上分成若干 2cm 长的线段，称为比例尺的基本单位，左端一段基本单位细分成 10 等分，每等分相当于实地 2m，每一基本单位相当于实地 20m。

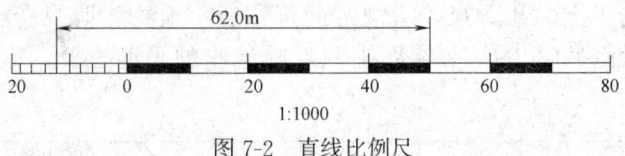

图 7-2　直线比例尺

2. 比例尺的精度

人们用肉眼在图上能分辨的最小距离为 0.1mm，因此地形图上 0.1mm 所代表的实地水平距离称为比例尺精度，即：

$$比例尺精度 = 0.1mm \times M \tag{7-2}$$

式中　M——比例尺分母。

比例尺大小不同，比例尺精度不同，常用大比例尺地形图的比例尺精度如表 7-1 所示。

比例尺精度的概念有两个作用：一是根据比例尺精度，确定实测距离应准确到什么程度。例如，选用 1∶2000 比例尺测地形图时，比例尺精度为 $0.1 \times 2000 = 0.2m$，测量实地距离最小为 0.2m，小于 0.2m 的长度，图上就无法表示出来。二是按照测图需要表示的最小长度来确定采用多大的比例尺地形图。例如，要在图上表示出 0.5m 的实际长度，则选用的比例尺应不小于 $0.1/(0.5 \times 1000) = 1/5000$。

大比例尺地形图的比例尺精度　　　　　　　　　　　　表 7-1

比例尺	1∶500	1∶1000	1∶2000	1∶5000	1∶10000
比例尺精度(m)	0.05	0.1	0.2	0.5	1

3. 比例尺的分类

地形图比例尺通常分为大、中、小三类。

通常把 1∶500～1∶10000 比例尺的地形图，称为大比例尺。1∶25000～1∶100000 比例尺的地形图，称为中比例尺。1∶20 万～1∶100 万比例尺地形图，称为小比例尺。

7.1.2　地形图的分幅、编号和注记

为了测绘、管理、使用方便，各种比例尺地形图要有统一的分幅和编号。国家基本地形图的分幅与编号采用经纬线法（梯形分幅法），即每一个图幅是一个梯形，上下底边以纬线为界，两侧边线是以经线为界。大比例尺地形图分幅通常采正方形分幅法。

1. 梯形分幅与编号

按国际上的规定，1∶100 万的世界地图实行统一的分幅与编号。即自赤道向北或向南分别按纬度差 4°分成横列，各列依次用 A，B，…，V 表示。自经度 180°开始起算，自西向东经度差 6°分成纵行，各行依次用 1，2，…，60 表示。每一幅图的编号由其所在的"横列-纵行"的代号组成。例如某地的经度为东经 117°46′45″，纬度为北纬 39°44′15″，则其所在的 1∶100 万比例尺地图的编号为 J-50（图 7-3）。

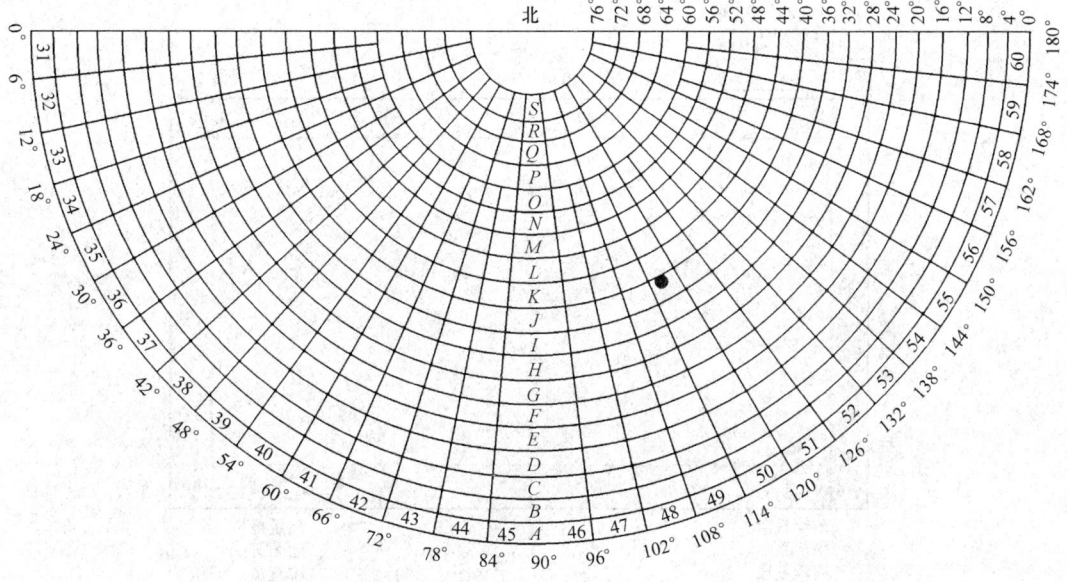

图 7-3 北半球东侧 1∶100 万地形图的分幅与编号

7.1.3 大比例尺地形图的分幅与编号

正方形分幅是按照直角坐标来划分图幅，通常采用 50cm×50cm 图幅，分幅编号以图幅西南角的 x 坐标和 y 坐标（以千米为单位）表示。书写为"x-y"形式。如图 7-4 所示，1∶5000 比例尺的地形图编号为 20-10，并作为大比例尺地形图的基本图号。1∶2000 比例尺地形图的分幅是将一幅 1∶5000 图分为四幅，四幅图用罗马数字 Ⅰ、Ⅱ、Ⅲ、Ⅳ，按图 7-4 顺序表示。其编号在 1∶5000图号之后附加一个罗马数字，表明 1∶2000 比例尺地形图在 1∶5000 图中位置，如 7-5 图中 20-10-Ⅰ。1∶1000 比例尺地形图的分幅是将一幅 1∶2000图分为四幅，即 1∶5000 为 16 幅。其顺序号仍用罗马数字，附加在 1∶2000 图号后，如图 7-4 图中 20-10-Ⅱ-Ⅳ。1∶500 比例尺地形图的分幅是将一幅 1∶1000 图分为四幅，即 1∶5000 为 64 幅。

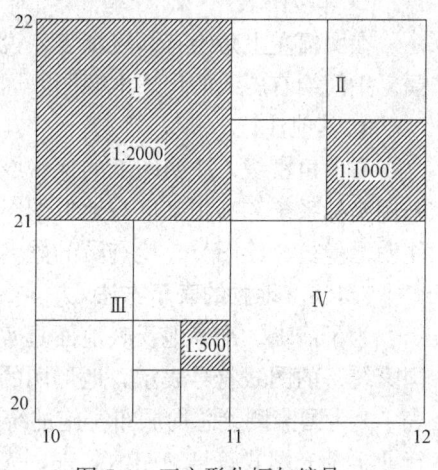

图 7-4 正方形分幅与编号

其顺序号仍用罗马数字，附加在 1∶1000 图号后，如图 7-4 图中 20-10-Ⅲ-Ⅳ-Ⅱ。

7.1.4 图廓

每一幅图的边界线称为图廓。图廓有内图廓和外图廓，内图廓用细线描绘，是本幅图的边界线，也是坐标格网线。在内图廓边界线上的短线和图幅内的十字为坐标格网线，内、外图廓线之间注有图廓线坐标值，以千米为单位。外图廓用粗实线描绘，是整饰范围线，如图 7-5 所示。

7.1.5 图外注记

1. 图名与图号

每一幅图的名称简称为图名，以图幅内最主要的地名、单位和行政名称命名。如图

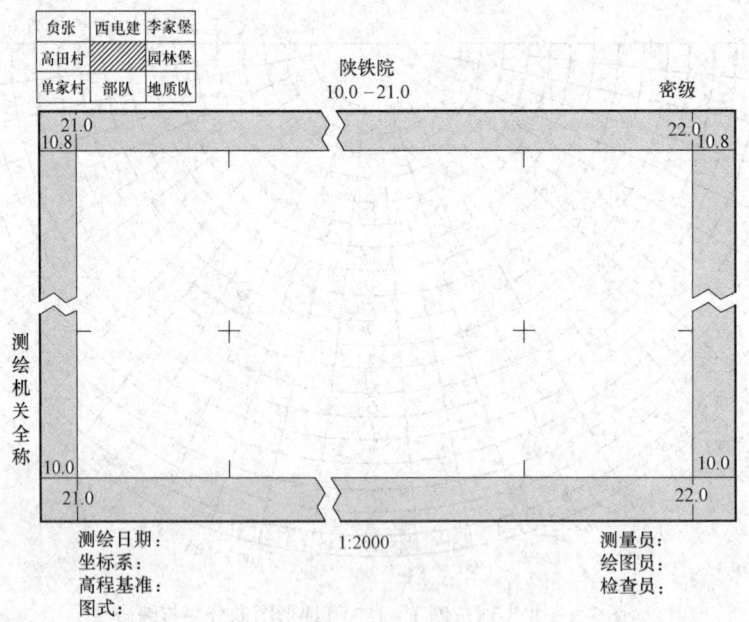

图 7-5　图廓注记

7-5 所示，图名为陕铁院，图号即为上述分幅编号，图名和图号注记在北图廓正中位置。

2. 邻接图表

在图幅左上角绘有邻接图表，说明本幅图与相邻图幅的关系，便于索取和拼接相邻图幅。中间绘有斜线的代表本幅图，周边邻接图幅以图名或图号注出，如图 7-5 所示。

3. 其他注记

右上角密级，注明图纸的保密级别，左图廓外注明测绘单位，左下角注记测绘日期、采用坐标系统和高程基准与地形图图式版本，在下图廓外中间注记本幅图比例尺。右下角注明测量员、绘图员、检查员的姓名。

7.1.6　地物的表示方法

为了清晰、准确地反映地面真实情况，便于读图和应用地形图，在地形图上，地物用国家统一的图式符号表示，地形图的比例尺不同，各种地物符号的大小详略各有不同。如表 7-2 为国家测绘总局颁布实施的统一比例尺地形图图式。另外根据行业的特殊需要，各行业再补充图式符号。归纳起来，表示地物的符号有依比例符号、非比例符号、半依比例符号和地物注记。

地形图图式　　　　　　　　　　　　　　　　　　表 7-2

编号	符号名称	图　例	编号	符号名称	图　例
1	坚固房屋 4-房屋层数	坚4　　1.5	3	窑洞 1. 住人的 2. 不住人的 3. 地面下的	1　　2.5　2 3
2	普通房屋 2-房屋层数	2　　1.5	4	台阶	0.5 0.5　　0.5

编号	符号名称	图 例	编号	符号名称	图 例
5	花圃	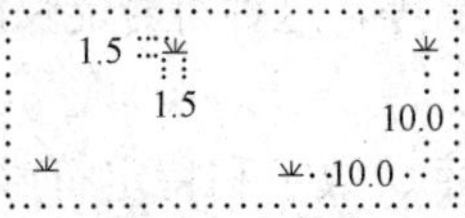 1.5　1.5　10.0　10.0	15	电杆	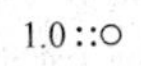 1.0∷○
6	草地	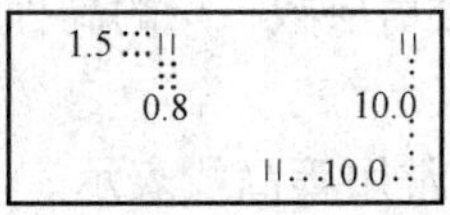 1.5∷‖　‖　0.8　10.0　‖…10.0	16	电线架	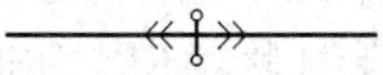 ⤜‖⤛
7	经济作物地	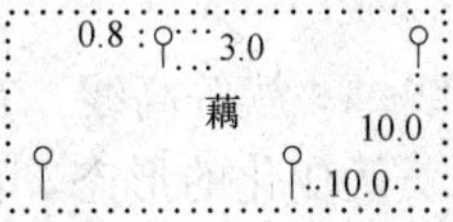 0.8∶○　3.0　藕　10.0　10.0	17	砖、石及混凝土围墙	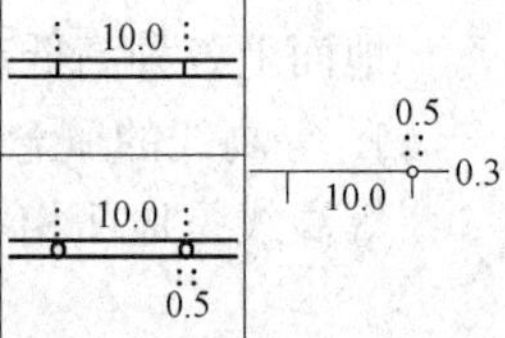 10.0　　　0.5　10.0　0.3
8	水生经济作物地	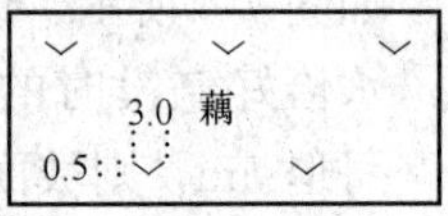 ∨　∨　3.0 藕　0.5∷∨　∨	18	土围墙	10.0　0.5
9	水稻田	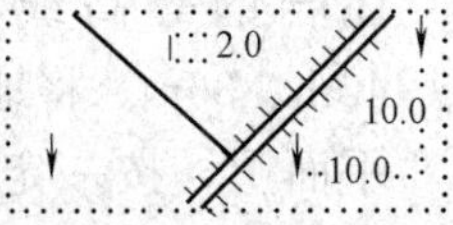 2.0　10.0　10.0	19	栅栏、栏杆	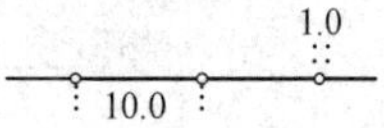 1.0　10.0
10	旱地	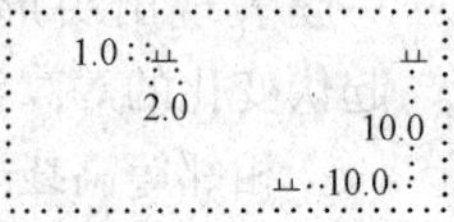 1.0∷　2.0　10.0　10.0	20	篱笆	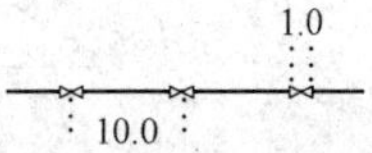 1.0　10.0
11	灌木林	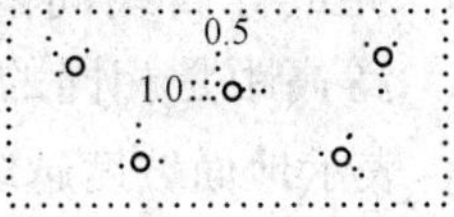 0.5　1.0∷○	21	活树篱笆	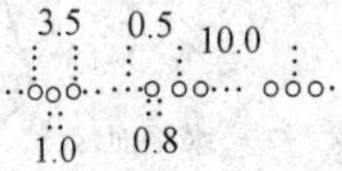 3.5　0.5　10.0　1.0　0.8
12	菜地	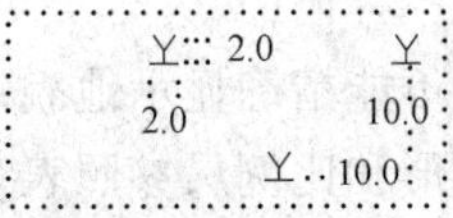 ∀∷2.0　2.0　10.0　∀…10.0	22	沟渠 1. 有堤岸的 2. 一般的 3. 有沟堑的	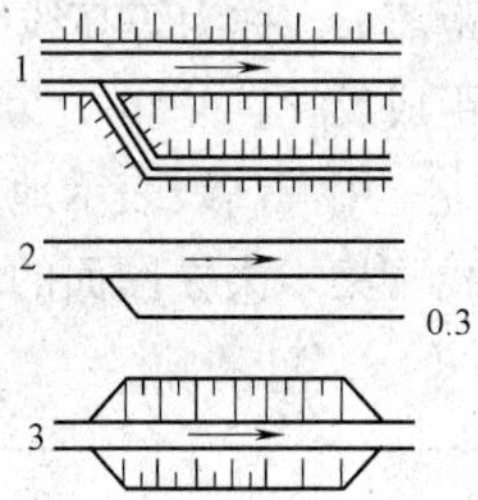 1 2　0.3 3
13	高压线	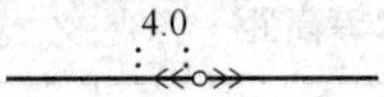 4.0			
14	低压线	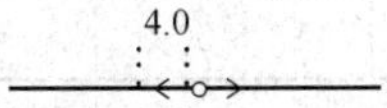 4.0			

1. 依比例符号

地物的形状和大小，按测图比例尺进行缩绘，使图上的形状与实地形状相似，称为依比例符号。如房屋、居民地、森林、湖泊等。依比例符号能全面反映地物的主要特征、大小、形状、位置。

2. 非比例符号

当地物过小，不能按比例尺绘出时，必须在图上采用一种特定符号表示，这种符号称为非比例符号。如独立树、测量控制点、井、亭子、水塔等。非比例符号多表示独立地物，能反映地物的位置和属性，不能反映其形状和大小。

3. 半依比例符号

地物的长度按比例尺表示，则宽度不能按比例尺表示的狭长地物符号，称半依比例符号或线形符号。如电线、管线、小路、铁路、围墙等，这种符号能反映地物的长度和位置。

4. 地物注记

对于地物除了应用以上符号表示外，用文字、数字和特定符号对地物加以说明和补充，称为地物注记。如道路、河流、学校的名称，楼房层数、点的高程、水深、坎的比高等。

7.1.7 地貌的表示方法

地面上各种高低起伏的自然形态，在图上常用等高线表示。

1. 等高线的概念

等高线是地面相邻等高点相连接的闭合曲线。一簇等高线，在图上不仅能表达地面起

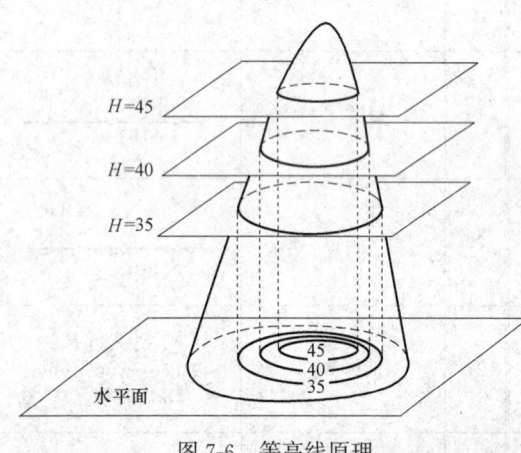

图 7-6 等高线原理

伏变化的形态，而且还具有一定立体感，如图 7-6 所示，设有一座小山头的山顶被水恰好淹没时的水面高程为 50m，水位每退 5m，则坡面与水面的交线即为一条闭合的等高线，其相应高程为 45m、40m、35m。将地面各交线垂直投影在水平面上，按一定比例尺缩小，从而得到一簇表现山头形状、大小、位置以及它起伏变化的等高线。

相邻等高线之间的高差 h，称为等高距或等高线间隔，在同一幅地形图上，等高距是相同的，相邻等高线间的水平距离 d，称为等高线平距。由图可知，d 越大，表示地面坡度越缓，反之越陡。坡度与平距成反比。

用等高线表示地貌，等高距选择过大，就不能精确显示地貌；反之，选择过小，等高线密集，失去图面的清晰度。因此，应根据地形和比例尺参照表 7-3 选用等高距。

地形图的基本等高距　　　　　　　　　　　　　　　　　表 7-3

地形类别	比 例 尺				备 注
	1：500	1：1 000	1：2 000	1：5 000	
平地	0.5m	0.5m	1m	2m	等高距为 0.5m 时，特征点高程可注至"cm"，其余均为注至"dm"
丘陵	0.5m	1m	2m	5m	
山地	1m	1m	2m	5m	

按表 7-3 选定的等高距称为基本等高距，同一幅图只能采用一种基本等高距。等高线的高程应为基本等高距的整倍数。按基本等高距描绘的等高线称首曲线，用细实线描绘；为了读图方便，高程为 5 倍基本等高距的等高线用粗实线描绘并注记高程，称为计曲线；在基本等高线不能反映出地面局部地貌的变化时，可用二分之一基本等高距用长虚线加密的等高线，称为间曲线；更加细小的变化还可用四分之一基本等高距用短虚线加密的等高线，称为助曲线（图 7-7）。

2. 等高线的分类

为了更详细的反映地貌的特征和便于读图和用图，地形图常采用以下几种等高线，如图 7-7 所示。

1）首曲线

按基本等高距绘制的等高线称为首曲线，用细实线表示。

2）计曲线

每隔四根首曲线用粗实线描绘的等高线称为计曲线，计曲线标注高程，其高程应等于五倍的等高距的整倍数。

3）间曲线和助曲线

当首曲线不能很好显示地貌特征时，

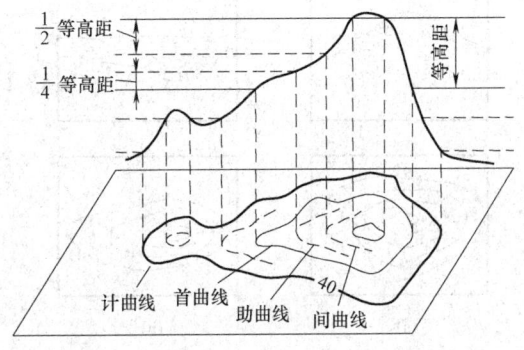

图 7-7　等高线的分类

按二分之一等高距描绘的等高线称为间曲线。间曲线用长虚线描绘。当首曲线和间曲线不能显示局部微小地形特征时，按四分之一等高距加绘的等高线称为助曲线。助曲线用短虚线描绘。

3. 基本地貌的等高线

1）用等高线表示的基本地貌

如图 7-8 所示为综合地貌及其等高线表示，典型地貌主要有山头和洼地、山脊与山谷、鞍部、绝壁和悬崖。

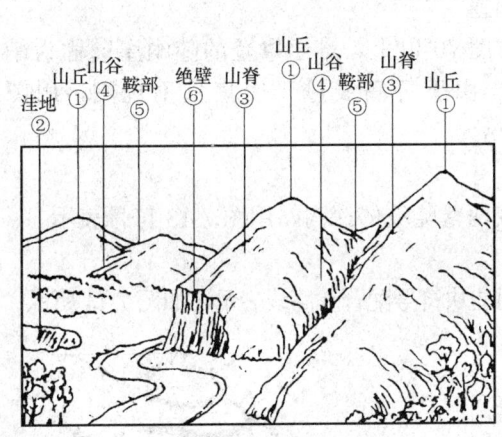
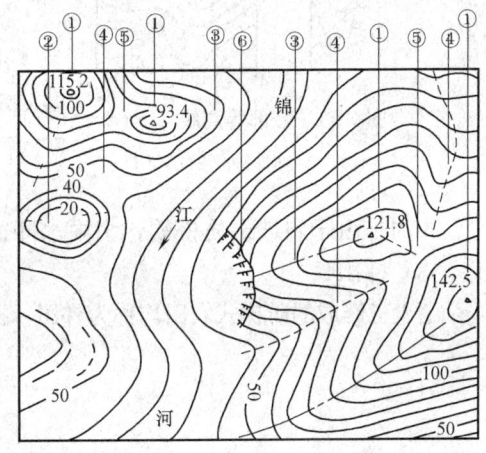

图 7-8　综合地貌及其等高线表示

（1）山丘和洼地

图 7-9（a）是山丘等高线的形状，图 7-9（b）是洼地等高线的形状，两种等高线均为一组闭合曲线，可根据等高线高程字头冲向高处的注记形式加以区别，也可以根据示坡线判断，示坡线是指向下坡的短线。

（2）山脊和山谷

山脊是山的凸棱沿着一个方向延伸隆起的高地，山脊的最高棱线，称为山脊线，又称为分水线，等高线的形状如图 7-10（a）所示，是凸向低处。山谷是两山脊之间的凹部，谷底最低点的连线，称为山谷线，又称为集水线，等高线的形状如图 7-10（b）所示，是

131

凸向高处。

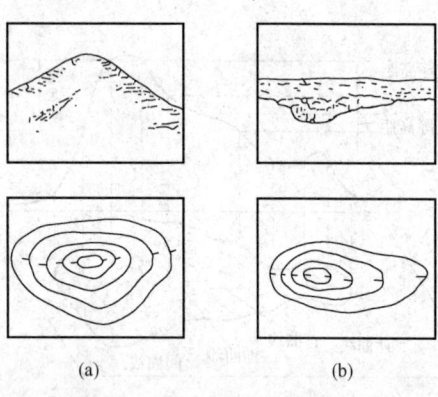

图 7-9　山丘与洼地的等高线

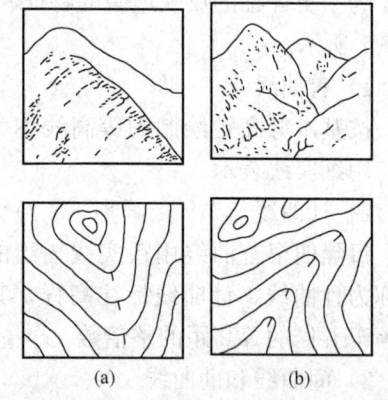

图 7-10　山脊与山谷的等高线

（3）鞍部

相邻两个山顶之间的低洼处形似马鞍状，称为鞍部，又称垭口。等高线的形状如图7-11 所示，是一圈大的闭合曲线内套有两组相对称，且高程不同的闭合曲线。

图 7-11　鞍部等高线

2）用地貌符号表示的基本地貌

除上述用等高线表示的基本地貌外，还有不能用等高线表示的特殊地貌，例如峭壁、冲沟、梯田等。

（1）峭壁

山坡坡度 70°以上，难于攀登的陡峭崖壁称为峭壁（陡崖）。由于等高线过于密集且不规则，用图7-12符号表示。

（2）冲沟

冲沟是由于斜坡土质松软，多雨水冲蚀形成两臂陡坡的深沟，用图 7-13 符号表示。

（3）梯田

由人工修成的阶梯式农田均称为梯田，梯田用陡坎符号配合等高线表示，如图 7-14 所示。

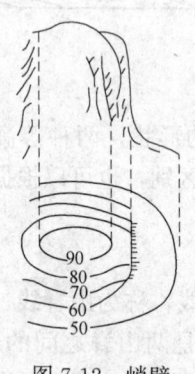

图 7-12　峭壁

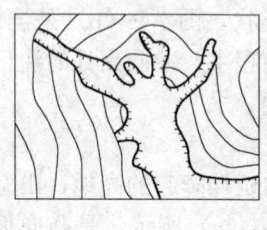

图 7-13　冲沟

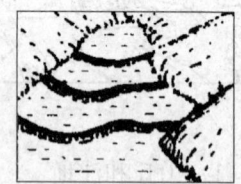
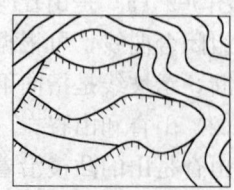

图 7-14　梯田

4. 等高线的特性

掌握等高线的特性可以帮助我们测绘、阅读等高线图，综上所述，等高线有以下特性：

1）在同一条等高线上的各点，其高程必然相等。但高程相等的点不一定都在同一条等高线上。

2）凡等高线必定为闭合曲线，不能中断。闭合圈有大有小，若不在本幅图内闭合，则在相邻其他图幅内闭合。

3）在同一幅图内，等高线密集表示地面的坡度陡，等高线稀疏表示地面坡度缓，等高线平距相等表示地面坡度均匀。

4）山脊、山谷的等高线与山脊线、山谷线呈正交。

5）一条等高线不能分为两根，不同高程的等高线不能相交或合并为一根，在陡崖、陡坎等高线密集处用符号表示。

7.2 测图前的准备工作

为了顺利完成地形测图工作，测图前应收集整理测区内可利用的已有控制点成果，明确测区范围，实地踏勘，拟定实测方案和确定技术要求，准备仪器工具、图纸和展绘控制点等工作。

1. 图纸准备

目前聚酯薄膜图纸已广泛取代了绘图纸，它具有伸缩性小、透明度好、不怕潮湿等优点，可直接着墨晒图和制版。图纸出厂时，已经印刷坐标格网，可直接使用，可将图纸用透明胶带纸固定在图板上。若选用白纸测图，为保证测图的质量，应选用优质白纸，并绘制坐标格网。

2. 坐标格网的绘制

大比例尺地形图使用的图纸图幅尺寸一般为 50cm×50cm，在图幅内精确绘制10cm×10cm 的正方形格网。

绘制方格网的常用方法是直尺对角线法，用直尺轻轻绘出图纸的两对角线，两对角线的交点设为 O，从 O 点起沿对角线截取等距线段得 A、B、C、D 点，将四个点连线构成一矩形。沿矩形边从左到右，自下而上，每隔 10cm 定一点，连接对边的相应点，即可绘出坐标格网线，如图 7-15 所示。

坐标格网绘制完成后，应进行对角线和边长精度的检查，对坐标格网线的要求，各方格线交点应在一条直线上，偏离不应大于 0.2mm，各方格对角线长度误差不应超过 0.3mm。

3. 控制点的展绘

将测区内控制点按测图比例尺展绘到图纸上的工作，称为展点。展点前根据地形图的图幅和编号，标出图廓线相应坐标值。展点时，首先确定所展控制点的坐标值所在方格，如图 7-16 所示，测图比例尺为 1∶1000，A 点的坐标值是 $x=1162.78$m，$y=636.56$m，即 A 点确定位置在 $MHTN$ 方格内，用 1∶1000 的比例尺，分别从 M 和 N 点各沿 MH、NT 线向上量取 62.78m，得 b、c 两点，再由 M 和 H 点沿 MN、HT 线点向右量取

36.56m，得 e、f 两点，连接 bc 和 ef 其交点为控制点 A 的位置。同样方法展绘其他各点。展点完成后，用比例尺检查相邻控制点间的距离与相应的距离比较，其差值不超过图上 0.3mm 为合格。按照《地形图图式》标注点号和高程，如图 7-16 所示，在点的右侧画一横线，横线以上书写点号，横线以下书写高程。

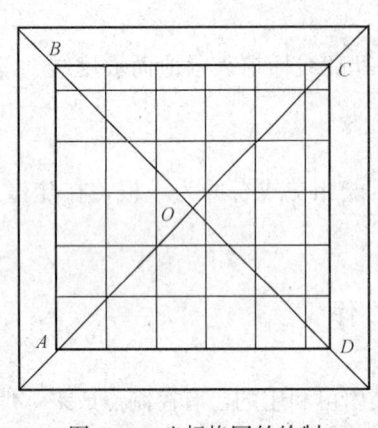

图 7-15 坐标格网的绘制

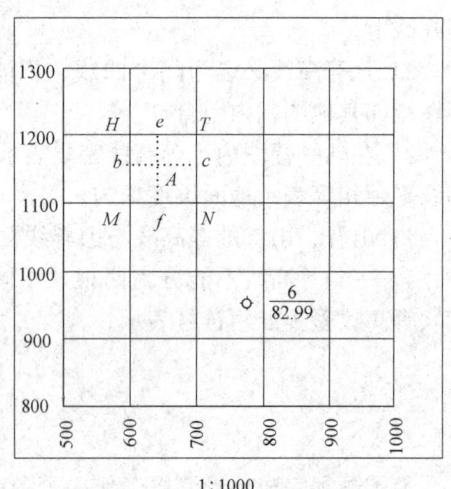

图 7-16 控制点的展绘

7.3 经纬仪测绘法测绘地形图

地形图测绘的方法较多，传统的测图方法按照使用仪器工具的不同有经纬仪测绘法、大平板仪测图法、小平板仪与经纬仪联合测图法等。随着科学技术的发展，数字测图已是目前测图的主要方法。但在小范围内测图不具备数字测图条件时，传统测图方法仍是不可缺少的测图手段。

1. 碎部点的选择

为了正确在图上描绘地形，测绘时立尺点要选择能反映地物和地貌形态的特征点上，以便准确绘出地形的真实面貌。地物特征点是指构成地物平面轮廓线的变化点，即池塘、河流、道路曲折的转弯点、交叉点，建筑物平面轮廓的拐点等，如图 7-17 所示。地貌特征点是指山脊线、山谷线、山脚线的起点、终点、转弯点，地貌坡度变化点，如山顶最高点、山谷、垭口最低点及山坡倾斜变化点等，如图 7-18 所示。

图 7-17 地物碎部点的选择

图 7-18 地貌碎部点的选择

为了能真实和详尽地用等高线表示地貌的形态，即使在坡度无显著变化的地方也应注意地形点的密度，同时也要保证碎部点的精度，因此立尺点至测站点的最大视距和地形点的密度要符合表 7-4 的规定。

地形点间距与最大视距 表 7-4

测图比例尺	地形点最大间距(m)	地形点最大视距(m)	
		主要地物	次要地物及地形点
1：500	15	60	100
1：1000	30	100	150
1：2000	50	180	250
1：5000	100	300	350

2. 碎部点测定的基本方法

碎部测量的主要内容是测定地形特征点的平面位置和高程，平面位置的测定方法有极坐标法、直角坐标法、距离交会法和角度交会法，大比例尺地形图一般常用极坐标法测定地形特征点的位置。

1）极坐标法

极坐标法是将仪器安置在控制点上（测站点）测定已知边和碎部点方向的水平夹角，测定测站点至碎部点的距离和高程，即可确定点的位置。如图 7-19 所示，A、B、C、D 是导线点，1、2、3、4 是房屋的特征点，安置仪器于 A 点，在 2 点竖立标尺，测水平角 $\angle 2AB$ 即 β_1，测 A2 水平距离 D_1，若需要高程，则测定 A2 的高差，根据 A 点

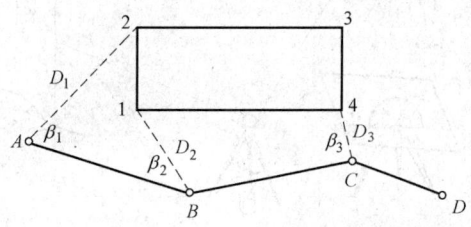

图 7-19 极坐标法

已知高程推算出 1 点的高程。同法在其他导线点分别测出 1、3、4 点。根据距离和角度将各点绘在图上，就可勾绘出房屋的平面位置图。

2）角度交会法

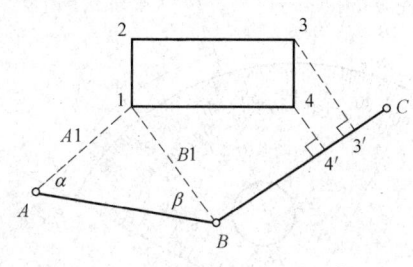

图 7-20 角度交会法

如图 7-20 所示，角度交会法是分别在两个导线点 A、B 安置仪器，测出导线边和碎部点的水平夹角 α、β，利用图解法得碎部点的位置。此方法适用于目标较远或不能到达的碎部点。

3）距离交会法

如图 7-20 所示，分别从导线点 A 和 B 量至碎部点的水平距离 A1、B1，按比例尺在图上用圆规即可交出碎部点的位置，称为距离交会法。此方法适用于距离控制点较近的碎部点，距离不要超过一整尺。

4）直角坐标法

碎部点的平面位置可以用碎部点到导线的垂距和该垂足到导线点的距离确定。如图

7-19 所示，以 B、C 两个图根点的连线为基线，选 C 为起点，量取房屋角点 3、4 至垂足 $3'$、$4'$ 的横距，再量取起点到各垂足的纵距。以测图比例尺，用小三角板按纵横距绘出点的位置。此方法适用于测量狭窄的街道两侧的地物。

3. 经纬仪测绘法

经纬仪测绘法是用极坐标法测量碎部点平面位置和高程的方法，是以控制点为测站，用经纬仪测量碎部点方向与已知方向间的水平角，用视距法测量控制点到碎部点的水平距离和高程。具体作业方法如下：

1）测站上的准备工作

安置经纬仪于测站上，测定仪器指标差 x，量取仪器高度 i，用盘左照准另一控制点（后视点）作为起始方向，使水平盘读数为 $0°00'00''$。绘图板安置在测站旁边，使图纸上控制边的方向与地面相应控制边方向大致一致，将测站点与后视点连线，用小针通过量角器的小孔将量角器的圆心固定在图板上，如图 7-21 所示。

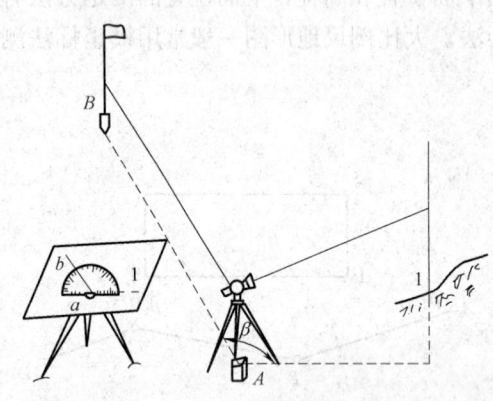

图 7-21　经纬仪测绘法

2）立尺

立尺前立尺员要与绘图员、视镜者共同商定碎部点立尺范围、跑尺路线，力求不漏点，不重点。

3）碎部点的观测

松开照准部，照准碎部点上立尺，读取水平度盘读数，用十字丝的横丝照准仪器高，读取上丝和下丝读数，转动竖盘水准管螺旋，使竖盘水准管气泡居中或打开竖盘水准管补偿器开关，读取竖盘读数，（度盘读数都读至分）。同法观测其他各点。

一个测站观测过程中和测碎部点完成后，均应照准起始方向，检查水平度盘读数是否为 $0°00'00''$，其误差不超过 $4''$。

4）记录与计算

记录一般只记录转点资料，可由绘图员担任，碎部点资料不做记录。根据观测数据，按视距测量公式，用计算器计算测站点到碎部点的水平距离和高程，然后报给绘图者，以便展绘碎部点。

5）展点

碎部点的平面位置是根据水平角和水平距离展绘在图纸上。用量角器展绘地形点，如图 7-22 所示，转动量角器，使后视方向线 AB 的读数为碎部点 1 方向的水平角值，即 $46°20'$。直尺边即为碎部点方向，在直尺边按

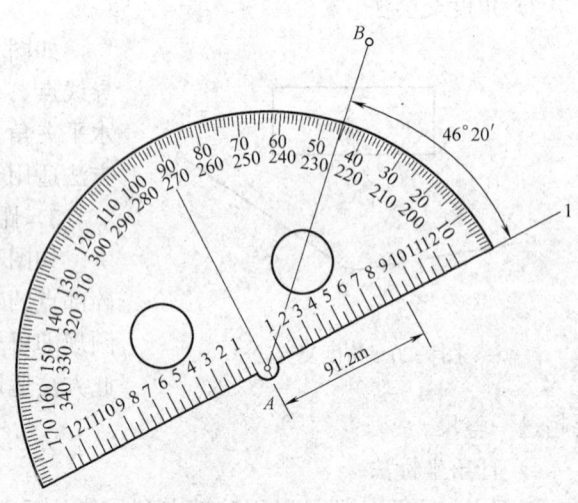

图 7-22　量角器展绘碎部点

比例量出水平距离 91.2m，就可标出碎部点 1 的平面位置，并在点的右侧注明其高程。同法将其他碎部点的平面位置和高程展绘在图纸上。

4. 地物、地貌的绘制

地物的绘制，在测图过程中主要是连接地物特征点，应随测随绘，防止连接发生错误。

地貌的绘制，地貌主要用等高线表示，等高线的高程为一整数，而所测碎部点的位置一般都不是整数高程，勾绘等高线时，应根据碎部点的高程，用内插法求出等高线通过的位置。

内插法勾绘等高线的前提是，两相邻碎部点间坡度是均匀一致的，因此等高线平距与高差成正比。如图 7-23 中 A、B 为已测定的两个碎部点，其高程分别为 57.6m 和 61.3m，若等高距为 1m，在这两点中将通过高程为 58m、59m、60m、61m 四根等高线。首先计算首、尾 58m、61m 等高线与 A、B 两点的平距 $a1'$、$4'b$。由图上量得 AB 两点的平距为 66mm。高程为 58m 的等高线与 A 点的高差为 58－57.6＝0.4m，根据等高线高差与平距成正比的关系得：

$$a1'=\frac{AB}{h_{AB}}\times h_{A1}$$

$$a1'=\frac{66mm}{4.6m}\times 0.2m=3mm$$

同理得 61m 的等高线与 B 点的高差为 0.3m，平距 $4'b$ 计算如下：

$$4'b=\frac{AB}{h_{AB}}\times h_{4B}$$

$$4'b=\frac{66mm}{4.6m}\times 0.4m=6mm$$

从 A、B 两点分别量取 $a1'$、$4'b$ 平距得 58m 和 61m 两等高线所通过的位置。然后将 58m 和 61m 之间的平距等分得 59m、60m，这一方法称为"取头定尾，中间等分"。用相同方法定出个相邻地形点间的等高线位置，然后依次将相同高程的点用圆滑曲线连接，就构成等高线图，如图 7-24 所示。实际工作中用上述内插等高线计算繁琐，常采用目估法估算各等高线所通过的位置，目估法的基本原理仍然用"取头定尾，中间等分"方法进行。

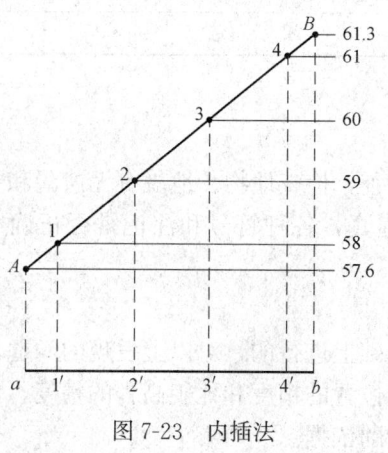

图 7-23 内插法

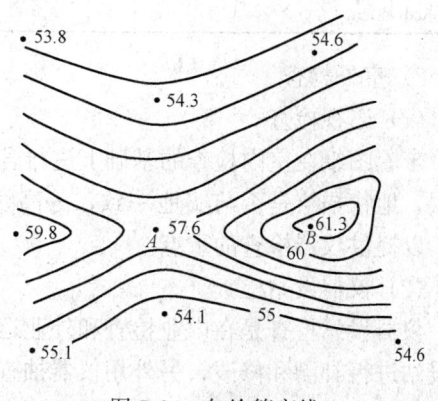

图 7-24 勾绘等高线

7.4 地形图的拼接、检查和整饰

1. 地形图的拼接

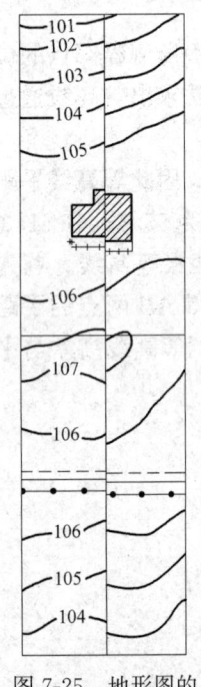

图 7-25 地形图的拼接

当测区面积较大时，往往需要测多幅图纸，这样在相邻两幅图的接边处，要求所有地物、地貌都能吻合一致。但由于测量误差的存在，不能完全吻合，产生接边误差。若地物和等高线的偏差小于表 7-5 中规定的 $2\sqrt{2}$ 倍时，取平均值改正地物和等高线的位置。地形测绘时一般都要求测出图廓线 1～2cm 以便接边。拼接时，要用宽 5cm 左右的透明纸，先蒙在一幅图上，用铅笔把接边的图廓线及坐标格网线先描出，然后把图廓线 1～2cm 范围内的地物和等高线都描绘在透明纸上。再把透明纸蒙在相邻图幅上，使图廓线和格网线对齐，同样描出地物和等高线。这样就可以按照地物和等高线的限差要求检查两幅图的接边情况，如图 7-25 所示。

2. 地形图的检查

为保证地形图的成图质量，测绘人员应随测随检查所测地物地貌是否正确合理，检查分为室内检查和室外检查。

1）室内检查

室内检查内容包括：图根点的数量和精度是否符合要求，计算是否正确；检查图廓、方格网点、图根点展点精度是否符合精度要求；接边拼接有无问题；地物、地貌是否清晰易读，各种符号、注记是否正确。等高线勾绘是否正确，发现可疑之处，将疑点记录下来，作为外业检查的重点。

地物点点位中误差和等高线高程中误差   表 7-5

地区类别	地物点点位中误差（mm）		等高线高程中误差（等高距）		
	主要地物	次要地物	坡度 0°～6°	坡度 6°～15°	坡度 15°以上
一般地区	0.6	0.8	1/3	1/2	1
城市地区	0.4	0.6	1/3	1/2	1

2）室外检查

（1）巡视检查

带着图纸在室内检查的基础上进行合理的重点检查，检查地物、地貌有无遗漏和主要错误，地物描绘是否与实地一致，等高线勾绘是否逼真，各种符号和注记是否正确完整等，以提供仪器检查的重点。

（2）仪器设站检查

仪器设站检查是在内业检查和外业巡视检查的基础上进行的，对以上发现的问题，仪器设站进行补测和修改，另外用仪器抽查碎部点平面位置的精度和地貌高程的精度，看所测地形图是否满足精度要求，并作为评定地形图质量的依据。

3. 地形图的整饰

为了使原图图面整洁、线条清晰、符合质量要求，原图经过拼接和检查后，应对原图进行整饰，整饰工作顺序是先图内后图外，先地物后地貌，先注记后符号，地物、注记符号、等高线按照图例符号修饰，使其清晰美观，最后绘制图廓，并按图式要求写出图名、图号、比例尺、坐标系统、高程系统、测图单位、施测时间等。

7.5 大比例尺数字测图概述

传统的地形测图（白纸测图）主要是利用测量仪器对测区范围内的地物、地貌特征点的空间位置进行测定，然后以一定的比例尺并按图示符号绘制在图纸上。其实质是将测得的观测值用模拟或图解的方法转化为图形，这种转化使得所测数据的精度大大降低，而且工序多，劳动强度大，质量管理难。一纸之图难以承载诸多图形信息，变更、修测也极为不便。随着社会对空间、地理信息的需求迅速扩大，地面数字测图已成为测绘技术的一项重要内容。

1. 数字测图的特点

数字测图是将图形模拟量转换为数字量，经过电子计算机及相关软件编辑、处理得到内容丰富的电子地图，也可通过数控绘图仪输出数字地形图。其实质上是一种全解析、机助测图方法。与传统的白纸测图相比有以下特点：

1）点位精度高

传统的测图方法，地物点平面位置的误差主要受展绘误差、视距误差、方向误差、刺点误差的综合影响，实际的图上点位误差可达到±0.47mm（1∶1000），其地形点的高程误差（平坦地区，视距为150m）可达到±0.06m。而数字测图，碎部点一般采用全站仪测量其坐标，测量精度较高。如果距离在450m以内，测定地物点平面位置的误差为±22mm，地形点的高程误差为±21mm；如果距离在300m以内，平面位置误差为±15mm，高程误差为±18mm。

2）自动化程度高

传统的白纸测图，从外业观测到内业计算，基本上是手工操作。而数字测图从野外数据采集、数据处理到数据输出整个测图过程实现了测量工作的一体化，劳动强度小，绘制的地形图精确、规范、美观，同时也避免了因图纸伸缩而带来的误差。

3）成果更新快

当测区发生大的变化时，可以随时进行重测、补测。通过数据处理对原有的数字地图更新，以保持图面的可靠性与现势性。

4）输出成果多样化

由于数字测图以数字的形式存储了地物地貌的各类图形信息和属性信息，可以根据用户的需要，输出各种不同图幅和不同比例尺的地形图，也可以绘制各类专题图，如：房产图、管网图、人口图、交通图等。

5）可作为GIS的信息源

数字测图能及时准确地提供各类基础信息，经过一定的格式转换，其成果可直接进入GIS的数据库，并更新GIS的数据库，以保证地理信息的可靠性与现势性。

2. 数字测图系统及其配置

1）数字测图系统

数字化测图系统是以计算机为核心，在外连输入、输出硬件设备以及软件的支持下，通过计算机对地面地形空间数据进行采集、处理、输出以及管理的测图系统。由于数据的输入方式、输出成果以及软硬件配置的不同，可产生多种数字测图系统。如：电子平板测图系统，全站仪配合电子手簿测图系统等。一个内容丰富、功能齐全的测图系统如图7-26所示。

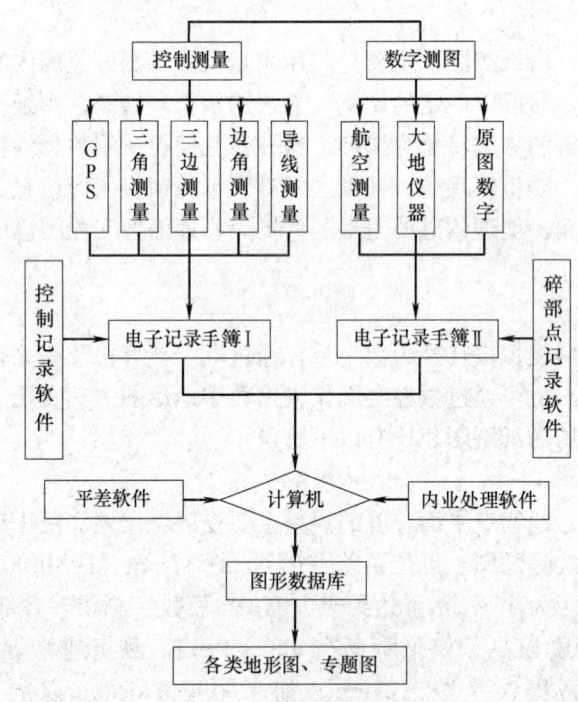

图 7-26 数字测图流程

2）数字测图系统的硬件配置

由于数据采集与输入的方法不同数字测图系统的硬件配置如图 7-27 所示。

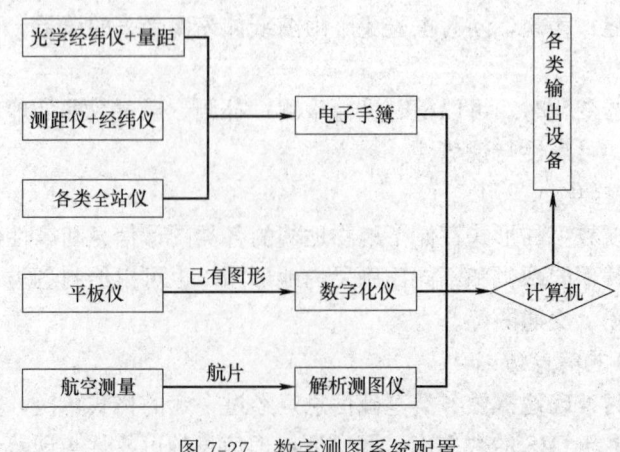

图 7-27 数字测图系统配置

3）数字测图系统的软件配置

数字测图系统的软件包括系统软件和应用软件两部分。系统软件包括操作系统和操作计算机所需的其他软件，而应用软件目前常用的有清华山维技术开发公司研制的 EPSW 电子平板测图软件，南方测绘公司的 CASS 成图软件，武汉瑞得 RDMS 数字测图软件等。

3. 数字测图作业模式

由于设备、软件设计思路不同，数字测图作业模式也不尽相同。目前国内流行的数字测图作业模式主要有以下几种：

① 全站仪＋电子手簿；

② 测距仪＋经纬仪＋电子手簿；

③ 旧图数字化；

④ 平板仪测图＋数字化仪；

⑤ 电子平板测图；

⑥ 镜站遥控电子平板测图；

⑦ 航测像片＋解析测图仪。

其中，第一种作业模式自动化程度高，而且为绝大部分软件所支持，是一种最常用的模式。

4. 数字测图的作业过程

数字测图分为：数据采集、数据编码、数据处理、数据输出及检查验收 5 个阶段。

1）数据采集

数据采集是整个数字测图的基础和依据，数据采集的方法有：GPS 法、航测法、数字化仪法、大地测量仪器法等。其中最常用的一种方法是大地测量仪器法，利用全站仪或半站仪进行实地测量，将采集的数据存储在存储器或存储卡中，也可以存储在电子手簿或便携机中，然后通过外接电缆输入计算机。数据采集包括：图根控制测量、碎部测量以及其他专业测量。

2）数据编码

利用全站仪测得的每个点的记录通常有点号、点的三维坐标、点的属性等。点的属性通常是用编码来表示的。编码一般是根据各自的需要、作业习惯、数据处理方法等制定的。如南方测绘仪器公司开发的 CASS 地形地籍成图系统，采用应用程序内部码、野外操作码、无码三种作业方式。

3）数据处理

数据处理主要是将采集的数据进行转换、分类、计算、编辑为图形处理提供必要的绘图信息数据文件。数据处理分数据的预处理、地物点的图形处理和地貌点的等高线处理。数据的预处理主要是检查原始记录，删除作废的记录和修改有错误的记录，数据预处理后生成点文件，记录点号、点的坐标以及点之间的连接关系。根据点文件，进一步生成图块文件：与地物有关的点记录生成地物图块文件，与地形有关的点记录生成等高线图块文件。根据图块文件可进行人机交互方式下的地图编辑，编辑后形成数字地图的图形文件。

4）数据输出

图形文件形成后，即可根据用户的需要，绘制不同比例、不同幅面的地形图以及各种专题图。

5）检查验收

按照数字化测图的规范要求，对数字地图及绘图仪输出的图形应进行检查验收。检查分内业和外业两部分，内业主要检查信息是否丰富，图层是否符合要求，能否满足不同的要求。外业主要检查地物、地形点是否满足精度要求等。

5. 数字测图的发展前景

数字测图的发展大约经历了两个阶段：

1）数字测记模式阶段

用全站仪或测距仪配合经纬仪测量，电子手簿记录，同时人工配合画草图，符号标注，然后交由内业，依据草图人工编辑图形文件，自动成图。

2）电子平板模式阶段

在该阶段，野外现场测图，实时成图。尤其是便携机的出现，给数字测图提供了发展机遇。它利用便携机现场读取数据，用高分辨计算机的显示屏作为图画，即测即显，外业实时成图，实时编辑，纠正错误，使成图的质量与精度大大超过了白纸测图，从硬件意义上讲，完全代替了图板、图纸等绘图工具。随着人类社会的不断进步和科学技术的进一步发展，测绘技术也不断地向前发展。全站仪自动跟踪测量模式、GPS 测量模式必将成为数字测图的主流。

思考与练习题

7-1　什么是地物？什么是地貌？

7-2　什么是地形图比例尺？

7-3　什么是比例尺的精度？它在测绘工作中有什么作用？

7-4　地物符号分哪几类？各在什么情况下使用？

7-5　等高线是如何定义的？等高线分几种？

7-6　什么是等高距？什么是等高线平距？

7-7　等高线有哪些特性？

7-8　碎部点平面位置的测定方法有哪几种？

7-9　用经纬仪测绘法测绘地形的方法和步骤？

7-10　在图 7-28 地形图中，完成下列作业。

（1）用"△"标出山顶；用"×"标出鞍部最低点；用虚线标出山脊线；用实线标出山谷线。

（2）求出 A、B 两点的高程与两点间的水平距离。

（3）绘出 A、B 之间的断面图。

（4）从 C 到 D 作出一条坡度不大于 10% 的最短路线。

（5）汇出过 C 点的面积。

图 7-28　地形图（比例尺 1：2000）

第 8 章

地形图的识读与应用

地形图是包含丰富的自然地理、人文地理和社会经济信息的载体，也是一种全面反映地面上的地物、地貌相互位置关系的图纸。它是进行工程建设项目可行性研究的重要资料，也是工程规划、设计和施工的重要依据。

通过地形图人们可以比较全面、客观地了解和掌握地面丰富的信息，如居民地、交通网等社会经济地理属性，以及水系、植被、土壤、地貌等自然地理属性。技术人员利用地形图可以有效地处理和研究问题，进行合理地规划与设计。因此，正确识读和应用地形图成了有关工程技术人员必须具备的一项基本技能。

8.1 地形图的识读

8.1.1 地形图识读的目的和基本要求

首先要能看懂地形图，才能正确地应用地形图。地形图是用各种规定的符号和注记表示地物、地貌及其他有关资料，通过对这些符号和注记的识读，可使地形图成为展现在人们面前的三维地面模型，以判断地面的自然形态以及地面物体间相互关系。这就是地形图识读的主要目的。

地物、地貌是地形图上的基本内容，而地物、地貌在图上是用国家测绘局颁布的地形图图式规定的各种符号和注记表示的。因此，识读地形图的基本要求是必须熟悉相应的地形图图式，掌握地形图的训绘方法，熟悉各类符号间关系的处理原则以及各科注记的配置和整饰要求；识谈时要分层次地进行识读，即从图外到图内，从整体到局部，由主及次地逐步深入到要了解的具体内容。这样，才能对地形图所描述的地面空间有一个完整的认识。

8.1.2 地形图识读的基本内容

1. 地形图图外注记的识读

首先了解地形图测绘的时间和测绘单位，以便判断地形图的新旧；然后了解地形图的图名、图号、比例尺、坐标系统、高程系统和基本等高距；还要了解图幅范围和接图表。例如在图 8-1 中，地形图的图名为李家村，比例尺为 1：1000，坐标系统为任意直角坐标系，高程系统为 1985 国家高程基准，等高距为 1m 等。

2. 地物、地貌的判读

对于地物要了解图幅内居民、工厂、学校、商店等分布情况，了解图内池塘、河流、道路、车站、码头等交通设施，了解图内控制点的等级、类型及其位置。对于地貌而言要了解高山的陡峭程度和地势走向，了解丘陵、洼地和平原的地表形态。更重要的是除在图上了解、掌握与所涉及的工程项目密切相关的地物、地貌外，还需要进行实地勘察，以便对建设用地进行更具体、全面、正确的了解。

8.2 地形图的基本应用

8.2.1 图上确定某点的高程

地形图上某点的高程可以根据等高线来确定。当某点位于两等高线之间时，则可用内插法求得。如图 8-2 所示，欲求 k 点的高程，首先通过 k 点作相邻两等高线的垂线 mn。

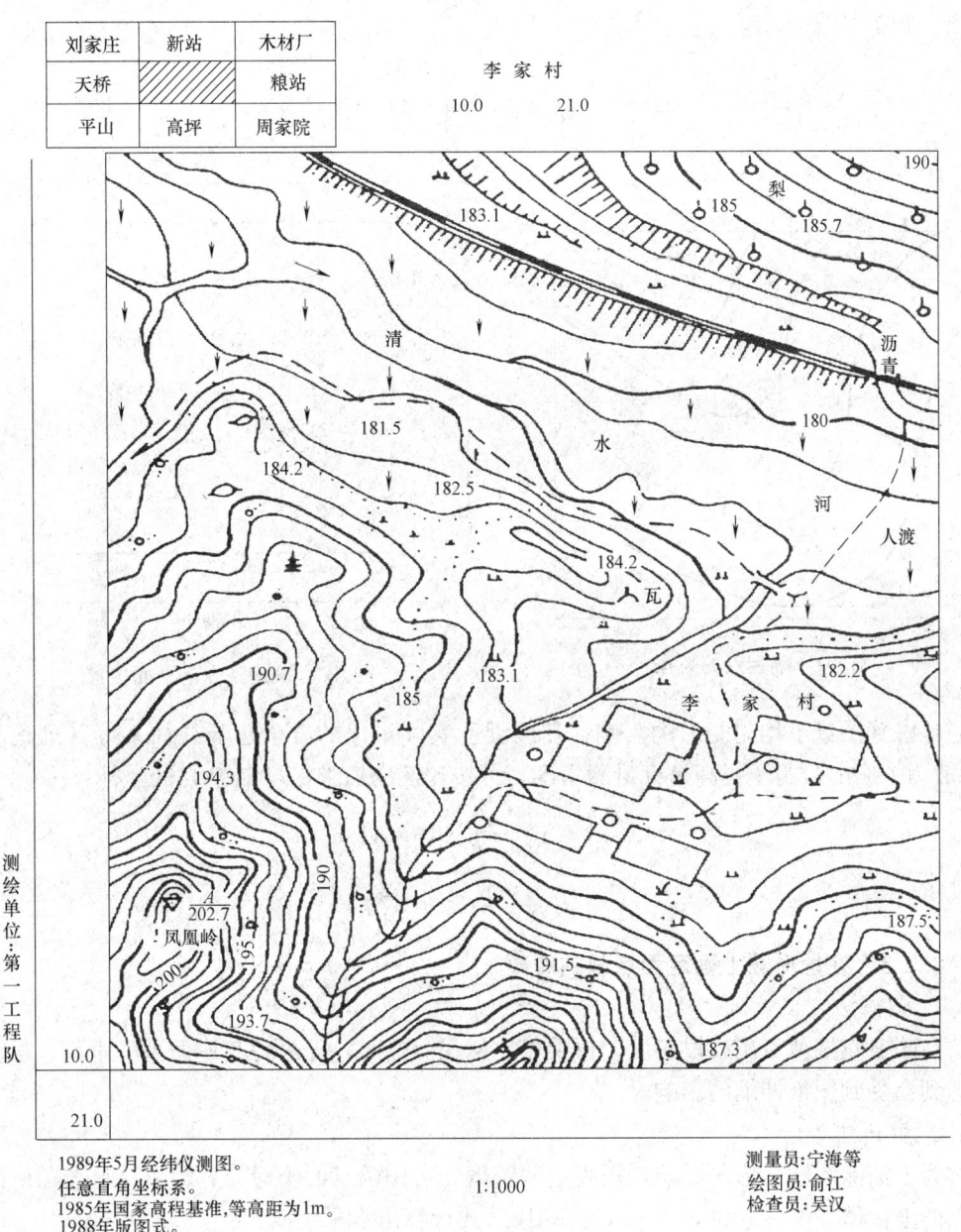

图 8-1　地形图识读

图上量出 mn 及 mk 的距离，然后根据已知等高距 h，则可求得 k 点的高程为：

$$H_k = H_m + \frac{mk}{mn} \times h \tag{8-1}$$

8.2.2　在地形图上确定点的坐标

欲确定图上一点的平面坐标，可根据格网坐标采用图解法求得。图框边线上所注的数字就是坐标格网的坐标值，它们是在图上确定某点坐标的重要依据。例如，欲求图 8-3 中 P 点的坐标，可先确定 P 点所在方格，画出坐标方格 $abcd$，过 P 点作平行于坐标格网的

平行线 Pf 和 Pk。在图上量出 Pf、Pk 的长度，分别乘以比例尺的分母 M 得到实地水平距离，则 P 点坐标为：

$$\left.\begin{aligned} x_p &= x_a + Pf \times M \\ y_p &= y_a + Pk \times M \end{aligned}\right\}$$

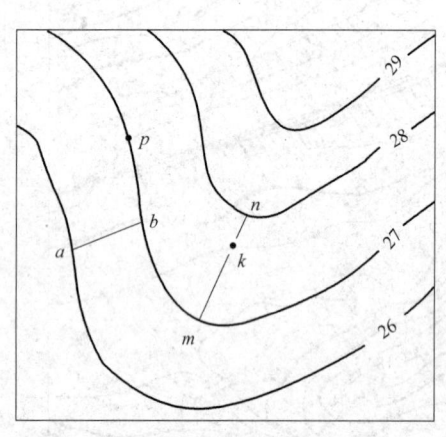

图 8-2　确定点的高程

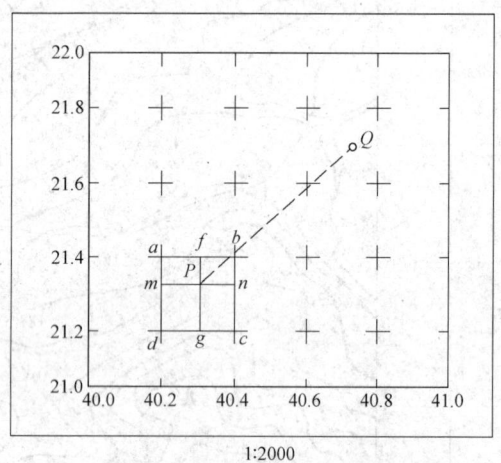

1:2000

图 8-3　确定一点的平面位置

考虑到图纸不均匀变形的影响，在图纸上实际量出的方格边长往往不等其理论长度（一般为 10cm），为了提高坐标量测角度，可按比例内插求得，则 P 点的坐标：

$$\left.\begin{aligned} x_p &= x_a + \frac{af}{ab} \times 10 \times M \\ y_p &= y_a + \frac{ak}{ad} \times 10 \times M \end{aligned}\right\} \tag{8-2}$$

8.2.3　在地形图上确定两点间的距离

1. 图解法

在图上直接就量出线段长度，再乘以比例尺分母时，即可得其地面水平距离。但应该考虑到会受到图纸伸缩的影响。

2. 解析法

为了消除图纸变形的影响，提高量测精度，可用两点的坐标计算距离，首先图解图上两点的坐标值 x_A、y_A 和 x_B、y_B，再利用下式计算出水平距离：

$$D_{AB} = \sqrt{(x_B - x_A)^2 + (y_B - y_A)^2} \tag{8-3}$$

8.2.4　利用地形图求某直线的坐标方位角

欲求直线 AB 的坐标方位角。先求出 A、B 两点的坐标，然后再按坐标反算公式计算得到方位角 α_{AB} 为：

$$\alpha_{AB} = \arctan \frac{y_B - y_A}{x_B - x_A} \tag{8-4}$$

当精度要求不高时，可分别过直线 A、B 两点作平行于坐标格网纵线的直线，然后用量角器量取 AB 直线的正、反坐标方位角 α'_{AB} 和 α'_{BA}，最后计算 AB 直线的坐标方位角为：

$$\alpha_{AB}=\frac{1}{2}(\alpha'_{AB}+\alpha'_{BA}\pm180°) \tag{8-5}$$

8.2.5 在地形图上确定某一直线的地面坡度

设地面上两点之间的水平距离为 D，图上平距为 d，高差为 h，而高差与地面水平距离之比称为坡度，以 i 表示。坡度常以百分率（％）或千分率（‰）表示，即：

$$i=\frac{h}{D}=\frac{h}{d\times M} \tag{8-6}$$

8.2.6 在地形图上按限制坡度选择最短路线

在线路、管线等工程勘测设计时，都要求线路坡度在不超过某一限制坡度的条件下，选样一条最短路线或等坡度线，如图 8-4 所示，A、B 为一段线路的两端点，要求从 A 点起按 5％ 的坡度选不同路线到达 B 点，以便进行分析、比较，从中选定一条最短的路线。

首先要按照限定的坡度 i、等高距 h、地形图比例尺分母 M，求得该路线通过图相邻两等高线之间的平距 d，即：

$$d=\frac{h}{i\cdot M} \tag{8-7}$$

图中等高距为5m，比例尺为 1：5000，则：

$$d=\frac{5}{0.05\times5000}=0.02m$$

然后，以 A 点为圆心，d 为半径画弧，交 55m 等高线于点 1，再以点 1 为圆心，d 为半径画弧，交 60m 等高线于点 2，依次进行，直至 B 点为止。如果图上等高线平距大于 d，表明实地坡度小于限定坡度，线路可按两点间最短路线的方式绘出。顺序连接 A、1、2…B，便在图上得到符合限定坡度的路线。同法选出 A 点经 $1'$、$2'$…B 的另一条符合限定坡度的路线。

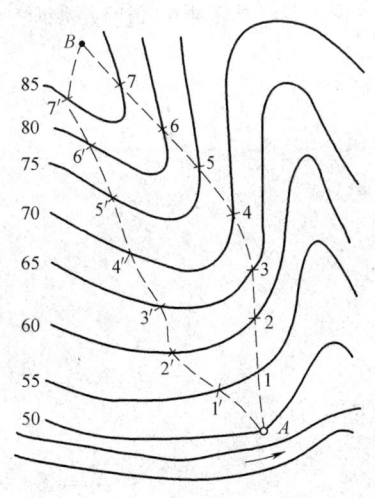

图 8-4 选择等坡度线

当然，在选线时还要考虑其他因素，才能最后确定线路位置。

8.3 图形面积量算

在工程勘测设计时，常常需要测定地形图上某一区域的图形面积。例如，场地平整中计算平整面积，道路工程中作勘测设计时计算流域面积，在线路工程施工前求出各横断面的面积等，下面介绍几种量算面积的常用方法。

8.3.1 透明方格纸法

如图 8-5 所示，要计算曲线内的面积。先将毫米透明方格纸覆盖在图形上，数出图形内完整的方格数 n_1 和不完整的方格数 n_2，则面积 A 可按下式计算：

$$A=\left(n_1+\frac{1}{2}n_2\right)\frac{M^2}{10^6}(m^2) \tag{8-8}$$

式中　M——地形图比例尺分母。

147

8.3.2 平行线法

如图 8-6 所示，将绘有等距平行线的透明纸覆盖在图形上，使两条平行线与图形边缘相切，则相邻两平行线间截出的图形面积可近似视为梯形。梯形的高为平行线间距 h，图形截出各平行线的长度为 l_1、$l_2 \cdots l_n$，则各梯形面积分别为：

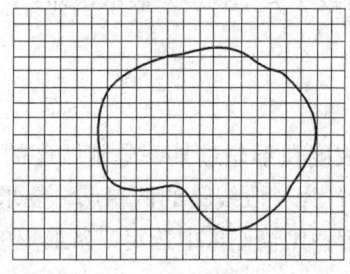

图 8-5　透明方格纸法

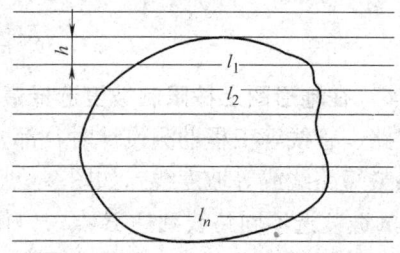

图 8-6　平行线法

$$s_1 = \frac{1}{2}h(0 + l_1)$$

$$s_2 = \frac{1}{2}h(l_1 + l_2)$$

$$\cdots\cdots$$

$$s_n = \frac{1}{2}h(l_{n-1} + l_n)$$

$$s_{n+1} = \frac{1}{2}h(l_n + 0)$$

总面积为：

$$A = S_1 + S_2 + \cdots + S_n + S_{n+1} = h\sum_{i=1}^{n}l_i \tag{8-9}$$

8.3.3 解析法

如果图形为任意多边形，且各顶点的坐标已在图上量出或已在实地测定，可利用各点坐标以解析法计算面积。如图 8-7 所示为一任意四边形，按逆时针方向依次对各顶点编号，设各顶点 1、2、3、4 的坐标分别为 (x_1, y_1)、(x_2, y_2)、(x_3, y_3)、(x_4, y_4)，

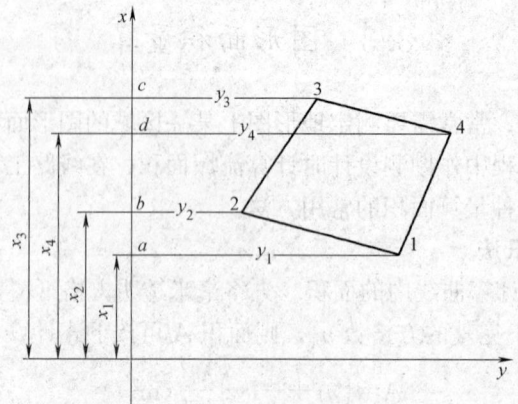

图 8-7　解析法求面积

148

四边形的面积为：

$$A = A_{c34d} + A_{d41a} - A_{c32d} - A_{b21a}$$

$$= \frac{1}{2}\left[(x_3 - x_4)(y_3 + y_4) + (x_4 - x_1)(y_4 + y_1) - (x_3 - x_2)(y_3 + y_2) - (x_2 - x_1)(y_1 + y_2)\right]$$

$$A = \frac{1}{2}\left[(x_3 y_3 + x_3 y_4 - x_4 y_3 - x_4 y_4) + (x_4 y_4 + x_4 y_1 - x_1 y_4 - x_1 y_1)\right]$$

$$- \frac{1}{2}\left[(x_3 y_3 + x_3 y_2 - x_2 y_3 - x_2 y_2) + (x_2 y_2 + x_2 y_1 - x_1 y_2 - x_1 y_1)\right]$$

经整理后得：

$$A = \frac{1}{2}\left[x_1(y_2 - y_4) + x_2(y_3 - y_1) + x_3(y_4 - y_2) + x_4(y_1 - y_3)\right]$$

推广到一般情形，对于 n 边形面积，面积计算的通用公式为：

$$A = \frac{1}{2}\sum_{i=1}^{n} x_i(y_{i+1} - y_{i-1}) \tag{8-10}$$

式中，当 $i=1$ 时，$y_{i-1} = y_n$；当 $i=n$ 时，$y_{i+1} = y_1$。

若将各顶点投影于 y 轴，同法可推出

$$A = \frac{1}{2}\sum_{i=1}^{n} y_i(x_{i+1} - x_{i-1}) \tag{8-11}$$

式中，当 $i=1$ 时，$x_{i-1} = x_n$；当 $i=n$ 时，$x_{i+1} = x_1$。

式（8-10）和式（8-11）可以互为计算检核。

8.3.4 求积仪法

求积仪是一种专门供图上量测面积的仪器，其优点是操作简便、速度快、精度好，适合任意曲线图形的面积量算。

电子求积仪属于数字式求积仪，采用具有专用程序的微处理器代替传统的机械计数器，使所量面积直接用数字显示出来。图 8-8 所示为 KP-90N 滚动式求积仪，其正面为计数器面板，面板左面为功能键和数字键，面板右面为液晶显示窗。使用方法与机械求积仪一样，将描迹点自图形周界的某一点开始，顺时针沿周界转动一周仍回至原来位置，转动过程中计数器背面的积分轮随之转动，积分轮转动采集的信息通过微处理器处理后，在显示窗中显示相应的符号和所量测的面积值。其特点是：

（1）可以选择面积的单位制和单位。单位制有公制和英制，单位有 cm^2、m^2、km^2 及 in^2（平方英寸）、ft^2（平方英尺）、Acre（英亩）。选择单位制用 UNIT-1 键，选择单位用 UNTT-2 键，所选单位符号显示在显示窗内。

（2）设置比例尺 1：X。用数字键输入 X 后，按 SCALE 键，显示窗内显示符号 SCALE 及数字"0"，比例尺已设置到微处理器内，用 R-S 键来检查所设置的比例尺，显示窗显示 X^2 的数值，但应注意显示窗只能显示 8 位数。

（3）量测用脉冲计数，能显示 6 位数，1 个脉冲代表 0.1cm^2（比例尺 1：1），最大脉冲读数 999999，想应于比例尺 1：1 时的面积为 99999.9cm^2 = 10m^2。但在按 HOLD 键、MEMO（Memory）键 AVER（Average）键时，可使显示的脉冲数转变为面积值显示 8 位数，其最后三位为小数。

（4）图形过大，可分块量测后求得总面积，在选定面积单位及设置比例尺后，先按

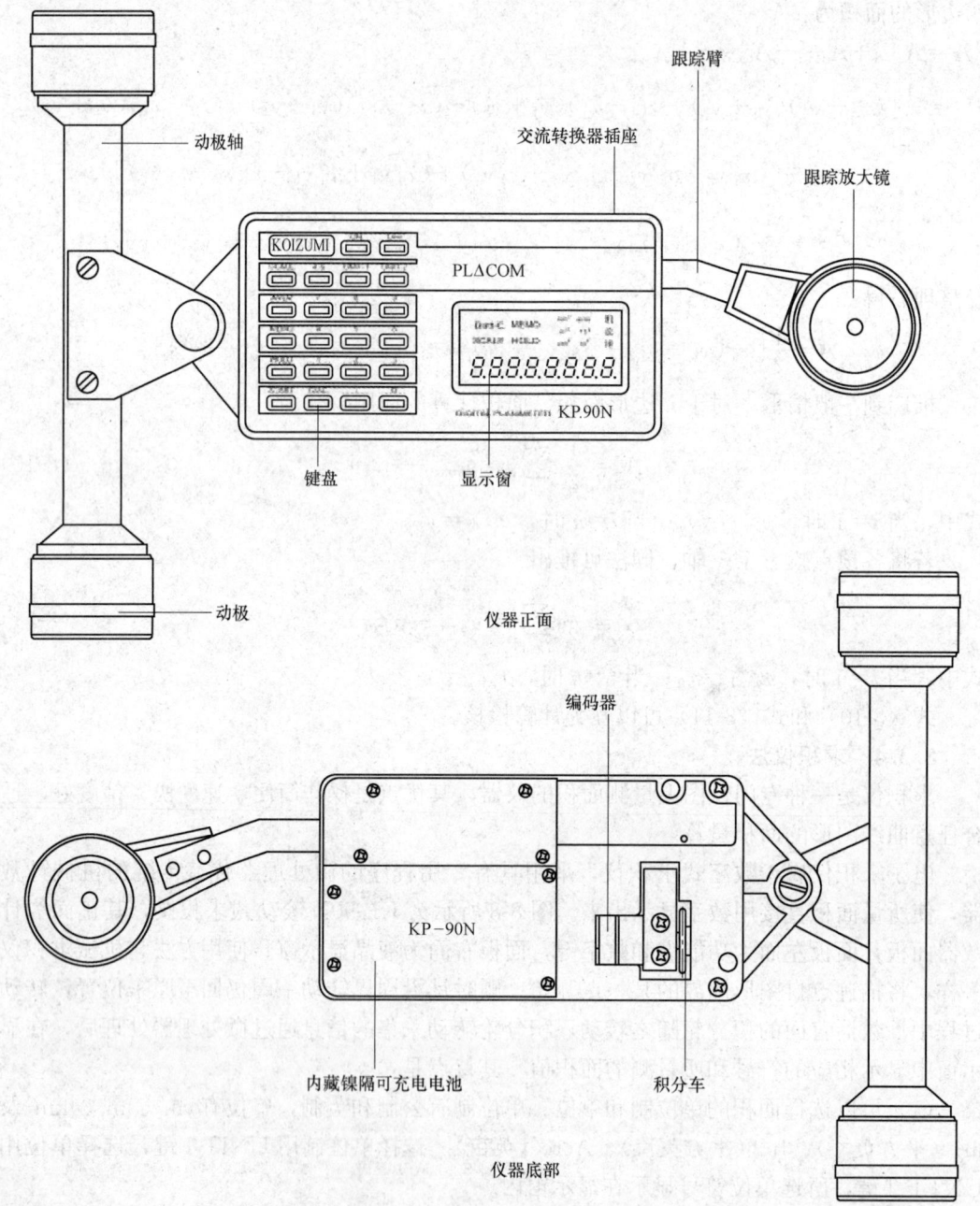

图 8-8 KP-90N 型滚动式求积仪

START 键，显示"0"后开始测量，测量完毕显示脉冲数，按 HOLD 键脉冲数值转变为面积值。在量第二块图形时，只要将描迹点绕图形一周，就显示两块图形的累计脉冲数。按 HIOLD 键得两块图形的累计面积值。如此继续，可得量测若干块图形的总面积。

（5）可求得图形几次量测面积的平均值。如需量测一图形两次的面积平均值时，从按 START 键开始第一次量测完毕。按 MMO 键由显示的脉冲数转变为第一次品测的面积值，第二次量测前，按 START 键（显示"0"才能开始量测，量测完毕。按 MEMO 键，显示第二次量测的面积值；最后按 AVER 键，显示两次量测的面积平均值。如果继续量测，最后按 AVER 键，便得量测若干次的平均面积，但应注意每次量测前均应按 START 键。

（6）量测精度±2/1000 脉冲。

8.4 利用地形图绘制某方向的断面图

如图 8-9（a）所示，欲沿直线 AC 方绘制断面图。先将直线 AC 与图上等高线的交点标出，如 b、c、d、e、f 等点。绘制断面图时，以横坐标轴代表水平距离，纵坐标轴代表高程，如图 8-9（b）所示。然后在地形图上，沿 AC 方向量取 b、c、d…p、C 各点至 A 点的水平距离；将这些距离按地形图比例尺展绘在横坐标轴 AC 线上，得 A、b、c…p、C 各点；通过这些点作横坐标轴的垂线，在垂线上，按高程比例尺（可以作适度夸张，例如 $H×10$）分别截取 A、b、c…p、C 等点的高程。将各垂线上的高程点用光滑曲线连接起来，就得到直线 AC 方向上的断面图，如图 8-9（b）所示。

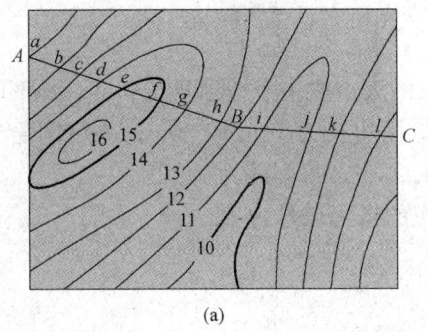
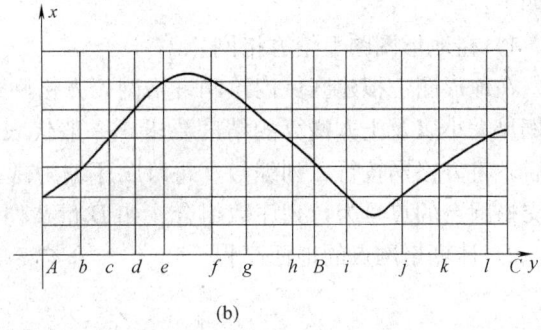

(a)　　　　　　　　　　　(b)

图 8-9　利用地形图绘制断面图

8.5 在地形图上确定汇水面积

在修建道路、桥涵和水库等工程时，需要知道路基、大坝所拦截某一区域的汇水面积。以便结合当地的水文气象资料计算来水量，进面设计路基、大坝高度和水库的蓄水量。所谓汇水面积，是指河道或沟谷某断面以上分水线所包围的面积。要确定汇水面积，首先要勾绘出水边界，其由一系列的山脊线和拟建的堤坝等构成，其勾绘要点是：

（1）汇水边界线由河沟的指定点出发，最后又回到原来的指定点，形成一条闭合曲线。

（2）边界线应通过山顶、鞍部等部位的最高点，且与山脊线（分水线）保持一致。

（3）边界线要处处与等高线垂直。在图 8-10 中，

图 8-10　确定汇水边界线

一条公路经过山谷，在 *MN* 处架桥或修涵洞。其孔径大小应该根据流经该处的流水量来决定，而流水量与汇水面积有关。要计算 *AF* 线段处上游的汇水面积，先由 *AF* 线段 *A* 点一侧的山脊线开始。经过山脊线 *AB*、*BC*、*CD*、*DE*、*EF* 与 *AF* 线段形成的闭合曲线构成汇水边界，其面积的大小可用格网法、求积仪等方法求得。

8.6　利用地形图计算土方量

在工程建设中，往往要对建筑场地进行平整，需要利用地形图估算土石方工程量。计算土方工程量常用的有方格网法、等高线法和断面法等方法。

8.6.1　方格网法

方格网法是大面积场地平整时土方量估计的常用方法。场地平整有两种情况：一种是平整为水平场地，另一种是整理为倾斜场地。

1. 以填、挖平衡为原则平整为水平场地

如图 8-11 所示，假设要求将原来的地貌按填、挖平衡为原则改造为水平场地。其步骤如下：

1）在地形图图上绘方格网、编号

在地形图上拟建区域内绘制方格网，方格网边长的大小取决于地形复杂程度、地形图比例尺大小以及土方概算的精度要求，一般代表的地面边长为 10m 或 20m，方格网绘制完后，将方格网按行、列编号，每行顺序编为 *A*、*B*、*C*…，每列编为 1、2、3…，行、列相交格网点的点号为行列序数组合，如 *B* 行 2 列相交的格网点号为 *B2*。

2）计算格网点的地面高程

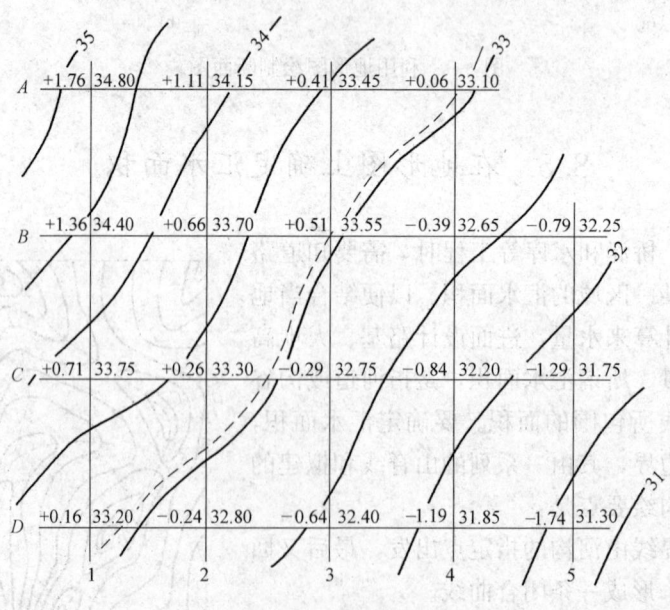

图 8-11　土方量计算

3）根据挖、填平衡原则计算设计高程

先将每一方格顶点的高程加起来除以 4，得到各方格的平均高程 H_i，把各个方格的平均高程相加除以方格总数，就得到设计高程 H_0 为：

$$H_0 = \frac{H_1 + H_2 + \cdots + H_n}{n} \tag{8-12}$$

从设计高程 H_0 计算方法和图 8-11 可知，方格网的角点 A_1、A_4、B_5、D_1、D_5 的高程只使用一次，边点 A_2、A_3、B_l、C_l、C_5、D_2、D_3、D_4 的高程使用两次，拐点 B_4 的高程使用三次，中点 B_2、B_3、C_2、C_3、C_4 的高程使用四次，其使用次数就是点的权重，亦即该点高程在确定设计高程中所起价用的大小。因此，设计高程 H_0 的计算公式可以简化为：

$$H_0 = \frac{\sum H_角 + 2\sum H_边 + 3\sum H_拐 + 4\sum H_中}{4n} \tag{8-13}$$

设计高程确定后，可在地形图上内插勾给出不填不挖的边界线，如图 8-11 中的虚线所示。

4）计算填、挖高度

根据设计高程和方格顶点的高程可以计算出每一方格顶点的填、挖高度即：

$$\Delta H_{填挖} = H_实 - H_0 \tag{8-14}$$

当 ΔH 为正号（＋）时为挖深，为负号（－）时为填高。将图中各方格顶点的填、挖高度写于相应方格顶点的左上方。

5）计算每格填、挖土方量

填、挖土方量可按角点、边点、拐点、中点的权重分别计算，公式如下：

$$\left.\begin{array}{l} 角点: V_{挖(填)} = \Delta H \times 1/4\ 方格面积 \\ 边点: V_{挖(填)} = \Delta H \times 2/4\ 方格面积 \\ 拐点: V_{挖(填)} = \Delta H \times 3/4\ 方格面积 \\ 中点: V_{挖(填)} = \Delta H \times 4/4\ 方格面积 \end{array}\right\} \tag{8-15}$$

根据公式，分别计算出各个方格的填、挖方量，然后求和，即可求得场地的填、挖土方总量，正号（＋）为挖方，负号（－）为填方。由于设计高程 H 是各个方格的平均高程值，则最后计算出来的总填方量和总挖方量应基本平衡。

2. 按设计等高线整理成倾斜面的土方量计算

在工程设计与施工中，为了充分利用自然地势，考虑到场地排水的需要，在填挖土石方量基本平衡的原则下，可将场地平整成具有定坡度的倾斜面。但是，有时要求所设计的倾斜面必须经过不能改变的某些高程点（称为设计斜面的控制高程点）。例如，永久性建筑物的外墙地坪高程，已有道路的中线高程点等。在图 8-12 中，设 A、B、C 三点为控制高程点，其地面高程分别为 54.6m、51.3m 和 53.7m，要求将原地形改造成通过 A、B、C 三点的倾斜面，其土方量计算步骤如下：

1）计算设计等高线的平距

根据 A、B 两点的设计高程，在 AB 直线上用内插法定出高程为 54m、53m、52m 各点的位置，也就是设计等高线应经过 A、B 线上的相应位置，如 d、e、f、g 等点。

2）确定设计等高线的方向

在 AB 直线上求出一点 k，使其高程等于 C 点的高程（53.7m）。过 kC 连线，则 kC 方向就是设计等高线的方向。

3) 绘制设计倾斜面等高线

过 d、e、f、g 各点作 kC 的平行线（图中的虚线），即为设计倾斜面的等高线。

4) 确定填、挖边界线

设计等高线与原地面等高线的交点的连线即为填、挖边界线，如图 8-12 中连接 1、2、3、4、5 等点，就可得到填、挖边界线。填挖边界线上有短线的一侧为填方区，另一侧为挖方区。

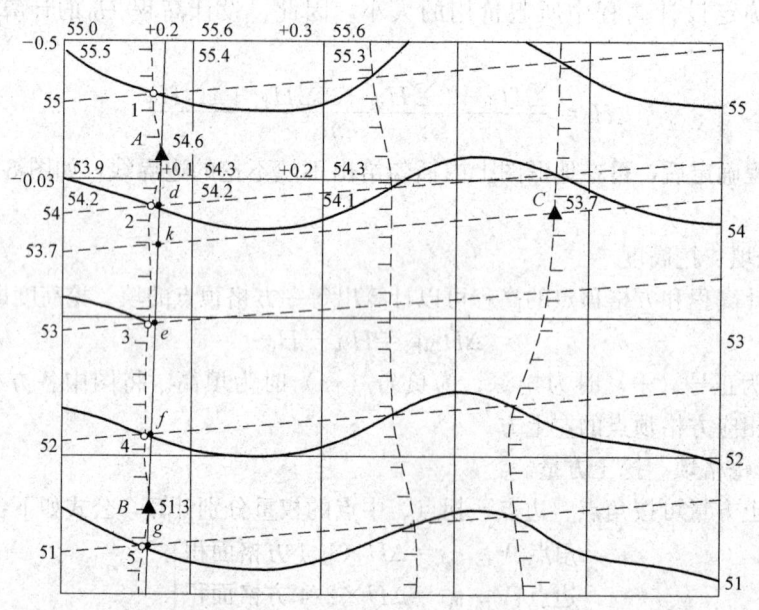

图 8-12 整理成倾斜面的土方量计算

5) 计算方格顶点的设计高程

根据倾斜场地等高线用内插法确定各方格顶点的设计高程，并注于方格顶点的右下方。

6) 计算方格顶点的挖填高（挖为＋，填为－）

挖填高等于方格顶点的地面高程减去方格顶点的设计高程，其填高和挖深量仍记在方格顶点的左上方。

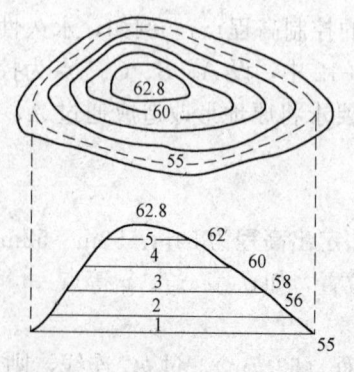

图 8-13 等高线法计算土方量

7) 计算填、挖土方量

公式、方法与平整为水平场地相同。

8.6.2 等高线法计算土方量

若地面起伏较大，且仅计算单一的挖方（或填方）时，可采用等高线法。首先从场地设计高程的等高线开始，算出各等高线所包围的面积；再分别将相邻两条等高线所围面积的平均值乘以间隔（等高距），就是此两等高线平面间的土量；最后求和得到总挖（填）方量，以挖方为例，图 8-13 中地形图的等距为 2m。场地平整后的设计高程为 55m，首先在图中内插设计高程 55m 的等高线（图中虚线），再分别求出 55m、56m、58m、60m、62m 五条等高线所围成的面积 A_{55}、A_{56}、A_{58}、A_{60}、A_{62} 即可算出每层上石方量为：

$$V_1 = \frac{1}{2}(A_{55} + A_{56}) \times 1$$

$$V_2 = \frac{1}{2}(A_{56} + A_{58}) \times 2$$

$$V_3 = \frac{1}{2}(A_{58} + A_{60}) \times 2$$

$$V_4 = \frac{1}{2}(A_{60} + A_{62}) \times 2$$

$$V_5 = \frac{1}{3}A_{62} \times 0.8$$

其中，V_5 是 62m 等高线以上山头顶部的土石方量，则总挖方量为：
$$\sum V_W = V_1 + V_2 + V_3 + V_4 + V_5$$

8.6.3 断面法计算土方量

在带状地形图中，估算道路和管线建设中的土石方量常用此法。先在带状地形图中施工范围内以一定间距绘出断面位置，绘出断面图并进行断面设计，再分别求出各设计断面由设计高程线与断面曲线围成的填方面积和挖方面积，然后计算每相邻断面间的填（挖）方量，分别求和即为总填（挖）方量。

图 8-14 所示的地形图比例尺为 1：1000，矩形范围是一段欲建的道路，其设计高程为 47m，其土石方量的计算步骤为：

（1）先在地形图上绘出相互平行且间隔为 l（一般实地距高为 20～40m）的断面方向线 1-1、2-2…6-6。

（2）以纵、横轴相同的比例尺绘出各断面图（常用 1：100 成 1：200），进行断面设计得到绘有相应地面线和设计高程线的断面图（图 8-14 中的 2-2 断面图）。

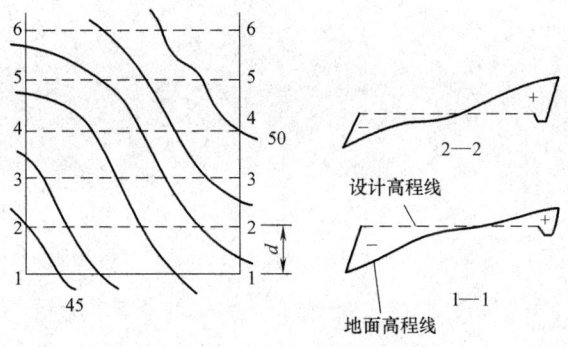

图 8-14　断面法计算土方量

（3）在断面图做间隔 1m 的竖向平行线并量取填、挖高度 h，分别计算各断面填、挖面积 A_i，则填、挖方面积分别为

$$A_i = \sum h_i$$

将各断面设计高程线与地面高程线所包围的填土面积和挖土面积分别标示为：A_{Ti}、

A_{wi}（i 表示断面编号）。

（4）计算两断面间土石方量。例如，1-1、2-2 两断面间的填、挖土石方量分别为：

$$V_T = \frac{1}{2}(A_{T1} + A_{T2})l \text{ 和 } V_W = \frac{1}{2}(A_{W1} + A_{W2})l$$

（5）计算总填、挖土石方量。

思考与练习题

8-1　简述地形图识图的目的。

8-2　地形图识图有哪些基本内容？

8-3　如何利用地形图确定点的高程、坐标？并绘图说明。

8-4　简述利用地形图确定两点距离的方法。

8-5　如何利用地形图求直线的坐标方位角以及地面坡度？

8-6　面积量计算的方法有哪些？

第 9 章

建筑工程测量

9.1　建筑施工测量概述

　　建筑工程测量是依据设计图中建筑物的设计尺寸，计算出各建筑物各轴线点与施工控制点之间的角度或方位角、水平距离、高差等数据，并将这些轴线特征点逐一标定在施工现场，以指导施工人员施工，其属于测设的范畴，又称施工放样。它的主要工作方法有测设已知水平距离、已知水平角和已知高程等几种。.

　　施工测量的目的是按照设计和施工的要求将设计的建筑物的平面位置在地面标定出来作为施工的依据，并在施工过程中进行一系列的测设工作，以衔接和指导工程建设阶段各工序之间的施工。

　　为了避免放样误差的积累，保证各种建筑物、构筑物、管线等的相对位置能满足设计要求，以便于分期分批地进行测设和施工，施工测量必须遵循由整体到局部、先控制后细部的组织原则。即首先在现场以原勘测设计阶段所建立的测图控制网为基础，建立统一的施工测量控制网，用以测设出建筑物的主轴线，然后再定出建筑物的各个部分（基础、墙体等）采用这样一种放样的程序，可以避免因建筑物的众多而引起放样工作紊乱，并且能严格保持所放样各元素之间存在的几何关系。例如，放样工业建筑时，首先应放出厂房主轴线，再确定出机械设备轴线，然后根据机械设备的轴线，确定设备安装的位置。

　　施工测量应贯穿于整个施工过程中。从场地平整、建筑定位、基础施工，到建筑物构件的安装等工序，都必须进行施工测量，才能使建筑物、构筑物各部分的尺寸、位置符合设计要求。其主要内容如下：

　　1）建立施工测量控制网。

　　2）建筑物、构筑物的细部放样。

　　3）检查、验收。每道施工工序完工之后，都要通过测量检查工程各部位的实际位置及高程是否与设计要求相符合。

　　4）变形检测。伴随着施工的进行，测量建筑物在水平和竖直方向产生的位移，收集整理各变形监测资料，作为鉴定工程质量和验证工程设计、施工是否合理的依据。

　　施工测量与工程施工的工序密切相关。测量人员应了解设计的内容及其对测量工作精度上的要求，熟悉图上的尺寸数据，了解施工的全过程，并掌握施工现场的情况，使施工测量工作能够与工程施工密切配合。

　　放样工作是多种多样的，放样的方法也很多，故在实际工作中，必须根据施工场地的具体情况，灵活选用放样方法。而且，定线放样是整个施工活动的一个组成部分，必须与施工组织计划相协调，在精度和进度方面满足施工的需要，尽可能地避开施工的干扰，并确保成果的质量。

　　施工测量的特点如下：

　　1）施工测量是直接为工程施工服务的，它必须与施工组织计划相协调，测量人员应与设计、施工部门密切联系，熟悉图纸上的尺寸和高程数据，了解施工的全过程，随时掌握工程进度及现场的变动，使测设精度与速度满足施工的需要。

　　2）测设的精度主要取决于建筑物或构筑物的大小、性质、用途、建材和施工方法等因素。一般高层建筑物的测设精度应高于低层建筑物；自动化和连续厂房的测设精度应高于一般厂房；钢结构建筑物的测设精度应高于钢筋混凝土结构、砖石结构的建筑物；装配式建筑物的测设精度应高于非装配式建筑物。

3）施工现场各工序交叉作业，运输频繁，地面情况变动大。因此，测量标志从形式、选点到埋设均应考虑便于使用、保管和检查，如标志在施工中被破坏，应及时回复。

9.2 建筑场地施工控制网

建筑施工控制测量的主要任务就是建立施工控制网。为了施工放样的方便，施工控制网坐标轴方向一般与建筑物主轴线方向平行，坐标原点一般选在场地西南角、中央或建筑物轴线的交点处。勘测设计阶段建立的控制网，可以作为施工放样的基准，但在勘测设计阶段，各种建筑物的设计位置尚未确定，无法满足施工测量的要求；在场地布置和平整中，大量土方的填挖也会损坏一些控制点；有些原先互相通视的控制点被新修建的建筑物阻挡而不能适应施工测量的需要。因此，在施工进行前，需要在原有控制网的基础上，为建筑物、构筑物的测设而另行布设控制网，这种控制网称为施工控制网。施工控制网的建立也应遵循"先整体，后局部"的原则，由高精度到低精度进行建立。施工控制网分为平面控制网和高程控制网两种。

9.2.1 平面控制网

平面控制网的布设，应根据设计总平面图和建筑场地的地形条件来定。一般情况下，施工控制网布置成矩形的格网，称为建筑方格网。当建筑面积不大、结构简单时，只需布置一条或几条基线作平面控制，称为建筑基线。建筑基线的布设形式，应根据建筑物的分布、施工场地地形等因素来确定。常用的布设形式有三点直线形、三点直角形、四点丁字形和五点十字形，如图 9-1 所示。

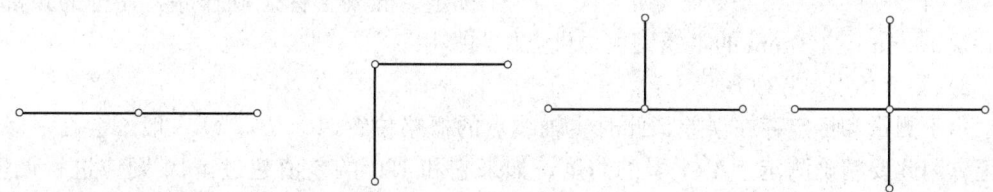

图 9-1 建筑基线布设形式

建筑方格网设计时，应根据总平面图上各建（构）筑物、道路及各种管线的布置，结合现场的地形条件来确定。建筑方格网的设计遵循由整体到局部的原则，即先确定能控制整个场地的主轴线，然后考虑辅助轴线。格网可设计成正方形或矩形，如图 9-2 所示。下面简要介绍其测设步骤。

1. 施工坐标系和与测量坐标系的坐标换算

由于施工坐标系（设计的建筑坐标系）与测量坐标系不一致，因此在建立施工控制网时需要进行两种坐标系之间的换算。如图 9-3 中 XOY 为测量坐标系，AOB 为施工坐标系，施工坐标系原点 O 在测量坐标系中的坐标为 (x_O, y_O)，A 轴在测量坐标系中的方位角为 α。设已知点 P 的施工坐标为 (A_P, B_P)，则可按公式（9-1）将其换算为测量坐标 (x_P, y_P)：

$$x_P = x_O + A_P \cos\alpha - B_P \sin\alpha$$
$$y_P = y_O + A_P \sin\alpha - B_P \cos\alpha \tag{9-1}$$

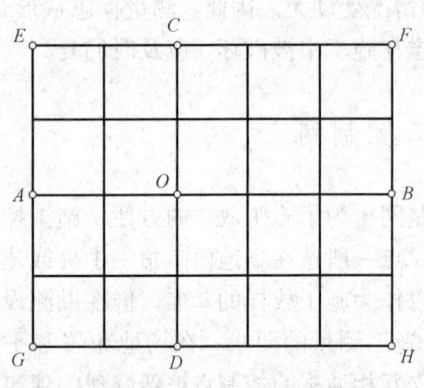

图 9-2　建筑方格网

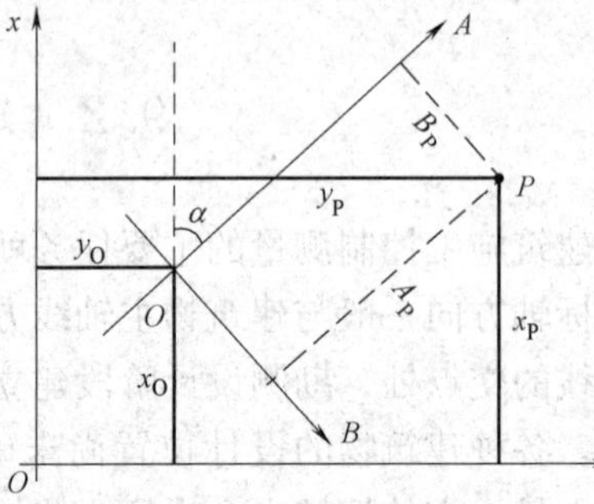

图 9-3　测量坐标系与施工坐标系

2. 主轴线测设

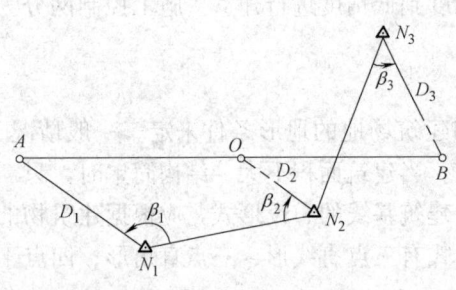

图 9-4　测设数据计算

如图 9-4 所示，N_1、N_2、N_3 为场地的测量控制点，A、B、O 为待放样的主轴线点。根据主轴线点的设计坐标和已知点坐标，用仪器就可以放样出主轴线点。具体放样步骤如下：

1）测设主轴线点的概略位置 A'、B'、O'

用全站仪、经纬仪配合测距仪放样测设主轴线点的概略位置 A'、B'、O'，并用混凝土标定。混凝土标志制作时，在桩的顶部设置一块 100mm×100mm 的不锈钢板，供点位调整用。

2）测定角度 $\angle A'O'B'$

由于测量和标定存在误差，此时主轴线点的概略位置 A'、B'、O' 一般不会在一条直线上，因此要精确测定 $\angle A'O'B'$ 的角度，如果它和 180° 的差值超过 ±10″ 则应进行调整，使其回到一条直线上。

3）计算点位调整量 δ

如图 9-5 所示，设 3 点在垂直于轴线的方向上移动一段微小距离为 δ，则 δ 的大小可按下式计算：

$$\delta = \frac{ab}{2(a+b)} \cdot \frac{180° - \beta}{\rho} \tag{9-2}$$

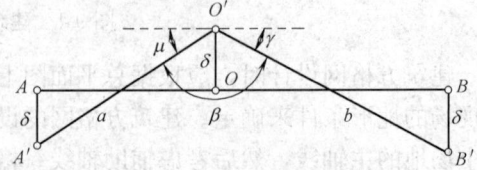

图 9-5　测设点位改正

式中，a、b 为轴线 OA，OB 的长度，$\rho = 206265$ 由于 μ、γ 均很小，则有：$\mu = \dfrac{\delta}{\frac{a}{2}}\rho$，$\gamma = \dfrac{\delta}{\frac{b}{2}}\rho$，而 $\mu + \gamma = 180° - \beta$（化为秒），因此，公式（9-2）得证。

4）点位调整

按式（9-2）求出调整量后，精确调整主轴线点的位置，并注意各点上 δ 的调整方向。

5）短轴线点的测设

如图 9-6 所示，在主轴线 AOB 确定之后，将仪器安置在 O 点上，测设与 AOB 轴线垂直的另一主轴线 COD。实测时瞄准 A 点（或 B 点），分别向左、向右转 $90°$，在实地用混凝土桩标定出 C'、D' 点，然后测定 $\angle AOC'$ 和 $\angle AOD'$，并计算它们与 $90°$ 的差值 ε_1、ε_2，差值应不超过 $\pm 10''$，否则应重新改正。

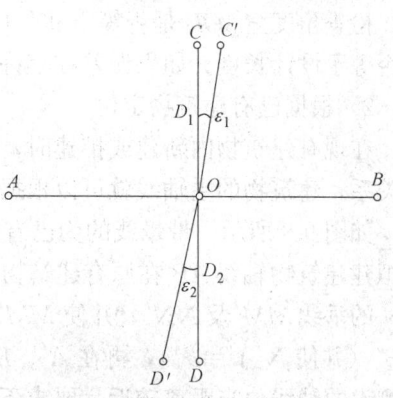

图 9-6　短轴线点测设

9.2.2　高程控制网

建筑场地高程控制网是根据施工放样的要求重新建立的，一般是利用建筑方格网点兼作高程控制点。高程控制测量可按四等水准测量的方法进行施测。对于需要布设较高精度的高程控制点，可采用三等水准测量的方法施测。此外，为施工放样方便，在建筑物内部还要测出室内地坪设计高程线，其位置多选在比较稳定的墙、柱侧面，以符号"▼"的上横线表示。对于某些特殊的工程的放样或大型设备的安装测量，还需另设专门的控制网，这类控制网不仅精度高，而且控制网的坐标系也与原施工坐标系一致。

9.3　民用建筑放样

建筑物放样就是在实地标出设计建筑的平面位置和高程。放样过程主要包括建筑物的定位、放样、基础施工测量和墙体施工测量等。

9.3.1　民用建筑物定位

无论哪种建筑物，都是由若干条轴线组成的，其中一条为主要的轴线，我们通常称其为主轴线。在建筑场地上，只要主轴线的位置确定了，那么建筑物的位置也就确定了。因此，建筑物的定位，实际上就是建筑物主轴线的测设。主轴线的测设方法应根据设计要求和现场条件而定，采用以下几种方法：

1）根据建筑红线、建筑基线或建筑方格网定位

若在施工场地已有城市规划部门在现场测设出的建筑红线桩，或者施工现场已经建立了建筑基线或建筑方格网时，则可根据其中一种进行建筑物的定位。其中规划部门给设计单位或施工单位规定新建筑物的边界位置，限制建筑物边界位置的界线称为建筑红线。建筑红线一般与道路中心线相平行。

图 9-7 中Ⅰ、Ⅱ、Ⅲ 3 点是由规划部门在地面上标定的建筑边界点，其连线Ⅰ-Ⅱ、Ⅱ-Ⅲ称为建筑红线。建筑物的主轴线 AO（或 BO）就是根据建筑红

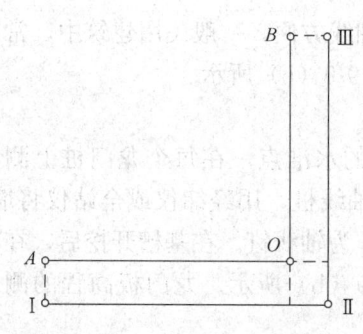

图 9-7　建筑红线测设主轴线

线来测设的，由于建筑物主轴线和建筑红线一般相平行或垂直，所以用直角坐标法来测设主轴线是比较方便的。根据建筑红线在地面上标定 A、O、B 以后，还应在 O 点架设经纬仪，检查角度 $\angle AOB$ 是否等于 $90°$（或设计角度值），距离 AO、BO 也要进行测量，检查是否等于设计长度。如果误差在容许范围内，即可作合理调整。

2）根据已有建筑物定位

在现有建筑物内新建或扩建时，设计图上通常给出了拟建的建筑物与原有建筑物的位置关系，建筑物的主轴线就可以根据给定的数据在现场测设。

如图 9-8 所示，带晕线的为已有建筑物，不带晕线的为拟建建筑物。图 9-8（a）所示为拟建建筑物轴线 AB 在原有建筑物轴线 MN 的延长线上。测设直线 AB 的方法是，先作 MN 的垂线 MM' 及 NN'，并使 $MM'=NN'$，然后在 M' 处架设经纬仪作 $M'N'$ 的延长线 $A'B'$（并使 $N'A'=d_1$），再在 A'、B' 处架设经纬仪作垂线得 A、B 两点，其连线即为所要测设的轴线；当距离较近、要求不高时，也可以用线绳紧贴 MN 进行穿线定向，在线绳的延长线上定出 AB 直线。图 9-8（b）所示为拟建建筑物轴线与原有建筑物轴线垂直的情况。这时测设直线的方法是，按上述方法先定出 MN 的平行线 $M'N'$，在 $M'N'$ 的延长线上定出 O 点，在 O 点架设经纬仪作垂线，在垂线上定 A、B 两点，其连线 AB 即为所需测设的轴线。图 9-8（c）中，若给出了拟建建筑物与道路中心线的位置关系数据，建筑物的主轴线就可以根据道路中心线来测定。由于建筑物主轴线一般与道路中心线平行或垂直，其测设方法是先定出道路中心线位置，然后用经纬仪测设垂线和量距，定出拟建建筑物的 AB、AC 轴线。

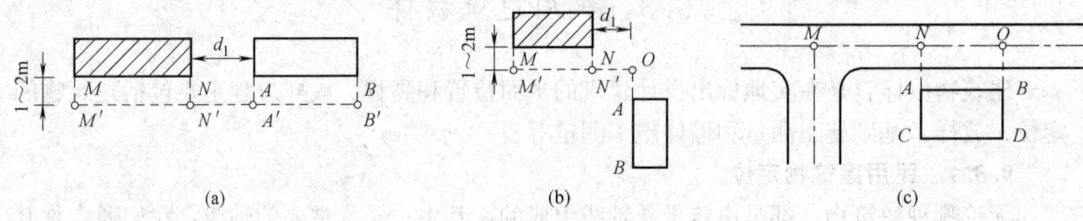

图 9-8　根据已有建筑物定位

9.3.2　民用建筑物放线

建筑物放线的作业顺序是根据建筑物的主轴线控制点或其他控制点，首先将建筑物的外墙轴线交点测设到实地上，并用木桩固定，桩顶钉上小钉作为标志，然后测设其他各轴线交点位置，再根据基础宽度和放坡标出基槽开挖位置。

由于施工开槽时轴线桩要被挖掉，为了施工与恢复轴线方便，一般民用建筑中，常在基槽开挖线外一定距离（1.5m 外）处钉设龙门板，如图 9-9（b）所示。

1）龙门板的设置

设置龙门板步骤为：先钉设龙门桩，根据建筑场地的水准点，在每个龙门桩上测设 ± 0 高程线，然后根据 ± 0 高程线钉设龙门板，最后根据轴线桩，用经纬仪或全站仪将墙、柱的轴线投到龙门板顶面上，并钉小钉标示，所钉小钉作为轴线钉。在基槽开挖后，在轴线钉之间拉紧钢丝，吊垂球即可恢复轴线桩点，如图 9-9（b）所示。龙门板高程的测设容许误差为 $\pm 5mm$；轴线点投点容许误差为 $\pm 5mm$。

2）轴线控制桩的测设

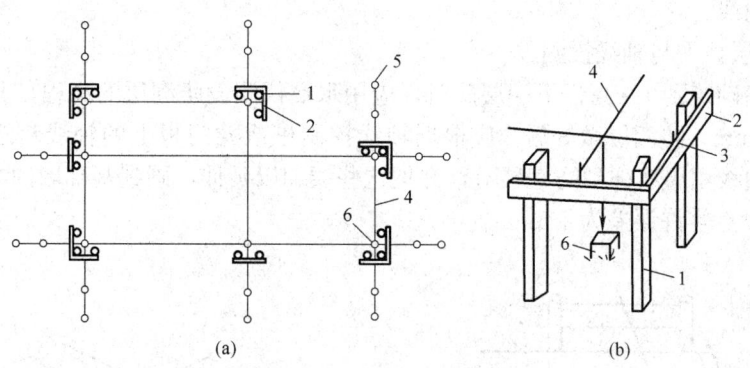

图 9-9　轴线控制桩与龙门板

1—龙门桩；2—龙门板；3—轴线钉；4—线绳；5—轴线控制桩；6—轴线桩

由于龙门板在挖槽与施工时不易保存，现在实际施工中采用较少，采用较多的是轴线控制桩方法，作为以后恢复轴线的依据，如图 9-9（a）所示，轴线控制桩又称引桩。引桩的位置应避免施工干扰和便于引测，一般应在基槽开挖边线 2m 以外的地方。在多层建筑物施工中，引桩是向上层投测轴线的依据。为了便于向上投点，引桩应在较远的地方测设。附近如果有固定建筑物，最好把轴线投测到建筑物上。

为了保证轴线控制桩的精度，最好在测设轴线桩的同时一并测设轴线控制桩；在大型建筑物放样时，一般都是先测引桩，再根据引桩测设轴线桩。

9.3.3　基础施工测量

基础施工测量的任务是控制基槽的开挖深度和宽度，在基础施工结束后，还要测量基础是否水平，其标高是否达到设计要求等。

1）放样基础开挖边线和基槽抄平

基础开挖前，按照基础详图上的基槽宽度，并顾及基础挖深应放坡的尺寸，计算出基础开挖边线的宽度。根据轴线控制桩的轴线位置，由轴线向两边各量基础开挖边线宽度的一半，并作记号。在两个对应的记号点之间拉线，在拉线位置撒白灰，即可按照白灰线位置开挖基础。

在建筑施工中，高程测设又称为抄平。为了控制基槽的开挖深度，当基槽开挖到离槽底设计高 0.3～0.5m 时，应用水准仪在槽侧壁上测设一些水平桩，如图 9-10 所示，使木桩的上表面离基底的设计高程为一固定值（如 0.5m）。必要时，可沿水平桩的上表面拉上白线绳，作为清理基底和打基础垫层时掌握高程的依据。高程点的测量容许误差为 ±10mm。

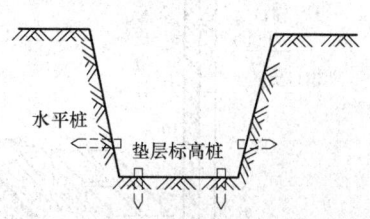

图 9-10　挖槽深度控制

2）垫层和基础放样

垫层打好以后，根据轴线控制桩或龙门板上的轴线钉，用经纬仪把轴线投测到垫层面上，然后在垫层上用墨线弹出墙边线和基础边线，以便砌筑基础，如图 9-11 所示。由于这些线是基础施工的基准线，因此此项工作非常重要，弹线后要严格进行校核。垫层高程可以在槽壁弹线或者在槽底钉小木桩控制，如果在垫层上有支模板，则可以直接在模板上弹出高程控制线。

3）防潮层抄平与轴线投测

当基础墙砌筑到±0高程下一层砖时，应用水准仪测设防潮层的高程，其测量容许测量误差为±5mm。防潮层做好后，应根据轴线控制桩或龙门板上的轴线钉进行投点，将墙体轴线和边线用墨线弹到防潮层上，并把这些线加以延伸，画到基础墙的立面上，如图9-12所示。投点容许误差为±5mm。

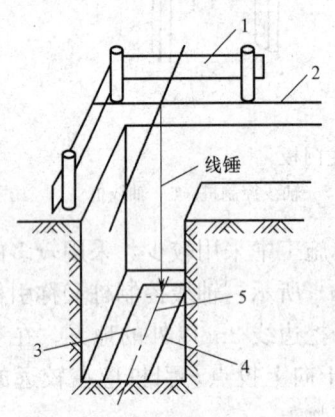

图 9-11 基槽底口轴线投测

1—龙门板；2—钢丝线；3—垫层；

4—基础边线；5—墙中线

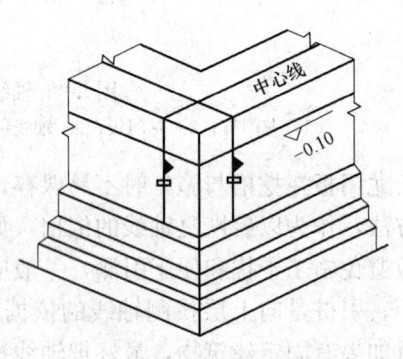

图 9-12 标高线标注

9.3.4 墙体施工测量

墙体砌筑时，其标高一般可用墙身皮数杆控制。在皮数杆上根据设计尺寸，按砖和灰缝厚度画线，并标明门、窗、过梁、楼板等的标高位置，如图9-13所示。墙身皮数杆一般立在建筑物的拐角和隔墙处，固定在木桩或基础墙上，作为砌墙时掌握高程和砖缝水平的主要依据。为了便于施工，采用里脚手架时，皮数杆立在墙的外边；采用外脚手架时，皮数杆应立在墙里边。立皮数杆时，先用水准仪在立杆处的木桩或基础墙上测设出±0.000标高线，测量误差在±3mm以内，然后把皮数杆上的±0.000线与该线对齐，用吊锤校正并用钉钉牢，必要时可在皮数杆上加两根钉斜撑，以保证皮数杆的稳定。墙体砌筑到一定高度后（1.5m左右），应在内、外墙面上测设出+0.50m标高的水平墨线，即"+50线"。外墙的"+50"线作为向上传递各楼层标高的依据，内墙的"+50"线作为室内地面施工及室内装修的标高依据。

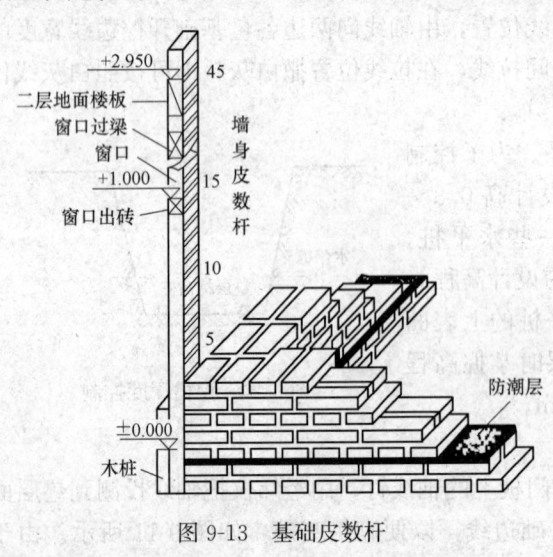

图 9-13 基础皮数杆

9.4 高层建筑施工测量

9.4.1 高层建筑施工测量的特点

由于高层建筑的体形大、层数多、高度高、造型多样化、建筑结构复杂、设备和装修标准高，因此，在施工过程中对建筑物各部位的水平位置、轴线尺寸、垂直度和标高的要求都十分严格，对施工测量的精度要求也高。与多层民用建筑施工测量比较有如下特点：

（1）施工前，应针对具体的高层建筑制定合理的施测方案，并经有关专家和上级部门审批后方可实施。

（2）高层建筑施工测量中的主要问题是竖向偏差（垂直度），故施工测量中要求轴线竖向投测精度高，应结合现场条件、施工方法及建筑结构类型选用合适的投测方法。

（3）高层建筑施工放线与抄平精度高，测量精度至毫米，应严格控制总的测量误差。

（4）高层建筑施工周期长，要求施工控制点设置要稳定牢固，便于长期保持，直至工程竣工和后期的监测阶段都能使用。

（5）高层建筑施工项目多，作业立体交叉，且受天气变化、建材的性质、施工方法等因素的影响，对施工测量产生较大的干扰。所以，施工测量必须精心组织，充分准备，快、准、稳、好的配合各个工序施工，提高效率。

（6）高层建筑基坑深，自身荷载大，施工周期长，为了保证施工期间周围环境和自身安全，应按照国家有关施工规范要求，在施工期间进行相应项目的变形监测。

9.4.2 建（构）筑物主要轴线的定位

1. 桩位放样及基坑标定

软土地基区的高层建筑常采用桩基，一般打入钢管桩或钢筋混凝土方桩。由于高层建筑的上部荷载主要由桩基承受，所以对桩位要求较高，其桩的定位偏差不得超过有关规范的精度要求与规定。因此，定桩位时，首先根据控制网（点）定出建筑物主轴线，再根据设计的桩位图和尺寸逐一定出桩位，如图9-14所示，桩位之间的尺寸必须严格校核，以防出错。

2. 基坑标定

高层建筑的基坑一般都较深，有的可达20余米，对于这样的深基坑，在开挖时，应根据规范和设计规定的精度（平面和高程）完成土方工程。对于基坑下部轮廓的定

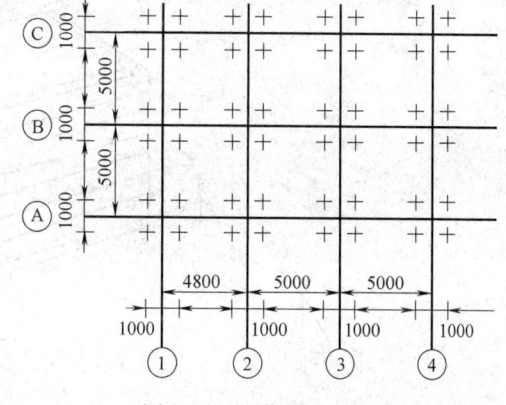

图 9-14 桩位图（mm）

线和土方工程的定线，既可根据建筑物的轴线进行，也可根据控制点来定。其定线的方法主要有以下3种：

1）投影法

在建筑物的轴线控制桩设置经纬仪，用投影交会测设出建筑物所有外围的轴线桩，然后据此定出其开挖的边界线（轮廓线）。

2) 主轴线法

按照建筑物柱列线或轮廓线与主轴线的关系，在建筑场地上定出主轴线后，根据主轴线逐一定出建筑物的轮廓线。

3) 极坐标法

该方法的具体步骤是首先按设计要求确定轮廓线（点）与施工控制点的关系，然后用仪器（全站仪）逐一放样出各点，定出建筑物的轮廓线。

9.4.3 轴线的竖向投测

高层建筑物施工测量的主要问题是控制垂直度，保证轴线竖向投测精度，也就是将建筑物基础轴线准确地向高层引测，并保证各层相应轴线位于同一竖直面内，使其轴线向上投测的偏差不会超限。高层轴线的竖向投测，常采用外控法和内控法。当建筑高度在 50m 以下时，宜使用外控法；当建筑高度大于 50m 时，宜使用内控法，内控法宜使用激光经纬仪和激光铅垂仪。

1. 外控法

外控法是在建筑物外部，使用经纬仪，根据建筑物的轴线控制桩来进行轴线竖向投测。高层建筑物基础施工完成后，将经纬仪安置在轴线控制桩上，把建筑物主轴线精确地投测到建筑物底部，并设立标志，以供下一步施工与竖向投测之用。随着建筑物的砌筑升高，就可以利用外控法把轴线向上一层层地投测。

如图 9-15 所示，当施工场地比较宽阔时，可使用经纬仪法进行竖向投测。安置经纬仪于轴线控制桩上，严格对中整平，盘左照准建筑物底部的轴线标志，往上转动望远镜，用其竖丝指挥在施工层楼面边缘上画一点，然后盘右再次照准建筑物底部的轴线标志，同法在该处楼面边缘上画出另一点，取两点的中间点作为轴线的端点。其他轴线端点的投测与此法相同。

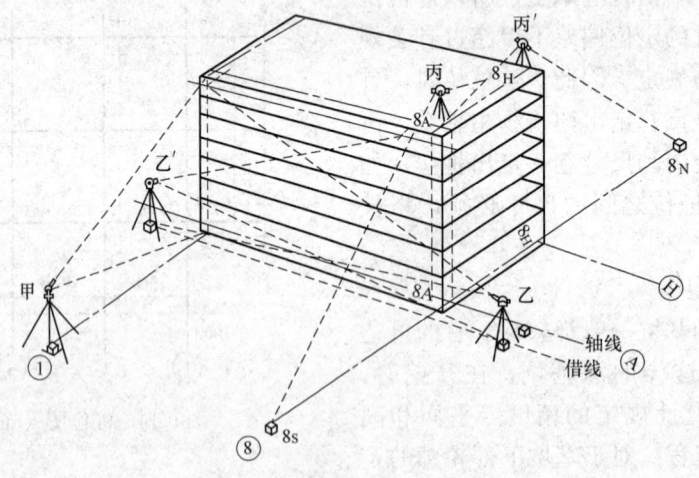

图 9-15 外控法竖向投测

当楼层建得较高时，经纬仪投测时的仰角较大，操作不方便，误差也较大，此时应将轴线控制桩用经纬仪引测到远处（大于建筑物高度）稳固的地方，然后继续往上投测更高楼层的轴线。如果周围场地有限，可将轴线引测到自身楼顶上，也可引测到附近建筑物的房顶上。注意上述投测工作均应采用盘左、盘右取中法进行，以减少投测误差。所有主轴线投测上来后，应进行角度和距离的检验，合格后再以此为依据测设其他轴线。为了保证投测的质量，仪器必须经过严格的检验和校正，投测宜选在阴天、早晨及无风的时候进行，以尽量减少日照及风力带来的不利影响。

2. 内控法

在建筑物内部实测的轴线竖向投测目前大多采用的内控法有吊线坠法和垂准仪法。

1）吊线坠法

此法一般用于建筑物高度在 $50\sim100m$ 的施工中，使用 $10\sim20kg$ 重的特制线坠。当周围建筑物密集、施工场地窄小、无法在建筑物以外的轴线上安置经纬仪时，可采用此法进行竖向投测。该法与一般的吊锤线法的原理是一样的，只是线坠的质量更大，吊线（细钢丝）的强度更高。此外，为了减少风力的影响，应将吊锤线的位置放在建筑物内部。

2）垂准仪法

垂准仪法就是利用能提供铅直向上（或向下）视线的专用测量仪器进行竖向投测。常用的仪器有垂准经纬仪、激光经纬仪和激光垂准仪等。特别是用激光垂准仪法进行高层建筑的轴线投测，具有占地小、精度高、速度快的优点，在高层建筑施工中已得到广泛的应用。

垂准仪法需要事先在建筑底层设置轴线控制网，建立稳固的轴线标志，在标志上方每层楼板都预留 $30cm\times30cm$ 的垂准孔，供视线通过，如图 9-16 所示。图 9-16（a）是向上做铅垂投点，图 9-16（b）是向下做铅垂投点。使用经纬仪和全站仪，配置弯管目镜也可以进行内控法轴线竖向投测。

9.4.4 高程传递

高层建筑施工的高程传递与多层建筑高程传递方法相同，可以采用皮数杆传递高程、利用钢尺直接传递高程、吊钢尺法和普通水准仪测量法等。对于超高层建筑，吊钢尺有困难时，可采用测距仪量测法。一般是在投测点或电梯井安置全站仪，通过对天顶方向测距的方法来引测高程，如图 9-17 所示。其具体操作步骤如下：

（1）在首层投测点安置全站仪，获取仪器相对首层 $+50mm$ 标高线的仪器高 a_1。方法

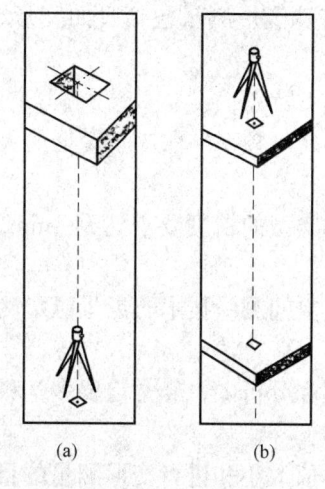

图 9-16 内控法竖向投测

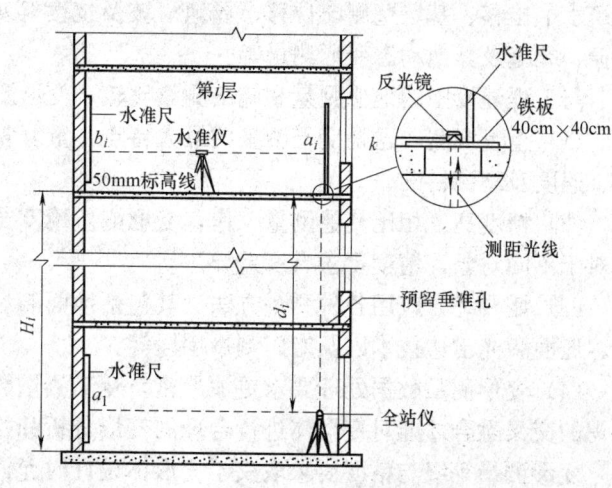

图 9-17 高程引测

是将照准轴水平，读取立在首层+50mm 标高线上的水准尺的读数即为仪器高。

（2）测量仪器至引测层（第 i 层）的距离 d_i。图 9-17 全站仪测距法传递高程作业方法是在引测层的垂准孔上设置棱镜，将望远镜指向天顶测距。棱镜设置在一块制作好的铁板上，大小为 40cm×40cm，中间开一个 ϕ30mm 的圆孔，测距时使圆孔对准测距光线，见图 9-17，计算时应考虑此时的棱镜常数 k。

（3）引测第 i 层+50mm 标高线。作业方法是在引测层（第 i 层）设置水准仪，在铁板和引测层（第 i 层）+50mm 标高线处各立一水准尺，读取 a_i 和 b_i 后，设第 i 层楼面的设计高为 H_i，则有方程：$a_1+d_i+k+(a_i-b_i)=H_i$，由上式可求出 b_i 为：$b_i=a_1+d_i+k+(a_i-H_i)$，求出 b_i 后，指挥水准尺上下移动，读数为 b_i 时，沿水准尺底部在墙画线，即可得第 i 层+50mm 标高线。

9.5 建筑变形观测

9.5.1 建筑物变形的概念

建筑变形是指建筑的地基、基础、上部结构及其场地受各种作用力而产生的形状或位置变化现象。在建筑物的施工及运营过程中，由于建筑物地基的地质构造不均匀，土壤的物理性质不同，大气温度变化，土基的整体变形，地下水位季节性和周期性的变化，建筑物本身的荷重，建筑物的结构、形式及动荷载（如风力、震动等）的作用，还有设计与施工中的一些主观原因，建筑物都会产生几何变形，包括沉降、位移、倾斜，并由此而产生的裂缝、构件挠曲、扭转等。

建筑变形观测是对建筑的地基、基础、上部结构及其场地受各种作用力而产生的形状或位置变化进行观测，并对观测结果进行处理和分析的工作。建筑变形测量的目的是要获取变形体的空间位置随时间变化的特征，同时要解释其变形原因，以保证建筑物在施工、使用与运营中的安全。

归纳起来讲，建筑变形测量分为沉降、位移和特殊变形测量三类。沉降测量包括建筑场地沉降、基坑回弹、地基土分层沉降、建筑沉降等观测；位移测量包括建筑主体倾斜、建筑水平位移、基坑壁侧向位移、场地滑坡及挠度等观测；特殊变形测量包括日照变形、风振、裂缝及其他动态变形测量等。

与工程建设中的地形测量和施工测量比较，变形测量有以下特点：

（1）重复观测。这是变形测量的最大特点。重复观测的周期（频率）取决于变形的大小、速度及观测目的。

（2）精度高。相比其他测量工作，变形测量精度要求高，典型的精度要求达到 1mm。但对于不同对象，精度要求有所差异。

（3）需要综合应用各种测量方法。其包括地面测量方法、空间测量技术、近景摄影测量、地面激光雷达技术以及专门测量手段等。

（4）变形测量数据处理要求更加严密。变形测量数据处理和分析中，经常需要多学科知识的交叉融合才能对变形体进行合理的变形分析和物理解释。

变形测量等级与精度要求取决于变形体设计时允许的变形值大小和进行变形测量的目的。一般认为，如果观测目的是为了使变形值不超过某一允许的数值从而确保建筑物的安全，则其观测的中误差应小于允许变形值的 $1/10\sim1/20$；如果观测目的是为了研究其变形过程，则其观测精度还要更高。现行的《建筑变形测量规范》JGJ 8—2016 对变形测量的等级、精度指标及适用范围给出了相应规定。本书主要介绍针对建筑物的垂直位移和倾斜位移进行的沉降观测倾斜观测。

9.5.2 沉降观测

沉降测量是观测建（构）物的基础和建（构）筑物本身在垂直方向上的位移，也称为垂直位移测量。沉降测量最常用的方法是水准测量，有时也采用液体静力水准测量。

对于工业与民用建筑，沉降测量的主要内容有场地沉降观测、基坑回弹观测、地基土分层沉降观测、建筑物基础及建筑物本身的沉降观测等；桥梁沉降观测主要包括桥墩、桥面、索塔及桥梁两岸边坡的沉降观测；对于混凝土坝沉降观测主要有坝体、临时围堰及船闸的沉降观测等。

1. 水准点和沉降观测点的设置

建筑物沉降测量的具体内容是在建筑物周围一定距离、基础稳固、便于观测的地方布设一些专用水准点，在建筑物的能反映沉降情况的位置设置一些沉降观测点，根据上部荷载的加载情况，每隔一定的时期观测基准点与沉降观测点之间的高差一次，据此计算与分析建筑物的沉降规律。

沉降观测的水准点分水准基点和工作基点。特级沉降观测的高程基准点数不应少于 4 个；其他级别沉降观测的高程基准点数不应少于 3 个。

高程工作基点可根据需要设置。基准点和工作基点应形成闭合环或形成由附合路线构成的结点网。水准基点的标石，应埋设在基岩层或原状土层中。在建筑区内，点位与邻近建筑物的距离应大于建筑物基础最大宽度的 2 倍，其标石埋深应大于邻近建筑物基础的深度。在建筑物内部的点位，其标石埋深应大于地基土压层的深度。水准基点的标石，可根据点位所在处的不同地质条件选埋基岩水准基点标石（图 9-18a）、混凝土基本水准标石（图 9-18b）、深埋双金属管水准基点标石（图 9-18c）以及深埋钢管水准基点标石（图 9-18d）。

水准点标志类型工作基点的标石，可按点位的不同要求选埋浅埋钢管水准标石、混凝土普通水准标石或墙角、墙上水准标志等。水准标石埋设后，应达到稳定后方可开始观测。稳定期根据观测要求与测区的地质条件确定，一般不宜少于 15 天。

沉降观测点设置时，其点位宜选择在下列位置：

（1）建筑物的四角、大转角处及沿外墙每 $10\sim15m$ 处或每隔 $2\sim3$ 根柱基上。

（2）高低层建筑物、新旧建筑物、纵横墙等交接处的两侧。

（3）建筑物裂缝和沉降缝两侧、基础埋深相差悬殊处、人工地基与天然地基接壤处、不同结构的分界处及填挖方分界处。

（4）宽度不小于 15m 或小于 15m 而地质复杂以及膨胀土地区的建筑物，在承重内隔墙中部设内墙点，在室内地面中心及四周设地面点。

（5）邻近堆置重物处、受振动有显著影响的部位及基础下的暗浜（沟）处。

（6）框架结构建筑物的每个或部分柱基上或沿纵横轴线设点。

（7）筏形基础、箱形基础底板或接近基础的结构部分之四角处及其中部位置。

（8）重型设备基础和动力设备基础的四角、基础形式或埋深改变处及地质条件变化处

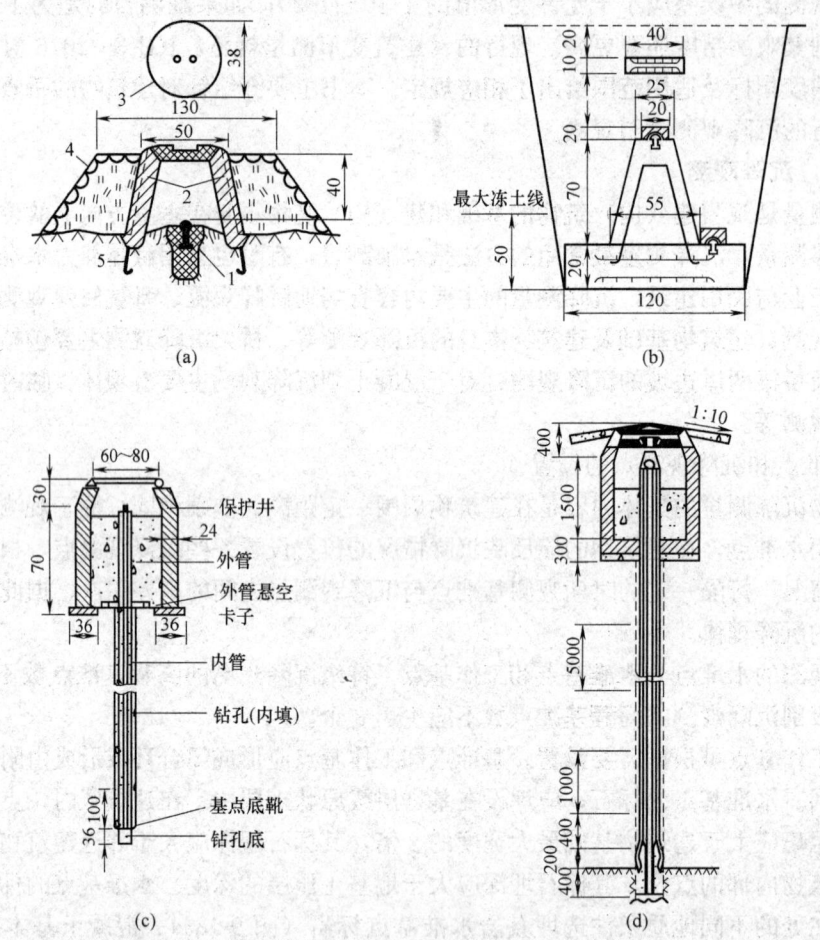

图 9-18　水准基点标石（单位厘米）

1—抗蚀的金属标志；2—钢筋混凝土上井圈；3—井盖；4—砌石土丘；5—井圈保护层

两侧。

（9）对于电视塔、烟囱、水塔、油罐、炼油塔、高炉等高耸建筑，应设在沿周边与基础轴线相交的对称位置上，点数不少于 4 个。

沉降观测点的标志可根据建筑结构和材料的不同来选择，一般有墙（柱）标志、基础标志和隐蔽式标志，如图 9-19 所示。

2. 沉降观测的一般规定

1）观测周期

（1）建筑施工阶段的观测应随施工进度及时进行，普通建筑可在基础完工后或地下室砌完后开始观测，大型、高层建筑可在基础垫层或基础底部完成后开始观测；观测次数与间隔时间应视地基与加荷情况而定。民用高层建筑可每加高 1～5 层观测一次，工业建筑可按回填基坑、安装柱子和屋架、砌筑墙体、设备安装等不同施工阶段分别进行观测。若建筑施工均匀增高，应至少在增加荷载的 25％、50％、75％和 100％时各测一次。施工过程中若暂停工，在停工时及重新开工时应各观测一次。停工期间可每隔 2～3 个月观测

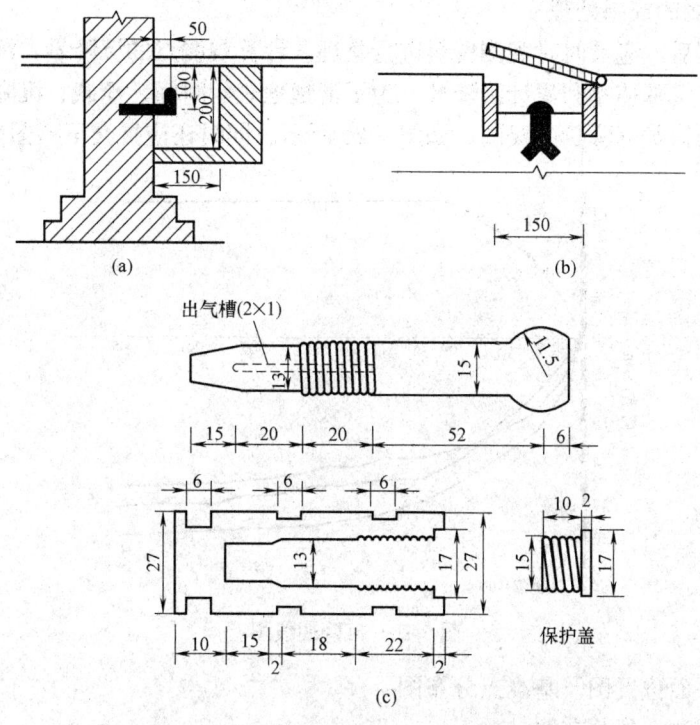

图 9-19　沉降观测点标志（单位毫米）

(a) 窨井式标示；(b) 盒式标志；(c) 螺栓式标志

一次。

（2）建筑使用阶段的观测次数，应视地基土类型和沉降速率大小而定。除有特殊要求外，可在第一年观测 3～4 次，第二年观测 2～3 次，第三年后每年观测 1 次，直至稳定为止。

（3）在观测过程中，若有基础附近地面荷载突然增减、基础口周大量积水、长时间连续降雨等情况，均应及时增加观测次数。当建筑突然发生大量沉降、不均匀沉降或严重裂缝时，应立即进行逐日或 2～3 天一次的连续观测。

（4）建筑沉降是否进入稳定阶段，应由沉降量与时间关系曲线判定。当最后 100 天的沉降速率小于 0.01～0.04mm/d 时可认为已进入稳定阶段。具体取值宜根据各地区地基土的压缩性能确定。

2）观测方法

沉降观测是一项时间周期较长的连续观测工作，为了保证成果的一致性、规范性与正确性，应尽可能做到定人、定仪器、定路线和测站、定周期和作业方法进行沉降观测。

对于特级、一级沉降观测，都应进行往返观测；对二级、三级沉降观测，除建筑转角点、交接点、分界点等主要变形特征点外，允许使用间视法进行观测，但视线长度不得大于相应等级规定的长度。

观测时，仪器应避免安置在有空压机、搅拌机、卷扬机、起重机等振动影响的范围内；每次观测应记载施工进度、荷载量变动、建筑倾斜裂缝等各种影响沉降变化和异常的情况。

3）沉降观测的成果处理

每周期观测后，应及时对观测资料进行整理，计算观测点的沉降量、沉降差以及本周期平均沉降量、沉降速率和累计沉降量。为了清楚地表示时间、荷载、沉降的关系，必须绘出各点的时间荷载沉降量曲线图，如图 9-20 所示。同时还应提交下列图表资料：

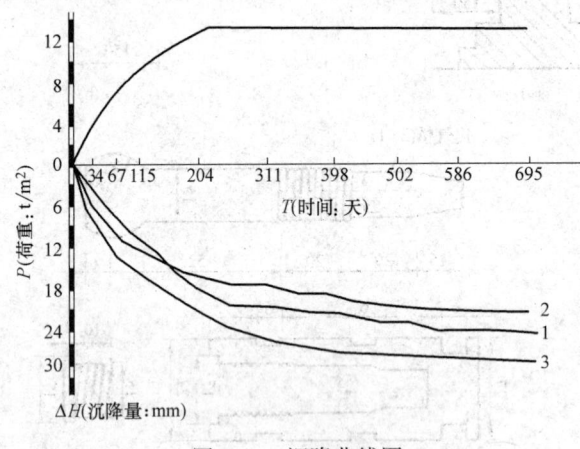

图 9-20　沉降曲线图

（1）工程平面位置图及基准点分布图。

（2）沉降观测点位分布图。

（3）沉降观测成果表。

（4）等沉降曲线图。

9.5.3　倾斜观测

倾斜观测是各种高层建（构）筑物变形观测的主要内容之一，它分为相对于水平面的倾斜测量和相当于垂直面的倾斜测量两类。

相对于水平面的倾斜（如基础倾斜）可以测定两点间的相对沉降确定，最常用的方法有水准测量、液体静力水准测量和倾斜仪测量等方法。

相当于垂直面的倾斜测量（如建筑主体倾斜）是测定建筑顶部中心相当于底部中心的水平偏差来推算倾斜角，通常用倾斜度来表示。其采用测量方法有投点法、测水平角法、前方交会法、激光铅直仪观测法、激光位移计法和正（倒）垂线法等。

1. 水准仪观测法

在基础上选设观测点，采用精密水准测量方法，以所测各周期基础的沉降差换算求得建筑整体倾斜度。如图 9-21 所示，定期测出基础两端点的不均匀沉降量 Δh，再根据两点间距离 L，即可算出基础的倾斜度 α：

$$\alpha = \frac{\Delta h}{L} \tag{9-3}$$

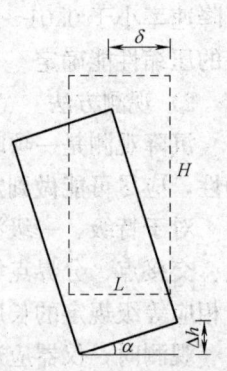

图 9-21　基础倾斜观测

若建筑物高度为 H，则可以推算出建筑物顶部的位移值 δ：

$$\delta = \alpha \cdot H = \frac{\Delta h}{L} \cdot H \tag{9-4}$$

2. 经纬仪观测法

1）角度前方交会法

如图 9-22 所示，P' 为塔形建筑物（如烟囱）顶部中心位置，P 为烟囱底部中心位置，若要测定 P' 相对于 P 的倾斜度，可测定 P' 相对于 P 的水平位移量。具体步骤是先在烟囱附近布设一条基线 AB，所选基线应与观测点组成最佳构形，交会角宜在 $60°\sim120°$ 之间。经纬仪安置于 A 点，测定顶部 P' 两侧切线与基线 AB 的夹角 α_1，再置仪器于 B 点，测定顶部 P' 两侧切线与基线 BA 的夹角 β_1，用前方交会方法计算出 P' 的坐标，同法可得 P 点坐标，再以其坐标差计算倾斜位移值。

2）经纬仪投影法

此法是利用经纬仪交会投点的原理，将建筑物向外倾斜的一个上部点 P' 在两个垂直方向上分别投影到平地，如图 9-23 所示。观测时，应在底部观测点位置安置水平读数尺等量测设施。在每测站安置经纬仪投影时，应按正倒镜法测出每对上下观测点标志间的水平位移分量 δ_x、δ_y，再按式（9-5）求得倾斜位移值。

$$\delta=\sqrt{\delta_x^2+\delta_y^2} \tag{9-5}$$

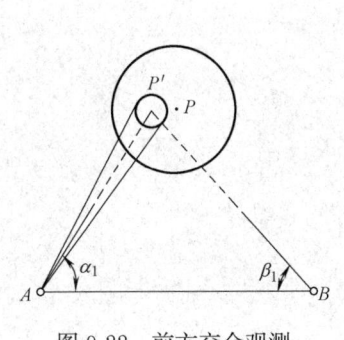

图 9-22　前方交会观测

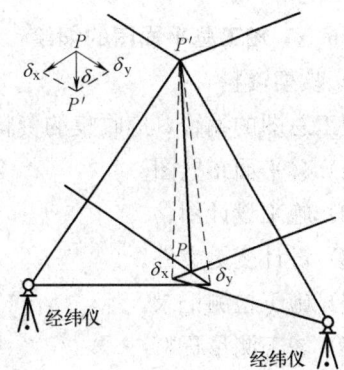

图 9-23　经纬仪投影法观测

3. 激光铅直仪法

激光铅直仪法观测建筑物倾斜时，一般应在顶部适当位置安置接收靶，在其垂线下的地面或地板上安置激光铅直仪或激光经纬仪，按一定周期观测，在接收靶上直接读取或量出顶部的水平位移量和位移方向，根据建筑物的高度，从而确定建筑物的倾斜。作业中仪器应严格置平、对中，应旋转 180° 观测两次取其中数。对超高层建筑，当仪器设在楼体内部时，应考虑大气湍流影响。

倾斜观测完成后，应提交倾斜观测点位布置图、倾斜观测成果表、主体倾斜曲线图等资料。

9.6　竣工总平面图的编绘与实测

工业与民用建筑工程、桥梁、隧道、大坝等工程项目施工完成后，应根据工程需要编绘或实测竣工总图。竣工总图应根据设计和施工资料进行编绘。当资料不全无法编绘时，应进行实测。竣工总图，宜采用数字竣工图。

9.6.1　编绘竣工总平面图的目的

竣工总平面图的编绘与实测，其目的在于：

（1）它是对建筑物竣工成果和质量的验收测量。

（2）便于日后进行各种设施的维修工作，特别是地下管道等隐蔽工程的检查与维修。

（3）为项目的扩建提供原有建筑物地上和地下各种管线及测量控制点的坐标、高程等资料。

9.6.2　编绘竣工总平面图的原则

竣工总图的编绘，应遵循下列规定：

（1）竣工总图，应与竣工项目的实际位置、轮廓形状相一致。

（2）地下管道及隐蔽工程，应根据回填前的实测坐标和高程记录进行编绘。

（3）施工中，应根据施工情况和设计变更文件及时编绘。

（4）对实测的变更部分，应按实测资料绘制。

（5）当平面布置改变超过图上面积1/3时，不宜在原施工图上修改和补充，应重新编制。

9.6.3　竣工总平面图的编绘

1）收集资料

竣工总图的编绘，应收集的资料主要有：

（1）总平面布置图。

（2）施工设计图。

（3）设计变更文件。

（4）施工检测记录。

（5）竣工测量资料。

（6）其他相关资料。

编绘前，应对所收集的资料进行实地对照检核。不符之处，应实测其位置、高程及尺寸。

2）确定竣工总图比例尺与标准

竣工总图比例尺一般宜选用1∶500；坐标系统、图幅大小、图上注记、线条规格，应与原设计图一致；图例符号，应采用现行的国家标准《总图制图标准》GB/T 50103—2010。

3）竣工总图编绘

竣工编绘总图的绘制，应符合下列规定：

（1）应绘出地面的建（构）筑物、道路、铁路、地面排水沟渠、树木及绿化地等。

（2）矩形建（构）筑物的外墙角，应注明2个以上点的坐标。

（3）圆形建（构）筑物，应注明中心坐标及接地外半径。

（4）主要建筑物，应注明室内地坪高程。

（5）道路的起终点、交叉点，应注明中心点的坐标和高程；弯道处，应注明交角、半径及交点坐标；路面，应注明宽度及铺装材料。

（6）铁路中心线的起终点、曲线交点，应注明坐标；曲线上，应注明曲线的半径、切线长、曲线长、外矢矩、偏角等曲线元素；铁路的起终点、变坡点及曲线的内轨轨面应注明高程。

（7）当不绘制分类专业图时，给水管道、排水管道、动力管道、工艺管道、电力及通信线路等在总图上的绘制，应符合《工程测量规范》GB 50026—2007 相关要求的规定。

当竣工总图中图面负载较大且管线不甚密集时，除绘制总图外，可将各种专业管线合并绘制成综合管线图。综合管线图绘制的技术要求，也应符合上述规范相关要求的规定。

9.6.4　竣工总图的实测

实测的竣工总图，宜采用全站仪测图及数字编辑成图的方法。

成图软件满足本规范的精度要求、功能齐全；操作简便、界面友好；具有通用数据、图形输出格式；具有用户开发功能；具有网络共享功能。使用的绘图仪的主要技术指标，应满足大比例尺成图精度的要求。

对已收集的资料应进行实地对照检核。满足要求时应充分利用，否则应重新测量。竣工总图实测的其他技术要求，应符合《工程测量规范》GB 50026—2007 相关要求的规定。竣工总图编绘完成后，应经原设计及施工单位技术负责人审核、会签。

思考与练习题

9-1　何谓施工控制网，它有哪些特点？

9-2　建筑方格网测设的主要步骤有哪些？

9-3　在民用建筑施工测量时，主轴线测设有哪些方法？

9-4　为了精确测设某建筑方格网的主轴线 AOB，先根据场地的测量控制点测设出其概略位置为 A'、O'、B'，然后用经纬仪精确测得 $\angle A'O'B' = 179°59'36''$，并已知 $AO=700$m，$OB=600$m，试计算调整 A'、O'、B' 三点点位的调整量 δ。

9-5　设置龙门板或引桩的作用是什么？如何设置？

9-6　一般民用建筑施工过程中要进行哪些测量工作？

9-7　高层建筑施工测量的特点及精度要求有哪些？

9-8　在高层建筑施工中，如何控制建筑物的垂直度和传递标高？

9-9　工业建筑施工测量主要包括哪些内容？

9-10　工业厂房柱子施工测量主要内容有哪些？

9-11　变形测量有何特点？变形测量等级如何划分？

9-12　建筑物沉降测量主要有哪些方法？

9-13　建筑物位移测量主要有哪些方法？

9-14　建筑物倾斜测量主要有哪些方法？

9-15　简述建筑总平面图的作用。

第10章

道路工程测量

10.1 概 述

道路是一条三维空间的带状实体，该实体表面的中心线为道路中线，它是一条空间曲线。中线在水平面的投影就是平面曲线。道路平面线形会由于沿线的地形、地质、水文等自然条件的制约而改变。在路线方向的转折处，为了满足行车的要求，需要用适当的曲线把前、后直线连接起来，这种曲线称之为平曲线。平曲线包括圆曲线和缓和曲线。道路平面线形就是由直线、圆曲线、缓和曲线三要素组成，如图 10-1 所示。圆曲线是具有一定曲率的圆弧；缓和曲线是设置在圆曲线和直线之间，曲率连续变化的曲线。

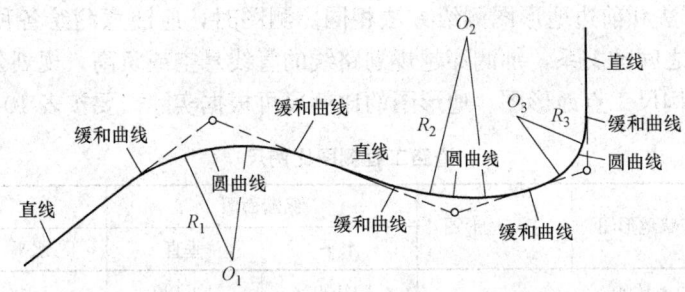

图 10-1 道路平面线形

道路工程测量分为初测、定测和施工放样三项基本内容。初测的任务是沿道路工程的规划区域测量带状地形图及工点地形图，为道路工程的纸上定线等初步设计提供依据。定测的主要任务是将纸上定线设计中确定的道路中线测设到实地，并沿中线测量拟建道路的纵、横向断面图，为道路的竖向设计、路基路面设计以及土方量的计算提供资料。施工放样是根据道路工程的设计图纸和有关数据测设道路的边桩、边坡、路面等相关点位，为道路工程的施工提供依据。

10.2 道路工程的初测

道路工程的初测主要是沿道路工程的规划区域测量宽度为 100～300m 的带状地形图，作业内容包括控制测量和碎部测量。

10.2.1 控制测量

道路工程的控制点一般沿拟建道路的两侧布设，点位选在土质坚实、便于观测易于保存的地方。

平面控制测量一般采用导线测量或 GPS 测量，也可以是三角测量。高速公路和一级公路的平面控制测量技术要求可以参照《工程测量规范》GB 50026—2007，但导线总长可以放宽一倍。铁路、二级及以下等级公路的平面控制测量，导线的总长不应大于30km，并在导线的起点和终点应与高等级国家控制点联测检核，导线测量的技术要求如表 10-1 所示。

高程控制测量可采用水准测量或三角高程测量方法。水准测量一般采用附合水准线，高速公路和一级公路按 四等水准测量精度要求测量，铁路、二级及以下等级公路按五等水准精度要求测量，路线的总长不应大于 30km。

铁路、二级及以下等级公路   表 10-1

导线长度(km)	边长(m)	仪器精度等级	测回数	测角中误差(")	测距相对中误差	联测检核	
						方位闭合差(")	相对闭合差
≤30	400～600	DJ$_2$	1	12	≤1/2000	$24\sqrt{n}$	≤1/2000
		DJ$_6$		20		$40\sqrt{n}$	

10.2.2 带状地形测量

地形测量是沿道路的规划中线测绘大比例尺带状地形图，带状宽度一般为 100～300m，绘图的方法和前边地形图测绘方法相同。测图时，应注意测绘各种管线和原有的路桥与规划路线之间的关系，加测穿越规划路线的管线悬空或负高。规划公路沿线的桥梁隧道应测绘大比例尺工点地形图。地形图的比例尺可根据实际需要按表 10-2 选用。

道路工程测图比例尺   表 10-2

道路种类	带状地形图	工点地形图	纵断面图		纵断面图	
			水平	垂直	水平	垂直
铁路	1：1000 1：2000 1：5000	1：200 1：500	1：1000 1：2000 1：500	1：100 1：200 1：1000	1：100 1：200	1：100 1：200
公路	1：2000 1：5000	1：200 1：500 1：1000	1：2000 1：5000	1：200 1：500	1：100 1：200	1：100 1：200

注：1：200 比例尺的工点地形图，可以按照 1：500 比例尺地形测图的技术要求测绘

10.3 中 线 测 量

道路中线测量是通过直线和曲线的测设，将道路中线的平面位置具体地敷设到地面上去，并标定其里程，供设计和施工之用。只有在中线测量的基础上，才能进行公路纵断面和横断面的测量。因此，中线测量是公路工程测量中的关键工作。

在路线测设时，应先选出道路中线的转折点，这些转折点是路线改变方向时，相邻两直线的延长线相交点，称之为交点。它是中线测量的主要控制点。

路线测量时，当相邻两交点互不通视时，需要在其连线或延长线上定出一点或数点，以供交点测角、量距或延长直线时瞄准之用，这样的点称为转点。

10.3.1 中线测量任务

中线测量的任务是把图纸上设计好的道路中心线在地面上标定出来，这项工作一般分两步进行，即"定线测量"和"中线测量"。

1. 定线测量

把道路的交点和必要的转点测设到地面，这个工作称为定线或放线，它对标定道路的位置起着决定性的作用。如图 10-2 所示，JD_1、JD_2、JD_3 是道路的交点，ZD_1、ZD_2、ZD_3、ZD_4 是道路直线上的转点，相邻点之间相互通视，定线测量就是根据这些交点和转

点的设计位置在实地将它们放样出来。常用的定线测量方法有穿线法放线、拨角法放线和极坐标法放线。

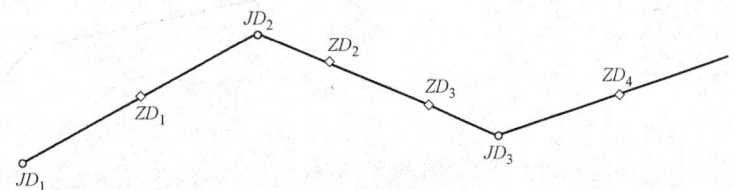

图 10-2　定线测量

2. 中线测量

中线测量是在定线测量的基础上，将道路中线的平面位置在地面上详细地标定出来。它与定线测量的区别在于：定线测量中，只是将道路交点和直线段的必要转点标定出来；而在中线测量中，根据交点和转点用一系列的木桩将道路的直线段和曲线段在地面上详细标定出来。

10.3.2　中线测量的过程

中线测量的过程主要包括：交点和转点的测设、路线转角的测定和里程桩设置、圆曲线和缓和曲线测设。

1. 交点和转点测设

1）交点的测设

当公路设计采用一阶段的施工图设计时，交点的测设可以采用现场标定的方法，这种方法不需测地形图，比较直观，但只适合用于技术简单、方案明确的低等级公路；当公路设计采用两阶段的初步设计和施工图设计时，应采用先纸上定线、后实地放线确定交点的方法。一般有以下三种方法：

（1）放点穿线法

这种方法是利用地形图上导线点与纸上路线之间的角度和距离的关系，在实地将路线中线的直线段测设出来，然后将相邻直线延长相交，定出地面交点桩的位置。具体步骤如下：

① 放点

在地面上测设路线中线的直线部分，只需定出直线上若干个点，即可确定这一直线的位置。如图 10-3 所示，欲将纸上定线的两直线 JD_3-JD_4 和 JD_4-JD_5 测设于地面，只需在地面上定出 1、2、3、4、5、6 等临时点即可。这些临时点的放样可采用支距法、极坐标法或其他方法。支距法放点，即垂直于导线边、垂足为导线点的直线与纸上定线的直线相交的点，如 1、2、3、4、6 点；极坐标放样点，即选择能够控制中线位置的任意点，如 5 点；或选择测图导线边与纸上定线的直线相交的点，如 3 点。为保证放样的精度和便于检查核对，一条直线至少应选择三个临时点。这些点一般应选在地势较高、通视良好、距离导线点较近且便于测设的地方。

临时点选定之后，即可在图上用比例尺和量角器量取这些点与相应导线之间的距离和角度，如图 10-3 所示中的距离 l_1、l_2、l_3、l_4、l_5、l_6 和角度 β。然后绘制放点示意图，标明点位和数据作为放点的依据。

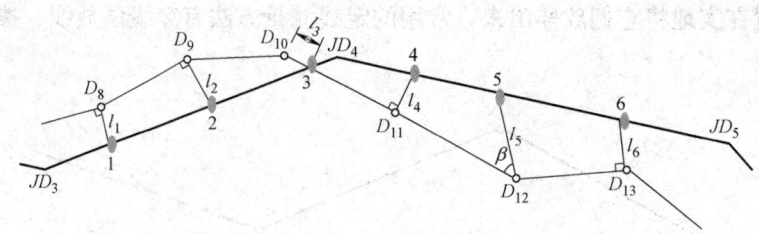

图 10-3　放点

放点时，应在现场找到相应的导线点。临时点如是支距点，可以用支距法放点，即用方向架定出垂线方向，再用皮尺量出支距定出的点位；如果是任意点，则用极坐标法放点，即经纬仪安置在相应的导线点上，拨角定出临时点方向，再用皮尺量距定出点位。

② 穿线

由于测量仪器、测设数据及放点操作存在误差，在地形图上同一直线上各点放于地面后，一般不能准确地位于同一直线上。因此需要通过穿线，定出一条尽可能多的穿过或靠近临时点的直线。穿线可用目估或经纬仪进行，如图 10-4 所示。

图 10-4　穿线

采用目估法，先在适中的位置选择 A、B 点竖立花杆，一人在 AB 延长线上观测，看直线 AB 是否穿过或靠近多数临时点。否则移动 A 或 B，直到达到要求为止。最后在 AB 或其方向线上至少打下两个控制桩，称之为直线转点桩 ZD，直线即固定在地面上；采用经纬仪穿线时，仪器位置可放置于 A 点，然后罩准大多数临时点所穿过或靠近的方向定出 B 点。当多数临时点不通视时，也可将仪器置于直线中部较高的位置，瞄准一端多数临时点都靠近的方向，倒镜后若视线不能穿过另一端多数临时点所靠近的方向，则只需将仪器左右移动，重新观测，直到达到要求为止，最后定出转点桩。

③ 交点

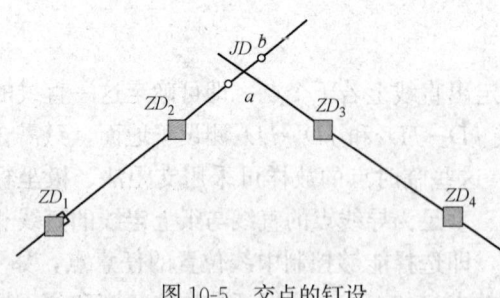

图 10-5　交点的钉设

当相邻两直线在地面上定出后，即可延长直线进行交会定出交点。如图 10-5 所示，先将经纬仪置于 ZD_2，盘左瞄准 ZD_1，然后倒镜在视线方向于交点 JD 的概略位置前后打下两个木桩，俗称骑马桩，并沿视线方向用铅笔在两桩顶上分别标出 a_1 和 b_1 点。用盘右仍瞄准 ZD_1，倒镜在两桩顶上标出 a_2 和 b_2 点，分别取 a_1 与 a_2 及 b_1 与 b_2 的中点，钉上小钉得 a 和 b，并用细线将 a、b 两点相连。这种以盘左、盘右两个盘位延长直线的方法称为正倒镜分中法。用同样的方法再将仪器置于 ZD_3，瞄准转点 ZD_4，倒镜后视线与 ab 细线相交处打下木桩，然后用正倒镜分中法在桩顶确定出交点 JD 位置，钉上小钉。

（2）拨角放线法

这种方法是先在地形图上量出纸上定线的交点坐标，反算相邻交点间的直线长度、坐标方位角及路线转角。然后在野外将仪器置于路线中线起点或已经确定的交点上，拨出转角，测设直线长度，依次定出各交点位置。

这种方法外业工作迅速，但拨角放线的次数越多，误差积累也越大，每隔一定的距离应将测设的中线与测图导线联测，以检查拨角放线的质量。联测闭合的精度要求与测图导线相同。当闭合差超限时，应检查原因予以纠正；当闭合符合精度要求时，则按具体情况进行调整，使交点位置符合纸上定线的要去。

（3）坐标放样法

交点坐标在地形图上确定以后，利用测图导线按全站仪坐标放样法将交点直接放样在地面上，这种方法外业工作更快，由于利用测图导线放点，故无误差积累现象。

2）转点的测设

路线测量时，当相邻两交点间互不通视时，需要在其连线或延长线上定出一点或数点，以供交点测角、量距或延长直线时瞄准之用，这样的点称为转点，其测设方法如下：

（1）在两交点间设转点

如图 10-6 所示，JD_5、JD_6 为相邻而互不通视的两个交点，ZD' 为初定转点。将经纬仪置于 ZD'，用正倒镜分中法延长直线 JD_5-ZD' 至 JD_6。设 JD'_6 与 JD_6 的偏差为 f（在容许范围内），用视距法测定 a、b，则 ZD' 应横向移动的距离 e 可按下式计算：

$$e = \frac{a}{a+b} f \tag{10-1}$$

将 ZD' 按 e 值移至 ZD。将仪器移至 ZD，延长直线 JD_5-ZD' 看是否通过 JD_6 或偏差小于容许值，否则应再次设置转点，直至符合要求为止。

（2）在两交点延长线上设转点

当两交点间不方便设置转点或根据需要，也可将转点设在其延长线上。如图 10-7 所示，JD_8、JD_9 互不通视，可在其延长线上初定转点 ZD'。将经纬仪置于 ZD'，用正倒镜照准 JD_8，并以相同竖盘位置俯视 JD_9，在 JD_9 点附近测定两点后取其中点得 JD'_9。若 JD'_9 与 JD_9 重合或偏差值 f 在容许范围之内，即可将 ZD' 作为转点。否则应重设转点，量出 f 值，用视距法测出 a、b，则 ZD' 应横向移动的距离 e 可按下式计算：

$$e = \frac{a}{a-b} f \tag{10-2}$$

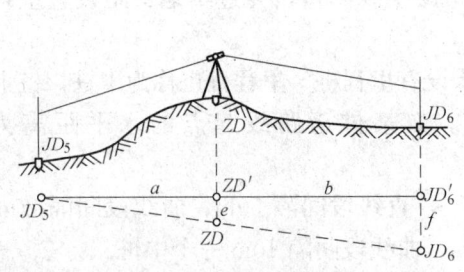

图 10-6　两交点间设转点

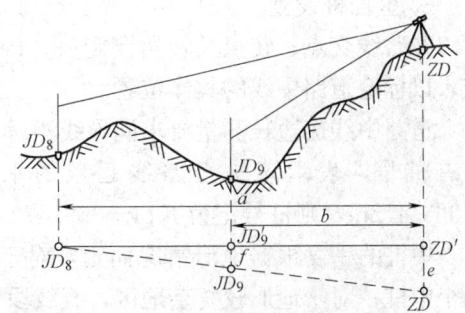

图 10-7　延长线上设转点

将 ZD' 按 e 值移至 ZD。将仪器移至 ZD，重复上述方法，直至偏差小于容许值为止。

最后将转点和交点 JD_9 用木桩标定在地面上。

2. 路线转角的测定

在路线转折处，为了测设曲线，需要测定其转角。所谓转角，是指交点处后视线的延长线与前视线的夹角，以 α 表示。转角有左右之分，如图 10-8 所示，位于延长线右侧的，为右转角 α_y；位于延长线左侧的，为左转角 α_z。在路线测量中，转角通常是通过观测路线右角 β 计算得到。

当右角 $\beta<180°$，为右转角。此时：

$$\alpha_y = 180° - \beta \tag{10-3}$$

当右角 $\beta>180°$，为左转角。此时：

$$\alpha_y = \beta - 180° \tag{10-4}$$

右角的测定，应使用精度不低于 J_6 级经纬仪，采用测回法观测一个测回，两个半测回所测角值相差的限差视公路等级而定，一般不超过 $\pm40''$。

根据曲线测设的需要，在右角测定后，要求在不变动水平度盘位置的情况下，定出 β 角的分角线方向。如图 10-9 所示，设测角时，后视方向的水平度盘读数为 a，前视方向的读数为 b，分角线方向的水平度盘读数为 c。因 $\beta=a-b$，则：

$$c = b + \frac{\beta}{2} \text{ 或 } c = \frac{a+b}{2} \tag{10-5}$$

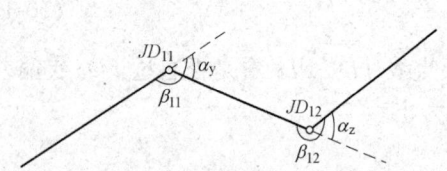

图 10-8　转角的测定

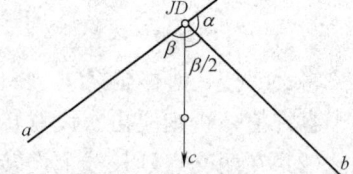

图 10-9　分角线的测设

在实际中，无论是在路线右侧还是左侧设置分角线，均可按式（10-5）计算。当转动照准部使水平度盘读数为 c 时，望远镜所指的方向有时会指在相反的方向，这时需倒转望远镜，在设置曲线一侧定出分角线方向。

为了保证测角的精度，还需进行路线角度闭合差的检核。此外，在角度观测后，还需用测距仪测定相邻交点间的距离，以供中桩量距人员检核之用。

3. 里程桩设置

在路线交点、转点及转角测定后，即可进行道路中线测量，经过实地量距设置里程桩，以标定道路中线的具体位置。

道路中线的边长测量要求同导线测量。中线上设有里程桩，里程桩也称为中桩，桩上写有桩号，表示该桩至路线起点的水平距离。如某桩至路线起点的水平距离为 14368.472m，则桩号记为 K14+368.472。

中桩的密度根据地形情况而定，对于平坦地区，直线段间隔 50m、曲线段间隔 20m 一个中桩；对于地形较复杂地区，直线段间隔 20m、曲线段间隔 10m 一个中桩。

里程桩包括路线的起点桩、公里桩、百米桩和一系列加桩，还有起控制作用的交点桩、转点桩、平曲线主点桩、桥梁和隧道轴线桩、断链桩等。按其所表示的里程数，里程桩又分为整桩和加桩两类。整桩按规定每隔 20m 或 50m 设置桩号为整数的里程桩。其中百米桩和公里桩均属整桩，一般情况下均应设置。如图 10-10 为整桩的书写情况。

　　加桩主要是沿道路中线上有特殊意义的地方钉设的中线桩，包括地形加桩、物加桩、曲线加桩和关系加桩等。地形加桩是指沿中线方向地形起伏变化较大的地方钉设的加桩，它对于以后设计施工尤其是纵坡的设计起很大的作用。地物加桩则是指沿中线方向遇到对道路有较大影响的地物时布设的加桩，如遇到河流、村庄等，则在两侧均布设加桩，遇到灌溉渠道、高压线、公路交叉口等也都要布置加桩。曲线加桩是在曲线的起点、中点、终点等曲线主点上设置的桩；关系加桩是在转点和交点上设置的桩。

　　此外，还可以根据具体情况在拆迁建筑物处、工程地质变化处、断链处等加桩。对人工构造物，在书写里程时，要冠以工程的名称如"桥""涵"等。在书写曲线和关系加桩时，应在桩号之前加其缩写名称，如图 10-11 所示。

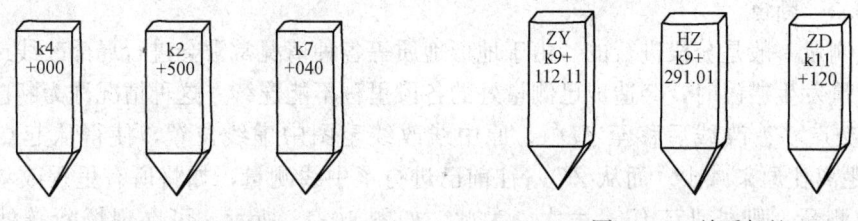

　　图 10-10　里程桩　　　　　　　　　　　图 10-11　关系加桩

　　钉桩时，对起控制作用的交点桩、转点桩、平曲线控制桩、路线起终点桩以及重要的人工构造物桩加桩，如桥位桩、隧道定位桩等均采用方桩。方桩钉至与地面平齐，顶面钉一小钉表示点位。在距方桩 20cm 左右设置指示桩，上面书写桩的名称和桩号。钉指示桩要注意字面应朝向方桩，直线上的指示桩应打在路线的同一侧，曲线上则应打在曲线的外侧。

　　里程桩的设置是在中线丈量的基础上进行，一般是边丈量边设置。丈量一般使用钢尺，低等级公路可以使用皮尺。

10.3.3　中线测量的方法

1. 先定线测量后中线测量

1）直线段

　　直线上的中线测量比较简单，一般在交点或转点上安置经纬仪，以另一端交点或转点为零方向作为控制方向，然后沿经纬仪的视线方向按规定的距离钉设中桩。距离测量的方法一般有两种：一种是用全站仪，先根据欲测设点的里程与测站点的里程计算测设的距离，将反光镜安置在目测距离大致相等的地方，用全站仪测量距离，然后根据两个距离之差用钢尺修正，以确定正确的中桩位置；另一种测设方法是用钢尺丈量，根据已测设的中桩用钢尺量出欲测设的中桩位置，它的缺点是每个中桩不是独立测设，存在误差积累。在遇到需要布设加桩的地方也要量出加桩的里程，丈量至米。

2）曲线段

　　曲线的中线测量是在定线测量的基础上分两步进行：先由交点和转点测设曲线的控制点，然后在曲线控制点之间详细测设曲线。曲线包括圆曲线和缓和曲线，曲线的计算及测设方法将在后边介绍。

2. 极坐标一次放样法

随着全站仪的普及，无论是设计单位还是施工单位，道路中线放样都采用全站仪用极坐标法来进行。这样就可以将定线测量和中线测量同时进行，所以称为一次放样法。"极坐标一次放样法"的关键工作是计算中桩点坐标。直线段的中桩坐标计算方法是根据中桩里程在相邻交点之间内插。曲线段的中桩坐标计算相对复杂一些，有兴趣的读者可参看有关文献。

"极坐标一次放样法"具体实施步骤：①预先计算好路线所有中桩点的坐标（逐桩坐标表），一般按10m或20m间隔，通过软件计算得到；②收集沿线所有平面控制点的坐标；③利用路线中桩放样软件（很多全站仪均内置有该类软件），在实地放样时，只需输入测站点、定向点和中桩桩号及其坐标等相关信息即可显示放样数据，为提高野外工作效率，可事先将"逐桩坐标表"和"控制点坐标"导入全站仪中，放样时只需输入点号即可；④根据显示的放样数据，利用全站仪测量直接放样出该中桩点。

10.3.4　断链

中线测量一般是分段进行的。由于地形地质等各种情况常常会进行局部改线或者由于计算或丈量发生错误时，会造成已测量好的各段里程不能连续，这种情况称为断链。如图10-12于交点 JD_3 改线后移至 JD'_3，原中线改线至图中虚线位置，使得从起点至转点 ZD_{3-1} 的距离比原来减少。而从 ZD_{3-1} 往前已进行了中线测量，如将所有里程改动或重新进行中线测量，则外业工作量太大。为此，如图10-13所示，可在现场断链处即转点 ZD_{3-1} 的实地位置设置断链桩，用一般的中线桩钉设，并注明两个里程，将新里程写在前面，也称来向里程，将原来的里程写在后面，也称去向里程，并在断链桩上注明新线比原来道路长了或短了多少。如果由于改线后道路缩短，来向里程小于去向里程，这种情况称为短链。如果由于改线后新道路变长，则使得来向里程大于去向里程，那么就称为长链。

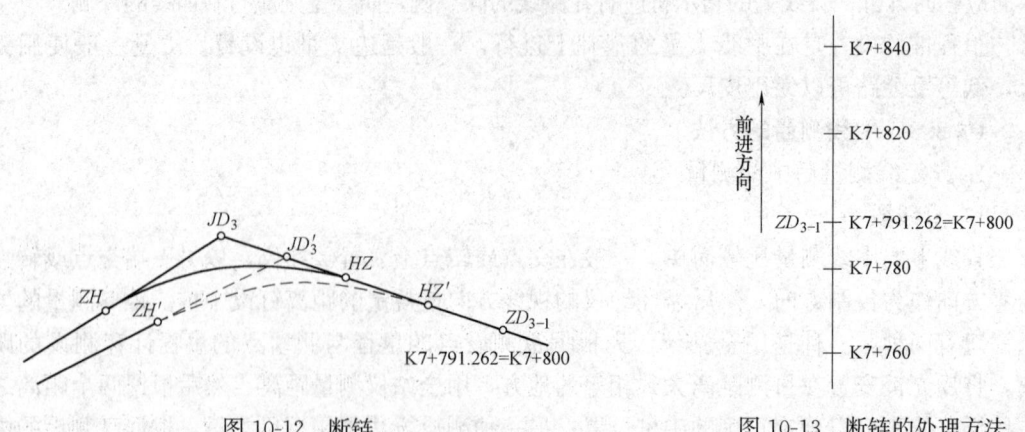

图 10-12　断链　　　　　　　　　　　　图 10-13　断链的处理方法

断链桩一般应设置在百米桩或10m桩处，不要设置在有桥梁、村庄、隧道和曲线的范围内，并做好详细的断链记录，供初步设计和计算道路总长度时参考。

10.4　圆曲线测设

曲线是道路重要的组成部分，我国高速公路的平面线形中，曲线占70%。道路放样工作重点也在曲线路段，曲线分为圆曲线和缓和曲线。圆曲线是一段具有固定半径的圆弧，是用来连接相邻两直线最简单的一种曲线。

10.4.1 圆曲线的要素计算

1. 圆曲线的曲线控制点

交点是曲线最重要的曲线控制点，用 JD 来表示，如图 10-14 所示，圆曲线的其他 3 个控制点是：

（1）直圆点：即按线路前进方向由直线进入圆曲线的起点，用直圆两个汉字拼音的第一个字母 ZY 表示。

（2）曲中点：即整个曲线的中间点，用 QZ 表示。

（3）圆直点：即由圆曲线进入直线的曲线终点，用 YZ 表示。

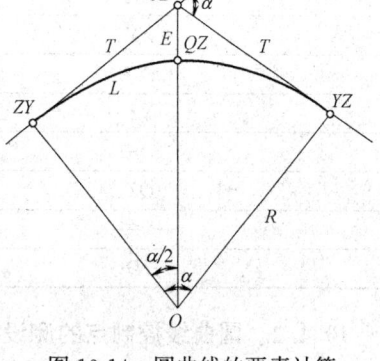

图 10-14 圆曲线的要素计算

2. 圆曲线的要素

为了测设这些控制点并求出这些点的里程，必须计算圆曲线要素，主要有：

（1）由交点至直圆点或圆直点之长，称切线长，用 T 表示，$T=R\tan\dfrac{\alpha}{2}$。

（2）由交点沿分角线方向至曲中点的距离，称外矢距，用 E 表示，$E=R\left(\sec\dfrac{\alpha}{2}-1\right)$。

（3）由直圆点沿曲线计算到圆直点之长，称曲线长，以 L 表示，$L=R\alpha\dfrac{\pi}{180°}$。

（4）从 ZY 点沿切线到 YZ 点和从 ZY 点沿曲线到 YZ 点的长度是不相等的，它们的差值称为切曲差，用 D 表示，$D=2T-L$，式中，R 为圆曲线的半径，α 为转向角，其大小均由设计所定。

3. 圆曲线控制点的里程计算

圆曲线上各点的里程都是从一已知里程的点开始沿曲线逐点推算。一般已知 JD 点的里程（JD 里程是从前一直线段推算而得），再由它推算其他各控制点的里程。

$$ZY(里程)=JD(里程)-T$$

$$QZ(里程)=ZY(里程)+L/2$$

$$YZ(里程)=QZ(里程)+L/2$$

$$检核公式：YZ(里程)=JD(里程)+T-D$$

【**例 10-1**】 已知一圆曲线的转向角 $\alpha=25°48'$，设计半径 $R=300\text{m}$，交点 JD 里程为 K3+182.76，计算该曲线的要素及曲线控制点里程。

【**解**】 （1）圆曲线的要素计算

$$T=R\tan\frac{\alpha}{2}=300\tan\frac{25°48'}{2}=68.71\text{m}$$

$$L=R\alpha\frac{\pi}{180°}=300\times25°48'\times\frac{\pi}{180°}=135.09\text{m}$$

$$E=R\left(\sec\frac{\alpha}{2}-1\right)=300\times\left(\sec\frac{25°48'}{2}-1\right)=7.77\text{m}$$

$$D=2T-L=2\times68.71-135.09=2.33\text{m}$$

（2）曲线控制点里程计算及检核（表10-3）

计算及检核　　　　　　　表10-3

JD	K3+182.76
−）T	68.71
ZY	K3+114.05
+）L	135.09
YZ	K3+249.14
−）$\dfrac{L}{2}$	67.54
QZ	K3+181.60
+）$\dfrac{D}{2}$	1.16
JD	K3+182.76

10.4.2　圆曲线控制点的测设方法

（1）在交点上安置经纬仪，瞄准前后两直线上的转点或交点。

（2）在视线方向分别量出切线长 T，准确钉出 ZY 和 YZ 的位置。

（3）把视线转到分角线方向上，如图10-14中交点至圆曲线的圆心方向（称为分角线方向）量出外矢距 E，钉出 QZ 点。

"极坐标一次放样法"测设时，在初测导线点上用极坐标法直接测设曲线控制点和曲线的细部点。

10.4.3　偏角法测设圆曲线

偏角法是以圆曲线起点 ZY 或终点 YZ 至曲线任一待定点 P_i 的弦线与切线 T 之间的弦切角（这里称为偏角）Δ_i 和弦长 c_i 来确定 P_i 点的位置。

如图10-15所示，根据几何原理，偏角 Δ_i 等于相应弧长 l_i 所对应的圆心角 φ_i 之半，即：

$$\Delta_i = \frac{\varphi_i}{2} \tag{10-6}$$

$$\varphi_i = \frac{l_i}{R} \cdot \frac{180°}{\pi} \tag{10-7}$$

由式（10-6）和式（10-7）可得：

$$\Delta_i = \frac{l_i}{R} \cdot \frac{90°}{\pi} \tag{10-8}$$

弦长 c_i 可以按下式计算：

$$c_i = 2R\sin\frac{\varphi_i}{2} \tag{10-9}$$

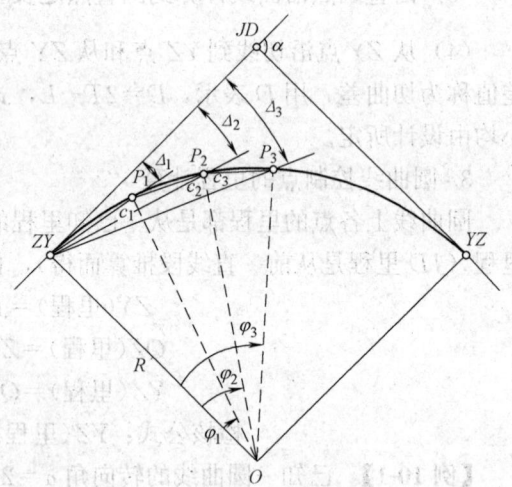

图10-15　偏角法测设圆曲线

将式（10-9）中 $\sin\dfrac{\varphi_i}{2}$ 用级数展开，并以 $\varphi_i = \dfrac{l_i}{R}$ 代入，则：

$$c_i = 2R\left[\frac{\varphi_i}{2} - \frac{\left(\frac{\varphi_i}{2}\right)^3}{3!} + \cdots\right] = 2R\left(\frac{l_i}{2R} - \frac{l_i^3}{48R^3} + \cdots\right) = l_i - \frac{l_i^3}{24R^2} + \cdots \tag{10-10}$$

弧弦差：
$$\delta_i = l_i - c_i = \frac{l_i^3}{24R^2} \tag{10-11}$$

在实际工作中，弦长 c_i 可以通过式（10-10）计算，亦可先按（10-11）计算弧弦差 δ_i，再计算弦长 c_i。

【例 10-2】 仍以【例 10-1】为例子，采用偏角法按整号设桩，计算各桩的偏角和弦长。

【解】 设曲线由 ZY 点和 YZ 点向 QZ 点测设，计算见表 10-4。

偏角法计算表　　　　　　　　　　　　　　　　表 10-4

桩号	各桩至 ZY 和 YZ 的曲线长度	偏角值 (°′″)	角度读数 (°′″)	相邻桩间弧长(m)	相邻桩间弦长(m)
ZY K3+114.05	0	0 00 00	0 00 00	0	0
+120	5.95	0 34 05	0 34 05	5.95	5.95
+140	25.95	2 28 41	2 28 41	20	20
+160	45.95	4 23 16	4 23 16	20	20
+180	65.95	6 17 52	6 17 52	20	20
QZ K3+181.60	67.55	6 27 00	6 27 00	1.60	1.60
			353 33 00	18.40	18.40
+200	49.41	4 41 33	355 18 27	20	20
+220	29.14	2 46 58	357 13 02	20	20
+240	9.14	0 52 22	359 07 38	9.14	9.14
YZ K3+114.05	0	0 00 00	0 00 00	0	0

若经纬仪水平度盘的注字是顺时针方向增加的，测设曲线时，如果偏角的增加方向与水平度盘一致，也是顺时针方向增加，称之为正拨；反之称为反拨。对于右转角（本例为右转角），仪器置于 ZY 点上测设曲线为正拨，置于 YZ 点上则为反拨。对于左转角，仪器置于 ZY 点上测设曲线为反拨，置于 YZ 点上则为正拨。正拨时，望远镜照准切线方向，如果水平度盘读数配置在 $0°$，各桩的偏角读数就等于各桩的偏角值。但在反拨时则不同，各桩的偏角读数应等于 $360°$ 减去各桩的偏角值。

偏角法的测设步骤如下：

（1）将经纬仪置于 ZY 点上，瞄准交点 JD，使水平度盘的读数为 $0°00'00''$。

（2）转动照准部使水平度盘读数为 $0°34'05''$，沿此方向量取弦长 5.95m，即可定出桩号 K3+120。

（3）按照上述方法可以逐一定出 K3+140、K3+160、K3+180 及 QZ K3+181.60 各点，此时定出的 QZ 点应与主点测设定出的 QZ 点重合，如果不重合，其误差不得超过允许值。

（4）将仪器移至 YZ 点，瞄准交点 JD，使水平度盘的读数为 $0°00'00''$。

（5）转动照准部使水平度盘读数为 $359°07'38''$，沿此方向从 YZ 点量取弦长 9.14m，即可定出桩号 K3+240。

（6）按照上述方法可以逐一定出 K3+200、K3+220 及 QZ K3+181.60 各点，此时

定出的 QZ 点应与主点测设定出的 QZ 点重合，如果不重合，其误差不得超过允许值。

偏角法不仅可以在 ZY 点和 YZ 点上测设曲线，而且可以在 QZ 点上测设，也可以在曲线上任一点上测设。它是一种灵活性大、测设精度高、实用性强的常用方法。但这种方法存在着测点误差积累的缺点，所以宜从两端向中点或自中点向两端测设曲线。

10.4.4 切线支距法测设圆曲线

切线支距法即直角坐标法，支距即垂距，相当于直角坐标系中的 Y 值。切线支距法通常是以 ZY 或 YZ 点为坐标原点，以切线为 x 轴，过原点的半径为 y 轴，曲线上各点的位置用坐标值 x、y 来测设曲线上各桩点 P_i，如图 10-16 所示。设 P_i 为曲线上欲测设的点位，该点至 ZY 点或 YZ 点的弧长为 l_i，φ_i 为 l_i 所对应的圆心角，R 为圆曲线半径，则 P_i 的坐标可以按照下式计算：

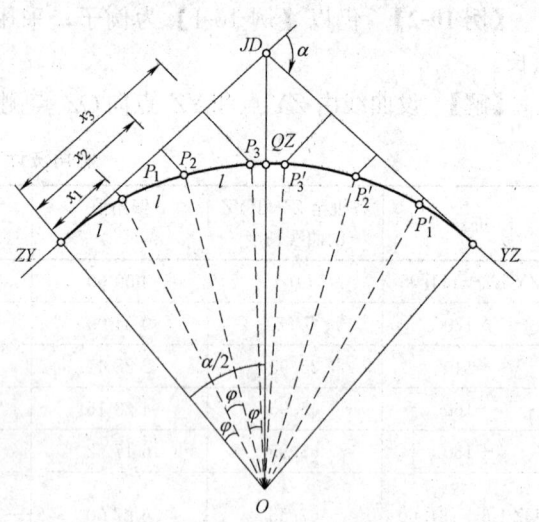

$$x_i = R\sin\varphi_i \qquad (10\text{-}12)$$
$$y_i = R(1 - \cos\varphi_i) \qquad (10\text{-}13)$$

图 10-16　切线支距法测设圆曲线

【例 10-3】　仍以【例 10-1】为例子，采用切线支距法并按整桩号法设桩，试计算各桩坐标。【例 10-1】中已经计算出主点里程，在此基础上按整桩号法列出详细测设的桩号，并计算其坐标。

【解】　具体计算见表 10-5。

切线支距法计算表　　　　　　　　　　　　　表 10-5

桩号	各桩至 ZY 和 YZ 的曲线长长度(l_i)	圆心角 φ_i(°′″)	x_i(m)	y_i(m)
ZY K3+114.05	0	0 00 00	0	0
+120	5.95	1 08 11	5.95	0.06
+140	25.95	4 57 22	25.92	1.12
+160	45.95	8 46 33	45.77	3.51
+180	65.95	12 35 44	65.42	7.22
QZ K3+181.60				
+200	49.41	9 23 06	48.92	4.02
+220	29.14	5 33 55	29.09	1.41
+240	9.14	1 44 44	9.14	9.14
YZ K3+114.05	0	0 00 00	0	0

切线支距法测设曲线，为了避免支距过长，一般由 ZY 点和 YZ 点向 QZ 点测设。其测设步骤如下：

（1）从 ZY（YZ）点开始用钢尺或皮尺沿切线方向量取 P_i 的横坐标 x_i，得垂足 N_i。

（2）在各垂足 N_i 上用方向架定出垂直方向，量取纵坐标 y_i，即可定出 P_i 点。

（3）曲线上各点设置完毕后，应量取相邻各桩之间的距离，与相应的桩号之差作比较，而且考虑弧弦差的影响，若较差均在限差之内，则曲线测设合格；否则应查明原因，予以纠正。

这种方法适用于平坦开阔的地区，具有操作简单、测设方便、测点误差不累积的优点，但测设的点位精度偏低。

10.5 路线纵、横断面测量

10.5.1 纵断面测量

1. 纵断面测量概述

路线纵断面测量又称中线高程测量，它的任务是在道路中线测定之后，测定中线各里程桩的地面高程，供路线纵断面图点绘地面线和设计纵坡之用。

通过中线测量，直线和曲线上所有的线路控制桩、中线桩和加桩测设定位，就可以进行纵横断面测量。线路的纵断面设计是公路设计中最重要的组成部分之一，主要根据地形条件和行车要求确定线路的坡度、路基的标高和填挖高度以及沿线桥梁、涵洞、隧道等位置。虽然根据地形图也可获得线路的纵断面图，但不能满足设计要求，还需根据地面上已经测设的中线，准确地测出中线上地面起伏情况。

2. 纵断面测量内容及要求

纵断面测量分为水准点高程测量（亦称基平）和中桩高程测量（亦称中平）。

1）基平

（1）水准点设置

基平测量的主要工作是沿线设置水准点，并测定其高程，建立路线高程控制测量，作为中平测量、施工放样及竣工验收的依据。对于在线路初测中已布设了水准点并进行了水准测量的线路，施工阶段的基平测量就是对道路初测中的基平的检核。

水准点布设的密度，应根据地形和工程的需要而定。水准点沿路线布在道路中线两侧 $50 \sim 300\mathrm{m}$ 范围之内。水准点的布设间距宜为 $1 \sim 1.5\mathrm{km}$；山岭重丘区可根据需要适当加密为 $1\mathrm{km}$ 左右；大桥、隧道洞口及其他大型构造物两端应按要求增设水准点。水准点应选在稳固、醒目、易于引测、便于定测和施工放样，且不易破坏的地方。

（2）基平测量方法

基平测量时，首先应将起始水准点与附近国家水准点进行联测，以获取绝对高程，并对测量结果进行检核。如可能，应构成附合水准路线。当路线附近没有国家水准点，或引测困难时，则可参考地形图或用气压表选定一个与实际高程接近的高程作为起始点水准点的假定高程。

我国公路水准测量的等级：高速、一级公路为四等，二、三、四级公路为五等。公路有关构造物的水准测量等级应该按有关规定执行，详见表 10-6。水准点的高程测定，通常采用一台水准仪在水准点间作往返观测，也可以用两台水准仪作单程观测。基平测量时，所得高差闭合差应符合水准测量精度要求，且不得超过容许值。

基平测量的主要技术要求   表 10-6

测量等级	往返较差、符合或环线闭合差(mm)		检测已测测段高差之差(mm)
	平原、微丘	重丘、山岭	
二等	$\leqslant 4\sqrt{l}$	$\leqslant 4\sqrt{l}$	$\leqslant 6\sqrt{L_i}$
三等	$\leqslant 4\sqrt{l}$	$\leqslant 3.5\sqrt{n}$或$15\sqrt{l}$	$\leqslant 20\sqrt{L_i}$
四等	$\leqslant 20\sqrt{l}$	$\leqslant 6.0\sqrt{n}$或$25\sqrt{l}$	$\leqslant 30\sqrt{L_i}$
五等	$\leqslant 30\sqrt{l}$	$\leqslant 45\sqrt{l}$	$\leqslant 40\sqrt{L_i}$

注：计算往返较差时，l为水准点间的路线长度（km）；计算附合或环线闭合差时，l为附合或环线的路线长度（km）；n为测站数。L_i为检测段长度（km），小于1km时按1km计算。

当测段高差闭合差在规定容许闭合差之内时，取其高差平均值作为两水准点间的高差。超出限差则必须重测。

2）中平

（1）中平测量的方法

中平测量是以相邻的两个水准点为一测段，从一个水准点出发，逐点测定各中桩的地面高程，附合到下一个水准点上。

在进行测量时，将水准仪置于测站上，首先读取后、前两转点（TP）的尺上读数，再读取两转点间所有中桩地面点的尺上读数，这些中桩点称为中间点，中间点的立尺由后视点立尺人员来完成。

由于转折点起传递高程的作用，因此转点尺应立在尺垫、稳固的桩顶或竖石上，尺上读数值至"mm"，视线长一般不应超过120m。中间点尺上读数至"cm"（高速公路测设规定读至"mm"），要求尺子立在紧靠桩边上的地面上。

如图10-17所示，水准仪置于1站，后视水准点BM_1，前视转点ZD_1，将读数计入表10-7中"后视""前视"栏内，然后观测BM_1与ZD_1间的各个中桩K0+000，0+020，…，0+060，将读数分别计入"中视"栏。再将仪器搬至2站，后视转点ZD_1，前视转点ZD_2，然后观测个中桩地面点K0+080，0+100，…，0+140，将读数分别记入后视、前视和中视栏。用同法继续向前观测，直至附合到水准点BM_2，完成一测段的观测工作。

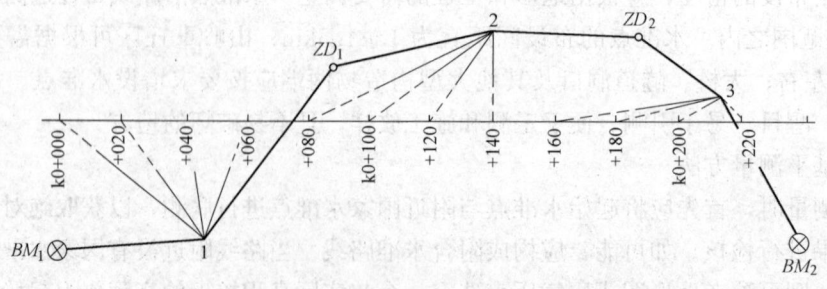

图 10-17 中平测量

中桩的地面高程以及前视点高程应按所属测站的视线高程进行计算。每一站的各项计算依次按下列公式进行：

① 视线高程＝后视点高程＋后视读数；

② 转点高程＝视线高程－前视读数；

③ 中桩高程＝视线高程－中视高程。

各站记录后应立即计算各点高程，直至下一个水准点为止，并计算高差闭合差 f_h，若 $f_{h容}=\pm 50\sqrt{L}$mm，则符合要求，不进行闭合差的调整，即以原计算的各中桩点地面高程作为绘制纵断面图的数据。否则，应重测。

中平测量记录表   表 10-7

测点	水准尺读数(m)			视线高程	高程	备注
	后视	中视	前视			
BM_1	1.986			480.679	478.693	
K0+000		1.62			479.059	
+020		1.90			478.779	
+040		1.56			479.119	
+060		1.84			478.839	
ZD_1	2.283		0.872	482.090	479.807	
+080		0.80			481.290	
+100		0.50			481.590	基平测得
+120		0.32			481.270	BM_2 高程为
+120		0.92			480.350	480.528
ZD_2	2.185		2.376	481.899	479.714	
+120		1.20			480.699	
+120		1.01			480.889	
+120		1.66			480.239	
+120		1.37			480.529	
BM_2			1.387		480.512	

复核：$f_{h容}=\pm 50\sqrt{L}=\pm 50\sqrt{0.3}=\pm 27$mm($L=0.3$km)

$\Delta_{h基}=480.528-478.693=1.835$m

复核：$\Delta_{h中}=480.512-478.693=1.819$m

$\sum a-\sum b=(1.986+2.283+2.185)-(0.872+2.376+1.387)=1.819m=\Delta_{h中}$

$\Delta_{h基}-\Delta_{h中}=1.835-1.819=16mm<f_{h容}$，符合精度要求

（2）纵断面图绘制

纵断面图是沿中线方向绘制的反映地面起伏和纵坡设计的线状图，它是表示出各路段纵坡大小和坡长及中线位置的填挖高度，是道路设计和施工的重要技术文件之一。

纵断面面图的绘制，是在毫米方格纸上进行。以里程为横轴，高程为纵轴。为了较明显地反映地面高低起伏，一般纵轴比例尺是横轴比例尺的 10 倍或者 20 倍。纵断面图分为上、下两部分，上部分为纵断面的形态，下部为测量、设计、计算等有关资料数据，如图 10-18 所示。

① 在图纸左面自下而上填写直线、桩号、填挖土、地面高程、设计高程、坡度与距离栏。上部纵断面图上的高程按规定的比例尺注记，首先要确定起始高程（如图中 0＋000 桩号的地面高程）在图上的位置，且参考其他中桩的地面高程，以使绘出的地面线处

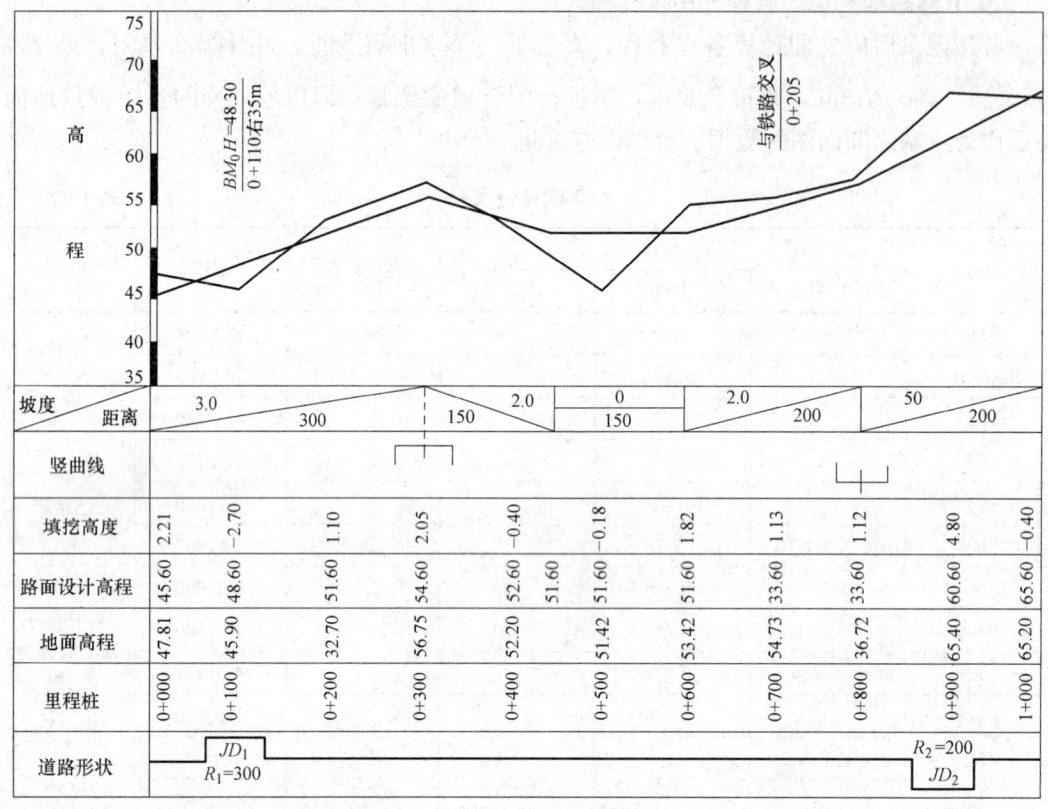

坡度 距离	3.0 300	2.0 150	0 150	2.0 200	50 200

竖曲线											
填挖高度	2.21	-2.70	1.10	2.05	-0.40	-0.18	1.82	1.13	1.12	4.80	-0.40
路面设计高程	45.60	48.60	51.60	54.60	52.60	51.60	51.60	51.60 33.60	33.60	60.60	65.60
地面高程	47.81	45.90	32.70	56.75	52.20	51.42	53.42	54.73	36.72	65.40	65.20
里程桩	0+000	0+100	0+200	0+300	0+400	0+500	0+600	0+700	0+800	0+900	1+000
道路形状	JD_1 $R_1=300$								$R_2=200$ JD_2		

图 10-18　路线纵断面图

在图纸上适当的位置。

②　在里程桩一栏中，自左至右按规定的里程比例尺注上中桩的桩号。

③　在地面高程一栏中，注上对应于各种桩桩号的地面高程，并在纵断面图上按各种中桩的地面高程一次点出其相应的，用细直线连接各相邻点位，即得中线方向的地面线。

④　在道路形状一栏中，应按里程桩号标明路线的直线部分和曲线部分。曲线部分用直角折线表示，上凸表示路线右偏，下凹表示路线左偏，并注明交点编号及其桩号和曲线半径，在不设曲线的交点位置，用锐角折线表示。

⑤　在上部地面线部分进行纵坡设计。设计时要考虑施工时土方工程量最小、填挖方尽量平衡及小于限制坡度等道路有关技术规定。

⑥　在坡度及距离一栏内，分别用斜线或水平线表示设计坡度的方向，线上方注记坡度数值（已百分比表示），下方注记坡长，水平线表示平坡。不同的坡段以竖线分开。某段的设计坡度值按下式计算：

$$设计坡度＝（终点设计高程－起点设计高程）/平距 \tag{10-14}$$

⑦　在设计高程一栏内，分别填写相应中桩的设计路基高程。某点的设计高程可按下式计算：

$$设计高程＝起点高程＋设计坡度×起点至改点的平距 \tag{10-15}$$

10.5.2　横断面测量

横断面测量是测量中桩两侧垂直于中线方向地面起伏情况，并绘制横断面图。横断面测量常与纵断面测量同时进行。横断面图供路基、边坡、隧道、特殊构造物的设计、土石方计算和施工放样之用。

1. 横断面方向的确定

横断面测量的首要工作就是确定线路中线的垂直方向，常用的方法有两种：方向架法和经纬仪法。

方向架法就是在一个竖杆上钉有两根互相垂直的横轴，每根横轴上还有两根瞄准用的小钉，如图 10-19 所示，使用时将方向架置于测点上，用其中一方向瞄准线路前方或后方的中桩，则另一方向即为测点的横断面方向。

图 10-20 是将方向架设在要测设横断面的曲线中桩 A 点上，在 A 点前后等距离处的曲线上定出中桩点 B 和 C，方向架的一条视线照准 B，反方向延伸至 C'，C' 应在 C 的附近，平分 CC' 得 C'' 点，再将方向架的一方向照准 C''，则另一方向即为曲线上 A 点的横断面方向。

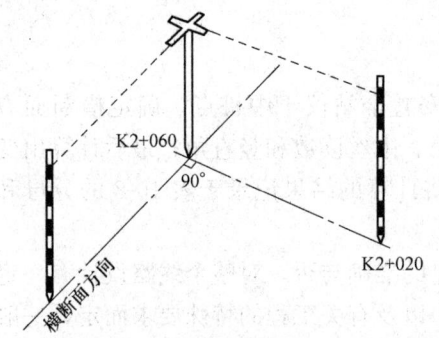

图 10-19　测定直线段横断面方向

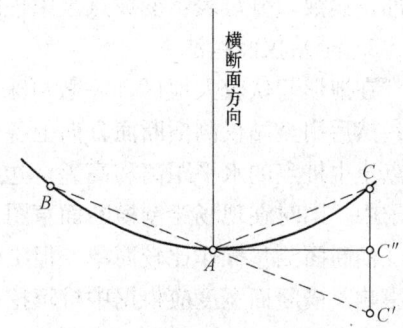

图 10-20　测定圆曲线横断面方向

2. 横断面测量方法

横断面方向确定以后，便测定从中桩至左右两侧变坡的距离和高差，根据所用仪器不同，一般常采用以下 3 种方法：

1）花杆皮尺法

如图 10-21 所示，a、b、c 为断面方向上的变坡点，标杆立于 a 点，皮尺靠中桩地面，拉平量至 a 点，读得距离，而皮尺截于标杆的红白格数（每格 0.2m）即为两点间的高差。同法测出 a 至 b、b 至 c……测段的距离和高差，直至需要的宽度为止。

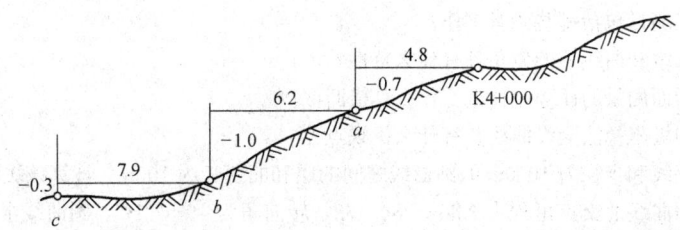

图 10-21　花杆皮尺法（单位米）

横断面测量的记录表格如表 10-8 所示，表中按前进方向分左右侧，中间一格为桩号，自下至上桩号由小到大填写。分数形式表示各测段的高差和距离，分母表示测点间的距离，分子表示高差，正号表示升坡，负号表示降坡，自中桩由近及远逐段记录。

横断面测量记录表（单位米）　　　　　　　　　表 10-8

左侧	桩号	右侧
……		……
$\dfrac{-0.3\ -1.0\ -0.7}{7.9\ \ 6.2\ \ \ 4.8}$	K4+000	$\dfrac{1.5\ -1.0\ -1.6}{4.6\ 4.4\ \ 7.0}$

2）水准仪测量法

当线路两侧地势平坦且要求测绘精度较高时，可采用水准仪法。先用方向架定向，水准仪后视中桩标尺，求得视线高程；然后前视横断面方向变坡点上的标尺。视线高程减去诸前视点读数即得各测点高程。点位距中桩距离可用钢尺（或者皮尺）量距。实测时，若仪器安置得当，一站可测十几个断面。

用水准仪法测量线路的横断面，记录表格同样用表 10-8，只不过分子表示变坡点的水准仪读数，分母表示变坡点至中桩的距离。

3）全站仪测量法

在地形起伏较大地区，一般可采用经纬仪法。安置全站仪于中桩点，确定横断面方向；然后用全站仪测横断面方向上各个变坡点的视距、中丝读数和竖直角；最后计算出变坡点至中桩点的水平距离和高差，边测量边计算，将计算的结果记录于表 10-8 的分母和分子中，同时在现场绘制横断面草图。

横断面测量操作比较简单，但工作量较大，测量的准确与否，对整个线路设计有一定的影响。横断面宽度应根据中桩填挖高度、边坡大小以及有关工程的特殊要求而定，一般自中线向两侧各 10～50m。横断面的密度，除有中桩处应施测外，在大（中）桥头、隧道口、挡土墙等重点工程地段，可根据需要加密。

3. 横断面图绘制

横断面图一般采用现场边测边绘的方法，以便及时对横断面进行校核。绘图比例尺一般采用 1：200 或 1：100，绘制在毫米方格纸上。绘图时，先将中桩位置标出，然后分左、右两侧，按照相应的水平距离和高差，逐一将变坡点标在图上，再用直线连接相邻点，即得横断面地面线。

思考与练习题

10-1　道路施工测量包括哪些测量工作？

10-2　圆曲线和缓和曲线上的偏角各有什么特性？

10-3　路线纵断面测量的任务是什么？什么是横断面测量？

10-4　偏角法和极坐标法测设曲线各有什么优缺点？

10-5　连接在直线和半径为 1000m 的圆曲线之间的缓和曲线长为 100m，计算该缓和曲线的常数。

10-6　有一个圆曲线的交点里程为 K26+284.462，转向角为 $19°52'17''$，圆曲线半径为 500m。试求圆曲线各要素和圆曲线控制点里程。

第11章

桥梁施工测量

桥梁是道路工程的重要组成部分之一，有铁路桥梁、公路桥梁、铁路公路两用桥梁以及陆地上的立交桥和高架道路。在工程建设中，无论是投资比重、施工期限、技术要求等各个方面，它都居于重要位置。特别是一般特大桥、复杂特大桥等技术较复杂的桥梁建设，对一条路线能否按期、高质量地建成通车，均具有重要影响。桥梁按其轴线长度一般分为特大型桥（＞500m）、大型桥（100～500m）、中型桥（30～100m）和小型桥（＜30m）四类。

11.1 桥梁控制测量

一座桥梁的建设，在勘测设计、建筑施工和运营管理期间都需要进行大量的测量工作，其中包括：勘测选址、地形测量、施工测量、竣工测量；在施工过程中及竣工通车后，还要进行变形观测。本章主要讨论施工阶段的测量工作。桥梁施工测量的内容和方法，随桥长及其类型、施工方法、地形复杂情况等因素的不同而有所差别，概括起来主要有桥轴线长度测量、桥梁控制测量、墩台定位及轴线测设、墩台细部放样及梁部放样等，另外，还要按规范要求等级进行水准测量。对于小型桥一般不进行控制测量。

现代的施工方法日益走向工厂化和拼装化，尤其对于铁路桥梁，梁部构件一般都在工厂制造，在现场进行拼接和安装，这就对测量工作提出了十分严格的要求。

11.1.1 桥梁平面控制测量

在选定的桥梁中线上，于桥头两端埋设两个控制点，两控制点间的连线称为桥轴线。由于墩、台定位时主要以这两点为依据，所以桥轴线长度的精度直接影响墩、台定位的精度。为了保证墩、台定位的精度要求，首先需要估算出桥轴线长度需要的精度，以便合理地拟定测量方案。

1. 桥轴线长度所需精度估算

在现行的《铁路桥涵设计规范》TB 10002—2017 中，根据梁的结构形式、施工过程中可能产生的误差，推导出了如下的估算公式：

1）钢筋混凝土简支梁

$$m_L = \pm \frac{\Delta_D}{\sqrt{2}} \sqrt{N} \tag{11-1}$$

2）钢板梁及短跨（$l \leqslant 64$m）简支钢桁梁

单跨：

$$m_l = \pm \frac{1}{2} \sqrt{\left(\frac{l}{5000}\right)^2 + \delta^2} \tag{11-2}$$

多跨等跨：

$$m_L = m_l \sqrt{N} \tag{11-3}$$

多跨不等跨：

$$m_L = \pm \sqrt{m_{l_1}^2 + m_{l_2}^2 + \cdots} \tag{11-4}$$

3）连续梁及长跨（$l > 64$m）简支钢桁梁

单跨：

$$m_l = \pm \frac{1}{2} \sqrt{n\Delta_l^2 + \delta^2} \tag{11-5}$$

多联（跨）等联（跨）：

$$m_L = m_l \sqrt{N} \tag{11-6}$$

多联（跨）不等联（跨）：

$$m_L = \pm \sqrt{m_{l_1}^2 + m_{l_2}^2 + \cdots\cdots} \tag{11-7}$$

式中 m_L——桥轴线（两桥台间）长度中误差（mm）；

m_{li}——单跨长度中误差（mm）（$i=1$，2，……）；

l——梁长；

N——联（跨）数；

n——每联（跨）节间数；

Δ_D——墩中心的点位放样限差（±10mm）；

Δ_l——节间拼装限差（±2mm）；

δ——固定支座安装限差（±7mm）；

1/5000——梁长制造限差。

2. 桥轴线长度测量方法

一般地，直线桥或曲线桥的桥轴线长度可用光电测距仪或钢卷尺直接测定。但如果精度需要或对于复杂特大桥，则应布设 GPS 网与导线网进行平面控制测量，这时桥轴线长度的精度估算还应考虑利用平面控制点交会墩位的误差影响。

3. 桥梁平面控制测量

桥梁平面控制测量的目的是测定桥轴线长度并据以进行墩、台位置的放样；同时，也可用于施工过程中的变形监测。

根据桥梁跨越的河宽及地形条件，平面控制网多布设成如图 11-1 所示的形式。选择控制点时，应尽可能使桥的轴线作为三角网的一条边，以利于提高桥轴线的精度。若不可能，也应将桥轴线的两个端点纳入网内，以便间接求算桥轴线长度，如图 11-1（d）所示。

对于控制点的要求，除了图形简单、图形强度良好外，还要求地质条件稳定，视野开阔，便于交会墩位，其交会角不致太大或太小。基线应与桥梁中线近似垂直，其长度宜为桥轴线的 0.7 倍，困难时也不应小于其 0.5 倍。在控制点上要埋设标石及刻有"+"字的金属中心标志。如果兼作高程控制点用，则中心标志宜做成顶部为半球状。

控制网可采用测角网、测边网或边角网。采用测角网时宜测定两条基线，如图 11-1 中的双线所示；测边网是测量所有的边长而不测角度；边角网则是边长和角度都测。一般说来，在边、角精度互相匹配的条件下，边角网的精度较高。

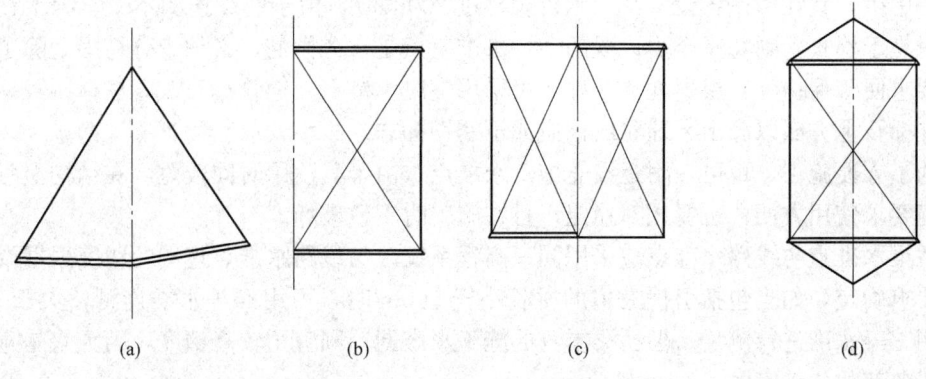

（a）　　　　　（b）　　　　　（c）　　　　　（d）

图 11-1　桥梁平面控制网

桥梁控制网分为五个等级，它们分别对测边和测角精度的规定如表 11-1 所示。

测边和测角的精度规定　　　　　　　　　　　　　表 11-1

三角网等级	桥轴线相对中误差	测角中误差 (″)	最弱边相对中误差	基线相对中误差
一	1/175000	±0.7	1/150000	1/400000
二	1/125000	±1.0	1/100000	1/300000
三	1/75000	±1.8	1/60000	1/200000
四	1/50000	±2.5	1/40000	1/100000
五	1/30000	±4.0	1/25000	1/75000

上述规定是对测角网而言，由于桥轴线长度及各个边长都是根据基线及角度推算的，为保证轴线有可靠的精度，基线精度要高于桥轴线精度 2～3 倍。如果采用测边网或边角网，由于边长是直接测定的，所以不受或少受测角误差的影响，测边的精度与桥轴线要求的精度相当即可。

由于桥梁三角网一般都采用独立坐标系统，它所采用的坐标系，一般是以桥轴线作为 x 轴，桥轴线始端控制点的里程作为该点的 x 值。这样，桥梁墩台的设计里程即为该点的 x 坐标值，便于以后施工放样的数据计算。

在施工时，如果因机具、材料等遮挡视线，无法利用主网的点进行施工放样时，可以根据主网两个以上的点将控制点加密，这些加密点称为插点。插点的观测方法与主网相同，但在平差计算时，主网上点的坐标不得变更。

此外，随着 GPS 应用技术的发展，在桥梁控制网建立中使用 GPS 方法日益增多，尤其在特长桥梁控制网中，更显示出其优越性。具体方法可参考 GPS 测量有关书籍。

11.1.2　桥梁高程控制测量

在桥梁的施工阶段，应建立高程控制网，作为放样的高程依据。即在河流两岸建立若干个水准基点，这些水准基点除用于施工外，也可作为以后变形观测的高程基准点。

水准基点布设的数量视河宽及桥的大小而异。一般小桥可只布设一个；在 200m 以内的大、中桥，宜在两岸各设一个；当桥长超过 200m 时，由于两岸连测不便，为了在高程变化时易于检查，则每岸至少设置两个。水准基点是永久性的，必须十分稳固。除了它的位置要求便于保护外，根据地质条件，可采用混凝土标石、钢管标石、管柱标石或钻孔标石。在标石上方嵌以凸出半球状的铜质或不锈钢标志。

为了方便施工，也可在附近设立施工水准点，由于其使用时间较短，在结构上可以简化，但要求使用方便，也要相对稳定，且在施工时不致破坏。

桥梁水准点与线路水准点应采用同一高程系统。与线路水准点连测的精度根据设计和施工要求确定，如当包括引桥在内的桥长小于 500m 时，可用四等水准连测，大于 500m 时可用三等水准进行测量。但桥梁本身的施工水准网，则宜用较高精度，因为它是直接影响桥梁各部放样精度的。

当跨河距离大于 200m 时，宜采用过河水准法连测两岸的水准点。跨河点间的距离小于 800m 时，可采用三等水准，大于 800m 时则采用二等水准进行测量。

11.2 墩台中心定位和轴线测设

11.2.1 墩台中心定位

在桥梁施工过程中，最主要的工作是测设出墩、台的中心位置和它的纵横轴线。其测设数据由控制点坐标和墩、台中心的设计位置计算确定，若是曲线桥还需桥梁偏角、偏距及墩距等原始资料。测设方法则视河宽、水深及墩位的情况，可采用直接测设或角度交会等方法。墩、台中心位置定出以后，要测设出墩、台的纵横轴线，以固定墩、台方向，同时它也是墩台施工中细部放样的依据。

1. 直线桥的墩、台中心定位

直线桥的墩、台中心都位于桥轴线的方向上。墩、台中心的设计里程及桥轴线起点的里程是已知的，如图 11-2 所示，相邻两点的里程相减即可求得它们之间的距离。根据地形条件，可采用直接测距法或交会法测设出墩、台中心的位置。

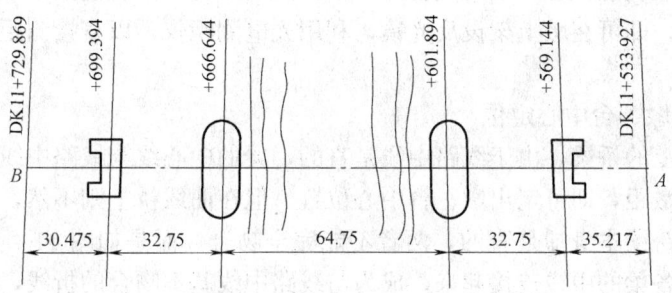

图 11-2　直线桥墩、台

1）直接测距法

这种方法适用于无水或浅水河道。根据计算出的距离，从桥轴线的一个端点开始，用检定过的钢尺测设出台中心，并附合于桥轴线的另一个端点上。若在限差范围之内，则依各端距离的长短按比例调整已测设出的距离。在调整好的位置上钉一小钉，即为测设的点位。

若用光电测距仪测设，则在桥轴线起点或终点架设仪器，并照准另一个端点在桥轴线方向上设置反光镜，并前后移动，直至测出的距离与设计距离相符，则该点即为要测设的墩、台中心位置。为了减少移动反光镜的次数，在测出的距离与设计距离相差不多时，可用小钢尺测出其差数，以定出墩、台中心的位置。

2）角度交会法

当桥墩位于水中，无法直接丈量距离及安置反光镜时，则采用角度交会法，如图 11-3 所示，C、A、D 为控制网的三角 B 方向点，且 A 为桥轴线的

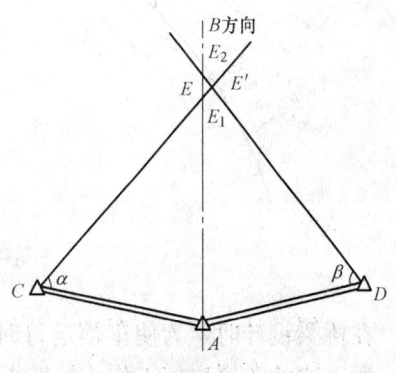

图 11-3　角度交会法

端点，E 为墩中心设计位置。C、A、D 各控制点坐标已知，若墩心 E 的坐标与之不在同一坐标系，可将其进行改算至统一坐标系中。利用坐标反算公式即可推导出交会角 α、β。如利用计算器的坐标换算功能，则 α 的计算过程更为简捷。以 CASIO fx-4500P 为例：$\text{pol}((x_E-x_C),(y_E-y_C)),\alpha_{CE}=W;\text{pol}((x_A-x_C),(y_A-y_C)),\alpha_{CA}=W$；则交会角为：$\alpha=\alpha_{CA}-\alpha_{CE}$。其中，pol 为直角坐标、极坐标的换算功能；$W$ 为极角的存储区，$W<0$ 时，加 360°赋予方位角。同理，可求出交会角 B。当然也可以根据正弦定理或其他方法求得。

在 C、D 点上安置经纬仪，分别自 CA 及 DA 方向测设出交会角 α、β，则两方向的交点即为墩心 E 点的位置。为了检核精度及避免错误，通常还利用桥轴线 AB 方向，用三个方向交会出 E 点。由于测量误差的影响，三个方向一般不交于一点，而形成如图 11-3 所示的三角形，该三角形称为示误三角形。示误三角形的最大边长，在建筑墩台下部时不应大于 25mm，上部时不应大于 15mm。如果在限差范围内，则将交会点 E 投影至桥轴轴线上，作为墩中心 E 的点位。

随着工程的进展，需要经常进行交会定位。为了工作方便，提高效率，通常都是在交会方向的延长线上设置标志，以后交会时可不再测设角度，而直接瞄准该标志即可。当桥墩筑出水面以后，即可在墩上架设反光镜，利用光电测距仪，以直接测距法定出墩中心的位置。

2. 曲线桥的墩、台中心定位

位于直线桥上的桥梁，由于线路中线是直的，梁的中心线与线路中线完全重合，只要沿线路中线测出墩距，即可定出墩、台中心位置。但在曲线桥上则不然，曲线桥的线路中线是曲线，而每跨梁本身却是直的，两者不能完全吻合，而是如图 11-4 所示。梁在曲线上的布置，是使各梁的中线连接起来，成为与线路中线基本吻合的折线，这条折线称为桥梁工作线。墩、台中心一般位于桥梁工作线转折角的顶点上，所谓墩台定位，就是测设这些转折角顶点的位置。

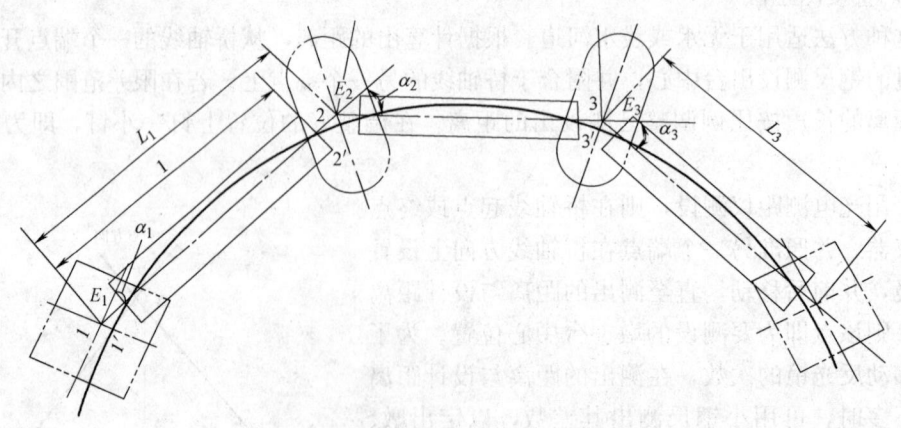

图 11-4 曲线桥墩、台

在桥梁设计时，为使车辆运行时梁的两侧受力均匀，桥梁工作线应尽量接近线路中线，所以梁的布置应使工作线的转折点向线路中线外移动一段距离 E，这段距离称为桥墩偏距，如图 11-4 所示，其中 11′、22 和 33 分别为桥墩台的偏距 E_1、E_2 和 E_3。偏距 E 一般是以梁长为弦线的中矢值的一半，这是铁路桥梁的常用布置方法，称为平分中矢布置。相邻两梁跨工作线构成的偏角 α 称为桥梁偏角。每段折线的长度 L 称为桥墩中心距。E、α、L 在设计图中都已经给出，结合这些资料即可测设墩位。

综上所述可以看出，直线桥的墩、台定位，主要是测设距离，其所产生的误差，也主要是距离误差的影响；而曲线桥，距离和角度的误差都会影响到墩、台点位的测设精度，所以它对测量工作的要求比直线桥要高，工作也比较复杂，在测设过程中一定要多方检核。

在曲线上的桥梁是线路组成的一部分，故要使桥梁与曲线正确地连接在一起，必须以高于线路测量的精度进行测设。曲线要素要重新以较高精度取得。为此需对线路进行复测，重新测定曲线转向角，重新计算曲线要素，而不能利用原来线路测量的数据。

曲线桥上测设墩位的方法与直线桥类似，也要在桥轴线的两端测设出两个控制点，以作为墩、台测设和检核的依据。两个控制点测设精度同样要满足估算出的精度要求。在测设之前，首先要从线路平面图上弄清桥梁在曲线上的位置及墩台的里程。位于曲线上的桥轴线控制桩，要根据切线方向用直角坐标法进行测设。这就要求切线的测设精度要高于桥轴线的精度。至于哪些距离需要高精度复测，则要看桥梁在曲线上的位置而定。

将桥轴线上的控制桩测设出来以后，就可根据控制桩及给出的设计资料进行墩、台的定位。根据条件，可采用直接测距法或交会法。

1）直接测距法

在墩、台中心处可以架设仪器时，宜采用这种方法。由于墩中心距 L 及桥梁偏角 α 是已知的，可以从控制点开始，逐个测设出角度及距离，即直接定出各墩、台中心的位置，最后再附合到另外一个控制点上，以检核测设精度，这种方法称为导线法。

利用光电测距仪测设时，为了避免误差的积累，可采用长弦偏角法（也称极坐标法）。因为控制点及各墩、台中心点在切线坐标系内的坐标是可以求得的，可据此算出控制点至墩、台中心的距离及其与切线方向间的夹角 δ_i。架仪器于控制点，自切线方向开始拨出，再在此方向上测设出 D_i，如图 11-5 所示，即得墩、台中心的位置。该方法特点是独立测设，各点不受前一点测设误差的影响；但在某一点上发生错误或有粗差也难于发现。所以一定要对各个墩台中心距进行检核测量，可检核相邻墩台中心间距，若误差在 2cm 以内时，则认为成果是可靠的。

2）角度交会法

当桥墩位于水中，无法架设仪器及反光镜时，宜采用交会法。与直线桥上采用交会法定位所不同的是，由于曲线桥的墩、台心未在线路中线上，故无法利用桥轴线方向作为交会方向之一；另外，在三方向交会时，当示误三角形的边长在容许范围内时，是取其重心作为墩中心位置。

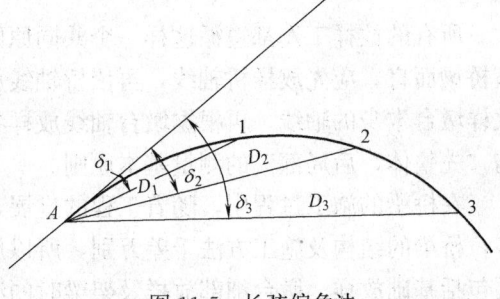

图 11-5　长弦偏角法

由于这种方法是利用控制网点交会墩位，所以墩位坐标系与控制网的坐标系必须一致，才能进行交会数据的计算。如果两者不一致时，则须先进行坐标转换。交会数据的计算与直线桥时类似，根据控制点及墩位的坐标，通过坐标反算出相关方向的坐标方位角，再依此求出相应的交会角度。

11.2.2 墩台轴线测设

为了进行墩、台施工的细部放样，需要测设其纵、横轴线。纵轴线是指过墩、台中心平行于线路方向的轴线；横轴线是指过墩、台中垂直于线路方向的轴线；桥台的横轴线是指桥台的胸墙线。

直线桥墩、台的纵轴线于线路的中线方向重合，在墩、台中心架设仪器，自线路中线方向测设 90°角，即为横轴线的方向（图 11-6）。

曲线桥的墩、台纵轴线位于桥梁偏角的分角线上，在墩、台中心架设仪器照准相邻的墩、台中心，测设 α/2 角，即为纵轴线的方向。自纵轴线方向测设 90°角，即为横轴线方向（图 11-7）。

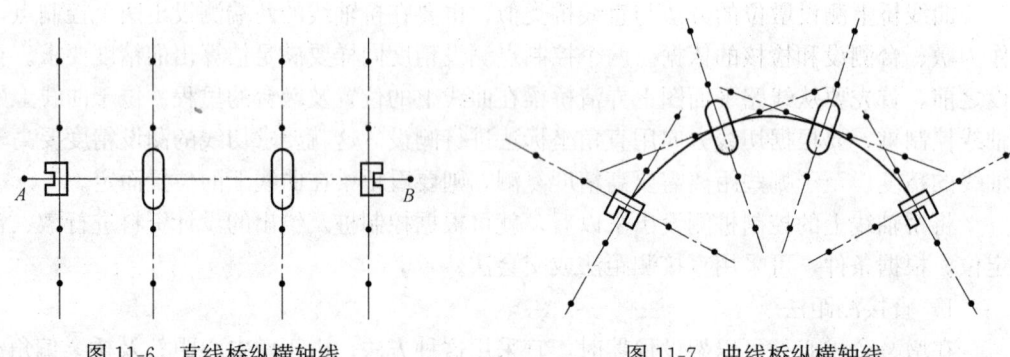

| 图 11-6　直线桥纵横轴线 | 图 11-7　曲线桥纵横轴线 |

墩、台中心的定位桩在基础施工过程中要被挖掉，实际上，随着工程的进行，原定位桩常被覆盖或破坏，但又经常需要恢复以便于指导施工。因而需在施工范围以外钉设护桩，以方便恢复墩台中心的位置。所谓护桩，即指在墩、台的纵、横轴线上，于两侧各钉设至少两个木桩，因为有两个桩点才可恢复轴线的方向。为防止破坏，可以多设几个。在曲线桥上相近墩台的护桩纵横交错，使用时极易弄错，所以在桩上一定注意要注明墩、台的编号。

11.3　桥梁细部施工放样

所有的放样工作都遵循这样一个共同原则，即先放样轴线，再依轴线放样细部。就一座桥梁而言，应先放样桥轴线，再依桥轴线放样墩、台位置；就每一个墩台而言，则应先放样墩台本身的轴线，再根据墩台轴线放样各个细部。其他各个细部也是如此。这就是所谓"先整体，后局部"的测量基本原则。

在桥梁的施工过程中，随着工程的进展，随时都要进行放样工作，细部放样的项目繁多，桥梁的结构及施工方法千差万别，所以放样的内容及方法也各不相同。总的说来，主要包括基础放样、墩台细部放样及架梁时的测设工作。现择其要者简单说明。

中小型桥梁的基础，最常用的是明挖基础和桩基础。明挖基础的构造如图 11-8（a）所示。它是在墩、台位置处挖出一个基坑，将坑底平整后，再灌注基础及墩身。根据已经测设出的墩中心位置及纵、横轴线及基坑的长度和宽度，测设出基坑的边界线。在开挖基坑时，根据基础周围地质条件坑壁须放有一定的坡度，可根据基坑深度及坑壁坡度测设出开挖边界线。边坡桩至墩、台轴线的距离 D 依下式计算：

$$D=\frac{b}{2}+h \cdot m+l \tag{11-8}$$

式中　b——基础底边的长度或宽度；

　　　h——坑底与地面的高差；

　　　m——坑壁坡度系数的分母；

　　　l——基底每侧加宽度。

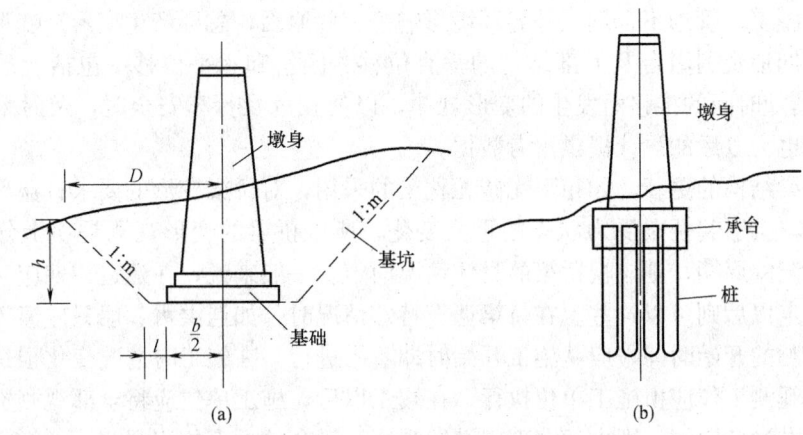

图 11-8　明挖基础和桩基础

桩基础的构造如图 11-8（b）所示，它是在基础的下部打入基桩，在桩群的上部灌注承台，使桩和承台连成一体，再在承台以上灌筑墩身。

基桩位置的放样如图 11-9 所示，它是以墩、台的纵、横轴线为坐标轴，按设计位置用直角坐标法测设；或根据基桩的坐标依极坐标的方法置仪器于任一控制点进行测设。后者更适合于斜交桥的情况。在基桩施工完成以后，承台修筑以前，应再次测定其位置，以作竣工资料。

明挖基础的基础部分、桩基的承台以及墩身的施工放样，都是先根据护桩测设出墩、台的纵、横轴线，再根据轴线设立模板。在模横轴线对齐，即为其应有的位置。

架梁是建造桥梁的最后一道工序。无论是图 11-9 基桩

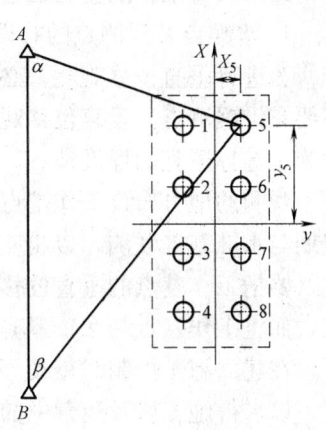

图 11-9　基桩放样

放样钢梁还是混凝土梁，无论是预制梁还是现浇梁同样需要相应的梁部放样工作。

梁的两端是用位于墩顶的支座支撑，支座放在底板上，而底板则用螺栓固定在墩台的支撑垫石上。架梁的测量工作，主要是测设支座底板的位置，测设时也是先设计出它的纵、横中心线的位置。支座底板的纵、横中心线与墩、台的纵横轴线的位置关系是在设计图上给出的，因而在墩、台顶部的纵、横轴线设计出以后，即可根据它们的相互关系，用钢尺将支座底板的纵、横中心线放样出来，对于现浇梁则其测设工作相对更多些，需要放样模板的位置和根据设计测设和检查模板不同部位的高程等。

另外，桥梁细部放样过程中，除平面位置的放样外，还有高程放样。墩台施工中的高程放样，通常都在墩台附近设立一个施工水准点，根据这个水准点以水准测量方法测设各部的设计高程。但在基础底部及墩、台的上部，由于高差过大，难于用水准尺直接传递高程时，可用悬挂钢尺的办法传递高程。

11.4 桥梁墩台的变形观测

在桥梁的建造过程中及建成运营时，由于基础的地质条件不同，受力状态发生改变，结构设计、施工、管理不合理，外界环境影响等一些原因，总会产生变形。变形观测的任务，就是定期地观测墩台及上部结构的垂直位移、倾斜和水平位移（包括上部结构的挠曲），掌握其随时间的推移而发生的变形规律，以便在危及行车安全时，及时采取补救措施。同时，也为以后的设计提供参考数据。

随着桥梁结构的更新，如箱形无碴无枕梁的采用，对桥梁变形的要求日益严格，因为微小的变形，会引起桥梁受力状态的重大变化，所以桥梁的变形观测是项十分重要的工作。至于观测的周期，则应视桥梁的具体情况而定。一般来说，在建造初期应该短些，在变形逐步稳定以后则可以长些。在桥梁遇有特殊情况时，如遇洪水、船只碰撞等，则应及时观测。观测的开始时间，应从施工开始时即着手进行，在施工时情况变化很快，观测的周期应短，观测工作应由施工单位执行。在竣工以后，施工单位应将全部观测资料移交给运营部门，在运营期间，则由运营部门继续观测、墩台的垂直位移观测。

11.4.1 墩台的垂直位移观测

1. 水准点及观测点的布设

为进行垂直位移观测，必须要在河流两岸布设作为高程依据的水准点，在桥梁墩台上还要布设观测点。垂直位移观测对水准点的要求是要十分稳定，因而必须建在基岩上。有时为了选择适宜的埋设地点，不得不远离桥址，但这样工作不方便，所以通常在桥址附近便于观测的地方布设工作基点。日常的垂直位移观测，即自工作基点施测，但工作基点要定期与水准基点联测，以检查工作基点的高程变化情况。在计算桥梁墩台的垂直位移值时，要把工作基点的垂直位移考虑在内，如果条件有利，或桥梁较小，则可不另设水准基点，而将工作基点与水准基点统一起来，即只设一级控制。无论是水准基点还是工作基点，在建立施工控制时就要予以考虑，即在施工以前，就要选择适宜的位置将它们布设好，以求得施工以及运营中的垂直位移观测，保持高程的统一。观测点应在墩台顶部的上下游各埋设一个，其顶端做成球形，之所以要在上下游各埋设一个，是为了观测墩台的不均匀下沉及墩台的倾斜。

2. 垂直位移观测

垂直位移观测的精度要求甚高，所以一般都采用精密水准测量。但这种要求并非指的绝对高程，而是指水准基点与观测点之间的相对高差。

观测内容包括两部分：一部分是水准基点与工作基点联测，这称为基准点观测；另一部分是根据工作基点测定观测点的垂直位移，称为观测点观测。

基准点观测，当桥长在300m以下时，可用三等水准测量的精度施测；在300m以上时，用二等水准的精度施测；当桥长在1000m以上时，则用一等水准测量的精度施测。

基准点观测的水准路线必须构成环线。

基准点的观测，每年进行一次或两次，各次观测时间及条件应尽可能相近以减少外界条件对成果的影响。由于各次观测路线相同，而在转点处也可埋设些简易的标志，这样既省去每次选点的时间，同时各次的前后视距相同，有利于提高观测的精度。

观测点的观测则是从一岸的工作基点附合到另一岸的工作基点上。由于桥梁构造的特殊条件，只能在桥墩上架设仪器，而且受梁的阻挡，还不能观测同一墩上的两个水准点，所以只能由上下游的观测点分别构成两条水准路线。

基准点闭合线路及观测点附合路线的闭合差，均采取按测量的测站数多少进行分配，将每次观测求得的各观测点的高程与第一次观测数值相比，即得该次所求得的观测点的垂直位移量。如果高程控制是采用两级控制，设置水准基点和工作基点，则计算垂直位移时还应考虑工作基点的下沉量。

为了计算观测精度，需要计算出一个测站上高差的中误差。在桥梁垂直位移观测中，路线比较单一，也比较固定。即从一岸的工作基点到对岸的工作基点，期间安置仪器的次数受墩位的限制都是固定的，因而可视为等权观测。根据每条水准路线上往返测高差的较差，按式（11-9）即可算出一个测站上高差的中误差：

$$m_{站} = \pm \sqrt{\frac{[dd]}{4n}} \qquad (11\text{-}9)$$

式中 d——每条水准路线上往返测高差的较差，以毫米为单位；

　　　n——水准路线上单程的测站数。

在桥梁中间的桥段上的观测点离工作基点最远，因而其观测精度也最低，称之为最弱点。最弱点相对工作基点的高程中误差依下式计算：

$$m_{弱} = m_{站}\sqrt{k}$$
$$k = \frac{k_1 \cdot k_2}{k_1 + k_2} \qquad (11\text{-}10)$$

式中 k_1、k_2——自两岸工作基点到最弱点的测站数。垂直位移量是各次观测高差与第一次观测高差之差，因而最弱点垂直位移量的测定中误差为：

$$m_{垂} = \sqrt{2m_{弱}} \qquad (11\text{-}11)$$

它应该满足 ±1mm 的精度。

3. 垂直位移观测的成果处理

根据历次垂直位移观测的资料，应按日期先后编制成垂直位移观测成果表，格式见表 11-2。

垂直位移观测　　　　　　　　　　　　　　　　表 11-2

沉降量 ＼ 时间	1998.6.24	1998.12.8	1999.6.20	备注
3号上	4.2	5.4	6.8	

为了更加直观起见，通常还要根据上表，以时间为横坐标，以垂直位移量为纵坐标，对于每个观测点都绘出一条垂直位移过程线（图 11-10）。绘制垂直位移过程线时，先依

时间及垂直位移量绘出各点，将相邻点相连，构成一条折线，再将折线修滑成曲线。从垂直位移线上，可以清楚地看出每个点的垂直位移趋势、垂直位移规律和大小，这对于判断变形情况是非常有利的。如果垂直位移过程线的趋势是日渐稳定，则说明桥梁墩台是正常的，而且日后的观测周期可以适当延长，如果这一过程线表现为位移量有明显的变化，且有日益加速的趋势，则应及时采取工程补救措施。如果每个桥墩的上下游观测点垂直位移不同，则说明桥墩发生倾斜。

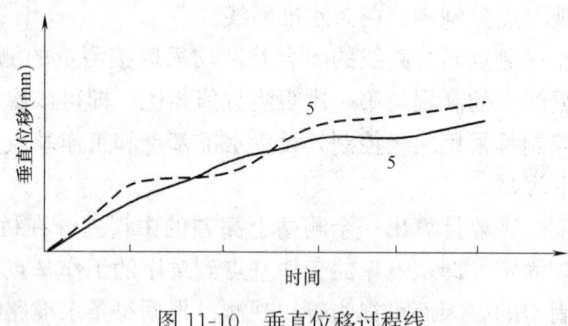

图 11-10　垂直位移过程线

11.4.2　墩台的水平位移观测

1. 平面控制网的布设

为测定桥梁墩台的水平位移，首先要布设平面控制网。对于平面控制网的设计，如果在桥梁附近找到长期稳定的地层来埋设控制点，可以采用一级布点，即只埋设基准点；如果必须远离桥梁才能找到稳定的地层，则需采用两级布点，即在靠近桥梁的适宜位置布设工作基点，用于直接测定墩台位移，而再在地层稳定的地方布设基准点，作为平面的首级控制。根据基准点定期检测工作基点的点位，以期求出桥梁上各观测点的绝对位移值。

2. 墩台位移的观测方法

墩台位移主要产生于水流方向，这是因为它经常受水流的冲击，但由于车辆运行的冲击，也会产生顺桥轴线方向的位移，所以墩台位移的观测，主要就是测定在这两个互相垂直的方向上的位移量。

由于位移观测的精度要求很高，通常都需要达到毫米级，为了减少观测时的对点误差，在埋设标志时，一般都安设强制对中设备。

对于墩台沿桥轴线方向的位移，通常都是观测各墩中心之间的距离。采用这种方法时，各墩上的观测点最好布设成一条直线，而工作基点也应位于这条直线上。有些墩台的中心连线方向上有附属设备的阻挡，此时，可在各墩的上游一侧或下游一侧埋设观测点，而测定这些观测点之间的距离。每次观测所得观测点至工作基点的距离与第一次观测距离之差，即为墩台沿轴线方向的位移值。

对于沿水流方向的位移，在直线桥上最方便的方法是视准线法。这种方法的原理是在平行于桥轴线的方向上建立一个固定不变的铅直面，从而测定各观测点相对于该铅直面的距离变化，即可求得沿水流方向墩台的位移值。

用视准线法测定墩台位移，有测小角法及活动觇牌法，现分别说明。

1）测小角法

这种方法如图 11-11 所示，图中 A、B 为视准线两端的工作基点，C 为墩上的观测点。观测时在 A 点架设经纬仪，在 B 点和 C 点安置固定觇牌，当测出 $\angle BAC$ 以后，即可以用下式计算出 C 点偏离 AB 的距离 d，即：

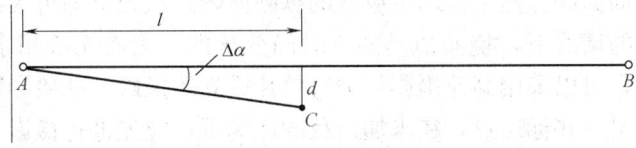

图 11-11　测小角法

角度观测的测回数视仪器精度及要求的位移观测精度而定。当距离较远时，由于照准误差的增大，测回数要相应增加。每次观测所求得的 d 值与第一次观测距离之差，即是该点的位移量。

2）活动觇牌法

所谓活动觇牌法，是指在观测点上所用的觇牌是可以移动的，它有微动和读数设备，转动微动设备，则觇牌可沿导轨作微小移动，并可在读数设备上读出读数，其最小读数可达 0.1mm。

观测时将经纬仪安置于一端的工作基点上，并照准另一端的工作基点上的固定觇牌，则此视线方向即为基准方向。然后移动位于观测点上的活动觇牌，直至觇牌上的对称轴线位于视线上，则可从读数设备上读出读数。为了消除活动觇牌移动的隙动差，觇牌应从左至右及从右至左两次导入视线，并取两次读数的平均值。为提高精度，应连续观测多次，将观测读数的平均值减去觇牌零位（即觇牌对称轴与标志中心在同一铅直线上时的读数），即得该观测点偏离视准线的距离。将每次观测结果与第一次观测结果相较，其差值即为该点在水流方向上的位移值。

在曲线桥上，由于各墩不在同一条直线上，因而不便采用上述的直线丈量法及视准线法观测两个方向上的位移，这时，通常都采用前方交会如果采用前方交会，则工作基点的选择除了考虑稳定、通视、避免旁折光外，尽量考虑优化设计的结果，使误差椭圆的短轴大致沿水流方向，且在水流方向上的交会精度应满足位移观测的精度要求。

根据前方交会的观测资料计算出观测点的坐标，每次求得的坐标与第一次观测结果相比较，即为观测点的位移量。根据坐标轴与桥轴线及水流方向的方向关系，还可将其化算为沿桥轴线方向及水流方向上的位移量。

由于变形观测的精度要求极高，所以观测所用的经纬仪应采用 J_1 级。

不论采用什么方法，都要考虑工作基点也可能发生位移。如果是采用两级布网，还要定期进行工作基点与基准点的联测，在计算观测点的位移时，应将工作基点位移产生的影响一起予以考虑。

如果在桥墩的上下游两侧均设置观测点并定期进行观测，还可发现桥墩的扭动。对于在桥墩处水流方向不是很稳定的桥梁，这项观测也是十分必要的。

11.4.3　上部结构的挠曲观测

桥梁通车以后，桥梁上承受静荷载或动荷载后，必然会产生挠曲。挠曲的大小，对上部结构各部分的受力状态影响极大。在设计桥梁时，已经考虑了一定荷载下它应有的挠曲值，挠曲值是不应超过一定限度的，如果超过，则会危及行车安全。

　　挠曲的观测是在承受荷载的条件下进行的，对于承受静荷载时的挠曲观测与架梁时的拱度观测可以采用相同的方法。即按规定位置将车辆停稳以后，用水准测量的方法测出下弦杆上每个节点处的高程，然后绘出下弦杆的纵断面图，从图上即可求得其挠曲值。

　　在承受动荷载的情况下，挠曲值是随着时间变化的，因而无法用水准测量的方法观测。在这种情况下，可以采用高速摄影机进行单片或立体摄影。在摄影以前，应在上部结构及墩台上预先绘出一些标志点，在未加荷载的情况下，应先进行摄影，并根据标志点的影像，量测出它们之间的相对位置。在加了荷载以后再用高速摄影机进行连续摄影，并量测出各标志点的相对位置。由于摄影是连续的，所以可以求出在加了动荷载的情况下的最大瞬时挠曲值。现在已有了带伺服系统的全站仪和高速摄影机一体化的挠度仪，用于挠度观测和数据处理更为方便。应该注意的是桥梁上部结构的挠曲与行车重量及行车速度是密切相关的。在观测挠曲的同时，应记下车辆重量及行车速度。这样，即可求得车辆重量、行车速度与桥梁上部结构挠曲的关系。它一方面可以作为对设计的检验，同时也为运营管理提供科学的依据。

思考与练习题

11-1　桥梁测量的主要内容分哪几部分？

11-2　何为墩、台施工定位？简述墩台定位常用的几种方法。

11-3　桥梁施工放样的原则是什么？

11-4　简述桥梁墩台变形观测的内容？

11-5　桥梁控制网主要形式以及坐标系如何建立？

11-6　何为桥轴线长度？其所需的精度与哪些因素相关？

第12章

隧 道 测 量

12.1 概 述

12.1.1 隧道工程的特点

随着经济建设的发展，地下隧道工程日益增多，特别是在铁路、公路、水利等工程领域，应用更加普遍。与从前的设计相比，现代设计中隧道占线路总长的比重逐步增大，并且特长大隧道（详见表 12-1 隧道长度的划分）不断涌现，新的长度记录不断刷新。

隧道工程的大量增加，大大缩减了线路的长度，提高了运行效率，刚投入运营的全长约28km 的石太客运专线太行山隧道、辽宁全长 85.3km 的大伙房输水隧道、全长18.02km 的秦岭终南山特长公路隧道等，都已经或即将在我国的效益建设中发挥重要作用，显现出良好的社会和经济效益。

隧道长度的划分表   表 12-1

	特长隧道	长隧道	中隧道	短隧道
铁路隧道	≥10000m	10000m～3000m	3000m～500m	≤500m
公路隧道	≥3000m	3000m～1000m	1000m～500m	≤500m

隧道工程测量与地面工程的测量相似，需要先建立控制系统，然后再测设开挖方向，测设出设计中线的平面位置和高程，放样各细部，如衬砌、避车洞、排水沟等的位置等。但隧道地下工程的显著特点是施工面狭窄、工期长，为增加工作面而开设的施工面在不同工段之间互不通视（图 12-1）；隧道工程测量不便组织校核，错误往往不能及时发现。因此，测量工作在隧道工程中更加重要，常常被誉为指挥员的眼睛。

12.1.2 隧道测量的内容

隧道工程施工需要进行的主要测量工作包括：

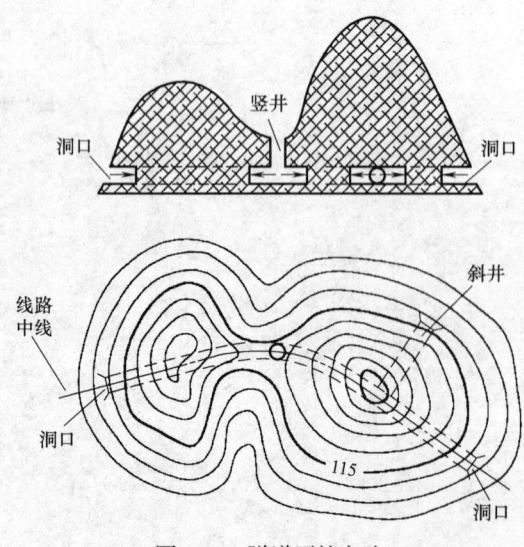

图 12-1 隧道开挖方法

（1）洞外控制测量：在洞外建立平面和高程控制网，测定各洞口控制点的坐标。

（2）进洞测量：将洞外的坐标、方向和高程传递到隧道内，建立洞内、洞外统一坐标系统。

（3）内控制测量：包括隧道内的平面和高程控制测量。

（4）隧道施工测量：根据隧道设计要求进行施工放样、指导开挖。

（5）竣工测量：测定隧道竣工后的实际中线位置和断面净空及各建筑物、构筑物的位置尺寸。

隧道测量的主要目的，是保证隧道相向开挖时，能按规定的精度正确贯通，并使各建筑物的位置和尺寸符合设计规定，不使侵入建筑限界，以确保运营安全。

12.1.3 隧道贯通测量的含义

在长大隧道施工中，为加快进度，常采用多种措施增加施工工作面，如图 12-1 所示。两个相邻的掘进面，按设计要求在预定地点彼此接通，称为隧道贯通，为此而进行的相关测量工作称为贯通测量。贯通测量涉及大部分的隧道测量内容。由于各项测量工作中都存在误差，导致相向开挖中具有相同贯通里程的中线点在空间不相重合，此两点在空间的连接误差（即闭合差）称为贯通误差。该线段在线路中线方向的分量称为纵向贯通误差（简称纵向误差）；在水平面内垂直于中线方向的分量称为横向贯通误差（简称横向误差）；在高程方向的分量称为高程贯通误差（简称高程误差）。

三种贯通误差对隧道的质量将产生不同影响：高程贯通误差对隧道的设计坡度产生影响；横向贯通误差对隧道的平顺质量有显著影响；纵向贯通误差仅在距离上（隧道长度）有影响。不同的隧道工程对贯通误差的容许值有各自具体的规定。如何保证隧道在贯通时，两相向开挖的施工中线的闭合差（包括横向、纵向及高程方向）不超过规定的限值，成为隧道测量的关键问题。

接到隧道测量任务之后，应先了解隧道设计的意图和要求，收集有关资料经实地踏勘后，确定具体的测量方案（即确定布网形式、观测方法、仪器设备类型、控制网的等级、误差参数等）。对于一些重要的或精度要求较高的隧道，还需根据确定的方案进行贯通误差预计，若预计误差在工程设计要求范围之内，即可按此方案实施；否则，需对原方案进行修改调整，重新预计，直到符合要求为止。各项贯通误差的允许数值，根据我国铁路隧道工程建设的要求及多年来贯通测量的实践，在《铁路桥涵设计规范》TB 10002—2017 中规定如表 12-2 所示。

贯通误差的限差 表 12-2

两开挖洞口间长度(km)	<4	4~<8	8~<10	10~<13	13~<17	17~<20
横向贯通误差(mm)	100	150	200	300	400	500
高程贯通误差(mm)	50					

公路隧道洞内两相向施工中线，在贯通面上的极限误差：当两相向开挖洞口长度小于 3000m 时，为±150mm；当两相向开挖洞口间长度在 3000~6000m 时，为±200mm；高程极限贯通误差定为±70mm。

对于纵向贯通误差虽然没有做出具体规定，但一般小于隧道长度的 1/2000，由于测距精度的提高，在纵向方面所产生的贯通误差，远远小于这一要求，且一般对隧道施工和隧道质量不产生影响。隧道高程所要求的精度，使用一般等级水准测量方法即可满足。可见，横向贯通误差的大小，则直接影响隧道的施工量，严重者甚至会导致隧道报废。所以，一般意义上的贯通误差，主要是指隧道的横向贯通差。

12.2 隧道洞外平面控制测量

隧道的设计位置，一般是以定测的精度初步标定在地面上。在施工之前必须进行施工复测，检查并确认两端洞口中线控制桩（也称为洞口投点）的位置，还要与中间其他施工进口的控制点进行联测，这是进行隧道施工测量的主要任务之一，也为后续洞内施工测量提供依据。

　　一般要求在每个洞口应测设不少于3个平面控制点（包括洞口投点及其相联系的三角点或导线点、GPS点）。直线隧道上，两端洞口应各确定一个中线控制桩，以两桩连线作为隧道的中线；在曲线隧道上，应在两端洞口的切线上各确定两个间距不小于200m的中线控制桩，以两条切线的交角和曲线要素为依据，来确定隧道中线的位置。平面控制网应尽可能包括隧道各洞口的中线控制点，可以在施工测量时提高贯通精度，又可减少工作量。

　　隧道洞外控制测量的目的是在各开挖洞口之间建立一精密的控制网，以便据此精确地确定各开挖洞口的掘进方向，使之正确相向开挖，保证准确贯通。洞外平面控制测量应结合隧道长度、平面形状、线路通过地区的地形和环境等条件进行设计，常采用GPS、精密导线、中线和三角锁等测量方法进行施测。

12.2.1　GPS测量法

　　GPS是全球定位系统的简称，它的原理和使用方法，可参阅第6章有关内容。

　　隧道洞外控制测量可利用GPS相对定位技术，采用静态测量方式进行。测量时仅需在各开挖洞口附近测定几个控制点的坐标，工作量小，精度高，而且可以全天观测，因此是大中型隧道洞外控制测量的首选方案。

　　隧道GPS控制网的布网设计，应满足下列要求：

　　（1）控制网由隧道各开挖口的控制点点群组成，GPS定位点之间一般不要求通视，但布设同一洞口控制点时，考虑到用常规测量方法检核及引测进洞的需要，洞口控制点间应当通视。

　　（2）基线最长不宜超过30km，最短不宜短于300m。

　　（3）每个控制点应有三个或三个以上的边与其连接，极个别的点才允许由两边连接。

　　（4）点位上空视野开阔，保证至少能接收到4颗卫星的信号。

　　（5）测站附近不应有对电磁波有强烈吸收或反射影响的金属和其他物体。

　　（6）各开挖口的控制点及洞口投点高差不宜过大，尽量减小垂线偏差的影响。

12.2.2　精密导线法

　　在隧道进、出口之间，沿勘测设计阶段所标定的中线或离开中线一定距离布设导线，采用精密测量的方法测定各导线点和隧道两端控制点的点位。

　　在进行导线点布设时，除应满足第6章的有关要求外，导线点还应根据隧道长度和辅助坑道的数量及位置分布情况布设。导线宜采用长边，且尽量以直伸形式布设，这样可以减少转折角的个数，以减弱边长误差和测角误差对隧道横向贯通误差的影响。为了增加检核条件和提高测角精度评定的可行了性，导线应组成多边形导线闭合环或具有多个闭合环的闭合导线网，导线环的个数不宜太少，每个环的边数不宜太多，一般在一个控制网中，导线环的个数不宜少于4个；每个环的边数宜为4～6条。导线可以是独立的，也可以与国家高等级控制点相连。导线水平角的观测，宜采用方向观测法，测回数应符合表12-3

的规定。

测角精度、仪器型号和测回数 表 12-3

三角锁、导线测量等级	测角误差（″）	仪器型号	测回数
二	1.0	DJ₁	6～9
		DJ₂	9～12
三	1.8	DJ₁	4
		DJ₂	6
四	2.5	DJ₁	2
		DJ₂	4
五	4.0	DJ₂	2

当水平角为两方向时，则以总测回数的奇数测回和偶数测回分别观测导线的左角和右角。左、右角分别取中数后应按式（12-1）计算圆周角闭合差 Δ，其应符合表 12-4 的规定。再将它们统一换算为左角或右角后取平均值作为最后结果，这样可以提高测角精度。

$$\Delta = [左角]_中 + [右角]_中 - 360°\tag{12-1}$$

测站圆周角闭合差的限差（″） 表 12-4

导线等级	二	三	四	五
Δ	2.0	3.6	5.0	8.0

导线等级导线环角度闭合差，应不大于按下式计算的限差：

$$f_{\beta限} = 2m\sqrt{n}\tag{12-2}$$

式中　m——设计所需的测角中误差（″）；

　　　n——导线环内角的个数。

导线的实际测角中误差应按下式计算，并应符合控制测量设计等级的精度要求：

$$m_\beta = \pm\sqrt{\frac{[f_\beta^2/n]}{N}}\tag{12-3}$$

式中　f_β——每一导线环的角度闭合差（″）；

　　　n——每一导线环内角的个数；

　　　N——导线环的总个数。

导线环（网）的平差计算，一般采用条件平差或间接平差（可参考有关"测量平差"的教材）。当导线精度要求不高时，亦可采用近似平差。用导线法进行平面控制比较灵活、方便，对地形的适应性强。我国长达 14.3km 的大瑶山隧道和 8km 多的军都山隧道，就是采用光电测距导线网作控制测量，均取得了很好的效果。

12.2.3 中线法

中线法就是将隧道中线的平面位置，测设在地表上，经反复核对改正误差后，把洞口控制点确定下来，施工时就以这些控制点为准，将中线引入洞内。在直线隧道，于地表沿勘测设计阶段标定的隧道中线，用经纬仪正倒镜延伸直线法测设中线；在曲线隧道，首先精确标出两端切线方向，然后测出转向角，将切线长度正确地标定在地表上，再把线路中线测设到地面上。经反复校核，与两端线路正确衔接后，再以切线上的控制点（或曲线主点及转点等）为准，将中线引入洞内。中线法平面控制简单、直观，但精度不高，适用于长度较短或贯通精度要求洞内不高的隧道。

12.2.4 三角锁网法

将测角三角锁布置在隧道进出口之间，以一条高精度的基线作为起始边，并在三角锁的另一端增设一条基线，以增加检核和平差的条件。三角测量的方向控制较中线法、导线法都高，如果仅从提高横向贯通精度的观点考虑，它是最理想的隧道平面控制方法。

由于光电测距仪和全站仪的普遍应用，三角测量除采用测角三角锁外，还可采用边角网和三边网作为隧道洞外控制。但从其精度、工作量等方面综合考虑以测角单三角形锁最为常用。经过近似或严密平差计算可求得各三角点和隧道轴线上控制点的坐标，然后以这些控制点为依据，可计算各开挖口的进洞方向。

比较上述几种平面控制测量方法可以看出，中线法控制形式计算简单，施测方便，但由于方向控制较差，故只能用于较短的隧道（长度1km以下的直线隧道，0.5km以下的曲线隧道）。三角测量方法方向控制精度高，故在测距效率比较低、技术手段落后而测角精度较高的时期，是隧道控制的主要形式，但其三角点的定点布设条件苛刻。而精密导线法，图形布设简单、选点灵活、地形适应性强，随着光电测距仪的测程和精度的不断提高，已成为隧道平面控制的主要形式。若在水平角测量时，使用精度较高的经纬仪、适度增加测回数或组成适当的网形，都可以大大提高其方向控制精度，而且光电测距导线和光电测距三角高程还可同步进行，提高了效率，减小了野外劳动强度。GPS测量是近年发展起来的最有前途的一种全新测量形式，已在多座隧道的洞外平面控制测量中得到应用效果显著。随着其技术的不断发展、观测精度的不断提高，必将成为未来既满足精度要求又效率最高的隧道洞外控制方式。

12.3 隧道洞内平面控制测量

在隧道施工中，随着开挖的延伸进展，需要不断给出隧道的据进方向。为了正确完成施工放样，防止误差积累，保证最后的准确贯通，应进行洞内平面控制测量。此项工作是在洞外平面控制测量的基础上展开的。

隧道洞内平面控制测量应结合洞内施工特点进行。由于场地狭窄，施工干扰大，故洞内平面控制常采用中线或精密导线两种形式。

12.3.1 精密导线法

精密导线法是在隧道洞内布设精密导线进行平面控制测量。导线控制的方法。较中线形式灵活，点位易于选择，测量工作也较简单，而且可有多种检核方法。当组成导线闭合环时，角度经过平差，还可提高点位的横向精度。施工放样时的隧道中线点依据临近导线点进行测设，中线点的测设精度能满足局部地段施工要求。洞内导线平面控制方法适用于长大隧道。

洞内导线与洞外导线相比，具有以下特点：洞内导线是随着隧道的开挖而向前延伸，只能敷设支导线或狭长形导线环，而不可能将贯穿洞内的全部导线一次测完；测量工作间歇时间取决于开挖面的进展速度；导线的形状（直伸或曲折）完全取决于坑道的形状和施工方法。支导线或狭长形导线环只能用重复观测的方法进行检核，定期进行精确复测，以保证控制测量的精度。洞内导线点不宜保存，观测条件差，标石顶面最好比洞内地面低20～30cm，上面加设坚固护盖，然后填平地面，注意护盖不要和标石顶点接触，以免在洞内运输或施工中使标石遭受破坏。

1. 洞内导线可以采用的形式

（1）单导线。导线布设灵活，但缺乏检测条件。测量转折角时最好半数测回测左角，半数测回测右角，以加强检核。施工中应注意定期检查各导线点的稳定情况。

（2）导线环。如图12-2所示，是长大隧道洞内控制测量的首选形式，有较好的检核条件，而且每增设一对新点，如5和5'点，可按两点坐标反算5—5'的距离，然后与实地丈量的5—5'距离比较，这样每前进一步均有检核。

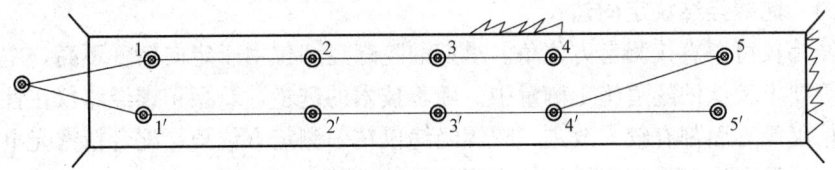

图 12-2　导线环

（3）主、副导线环。如图12-3所示，图中双线为主导线，单线为副导线主导线既测角又测边长，副导线只测角不测边，增加角度的检核条件。在形成闭合环时，可按虚线形式，以便主导线在2点处能以平差角传算2-3边的方位角。主副导线环可对测量角度进行平差，提高了测角精度，对提高导线端点的横向点位精度非常有利。

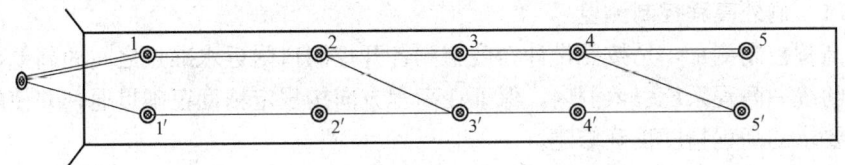

图 12-3　主、副导线环

此外，还有交叉导线、旁点闭合环等方式。当有平行导坑时，还可利用横通道形成正洞和导坑联系起来的导线闭合环，重新进行平差计算，可进一步提高导线的精度。

2. 在洞内进行平面控制的注意事项

（1）每次建立新点，都必须检测前一个旧点的稳定性，确认旧点没有发生位移，才能用来发展新点。

（2）导线点应布设在避免施工干扰、稳固可靠的地段，尽量形成闭合环。导移，才能用来发展新点。线边以接近等长为宜，一般直线地段不短于200m，曲线地段不宜短于70m。

（3）测角时，必须经过通风排烟，使空气澄清以后，能见度恢复时进行。根据测量的精度要求确定使用仪器的类型和测回数。

（4）洞内边长丈量，用钢尺丈量时，钢尺需经过检定；当使用光电测距仪测边时，应注意洞内排烟和漏水地段测距的状况，准确进行各项改正。

12.3.2　中线法

中线法是指采用直接定线法，即以洞外控制测量定测的洞口投点为依据向洞内直接测设隧道中线点，并不断延伸作为洞内平面控制，这是一种特殊的支导线形式，即把中线控制点作为导线点，直接进行施工放样。一般以定测精度测设出待定中线点，其距离和角度等放样数据由理论坐标值反算。这种方法般适用于小于500m的曲线隧道和小于1000m的直线隧道。若将上述测设的线点，辅以高精度的测角、量距，可以计算出新点实际的精确点位，并和理论坐标相比较，根据其误差，再将新点移到正确的中线位置上，这种方法也可以用于较长的隧道。中线法的缺点是受施工运输的干扰大，不方便观测，点位易被破坏。

12.3.3　陀螺经纬仪定向法

陀螺经纬仪可以直接测定方位角。早期的陀螺经纬仪由于定向精度不高，主要用在矿山、水利等要求较低的隧道施工测量中。随着技术的进步，新型陀螺经纬仪在性能、自动化程度、精度等方面都有较大改进。陀螺经纬仪精确测定方位角，配合精密光电测距仪的边长测量，这种方法在隧道测量中的应用前景越来越广。

12.4　隧道高程控制测量

为相互检核，在隧道每个施工洞口应布设不少于2个高程控制点，同时进行高程控制测量，联测各洞口水准点的高程以便引测进洞，保证隧道在高程方向正确开挖和贯通。

12.4.1　洞外高程控制测量

洞外高程控制测量，是按照设计精度施测各开挖洞口附近水准点之间的高差，以便将整个隧道的统一高程系统引入洞内，保证在高程方向按规定精度正确贯通，并使隧道各附属工程按要求的高程精度正确修建。

高程控制常采用水准测量方法，但当山势陡峻采用水准测量困难时，四、五等高程控制亦可采用光电测距三角高程的方法进行。随着新型精密全站仪的出现和使用，在特定条件下，光电测距三角高程可以有条件地代替二等几何水准测量。

高程控制路线应选择连接各洞口最平坦和最短的线路，以期达到设站少、观测快、精度高的要求。每一个洞口应埋设不少于2个水准点，以相互检核；两水准点的位置，以能安置一次仪器即可联测为宜，方便引测并避开施工的干扰。高程控制水测量的精度，应参照相应行业的测量规范实施，表12-5列举了《铁路桥涵设计规范》TB 10002—2017中要求。

12.4.2　洞内高程控制测量

洞内高程控制测量是将洞外高程控制点的高程通过联系测量引测到洞内，作为洞内高程控制和隧道构筑物施工放样的基础，以保证隧道在竖直方向正确贯通。

洞内水准测量与洞外水准测量的方法基本相同，但有以下特点：

（1）隧道贯通之前，洞内水准路线属于水准支线，故需往返多次观测进行检核。

（2）洞内三等及以上的高程测量应采用水准测量，进行往返观测；四、五等也可采用光电测距三角高程测量的方法，应进行对向观测。

各等级水准测量的路线长度及仪器等级的规定　　　　　　　　　　　表 12-5

测量部位	测量等级	每千米水准测量的偶然中误差 M_Δ(mm)	两开挖洞口间水准路线长度(km)	水准仪等级/测距仪精度等级	水准标尺类型
洞外	二	≤1.0	>36	$DS_{0.5}$、DS_1	线条式钢瓦水准尺
	三	≤3.0	13～36	DS_1	线条式钢瓦水准尺
				DS_1	区格式水准尺
	四	≤5.0	5～13	DS_3/Ⅰ、Ⅱ	区格式水准尺
	五	≤7.0	<5	DS_3/Ⅰ、Ⅱ	区格式水准尺
洞内	二	≤1.0	>32	DS_1	线条式钢瓦水准尺
	三	≤3.0	11～32	DS_3	区格式水准尺
	四	≤5.0	5～11	DS_3/Ⅰ、Ⅱ	区格式水准尺
	五	≤7.5	<5	DS_3/Ⅰ、Ⅱ	区格式水准尺

（3）洞内应每隔 200～500m 设立一对高程控制点以便检核。为了施工便利应在导坑内拱部边墙至少每 100m 设立一个临时水准点。

（4）洞内高程点必须定期复测。测设新的水准点前，注意检查前一水准点的稳定性，以免产生错误。

（5）因洞内施工干扰大，常使用倒、挂尺传递高程，如图 12-4 所示，高差的计算公式仍用 $h_{AB}=a-b$，但对于零端在顶上倒、挂尺（如图中 B 点倒尺），读数应作为负值计算，记录时必须在挂尺读数前冠以负号。B 点的高程：

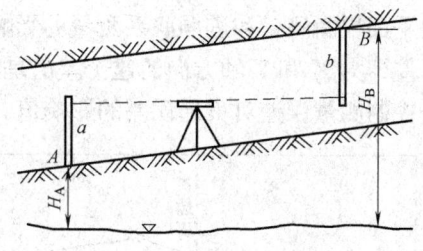

图 12-4　倒尺高程传递

$$H_B=H_A+a-(-b)=H_A+a+b$$

（6）洞内高程控制测量的作业要求、观测限差和精度评定方法符合洞外高程测量的有关规定。洞内测量结果的精度必须符合洞内高程测量设计要求或规定等级的精度（表 12-5）。

（7）当隧道贯通之后，求出相向两支水准路线的高程贯通误差，在允许误差以内精度时，可在未衬砌地段进行调整。所有开挖、衬砌工程应以调整后的高程指导施工。

12.5　隧道贯通精度的预计

12.5.1　贯通精度预计的意义

隧道施工通常是在进口和出口相向开挖、加开挖工作面，这就必需严格保证其施工质量，特别是各开挖面的贯通质量。由了加快隧道的施工进度，需要增于隧道施工是在洞内、外控制测量的基础上进行的，因此必须根据控制测量的设计精度或实测精度，在隧道施工前或施工中对其未来的贯通质量进行预计，以确保准确贯通，避免重大事故的发生，对于长大隧道尤其重要。

鉴于横向贯通误差对隧道贯通影响最大，直线隧道大于 1000m，曲线隧道大于 500m 就要进行误差预计，即在进行平面控制测量设计时，应进行横向贯通误差的估算。考虑到横向贯通误差是受洞外、洞内控制的综合影响，应对其影响程度分别进行预计。《铁路桥涵设计规范》TB 10002—2017 对隧道横向贯通中误差和高程中误差做出规定，如表 12-6 所示。

隧道贯通精度要求 表 12-6

测量部位	横向贯通中误差(mm)						高程中误差(mm)
	两开挖洞口间长度(mm)						
	<4	4~8	8~10	10~13	13~17	17~20	
洞外	30	45	60	90	120	150	18
洞内	40	60	80	120	160	200	17
总和	50	75	100	150	200	250	25
限差	100	150	200	300	400	500	50

12.5.2 洞外、洞内平面控制测量对横向贯通误差的估算

当洞内、外的控制点在图纸（或数字图）上设计好后，再分别估算洞外控制和洞内控制对隧道横向贯通误差的影响。预计洞外平面控制测量对横向贯通误差影响时，不考虑洞内平面控制测量和进洞联系测量的影响，从进、出口两端相向推算出贯通点的坐标，其坐标差即为 X 和 Y 轴方向的这个差值是洞外观测值的函数，利用误差传播定律即可求得洞外控制测量误差对贯通误差的影响值。

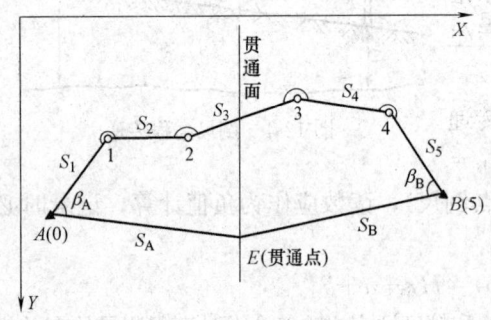

图 12-5 隧道贯通误差计算

在此，我们仅介绍一种简易的估算方法，估算洞内、外控制测量对隧道横向贯通误差的影响。在误差估算时，将洞外平面控制网看作单导线，如图 12-5 所示。设在两洞口处的控制点 A、B 间布设一条单导线，E 为贯通点。洞外导线测量了 S_1、S_2、…、S_5 各边长其相对中误差为 m_{S_i}/S_i；测量了导线的各转折角的角度，其测角中误差为 m_β。假设洞内导线无误差，故可用 AE、BE 两边分别代表从两洞口引入洞内的导线边，其边长分别为 S_A、S_B；β_A、β_B 是洞内、洞外导线边间的连接角。

为贯通误差估计方便，通常将垂直于贯通面的方向为 X 坐标轴，与贯通面平行的方向为 Y 坐标轴。洞外导线的起算点为 A 点，起算方位角 $\alpha_{A1}=\alpha_1$，其他各边对应于 S_i 的方位角为 α_i。从 A 点沿洞内导线推算 E 点 Y 坐标为：

$$y'_E = y_A + S_A \sin\alpha_{AE}$$

从 B 点沿洞内导线推算 E 点 Y 坐标为

$$y''_E = y_A + \sum_{i=1}^{5} S_i \sin\alpha_i + S_B \cdot \sin\alpha_{BE}$$

则横向贯通误差为：

$$y''_E - y'_E = \sum_{i=1}^{5} S_i \sin\alpha_i + S_B \cdot \sin\alpha_{BE} - S_A \cdot \sin\alpha_{AE} \tag{12-4}$$

对其求全微分，同时考虑：

$$\begin{cases} \alpha_{AE} = \alpha_1 + \beta_A - 360° \\ \alpha_{BE} = \alpha_1 + \sum_1^4 \beta_i - \beta_B - 3 \times 180° \end{cases}$$

则有：

$$d(y''_E - y'_E) = S_1 \sin\alpha_1 \frac{dS_1}{S_1} + S_2 \sin\alpha_2 \frac{dS_2}{S_2} + \cdots S_5 \sin\alpha_5 \frac{dS_5}{S_5} +$$

$$S_1 \cos\alpha_1 \frac{d\alpha_1}{\rho} + S_2 \cos\alpha_2 \frac{d\alpha_2}{\rho} + \cdots S_5 \cos\alpha \frac{d\alpha_5}{\rho} + S_B \cos\alpha_{BE} \frac{d\alpha_{BE}}{\rho}$$

因为假定起始方位角无误差，及 $d\alpha_{A1} = 0$，其中：

$$d\alpha_2 = d\alpha_1 + d\beta_1$$
$$d\alpha_3 = d\alpha_1 + d\beta_1 + d\beta_2$$
$$d\alpha_4 = d\alpha_1 + d\beta_1 + d\beta_2 + d\beta_3$$
$$d\alpha_5 = d\alpha_1 + d\beta_1 + d\beta_2 + d\beta_3 + d\beta_4$$
$$d\alpha_{BE} = d\alpha_1 + d\beta_1 + d\beta_2 + d\beta_3 + d\beta_4 + d\beta_B$$

将它们带入上式有：

$$d(y''_E - y'_E) = \sum_{i=1}^5 \Delta y \frac{dS_i}{S_i} + \Delta x_2 \frac{d\beta_1}{\rho} + \Delta x_3 \frac{d\beta_1 + d\beta_2}{\rho} +$$

$$\Delta x_4 \frac{d\beta_1 + d\beta_2 + d\beta_3}{\rho} + \Delta x_5 \frac{d\beta_1 + d\beta_2 + d\beta_3 + d\beta_4}{\rho} +$$

$$\Delta x_{BE} \frac{d\beta_1 + d\beta_2 + d\beta_3 + d\beta_4 + d\beta_5}{\rho}$$

$$= \sum_{i=1}^5 \Delta y_i \frac{dS_i}{S_i} + \frac{d\beta_1}{\rho}(\Delta x_2 + \Delta x_3 + \Delta x_4 + \Delta x_5 + \Delta x_{BE})$$

$$\sum_{i=1}^5 \Delta y_i \frac{dS_i}{S_i} + \frac{d\beta_1}{\rho}(x_E - x_1) + \frac{d\beta_2}{\rho}(x_E - x_2) + \frac{d\beta_3}{\rho}(x_E - x_3) +$$

$$\frac{d\beta_4}{\rho}(x_E - x_4)$$

整理为：

$$d(y''_E - y'_E) = \sum_{i=1}^5 \Delta y_i \frac{dS_i}{S_i} + \frac{1}{\rho} \sum_{i=1}^4 d\beta_i (x_E - x_i)$$

$$= \sum_{i=1}^n \Delta y_i \frac{dS_i}{S_i} + \frac{1}{\rho} \sum_{i=1}^{n-1} d\beta_i (x_E - x_i)$$

运用误差传播定律则得到横向贯通的中误差 $m_{外}$ 为：

$$m_{外} = \pm \sqrt{\sum_{i=1}^n \left(\frac{m_{s_i}}{S_i}\right)^2 \Delta y_i^2 + \frac{m_\beta^2}{\rho^2} \sum_{i=1}^{n-1} (x_E - x_i)^2}$$

式中 $\rho = 206265''$；

x_i——各导线点在图 12-5 所示坐标系下的 x 坐标（可在设计图上获得）。一般认为根号内的第一部分是测距误差的影响，第二部分是测角误差的影响。由于测边精度相同，可将式（12-5）中的各边相对中误差统一用设计值代替。通常将 Δy_i 记为 dy_i，是第 i 条导线边在贯通面上的投影长度；将 $(x_E - x_i)$ 记为 R_{x_i}，它是第 i 点到贯通面的垂直距离，则有：

$$m_{外} = \sqrt{\left(\frac{m_s}{S}\right)^2 \sum_{i=1}^{n} dy_i^2 + \frac{m_\beta^2}{\rho} \sum_{i=1}^{n-1} R_{x_i}^2} \tag{12-5}$$

实际工作中，洞外网不会布设成单导线的形式，用式（12-7）估算得出的中误差偏大，比较安全。但因其计算简单方便，一般都用式（12-7）估算。当估算值大于表 12-6 中相应的洞外中误差分配限值时，应重新确定 $\frac{m_s}{S}$、m_β 值。若满足要求，即可根据选用的 $\frac{m_s}{S}$、m_β 值和现有的仪器设备确定洞外控制网的等级及其施测方案。

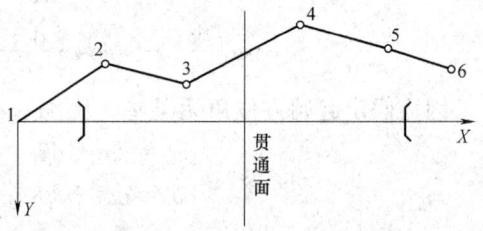

图 12-6　隧道贯通误差估算

【例 12-1】　某隧道洞外控制导线布置如图 12-6 所示，1、6 点为洞口点，2、3、4、5 为导线点，在 1∶1000 地形图上截得各点相对于贯通面垂直距离和各导线边在贯通面上的投影长度如表 12-7 所示，假设测角中误差为 ±4″，测距的相对中误差为 1/10000。试计算洞外导线对横向贯通误差的影响程度。

贯通误差估算表　　　　　　　　　　　　　　　　　　　　表 12-7

各导线点到贯通面的垂直距离 R_x			个导线边在贯通面上的投影长度 d_y		
点号	R_x(m)	R_x^2(m²)	边名	d_y(m)	d_y(m²)
2	390	152100	1—2	130	16900
3	150	22500	2—3	50	2500
4	240	57600	3—4	150	22500
5	470	220900	4—5	80	6400
			5—6	120	14400
$\sum R_x^2 = 453100$m²			$\sum dy^2 = 62700$m²		

【解】　首先在表 12-7 中计算出 R_x^2 和 $\sum dy^2$，然后将它们和测角中误差、量距相对中误差代入式（12-7），有：

$$m_{外} = \pm \sqrt{\left(\frac{m_s}{S}\right)^2 \sum_{i=1}^{n} dy_i^2 + \frac{m_\beta^2}{\rho^2} \sum_{i=1}^{n-1} R_{x_i}^2}$$

$$= \pm \sqrt{\left(\frac{1}{10000}\right)^2 \times 62700 + \frac{4^2}{206265^2} \times 453100} = \pm 28.2\text{mm}$$

此隧道长度小于 4km，洞外导线产生的横向贯通中误差小于表 12-6 的 30mm 精度要求。

洞内平面控制测量对横向贯通精度影响的估算方法与洞外的估算方法基本相同，不同之处有两点：一是在两洞口处的控制点在测洞内导线时需要测水平角，其测角误差应算入洞内测量误差，即要计算这两点的 R 值；二是将贯通点当作一个导线点。当洞外、洞内平面控制测量对横向贯通影响估算出后，即使它们都满足导线点。

还要计算它们的综合影响是否满足要求。它们的综合影响为：

$$m_综=\pm\sqrt{m_外^2+m_内^2} \tag{12-6}$$

【例 12-2】 假设隧道长度小于 4km，$m_内=\pm20.3\text{mm}$；$m_外=\pm28.2\text{mm}$。试计算隧道洞内、外平面控制测量的综合影响。

【解】 将其带入式（12-8），得：

$$m_综=\pm\sqrt{m_外^2+m_内^2}=\pm\sqrt{28.2^2+20.3^2}\approx\pm35\text{mm}$$

洞内、外平面控制测量对横向贯通影响均满足表 12-6 中 50mm 的规定要求。

12.6 隧道施工测量

12.6.1 隧道进洞测量

在隧道开挖之前，必须根据洞外控制测量的结果，测算洞口控制点的坐标和高程。同时，按设计要求计算洞内中线点的设计坐标和高程，通过坐标反算，求出洞内待定点与洞口控制点（或洞口投点）之间的距离和角度关系。也可按极坐标或其他方法测设出进洞的开挖方向，并放样出洞门内中线点，这就是隧道洞外和洞内的联系测量（即进洞测量）。

1. 洞门的施工测量

进洞数据通过坐标反算得到后，应在洞口控制点（或洞口投点）安置仪器测设出进洞方向，并将此掘进方向标定在地面上，即测设洞口投点的护桩表示方向。在洞口的山坡面上标出中线位置和高程，按设计坡度指导劈坡工作。劈坡完成后，在洞帘上测设出隧道断面轮廓线，就可以进行洞门的开挖施工了。

2. 正常进洞关系的计算和进洞测量

洞外控制测量完成之后，应把各洞口的线路中线控制桩和洞外控制网联系起来为施工测量方便，也可建立施工坐标系，如若控制网和线路中线两者的坐标系不致，应首先把洞外控制点和中线控制桩的坐标纳入同一坐标系统内，即进行坐标转换。在直线隧道，一般以线路中线作为 X 轴；在曲线隧道，则以一条切线方向作为 X 轴，建立施工坐标系。用控制点和隧道内待测设的线路中线点的坐标，反算两点的距离和方位角，从而确定进洞测量的数据，把中线引进洞内。

1）直线隧道进洞

直线隧道进洞计算比较简单，常采用拨角法。

如图 12-7 所示，A、D 为隧道的洞口投点，位于线路中线上，当以 AD 为坐标纵轴方向时，可根据洞外控制测量确定的 A、B 和 C、D 点坐标进行坐标反算，分别计算放样角 β_1 和 β_2。测设放样时，仪器安置在 A 点，后视 B 点，拨角水平角，就得到 A 端隧道口的进洞方向；仪器安置在 D 点，后视 CD 点，拨水平角 A，得到 B 端隧道口的进洞方向。

2）曲线隧道进洞

曲线隧道每端洞口切线上的两个投点的坐标在平面控制测量中已计算出，根据四个投点的坐标可算出两切线间的偏角 α（α 为两切线方位角之差），α 值与原来定测时所测得

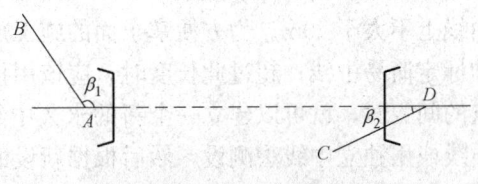

图 12-7 直线隧道

的偏角值可能不相符，应按此时所得 α 值、设计所采用曲线半径 R 和缓和曲线长 l_0，重新计算曲线要素和各主点的坐标。曲线进洞测量一般有两种方法：一是洞口投点移桩法，另一是洞口控制点与曲线上任一点关系计算法。

（1）洞口投点移桩法

即计算定测时原投点偏离中线（理论中线）的偏移量和移桩夹角，并将它移到正确的中线上，再计算出移桩后该点的隧道施工里程和切线方向，于该点安置仪器，就可按曲线测设方法测设洞门位置或洞门内的其他中线点。

（2）洞口控制点与曲线上任一点关系计算法

将洞口控制点坐标和整个曲线转换为同一施工坐标系，无论待测设点位于切线、缓和曲线还是圆曲线上，都可根据其里程计算出施工坐标，在洞口控制点上安置仪器用极坐标法测设洞口待定点。

12.6.2　洞内施工中线测量

隧道洞内掘进施工，是以中线为依据进行的。当洞内敷设导线之后，导线点不一定恰好在线路中线上，也不可能恰好在隧道的轴线上。隧道衬砌后两个边墙间隔的中心即为隧道中心轴线，其在直线部分与线路中线重合；而曲线部分由于隧道断面的内、外侧加宽值不同，所以以线路中心线与隧道中心线并不重合。施工中线分为永久中线和临时中线，永久中线应根据洞内导线测设，中线点间距应符合表 12-8 的规定。

永久中线点间距 表 12-8

中线测量	直线地段	曲线地段
由导线测设中线	150～250	60～100
独立的中线法	不小于 100	不小于 20

1. 由导线测设中线

利用已知坐标，反算出距离和角度，用极坐标法测设出中线点。为方便使用，中线桩可同时埋设在隧道的底部和顶板，底部宜采用混凝土包木桩，桩顶钉一小钉以示点位；顶板上的中线桩点，可灌入拱部混凝土中或打入坚固岩石的钎眼内，且悬挂垂球线以标示中线。测设完成后应进行检核，确保无误。

2. 独立中线法

对于较短隧道，若用中线法进行洞内控制测量，则在直线隧道内应用正倒镜分中法延伸中线；在曲线隧道内一般采用弦线偏角法，也可采用其他曲线测设隧道的掘进延伸和衬砌施工应测设临时中线。随着隧道掘进的深入，平面测法延伸中线。

3. 洞内临时中线的测设

量的控制工作和中线测量也需紧随其后。当掘进的延伸长度不足一个永久中线点的间距时，应先测设临时中线点，如图 12-8 中的 1、2……点间距离，一般直线上不大于 30m，曲线上不大于 20m。为方便掌子面的施工放样，当点间距小于此长度时，可采用串线法延伸标定简易中线；超过此长度时，应该用仪器测设临时中线；当延伸长度已大于永久中线点的间距时，就可以建立一个新的永久中线点，如图 12-8 中的 e 点。永久中线点应根据导线或用独立中线法测设，然后根据新设的永久中线点继续向前测设临时中线点。当采用全断面法开挖时，导线点和永久中线点都应紧跟临时中线点，这时临时中线点要求的精度也较高；供衬砌临时中线点，直线上应采用正倒镜压点或延伸，曲线上可用偏角法、长弦支距法等方法测定，宜每 10m 加密一点。

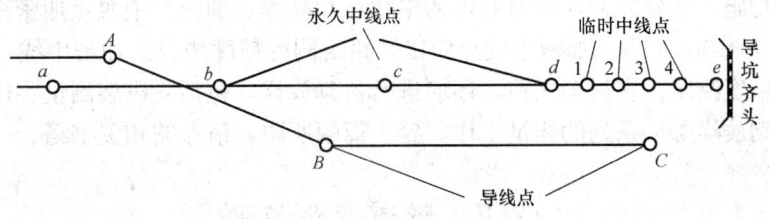

图 12-8　洞内临时中线的测设

12.6.3　高程控制

隧道施工中要随时测设和检查洞底高程，为方便起见，通常在隧道侧壁沿中线方向比洞底高程高 1m 的位置每隔一定距离测设并标出一个高程点，这些点构成一条线，称其为腰线。腰线与隧道底板的中线高程平行，与隧道底板具有相同的坡度，掘进时用腰线控制掌子面的高程。一般在隧道内的临时水准点上测设腰线，测设腰线时先要检查临时水准点有无错误，要保证高程控制万无一失。

12.6.4　掘进方向指示

应用经纬仪指示，根据导线点和待定点的坐标反算数据，用极坐标的方法测设出掘进方向。还可应用激光定向经纬仪或激光指向仪来指示掘进方向。利用它发射的一束可见光，指示出中线及腰线方向或它们的平行方向。它具有直观性强、作用距离长，测设时对掘进工序影响小，便于实现自动化控制的优点。如采用机械化掘进设备，则配以装在掘进机上的光电跟踪靶，当掘进方向偏离了指向仪的激光束，光电接收装置将会通过指向仪表给出掘进机的偏移方向和偏移量，并能为掘进机的自动控制提供信息，从而实现掘进定向的自动化。激光指向仪可以被安置在隧道顶部或侧壁的锚杆支架上，如图 12-9 所示，以不影响施工和运输为宜。

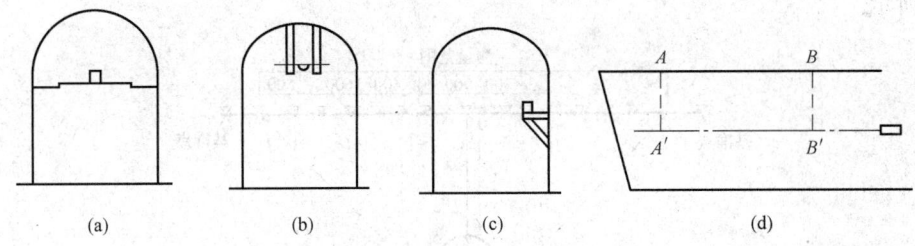

图 12-9　激光指向仪的安置

（a）安装在横梁上；（b）安装在锚杆上；（c）安装在侧面钢架上；（d）指向仪定向

12.6.5　开挖断面的放样

开挖断面的放样是在中垂线和腰线基础上进行的，包括两侧边墙、拱顶、底板（仰拱）三部分。根据设计断面的宽度、拱脚和拱顶的标高、拱曲线半径等数据放样，常采用断面支距法测设断面轮廓全断面开挖的隧道，当衬砌与掘进工序紧跟时，两端掘进至距预计贯通点各 100m 时，开挖断面可适当加宽，以便于调整贯通误差，但加宽值不应超过该隧道横向预计贯通误差的一半。

12.6.6 结构物的施工放样

在结构物施工放样之前，应对洞内的中线点和高程点加密。中线点加密视施工需要而定，一般为5～10m一点，加密中线点应以铁路定测的精度测设。加密中线点的高程，均以五等水准精度测定。在衬砌之前，还应进行衬砌放样，包括立拱架测量、边墙及避车洞和仰拱的衬砌放样等一系列的测量工作。鉴于篇幅所限，请参阅相关书籍。

12.7 隧道变形监测

为确保施工安全，监控工程对周围环境的影响，以便为信息化设计与施工提供依据，隧道监控量测应作为关键工序列入施工组织，并认真实施。隧道变形监测以洞内、外观察，净空收敛量测，拱顶下沉量测，洞身浅埋段地表下沉量测为必测项目。

12.7.1 隧道地表沉降监测

隧道地表沉降监测包括纵向地表和横向地表沉降观测。隧道地表沉降监测点应在隧道开挖前布设，地表沉降测点应与隧道内测点布置在同一里程的断面内，一般条件下，地表沉降测点纵向间距应按表12-9要求布置。

地表沉降测点纵向间距　　　　　　　　　　表12-9

隧道埋深与开挖宽度	纵向测点间距(m)
$2B < H_0 < 2.5B$	20～50
$B < H_0 \leqslant 2B$	10～20
$H_0 \leqslant 2B$	5～10

注：H_0为隧道埋深，B为隧道开挖宽度。

地表沉降测点横向间距为2～5m。在长道中线附近测点应适当加密，隧道中线两侧量测范围不应小于$H_0 + B$，地表有控制性建筑物时，量测范围应适当加宽，测点布置如图12-10所示。

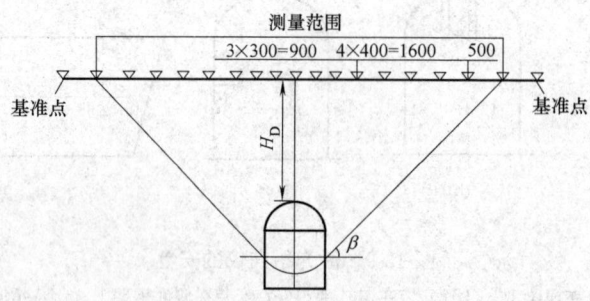

图12-10 地表沉降横向测点布置示意图（cm）

地表沉降监测精度等级视施工现场和设计要求确定，在地表有重要设施和人口密集区域应用二等水准测量精度等级施测。

12.7.2 隧道洞内变形监测

洞内拱顶下沉测点和净空变化测点应布置在同一断面上，拱顶下沉测点原则上设置在拱顶轴线附近，当隧道跨度较大时，应结合设计和施工方法在拱部增设测点，如图12-11

所示。

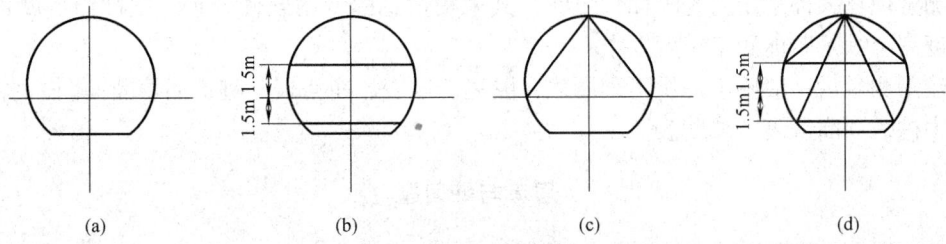

图 12-11 洞内变形监测测线布

(a)、(c) 单线隧道；(b)、(d) 双线隧道

由于铁路客运专线无砟轨道对线路高平顺性的要求，在上述必测项目的基础上，增加了沉降观测和评估的内容。隧道工程沉降观测是指隧道基础的沉降观测，即隧道的仰拱部分。隧道的进出口进行地基处理的地段，地应力较大、断层或隧底溶蚀破碎带、膨胀土等不良和复杂地质区段，特殊基础类型的隧道段落，隧底由于承载力不足进行过换填、注浆或其他措施处理的复合地基段落适当加密布设。围岩级别、衬砌类型变化段及沉降变形缝位置应至少布设两个断面。一般地段沉降观测断面的布设根据地质围岩级别确定，一般情况下 Ⅲ 级围岩每 400m、Ⅳ 级围岩每 300m、Ⅴ 级围岩每 200m 布设一个观测断面，如图 12-12 所示。

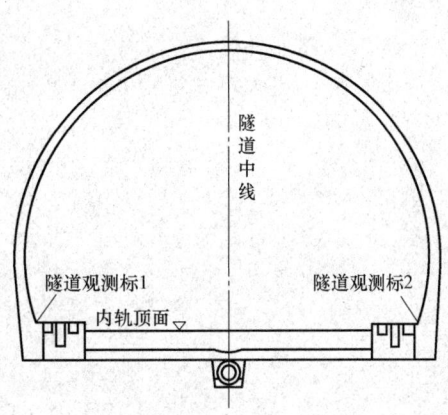

图 12-12 客运专线铁路沉降观

12.8 隧道竣工测量

隧道竣工后，为了检查主要结构物及线路位置是否符合设计要求并提供竣工资料，为将来运营中的检修工作和设备安装等提供测量控制点，应进行竣工测量。隧道竣工时，首先检测中线点，从一端洞口至另一端洞口。检测闭合后，应在直线上每 200~250m、各曲线主点上埋设永久中线桩；洞内高程点应在复测的基础上每千米埋设一个永久水准点。永久中线点、水准点经检测后，除了在边墙上加以标示之外，还需列出实测成果表，注明里程，必要时还需绘出示意图，作为竣工资料之一。

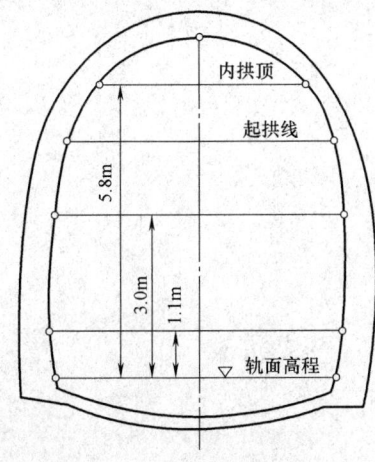

图 12-13 净空断面测量

竣工测量另一主要内容是测绘隧道的实际净空断面，应在直线地段每 50m，曲线地段每 20m 或需要加测断面处施测。如图 12-13 所示，净空断面测量应以线路线为准，测量拱顶高程、起拱线宽度、轨顶以上

225

1.1m、3.0m、5.8m 处的他断面形式的隧道，其具体测量部位应按设计要求确定。隧道断面测量现在大都采用激光断面仪量测，其采集信息由专用软件处理，随即绘出断面图，其精度完全满足断面测量精度要求。

竟工测量后一般要求提供下列图表：隧道长度表、净空表、隧道回填断面图、水准点表、中桩表、断链表、坡度表。

思考与练习题

12-1　隧道工程测量的主要任务和工作是什么？

12-2　隧道洞内平面控制测量的特点是什么？

12-3　隧道贯穿测量误差包括哪些内容？

第13章

航空摄影测量与机载激光雷达信息技术的应用

随着无人机技术的不断发展，无人机测绘测量在遥感测绘中占有非常重要的作用。无人机测绘是以无人机作为载体，以机载遥感设备获取信息，用计算机对图像信息进行处理，并按照一定精度要求制作成图像。

无人机摄影测量和机载激光雷达测量日益成为一项新兴的测绘重要手段，其具有续航时间长、成本低、机动灵活等优点，是卫星遥感与有人机航空遥感的有力补充。无人机低空航摄系统一般由地面系统、飞行平台、传感器、数据处理等四部分组成。在实际应用中，为适应测绘测量的发展需求，提供相应的资源信息，需获取正确、完整的遥感影像资料，无人机测绘技术可直接获取相应的遥感信息，并在多个领域中得以应用。

二维码 13-1　无人机宣传片

13.1　航空摄影测量

航空摄影测是当代摄影测量中采用最多的一种方式。与传统测量相比较，采用航空摄影测量测制地形图不仅速度快、成本低、机械化、电子化程度高，作业条件得到很大改善，而且图面精度也比传统测量高。航测成图方法不仅是我国测制图家基本比例尺地形图的主要方法，而且逐步扩展到1：2000、1：1000 和 1：500 大比例尺地形图测图范围，成为工程测量、地籍测量测图的重要方法。

传统测量即常规地形测量，是在实地直接对地物、地形进行量测获取地形图，而航空摄影测量主要利用航空摄影像片在室内进行量测获取地形图。两者之间在原理和方法上均有根本区别。但这并不是说航空摄影测量与常规地形测量之间再无任何联系，恰恰相反，在整个成图过程中，它们之间还有许多共同之处。应该说，航空摄影测量是在常规地形测量基础上发展起来的一门现代测量技术；没有牢固的常规地形测量知识，就不可能学习好航空摄影测量。在航空摄影测量学习中常用到的地形测量知识有：

（1）坐标和高程系统概念；

（2）图幅的分幅、编号；

（3）图根控制的联测方法及各项要求；

（4）各种地形测图仪器的正确使用；

（5）地貌的测绘方法与等高线的基本原理；

（6）地物的综合取舍原则及图式符号的运用；

（7）地形原图的整饰。

这些内容一般不再重复，但在学习本课程时应注意复习这些内容。

航空摄影测量的基本原理是利用航空摄影像片提供的影像信息测制地形图，并研究实现这一测图过程的基本理论、仪器设备、操作技术和精度要求等各项内容。地物部分一般采用根据像片影像与实地对照进行描绘的方法确定；地貌部分，其平面位置仍以影像位置确定；高程的确定（包括等高线和高程注记点），则是在立体模型上测绘，或采用传统测量方法在实地测绘。

显然，根据像片影像确定地物、地貌点的平面位置和高程位置，就必须确定摄影瞬间像片在地面坐标系中的空间位置，在实地测定一定数量的像片控制点，恢复摄影瞬间像点与相应地面点之间的几何关系，这一过程称为像片控制测量和像片定向。像片定向后即可在立体模型上测绘地物、地貌，最终获得地形原图。

13.1.1 航空摄影测量的简要测图过程

1. 航空摄影

由各民航或航空公司的专用航摄飞机进行摄影，即在飞机上安装摄影机对地进行摄影，获取航空摄影测量像片和有关资料，供航测成图使用。

2. 大地测量

测设各级各类大地点（三角点、水准点、导线点）以及满足一定精度要求的其他基础控制点，为航测成图提供起算数据。

3. 航测外业

航测外业指到实地进行部分野外航测工作。主要包括以下内容：

（1）航外控制测量；按规定位置在像片上选取一定数量的明显地物点（称为像片控制点），根据大地点成其他基础控制点，在实地采用常规地形测量方法测出这些点的平面坐标和高程供航测内业加密或制图使用。

（2）像片调绘：根据航摄像片提供的影像特征，对照实地对代表各种地物、地貌的影像进行识别、调查和必要的量测注记，并按规定进行综合取舍，然后根据像片影像位置用规定的图示符号着墨整饰，供内业使用。

（3）像片图测图：航摄像片经内业处理后可以获得具有正射影像性质的像片影像，称为像片。以像片图作为底图，代替平板仪图纸，直接在实地进行测图，即在实地测绘地貌，地物部分则根据像片影像以像片调绘的方法描绘。这种方法主要用于平坦地区，也称为综合法测图。

4. 航测内业

航测内业指在取得全部所需的野外成果后，应该继续在室内进行的测绘工作。主要包括以下内容：

（1）控制点加密：在室内精确测定像点的像片坐标，利用像点与相应地面点之间的几何关系，建立严密的数学关系式，用计算机解算出与这里像点相应的地面点的坐标和高程，增加像片控制点的分布密度以满足内业测图或制作像片平面图的需要。采用这种方法，外业只须测定少量像片控制点，内业所需的大部分像片控制点均可由内业测定，从而大大减少了外业工作量。

（2）像片纠正：利用纠正仪，根据摄影过程的几何反转原理，恢复摄影房间航摄底片的空间位置和姿态重新投影，以消除因像片倾斜所引起的像点误差，然后将投影影像按规定比例晒印出像片，即像片图，为像片图测图提供图底。

（3）立体测图：利用航摄像片根据像对内部的几何关系在立体测图仪器上建立光学立体模型（模拟法测图）或数字立体模型（数字测图），通过对立体模型的量测或计算机的解算，可在模型上测绘地物、地貌，获得各种比例尺的地形原图。

综上所述，航测成图方法一般分为两种，即综合法测图（简称综合法）和立体测图仪测图（简称立测法）。综合法主要是指固定比例尺像片图测图，由于在测图过程中采用了航空摄影测量与传统地形测量相结合的测图方式，故称综合法。立体法主要是指在各种立体测图仪上，根据航摄像片所建立的立体模型测绘地形图的方法。

13.1.2 倾斜摄影测量

随着科学技术的发展和计算机技术的发展和广泛应用，传统的航空投影测量技术也受到很大的冲击。目前的摄影技术除了可以对像片进行扫描将其转换成数字影像数据外，也可利用数字摄影技术直接获取目标物的数字信息。倾斜摄影测量技术是近年来发展起来的一项新的测量技术。它改变了以往航测遥感影像只能从垂直方向拍摄的局限性，倾斜摄影测量技术通过多台传感器从不同的角度进行数据的采集，快速、高效获取丰富的数据信息，真实地反映地面的客观情况，满足人们对三维信息的需求。目前，倾斜摄影测量技术已经应用于实际的生产实践。

1. 倾斜摄影测量技术

通过在同一飞行平台上搭载 5 台传感器，同时从一个垂直、四个倾斜五个不同的角度采集影像，拍摄相片时，同时记录航高、航速、航向和旁向重叠、坐标等参数，然后对倾斜影像进行分析和整理。在一个时段，飞机连续拍摄几组影像重叠的照片，同一地物最多能够在 3 张相片上被找到，这样内业人员可以比较轻松地进行建筑物结构分析，并且能选择最为清晰的一张照片进行纹理制作。向用户提供真实直观的实景信息。影像数据不仅能够真实地反映地物情况，而且可通过先进的定位技术，嵌入地理信息、影像信息，获得更高的用户体验，极大地拓展遥感影像的应用范围。

2. 倾斜摄影技术特点

1）反映地物真实情况并且能对地物进行量测

倾斜摄影测量所获得三维数据可真实地反映地物的外观、位置、高度等属性，增强了三维数据所带来的真实感，弥补了传统人工模型仿真度低的缺点，增强了倾斜摄影技术的应用。

2）高性价比

倾斜摄影测量数据是带有空间位置信息的可量测的影像数据，能同时输出 DSM、DOM、DLG 等数据成果，可在满足传统航空摄影测量的同时获得更多的数据。同时使用倾斜影像批量提取及贴纹理的方式，能够有效地降低城市三维建模成本。

3）高效率

倾斜摄影测量技术借助无人机等飞行载体可以快速采集影像数据，实现全自动化的三维建模。实验数据证明：1～2 年的中小城市人工建模工作，借助倾斜摄影测量技术只需3～5个月就可完成。

3. 倾斜摄影测量的关键技术

1）多视影像联合平差

多视影像不仅包含垂直摄影数据，还包括倾斜摄影数据，而部分传统空中三角测量系统无法较好地处理倾斜摄影数据，因此，多视影像联合平差需充分考虑影像间的几何变形和遮挡关系。结合 POS 系统提供的多视影像外方位元素，采取由粗到精的金字塔匹配策略，在每级影像上进行同名点自动匹配和自由网光束法平差，得到较好的同名点匹配结果。同时，建立连接点和连接线、控制点坐标、GPU/IMU 辅助数据的多视影像自检校区域网平差的误差方程，通过联合解算，确保平差结果的精度。

2）多视影像密集匹配

影像匹配是摄影测量的基本问题之一，多视影像具有覆盖范围大、分辨率高等特点。

因此，如何在匹配过程中充分考虑冗余信息，快速准确地获取多视影像上的同名点坐标，进而获取地物的三维信息，是多视影像匹配的关键。由于单独使用一种匹配基元或匹配策略往往难以获取建模需要的同名点，因此，近年来随着计算机视觉发展起来的多基元、多视影像匹配，逐渐成为人们研究的焦点。目前，在该领域的研究已取得了很大进展，例如建筑物侧面的自动识别与提取。通过搜索多视影像上的特征，如建筑物边缘、墙面边缘和纹理，来确定建筑物的二维矢量数据集，影像上不同视角的二维特征可以转化为三维特征，在确定墙面时，可以设置若干影响因子并给予一定的权值，将墙面分为不同的类，将建筑的各个墙面进行平面扫描和分割，获取建筑物的侧面结构，再通过对侧面进行重构，提取出建筑物屋顶的高度和轮廓。

3）数字表面模型生成和真正射影像纠正

多视影像密集匹配能得到高精度高分辨率的数字表面模型 DSM，充分地表达了地形地物起伏特征，已经成为新一代空间数据基础设施的重要内容。由于多角度倾斜影像之间的尺度差异较大，加上较严重的遮挡和阴影等问题，基于倾斜影像的自动获取 DSM 存在新的难点。可以首先根据自动空三解算出来的各影像外方位元素，分析与选择合适的影像匹配单元进行特征匹配和逐像素级的密集匹配，引入并行算法，提高计算效率。在获取高密度 DSM 数据后，进行滤波处理，将不同匹配单元进行融合，形成统一的 DSM。多视影像真正涉及物方连续的数字高程模型 DEM 和大量离散分布粒度差异很大的地物对象，以及海量的像方多角度影像，具有典型的数据密集和计算密集特点。在有 DSM 的基础上，根据物方连续地形和离散地物对象的几何特征，通过轮廓提取、面片拟合、屋顶重建等方法提取物方语义信息；同时在多视影像上，通过影像分割、边缘提取、纹理聚类等方法获取像方语义信息，再根据联合平差和密集匹配的结果建立物方和像方的同名点对应关系，继而建立全局优化采样策略和顾及几何辐射特性的联合纠正，同时进行整体匀光处理，如图 13-1 所示，倾斜摄影测量数据处理流程。

4. 数据获取的主要流程

倾斜摄影测量主要有地面飞控系统、无人机、控制测量三个部分组成。飞控部分主要规划设计无人机的飞行航线、航高以及对无人机飞行监视控制和数据通信等，无人机部分主要由机载定位系统和多视相机组成，控制测量主要是航测区域的控制网设计和像控点的测量。无人机航拍前需要对测区进行现场踏勘，首先根据已有 GPS 控制点位去合理布设像控点，像控点的数量和位置依据实际测量规程要求的精度和测区范围的大小均匀布设。其次根据申请的空域时间和范围合理规划飞行航线，保证影像的航向重叠、旁向重叠、分辨率等符合作业要求。在航线的设计中，一般设置 30％的旁向重叠度，66％的航向重叠度。对于模型的自动生成，旁向重叠和航向重叠会要求更高。再次要在已知的高精度点位上架设基站，在无人机起飞规定时间前开机，降落后在规定时间内关机。在测量时，需要量取天线高，记录基站开关机的具体时间，并进行像控点的测量。最后组装无人机和设置相机参数，实施无人机航拍，飞行结束后，分别下载无人机数据和基站数据。

在影像数据的获取过程中，会受到相机镜头畸变在内的仪器本身以及天气变化在内的外界自然影响而产生的不可避免的误差。如果不对原始影像进行预处理，会直接影响到后期成果数据的精度和质量。影像数据后续处理基于数字摄影测量、多视影像联合平差、计算机视觉等相关算法，数据处理过程中无须人工干预，具有高伸缩性和高效性。利用

Agisoft Photoscan、Smart3D capture 等相关软件，在有无控制点的情况下，都可以实现多视图多视角的三维重建，还原最真实的三维场景。同时利用相关数据处理软件实现对三维模型的高度、面积、长度、体积等实现精准量测。倾斜摄影测量技术获取多视角的高分辨率影像数据，并实现大场景精细三维场景的最真实还原。数据获取处理的主要流程，如图 13-1 所示。

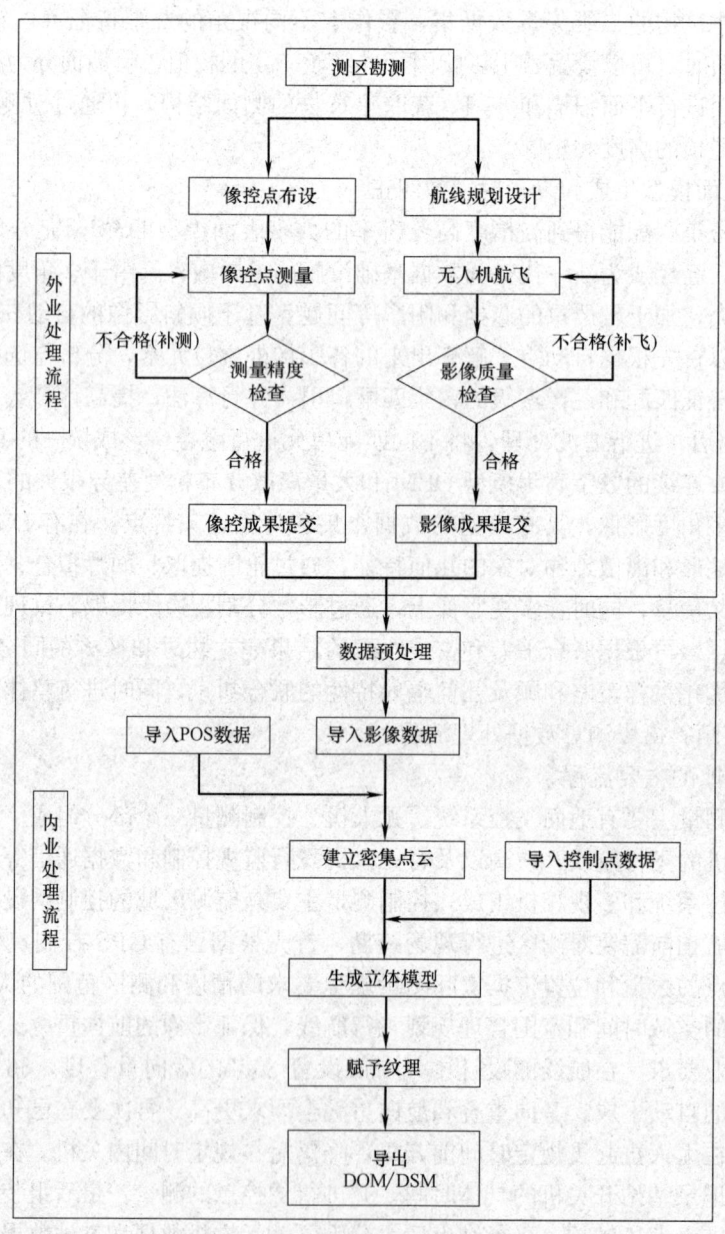

图 13-1　无人机数据获取处理技术流程

5. 倾斜摄影测量技术存在的问题

1）倾斜航空摄影后期数据影像匹配时，因倾斜影像的摄影比例尺不一致、分辨率差异、地物遮挡等因素导致获取的数据中含有较多的粗差，严重影响后续影像空三精度。然而，如何利用倾斜摄影测量中包含了大量的冗余信息进行数据的高精度匹配是提高倾斜摄影技术实用性的关键。

2）倾斜摄影测量所形成的三维模型在表达整体的同时，某些地方存在模型缺失或失真等问题。因此，为了三维模型的完整准确地表达需要进行局部区域的补测，常用方法是人工相机拍照或者使用车载近景摄影测量系统进行补测。

3）随着科技的发展无人机作为倾斜摄影测量实用的载体，为了增加其便携性和灵活性，无人机的续航能力不强，因此，电池的续航能力成为其推广的限制条件，研制体积小长续航的电池迫在眉睫。

13.2　机载激光雷达测量

相对于涉及从大量照片合成数据的摄影测量技术而言，激光雷达技术革命性的一面是允许测量员直接穿过叶枝和其他干扰碎片，以实现景观详细地形图的构建，而无须进行实地勘察，如图 13-2 所示。在无人机之前，激光雷达技术只能用于飞机，这意味着其价格高昂，尚不能做到广泛推行。但是随着无人机技术变得越来越实惠，激光雷达技术也开始逐渐进入大众视野，这意味着准确的测量开始变得对所有人都可用，而不仅仅是只能应用于大型、资金充足的项目。虽然激光雷达技术成本仍然比摄影测量法要高，但相比一年或两年前，该技术接受度也更高。

图 13-2　配备了 LiDAR 数据采集系统的无人机

激光雷达（Light Detection And Rang，LiDAR）是以激光作为载波的雷达，而传统的雷达是以微波和毫米波段的电磁波作为载波。激光是光波波段电磁辐射，波长比微米波和毫米波短得多，可以用振幅、频率、相位和偏振来搭载信息。激光雷达可以采用非相干的能量接收方式，这主要是以脉冲计数为基础的测距雷达，还可以以相干接收方式接收信号，通过后置信号处理实现探测。激光雷达由发射、接收、后置信号处理三部分和使这三部分协调工作的机构组成。激光光束发散角小，能量集中，探测灵敏度和分辨率高，系统的几何尺寸可以做得很小。

机载激光雷达系统是一种集激光测距、全球定位系统（GPS）和惯性导航系统

（INS）三种技术于一体的系统，用于获得数据并生成精确三维地形（DEM）。这三种技术的结合，可以高度准确地定位激光束打在物体上的光斑。激光本身具有非常精确的测距能力，其测距精度可达毫米级。机载激光雷达系统包括一个单束窄带激光器和一个接收系统。激光器产生并发射一束光脉冲，打在物体上并反射回来，最终被接收器所接收。接收器准确地测量光脉冲从发射到被反射回的传播时间。鉴于光速是已知的，传播时间即可以被转换为对距离的测量。结合激光器的高度，激光扫描角度，从 GPS 得到的激光器的位置和从 INS 惯性导航仪得到的激光发射方向，就可以准确地计算出每一个地面光斑的 x、y、z 坐标。

机载激光雷达具有以下技术特点和优点：

（1）是目前唯一能测定森林覆盖地区地面高程的可行技术。

（2）可以对危险地区安全地实行远距离、高精度三维测量。

（3）具有数据采集速度快、测量数据精度高、外业作业工作量少、外业作业成本低和数据处理自动化程度高等优点。

（4）与摄影航测相比较，地面控制工作大大减少，可以不需要事先埋设控制点进行控制测量，只需在测区附近地面已知点上安置一个或几个 GPS 基准站即可，大大提高作业速度。

（5）是一种直接主动式测量方法，受天气条件的影响很少。

13.2.1 机载激光雷达的工作原理

通常，一套完整的机载激光雷达测量系统由空中测量平台、激光扫描仪、姿态测量和导航系统、计算机及软件等组成。为了获取的数据更加全面，该系统通常还搭配一个数码相机。

激光雷达测量系统的工作过程，实际上就是一个不断重复的激光点发射和接收过程，这个工作过程通过具有一定分辨率的空间点（坐标 x、y、z，其坐标系是一个与激光设备位置和扫描姿态有关的仪器坐标系）所组成的点云图来表达系统对目标物体表面的采样结果。

激光雷达测量系统所得到的原始观测数据主要包括：

（1）根据两个连续转动的、用来反射脉冲激光的镜子的角度值得到的激光束的水平方向值和竖直方向值。

（2）根据脉冲激光传播的时间而计算得到的仪器到扫描点的距离值。

（3）扫描点的反射强度等。

前两种数据用来计算扫描点的三维坐标值，扫描点的反射强度用来给反射点匹配颜色。由于激光雷达测量系统采用的是脉冲测距方式，通过计数器测量激光从发射到接收之间的脉冲个数，计算距离。如果时标振荡器频率为 f，在激光雷达和目标之间往返的时间 t 内（即取样信号和回波信号之间的时间间隔）包含时标脉冲个数为 n，c 为光速，则代测距离为

$$L = \frac{c \times n}{2f} \tag{13-1}$$

13.2.2 机载激光雷达测量技术优点

（1）快速性。应用激光雷达能快速获取大面积目标空间信息，也可以及时测定形体表

面立体信息，提高了测量效率。

（2）非接触性。非接触性这一特征解决了危险领域的测量、柔性目标的测量、需要保护对象（如文物）的测量、人员不可到达位置的测量等。

（3）穿透性。激光能穿透不太浓密的植被，到达目标表面，由于激光扫描技术能在一瞬间得到大量的采样点，这些采样点能描述目标表面的不同层面的几何信息。

（4）主动性。主动发射测量信号，不需要外部光源，通过探测自身发射出的光的反射来得到目标信息。

（5）高密度、高精度。机载激光雷达测量系统采集的激光点云数据非常密集，精度也高，通常激光点间距离 1～2m，平面绝对精度 0.3m，高程绝对精度 0.2m。如果采用直升机为载体，激光点密度和精度将更高，点密度可以达到每平方米几十甚至上百个点。

（6）高效性。可以不用事先埋设控制点进行控制测量，只需在测区附近地面已知点上安置 GPS 基准站即可，而且数据采集高度数字化、自动化，数据处理过程高度自动化。

（7）数据产品丰富。基于直接采集获取的激光点云数据和数码影像数据，经加工处理后，可以得到 DEM、DOM、DTM、DSM 等数据产品，在相关专业软件的支持配合下，还可以制作其他数据产品，如城市建模物三维模型等，也可以把激光点云直接应用于三维量测，如电力巡线中的地物到线的安全距离检测等。

13.2.3 激光点云

机载激光雷达扫描仪通过对地面进行扫描，获取反射回来的激光点数据，因呈星云状密集分布，所以形象地称为激光点云（Point Cloud），意思为无数的点以测量的规则在计算机里呈现物体的结果。机载激光雷达系统的测量数据不仅包含目标点的 x、y、z 坐标信息，还包括物体反射强度等信息，这样全面且丰富的信息能给人一种物体在电脑里真实再现的感觉，是一般测量手段无法做到的。激光点云一般通过机载激光雷达测量系统或地面激光扫描仪来获取，不过近几年近景摄影测量技术可以通过立体像对进行相对定向后生成点云。

机载激光雷达获取的激光点云数据可以大致分为以下类型：地表裸露点、树高端点、树中端点、矮植被点、桥面点、水域点、建筑物点、噪声点（即粗差点）及其他未分类点等。

机载激光雷达测量系统通过扫描获取具有一定分辨率的密集三维空间点所组成的点云图来表达系统对目标物体表面的采样结果，机载激光雷达的优点是快速获得高密度、高精度的三维数字地面信息。有的机载激光雷达测量系统可以对发射激光进行无数次回波接收，所以能获取非常详细和准确的激光点云。激光点云的点与点之间的相对误差是非常小的，达到可以忽略不计其误差的精度。获取的激光点云能完整地呈现地物地貌的变化细节，直接对激光点云进行格网化即可以得到高精度的 DSM，进行分类后的激光点云进行格网化就可以得到高精度的 DEM，通过对同步获取的航片或正射处理后的影像对激光点云进行 RGB 着色后能达到更形象直观的效果。直接基于激光点云可以进行等高线生成、建模、土方计算、距离和面积量测等。激光点云文件的标准格式为 LAS。

13.2.4 数字高程模型（DEM）

数字高程模型（Digital Elevation Model，DEM），是以高程表达地面起伏形态的数字集合。DEM 的水平间隔可以随地貌类型不同而改变。根据不同的高程精度，可以分为不同等级产品。

DEM 可以制作透视图、断面图，进行工程土石方计算、表面覆盖面积统计，用于与高程有关的地貌形态分析、通视条件分析、洪水淹没区分析、精度分析、高程分析；量测坐标、距离、面积、体积（挖填方）；坡度、坡向分析；通视性分析；剖面图生成；等高线生成；叠加相关矢量数据和影像数据。激光雷达以其精度高、数据信息丰富、适应性强等特点，正在成为数字高程模型最主要的获取手段之一。传统的数字高程模型的获取方法主要有三种：野外人工测量、立体摄影测量和雷达，基于机载激光雷达采集的激光点云数据能够快速高效生成的 DEM、DTM 和 DSM 等成果，由于激光点非常密集，点与点之间的距离通常为 1～2m 甚至更高，所以生成的 DEM、DTM 和 DSM 都能非常细腻地表现地形细节，这是传统的航空摄影测量技术无法实现的。以分类后的激光点云制作生成 DEM 后，还可以生成高精度的等高线，其速度和精度是传统人工采集等高线无法比拟的。

13.2.5 数字地表模型（DSM）

数字地表模型（Digital Surface Model，DSM），是对地球表面，包括各类地物的综合描述，该模型关注的是地球表面土地利用的状况，即地物分布形态，方便制作 3D 立体模型、飞行模拟及建筑物模拟等，也就是相当于在电脑中建立一个接近真实世界的地表面貌。DSM 同样是环境保护或城市管理的重要依据，通过 DSM 的分析，可以及时地获取森林或城市的生长及发展状况，在精细林业管理、虚拟城市管理、城市环境控制及重大灾害灾情分析等方面，DSM 都可以发挥重要作用。

13.2.6 数字正射影像（DOM）

数字正射影像（Digital Orthophoto Map，DOM），是利用数字高程模型对数码航空影像像元进行纠正，再做影像镶嵌，根据图幅范围剪裁生成的影像数据。数字正射影像的信息丰富直观，具有良好的可判读性和可量测性，从中可以直接提取自然地理和社会经济信息。DOM 的主要用途包括：精度分析，量测坐标，通视性分析，剖面图生成，叠加相关矢量数据和影像数据。将 DOM 分别和 DEM、DTM、DSM 叠加后会更加形象地呈现三维地形地貌，方便获取更多的地理信息。

与传统的立体摄影测量制作 DOM 相比较，机载激光雷达测量制作生成 DOM 的精度和效率都大大提高，并降低了制作难度和对生产硬件的要求，非专业人士经过短期培训后也能进行 DOM 数据生产。

13.2.7 机载激光雷达测量作业流程

1. 检校场选择

检校场一般选在反射率高、地物明显的高速公路出入口。在飞行任务开始前或飞行任务结束后，需要对仪器设备进行检校飞行。检校场布设要根据实际情况现场踏勘进行选择，然后设计出飞行线路。其飞行方式一般设计三条航线，在一条航线上飞一个来回，其他两条航线依次飞行，检校场的飞行每个架次都必须进行，但第二个架次时只需要选一条航线飞一个来回即可。

一般航测时还需要设计检校场的飞行，选择地形及地物较丰富的区域作为检校场，要求有平地、山坡、房屋等，便于后期的数据检校。检校场可以在测区附近选择一块合适的区域，但为了航摄的方便，通常的做法是在将要开展航摄的区域选择 2～3 条航线飞一个来回（重叠度 100%），为确保数据质量，每个架次都飞一个检校场。

2. 航飞权申请

在执行任何一个航摄任务之前，必须按相关规定和流程申请并办理航飞权。

3. 航摄数据采集

激光雷达测量系统的工作，主要由三部分完成，分别是激光扫描测量、数码相机拍摄和飞行控制。因此在采集数据时，保证激光雷达测量系统的三部分正常同步工作是关键。

4. 飞行控制

激光雷达测量系统在数据采集过程中，飞行控制系统的正常工作很关键，激光扫描仪和数码相机的工作，都由飞行控制系统来控制。同时 GPS 天线及惯性导航仪 IMU 的数据也记录在飞行控制系统中，这两个数据的记录正常才能保证激光雷达数据及数码影像的正确定位，从而保证成果精度。

5. 激光雷达扫描测量

飞行控制系统根据预先设置好的激光设备工作参数（如扫描镜摆动角度、扫描频率等），当飞机进入预设航线时，控制红外激光发生器向扫描镜连续地发射激光，通过飞机的运动和扫描镜的运动反射，使激光束扫描地面并覆盖整个测区。当激光束由地面或其他障碍物反射回来时，被光电接收感应器接收并将其转换成电信号，根据激光发射至接收的时间间隔即可以精确测出传感器至地面的距离，确定飞行平台每个采样时刻的位置和姿态后，激光反射点的位置便也确定。

由于一束激光可能有多次回波，例如，一束激光可能被树顶、树枝、树干、矮草、地面依次反射回接收器，因此激光数据可以较详细地反映地表情况，为后期数据处理制作数字高程模型（DEM）、数字正射影像（DOM）等数字产品提供高精度的数据基础。

6. 数码相机拍摄

飞行控制系统根据预先设置好的数码相机工作参数（如相机的曝光度、快门速度、ISO 值等），当飞机进入预设航线时，自动获取高质量的影像数据。通过数码影像显示屏，可以实时看到影像的实拍效果，若效果不理想，可以随时调整相机参数。

7. 激光雷达数据处理激光雷达数据处理流程

数据前处理机载激光雷达数据采集得到的原始数据包括：（1）原始激光点云数据，由激光扫描仪扫描采集得到；（2）原始数码影像数据，由数码相机拍摄采集得到；（3）惯性导航仪（IMU）数据；（4）机载 GPS 数据；（5）地面基站 GPS 数据。

原始激光数据仅包含每个激光点的发射角、测量距离、反射率等信息，原始数码影像也只是普通的数码影像，都没有坐标、姿态等空间信息。只有在经过数据前处理（也称为数据预处理）后，才完成激光和影像数据的"大地定向"，具有空间坐标和姿态等信息。

原始激光点云数据的大地定向包括数据定位和定向两大内容，需要用到机载 GPS 观测数据、地面基站的 GPS 观测数据、IMU 记录的姿态数据和系统参数（IMU、激光扫描仪、相机之间的相对位置及姿态参数）等。

机载激光雷达系统是以飞机作为激光测量平台，采用激光扫测系统进行测量，直接向地面、地表发射激光进行测量，实时获取地表地物的点云数据，从而获得地表三维空间信息。它整合了激光测距仪（Laser）、高精度惯性测量装置（IMU）和全球卫星定位系统（GPS）三个高新技术，是计算机技术、激光技术、定位定向技术和实时、动态的高精度动态 GPS 技术迅速发展的综合体现。通过激光雷达获取的点云数据具有高精度的地表信息和建筑物外轮廓特征，利用点云生成的数字高程模型（DEM）、数字表面模型（DSM）构建实景三维城市的地表场景，也能利用建筑物的点云数据快速构建建筑物的三维模型体，点云数据如图 13-3 所示。

图 13-3　LiDAR 成像示例：无人机 3D 绘图系统

13.2.8　机载激光雷达测量与航空摄影测量

航空摄影测量作为一种传统的、应用最为广泛的航空遥感方式，在经历了模拟摄影测量、解析摄影测量和全数字摄影测量数个阶段后，技术上已经十分成熟，激光雷达技术是近数十年才发展起来的高新技术，成功运用于商业使用才十几年的时间，还有许多问题需要解决。但相对于传统的摄影测量，具有精度高、影像清晰、信息丰富等优势。同时可以用少量的地面控制点来代替传统测量中大量的野外工作，降低了工作难度，减少了工作量，缩短了生产周期，大大提高了工作效率。

1. 航空摄影测量技术相比较，机载激光雷达测量技术的优点

（1）机载激光雷达系统本身是一个主动系统，从理论上来讲，可以全天候工作，而航空摄影测量系统则是一个被动系统，要求具有良好的气象条件，诸如能见度、太阳角度等，通常是在白天作业。

（2）由于激光具有一定的穿透能力，因此利用机载激光雷达系统可以测量到植被以下的地面，获取到植被覆盖区域的较高精度的地形表面数据。如果采用航空摄影测量技术，则需要作业人员进行人工介入，采用预先调绘或估计植被高程的方法来获取地形表面的数据。

（3）机载激光雷达高程数据精度高于航空摄影测量方式所获取的高程数据精度。采用航空摄影测量方式所获取的高程数据精度与航高成反比，而航高对机载激光雷达高程数据精度影响不是很大。

（4）机载激光雷达测量技术的作业周期远小于传统的航空摄影测量技术，作业成本远低于航空摄影测量。采用机载激光雷达测量技术在数据采集飞行完成后，只需要利用相应的数据处理软件即可完成全部作业。一些相关文献指出，激光雷达测量数据处理速度是摄影测量的几十倍以上，甚至可以隔夜提供产品。

（5）对于一些重点关注地面上地物的应用，比如电力线检测、城市建筑物提取等，激光雷达具有显而易见的优势。

事实上，在生产方面，摄影测量是通过对照片进行测量，从而记录表面单个点的具体位置，进而形成 3D 绘图。摄影测量一直是一个耗时的过程，但是由于可以通过一次飞行就能对单个地点拍摄成千张航拍图片，而且已经开发出了将所有这些图片融合成一张 3D 图片的新技术，无人机已经从根本上改变了一切。当谈及测绘时，对于摄影测量法和激光雷达技术的比较价值一直有着持续的争论。激光雷达和摄影测量各有优势和不足，也没有一个正确的答案，这只不过是关于具体应用的问题而定。对于某些应用而言，使用摄影测量法更好；而对于其他应用而言，使用激光雷达技术则更佳。摄影测量在航摄效率方面要比激光雷达高，激光雷达在数据处理方面要比摄影测量少。那么何时使用激光雷达，何时该使用摄影测量呢，大体上来说，一般规则是，摄影测量法适用于对那些没有被树覆盖或其他障碍所阻挡的大型场所的测量；而激光雷达技术则适用于较小受阻的场所。

激光雷达最直接的应用就是生成 DEM，应用激光雷达只需几天就可以生成大范围的DTM，而用摄影测量或地面测量的方法，可能需要几周甚至几个月。

2. 航空摄影测量技术相比较，机载激光雷达测量技术的不足

1）硬件设备昂贵

激光雷达系统由于整合了 IMU、GPS、成像装置和激光扫描仪等设备，其价格通常需要数十万美元。此外由于种种原因，国内很难买到配有高精度的 IMU，这从客观上也影响了数据成果的精度。

2）飞行限制条件

尽管激光雷达测量系统可以在白天或夜晚等各种气象条件下飞行，但通常仅有激光数据是不够的，还需要同步获取数码影像数据，这样飞行条件将受到一些限制。因为影像数据必须在无云或少云的情况下拍摄获取，且与太阳角度有关。因此，仅仅生成 DTM 产品很省钱且很快，但若加上特征制图就显不出优势了。

3）地形特征描述欠缺

激光雷达测量系统采集的激光点有一定的间距，很难恰好落在特征点上，如沟底，因此在生成 DTM 时难以勾绘特征线。而摄影测量和地面测量可以很好地勾绘出特征线，因为可以沿着特征线直接量测特征点。不过利用激光雷达测量系统同步采集的影像，应用立体像对可以帮助识别沟顶、沟底、植被和岩石等特征。

4）数据的后期处理相对滞后

激光雷达数据的后处理，与硬件的发展相比较还很滞后，目前可以用于激光雷达数据处理的软件还不多，而且算法还很不成熟，难以找到一套可以适应各种复杂地形的自动算法或半自动算法，数据处理中还需要大量的人工手工编辑，耗费大量的人力、物力和时间。而且，目前，激光雷达的运用还不多，特别是国内，没有多少可以借鉴的经验和教训，更没有规范可以遵循，而摄影测量作为一项成熟的技术，已经制定了详细的作业流程规范。

13.3　地面控制系统

地面站作为整个无人机系统的作战指挥中心，如图 13-4 所示。其控制内容包括：飞行器的飞行过程，飞行航迹，有效载荷的任务功能，通信链路的正常工作以及飞行器的发

射和回收。

图 13-4　无人机地面控制系统

地面站系统具有开放性和兼容性，即不必进行现有系统的重新设计和更换就可以在地面控制站中通过增加新的功能模块实现功能扩展，相同的硬件和软件模块可用于不同的地面站。

GCS 除了完成基本的飞行与任务控制功能外，同时也要求能够灵活地克服各种未知的自然与人为因素的不利影响，适应各种复杂的环境，保证全系统整体功能的成功实现。未来的地面站系统还应实现与远距离的更高一级的指挥中心联网通信，及时有效地传输数据、接收指令，在网络化的现代作战环境中发挥独特作用。

13.3.1　地面站的典型配置

目前，一个典型的地面站由一个或多个操作控制分站组成，主要实现对飞行器的控制、任务控制、载荷操作、载荷数据分析和系统维护等。

（1）系统控制站。在线监视系统的具体参数，包括飞行期间飞行器的健康状况、显示飞行数据和告警信息。

（2）飞行器操作控制站。它提供良好的人机界面来控制无人机飞行，其组成包括命令控制台、飞行参数显示、无人机轨道显示和一个可选的载荷视频显示。

（3）任务载荷控制站。用于控制无人机所携带的传感器，它由一个或几个视频监视仪和视频记录仪组成。

（4）数据分发系统。它用于分析和解释从无人机获得的图像。

（5）数据链路地面终端。它包括发送上行链路信号的天线和发射机，捕获下行链路信号的天线和接收机。

数据链应用于不同的 UAV 系统，实现以下主要功能：用于给飞行器发送命令和有效载荷；接收来自飞行器的状态信息及有效载荷数据。

（6）中央处理单元。它包括一台或多台计算机，主要功能：获得并处理从 UAV 来的实时数据；显示处理；确认任务规划并上传给 UAV；电子地图处理；数据分发；飞行前分析；系统诊断。

13.3.2　地面站的典型功能

GCS 也称为"任务规划与控制站"。任务规划主要是指在飞行过程中无人机的飞行航迹受到任务规划的影响；控制是指在飞行过程中对整个无人机系统的各个系统进行控制，按照操作者的要求执行相应的动作。地面站系统应具有以下几个典型的功能：

（1）飞行器的姿态控制。在各机载传感器获得相应的飞行器飞行状态信息后，通过数据链路将这些数据以预定义的格式传输到地面站。在地面站由 GCS 计算机处理这些信息，根据控制律解算出控制要求，形成控制指令和控制参数，再通过数据链路将控制指令和控制参数传输到无人机上的飞控计算机，通过后者实现对飞行器的操控。

（2）有效载荷数据的显示和有效载荷的控制。有效载荷是无人机任务的执行单元。地面控制站根据任务要求实现对有效载荷的控制，并通过对有效载荷状态的显示来实现对任务执行情况的监管。

（3）任务规划、飞行器位置监控及航线的地图显示。任务规划主要包括处理战术信息、研究任务区域地图、标定飞行路线及向操作员提供规划数据等。飞行器位置监控及航线的地图显示部分主要便于操作人员实时地监控飞行器和航迹的状态。

（4）导航和目标定位。无人机在执行任务过程中通过无线数据链路与地面控制站之间保持着联系。在遇到特殊情况时，需要地面控制站对其实现导航控制，使飞机按照安全的路线飞行。随着空间技术的发展，传统的惯性导航结合先进的 GPS 导航技术成为了无人机系统导航的主流导航技术。目标定位是指飞行器发送给地面的方位角，高度及距离数据需要附加时间标注，以便这些量可与正确的飞行器瞬时位置数据相结合来实现目标位置的最精确计算。为了精确确定目标的位置，必须通过导航技术掌握飞行器的位置，同时还要确定飞行器至目标的短矢量的角度和距离，因此目标定位技术和飞行器导航技术之间有着非常紧密的联系。

（5）与其他子系统的通信链路。该通信链路用于指挥、控制和分发无人机收集的信息。随着计算机和网络技术的发展，现行的通信链路主要借助局域网来进行数据的共享，这样与其他组织的通信不单纯的是在任务结束以后，更重要的是在任务执行期间，通过相关专业的人员对共享数据进行多层次的分析，及时地提出反馈意见，再由现场指挥人员根据这些意见，对预先规划的任务立即做出修改，从而能充分利用很多资源，从战场全局对完成任务提供有力的支持和合理的建议，使得地面站当前的工作更加有效。

13.3.3 关键技术及典型解决方案"友好"的人机界面

为更好地控制无人机，地面控制站采用了各种形式的 GCS，以便对无人机的飞行状态和任务设备进行监控。GCS 为操作员提供一个"友好"的人机界面，帮助操作员完成监视无人机、任务载荷及通信设备的工作，方便操作员规划任务航路、控制无人机、任务载荷及通信设备。人机界面的设计原则：

（1）一致性。提示、菜单和帮助应使用相同的术语，其颜色、布局、大小写、字体等应当自始至终保持一致。

（2）允许熟练用户使用快捷键。

（3）提供有价值的反馈。

（4）设计说明对话框以生成结束信息。操作序列划分成组，每组操作结束后都应有反馈信息。

（5）允许轻松的反向操作以减轻用户的焦虑，鼓励用户大胆尝试不熟悉的选项和操作。

（6）支持内部控制点。某些有经验的用户可以控制系统，并根据操作获得适当与正确的反馈。

（7）减少短时记忆。由于人凭借短时记忆进行信息处理存在局限性，所以要求显示简单。

13.3.4 操作员的培训

当代无人机操控回路的主导者仍然是人，为此人机完善交互是 UAV 有效执行任务的重要环节，操控者必须能在紧急时刻快速、正确地发出操控指令，稍误则丧失战机或引发事故，因此，操控人员的素质与技能水平培训也是一个关键问题。UAV 操控人员的培训无法像有人军机那样通过飞行训练和实弹演习完成，而需要依靠一系列仿真技术来实现，其中重点要研究解决的仿真技术项目有：

（1）虚拟座舱及操控设备。重点要解决的是虚拟现实环境的构成、系统建模仿真技术和数字传输的快捷、准确、可靠和畅通。操控人员使用类似有人驾驶飞机的同种仪表设备（包括按钮、手柄、开关等）和软件，以体验同样的感观效果。

（2）人为仿真故障和误差的设置、建模与注入技术。

（3）创立实时逼真飞行动画技术、全息显示技术。

（4）人-机权限与功能分配，任务规划和任务管理方法研究与训练。

（5）实时评价技术包括对飞行性能、导航定位、飞行品质、作战效果以及电磁信号等确定明确的评估标准。操控人员要熟练掌握，做到判断正确、操控实时、准确。

13.3.5 一站多机的控制

地面站目前正向一站多机的方向发展，即指一个地面站系统控制多架、甚至是多种无人机。未来无人机地面站将朝着高性能、低成本、通用性方向发展，所以一站多机是发展趋势，这也对地面站的显示和控制提出了更严格的要求，即开放性、互用性与公共性。

（1）"开放性"指的是不必对现有系统进行重新设计和研制就可以在地面控制站中增加新的功能模块。这种开放性的定义和要求使得模块化的设计和实现方法成为地面控制站设计和实现的最佳途径。各模块间的功能具有一定的独立性而组合在一起，又能实现整个系统的功能。这种设计思路不仅可通过增加新的模块来扩展功能，也可以根据任务的不同对模块进行实时的添加或者屏蔽。

（2）"互用性"指的是地面控制站能控制任何一种不同的飞行器和任务载荷，并且能够接入连接外部世界的任何一种通信网络。互用性现在已经成为各国发展无人机系统的一个重要思考点。随着网络中心战思想的提出，无人机群的任务必须配合并融入整体作战任务之中，"互用性"的思想正是对这一发展趋势的指导。

（3）"公共性"指的是某个地面控制站与其他的地面站使用相同的硬件及部分或者完全相同的软件模块。提出公共性的目的在一定程度上也是为了实现地面站的资源通用，便于维护修复。地面站作为整个无人机系统中最隐蔽的子系统，是很少受到破坏的，但是，一旦受到破坏，整个无人机系统可能陷于瘫痪，所以公用性的提出可以提高整个无人机系统的维修性和保障性，从而更加合理地利用已有的地面站资源。

13.3.6 地面站对总线的需求

随着无人机技术的不断发展，无人机航空电子系统与地面站系统之间的通信量越来越大，这就要求地面站系统的无线通信、任务处理、图像处理能力不断增强，因而采用高带宽、低延迟的总线网络实现各部分之间的互连成为必然趋势。从目前的发展来看，只有GBPS 级的互连总线网络才能满足未来地面控制站发展对总线的需求。鉴于光纤通道（FC）具有高带宽、低延迟、低误码率、灵活的拓扑结构和服务类型、支持多种上层协议和底层传输介质以及具有流控制功能，因此可采用光纤通道（FC）来实现其需求。FC 已经成功应用于 F-35JSF 高度综合化和开放式的航空电子系统结构中，相信 FC 一定能很好地满足地面站的要求。

13.3.7 可靠的数据链

发展安全、可跨地平线、抗干扰的宽带数据链是无人机的关键技术之一。近年来，射频和激光数据链技术的发展为其奠定了基础。除了带宽要增加外，数据链也要求可用和可靠。数据链的可用是指一特定星群的覆盖区域和范围。可靠是指信号的健壮性。对于不可避免的电子干扰，数据链需要采用复杂的信号处理和抗干扰技术（如扩频、调频技术等），并能够确保在数据链失效的情况下，飞机能安全返回基地。

13.3.8 无人机地面站发展的趋势

（1）发展通用地面站：确定一套通用的图像存储与传输的协议，以解决各层次无人机之间的地面站和数据的接口标准问题。

（2）重视一站多机的地面站的设计，包括硬件结构及友好的人机界面。这种地面站的设计可同时操控多架无人机、使用较少的操作员操纵更多的无人机，这样既提高了操作效率，也减少了人力成本。

（3）逐步发展无人作战飞机地面站的设计。是利用现有的飞机还是研究一个全新的飞机现尚无定论，但是先研究地面站的人机界面设计是必要的。

（4）发展可靠的、干扰小的、宽带宽的数据链路，提高数据传输效率。其涉及的关键技术有：数据链路的抗截获、抗干扰的编码、加密、变频、跳频、扩频与解扩技术和图像压缩与传输解压以及高速信号处理技术等。

（5）发展人工智能决策技术。该技术涉及无人机的自主程度问题，尤其是针对无人战斗机。这需要一些智能的、基于规则的任务管理软件来驱动安置在无人机上的综合传感器，保证通信连接，完成无人机与操纵人员的交互，使无人机不仅能确保按命令或预编程来完成预定任务、对已知的目标作出反应，还能对随机突现的目标作出相应反应。

（6）发展无人机操控的安全、告警与防错技术。

（7）发展无人机通信中继。地面站与无人机之间的中继用以提高作战半径和地面控制站的安全性。关键技术包括中继转发与传输、多通道大容量实时信息中继复合传输、军民共享卫星链路和中继载体与无人机协调问题等技术。

13.4 无人机飞行平台

目前，市场上无人机的种类繁多，按照动力系统可以区分为内燃机动力和电池动力，从飞行实现方式上可以区分为固定翼和旋翼（单旋翼、多旋翼）。由于飞行平台自身的振动问题，在成像质量上电池动力优于内燃机动力，在作业效率和续航时间上，固定翼优于旋翼；在飞行稳定性上，旋翼优于固定翼。由于无人机用途不同，其性能标准也不一样。测绘型无人机对飞行标准要求更高，可以在载重、巡航速度、实用升限、续航时间、安全性和抗风等级等方面做出限定。例如：①无人机最低载重 2kg；②多旋翼巡航速度大于6m/s，固定翼无人机巡航速度大于10m/s；③电池动力续航时间大于25min，内燃机动力续航时间大于1h；④抗风性要求不低于6级风速；⑤无人机实用升限能达到1000m以上，海拔高度不低于3000m。

通过将智能自主无人机系统、卫星定位系统、高性能传感器和遥感探测器、图像数据采集系统、数据快速处理系统、大数据分析系统等技术集成创新，形成回轴人悬翼无人机

图 13-5　四轴八悬翼无人机平台

平台，如图 13-5 所示。其充分与测绘应用相融合，形成系统化的测绘数据应用管理与服务方案。该技术具有以下三个特点：第一，数据资料更新快。无人机采用低空飞行方法，对空间领域申请要求限制较小，只要天气适宜飞行，注册后便可飞行，从而有效地保证了数据采集和更新的及时性。第二，数据分辨率高。无人机上携带有高分辨率的传感器，可以获取厘米级的影像数据，能满足各种比例尺监测图的需求，精度不但高于摄影测量中的解析点而且精度分布均匀，还可以避免表面近似误差的问题。可直接采集具有全数字特征的数字信号，后期的输出、处理、保存、共享比较方便。第三，成本低。无人机操作简单，该技术运营成本低、高性价比，能获得较高的经济效益。

随着无人机技术的不断发展，无人机测绘测量在遥感测绘中占有非常重要的作用。无人机测绘是以无人机作为载体，以倾斜摄影机载遥感设备为例，可以用高分辨率数码相机等获取信息，用计算机对图像信息进行处理，并按照一定精度要求制作成图像。全系统在设计和最优化组合方面具有突出的特点，是集成了高空拍摄、遥控、遥测技术、视频影像微波传输和计算机影像信息处理的新型应用技术。在实际应用中，为适应测绘测量的发展需求，提供相应的资源信息，需获取正确、完整的遥感影像资料，无人机测绘技术可直接获取相应的遥感信息，并在多个领域中得以应用。

无人机摄影测量日益成为一项新兴的测绘重要手段，其具有续航时间长、成本低、机动灵活等优点，是卫星遥感与有人机航空遥感的有力补充。无人机低空航摄系统一般由地面系统、飞行平台、传感器、数据处理四部分组成。地面系统包括用于作业指挥、后勤保障的车辆等；飞行平台包括无人机飞机、维护系统、通信系统等；影像获取系统包括电源、GPS 程控导航与航摄管理系统、数字航空摄影仪、云台、控制与记录系统等。数据处理系统包括空三测量、正射纠正、立体测图等。

13.5　数据处理

近年来，倾斜摄影测量技术是国际测绘遥感领域近年发展起来的一项高新技术，利用照片进行三维重建成为一项关键性的技术。目前市场上很多倾斜建模软件，较主流的软件包括了 Smart3D、PIX4D MAPPER、PHOTOSCAN、Photomesh、街景工厂等，下面重点介绍一下 Smart3D 软件及 Bentley 教育软件。

13.5.1　Smart3DCapture™

Smart3DCapture™是一套集合了全球最先进数字影像处理、计算机虚拟现实以及计算机几何图形算法的全自动高清三维建模软件解决方案，它在易用性、数据兼容性、运算性能、友好的人机交互及自由的硬件配置兼容性等方面代表了目前全球相关技术的最高水准。Smart3DCapture™需要以一组对静态建模主体从不同的角度拍摄的数码照片作为输入数据源。加入各种可选的额外辅助数据：传感器属性（焦距，传感器尺寸，主点，镜头失真），照片的位置参数（如 GPS），照片姿态参数（例如 INS），控制点等等。无须人工干预，Smart3DCapture™在几分钟或数小时的计算时间内，根据输入的数据的大小，能输出高分辨率的带有真实纹理的三角网格模型。所输出的三维格网模型能够准确、精细地复原出建模主体的真实色泽、几何形态及细节构成。

1. 适合建模的对象

Smart3DCapture™的高兼容性，能对各种对象各种数据源进行精确无缝重建，从厘米级到千米级，从地面或从空中拍摄。只要输入照片的分辨率和精度足够，生成的三维模型是可以实现无限精细的细节。

Smart3DCapture™最适合于的复杂几何形态及哑光图案表面的物体，包括但不限于艺术品、服装、人脸、家具、建筑物、海量地形和植被等，没有颜色变化（如纯色墙壁、地板、天花板），或反射、高光泽。透明或折射材料（如玻璃、金属、塑料、水以及某些皮肤皮革等）的表面可能会造成生成的 3D 模型表面存在错误的孔、凹凸或噪声。

Smart3DCapture™主要应用对象为相对静态的物体。移动物体（人、车辆、动物等），不作为主要建模对象时，偶尔会处理出现在生成的 3D 模型中。如果要针对这些对象单体进行数据制作，在拍摄过程中，人或动物等对象应保持静止或采用多个同步像机来拍摄，如图 13-6 所示。

图 13-6　无级数据分辨率自动融合建模

2. 大场景及自然景观建模

应用领域：数字城市，城市规划，交通管理，如图 13-7 所示。数字公安，消防救护，应急安防，防震减灾，国土资源，地质勘探，矿产冶金等。

3. 近至中距离景物建模

应用领域覆盖：建筑设计，工程与施工，制造业，娱乐及传媒，电商，科学分析，文

图 13-7 上海浦东

物保护，文化遗产等领域，如图 13-8、图 13-9 所示。

图 13-8 欧坦（Autun）圣拉扎尔大教堂

图 13-9 三维街景

4. 软件性能

Smart3DCapture™开发了基于图像处理单元的通用计算（GPGPU）能力，使得在这些操作（图像插值、光栅化与 Z 缓存）上处理速度快 50 倍。它也利用多核超线程计算来对算法的 CPU 密集部分进行加速。

一个运行在 8GB 内存环境的 Smart3DCapture™引擎端，可以在一个作业任务上最大处理 10 亿像素的输入数据和 1000 万个面的模型输出。

在完成空中三角测量运算后，获取最终拥有细节层次的三维模型的处理时间，大致与输入图像的像素数量呈线性关系。而每分钟处理速度一般在 200 万～1000 万像素之间，当然，该时间还取决于硬件配置与输入图像之间的重叠量。

对于地面分辨率为 10～15m 的航空影像数据集，每个 Smart3DCapture™引擎端每天平均可处理 4～6km² 的数据。

5. 3D 可视化

Smart3DCapture Viewer 支持 Smart3DCapture 原生 S3C 格式，支持多细节层次、分页显示和流传输，因此可以以平滑的帧率显示兆字节的三维数据。Smart3DCapture Viewer 整合了三维测量工具（可以测量包括三维空间位置、三维距离和高差等信息）与瓦片选择工具。

用户可以配合 Smart3DCapture 控制台程序使用 Smart3DCapture Viewer 软件，在整个数据生产工作流中控制生产质量。同时也可以使用该软件来检索最终成果和生成场景动画。

以 S3C 格式为载体，通过在我们的官网免费下载，Smart3DCapture Viewer 提供了一个即时的三维模型发布解决方案。

13.5.2 在线学习资源：Bentley 教育软件

Bentley 学术订阅许可为学校提供一个成体系的产品组合，为建筑、结构、工程和运营管理（AECO）等学科提供超过 50 种的产品应用。学校的教师和学生均可以使用其中包含的产品许可，通过对软件的实际应用来加深对课堂理论知识的理解。Bentley 的相关软件在知名大型工程类企业有着广泛的应用，比如全国的省级交通设计院都在用 Bentley 的桥梁设计软件，全国的省级电力设计院都在用 Bentley 的结构软件，全国大部分甲级水利水电勘测设计院，也在测绘、规划、设计、施工、运维等阶段使用 Bentley 的软件。据世界工程导报统计，当前在基础设施领域，全球 500 强中有 90% 以上的企业都在用 Bentley 软件。

通过 Bentley 成体系的面向基础设施建设领域的综合解决方案及相关软件，对于学生，可以用当前广泛使用的软件来验证课堂的理论学习，并可以使用真正的工程软件来做课程及毕业设计，为走入社会、服务社会做好理论和实践准备。通过成体系的学习，可以帮助学生们增加进入国内外知名企业的机会，并在职业竞争中获得先发优势。甚至即使自主创业，也因为掌握了全生命周期的解决方案，可以高屋建瓴地推出具有竞争力的解决方案。

对于企业及其他用人单位，可以整合企业需求和学校教学上的割裂，减少企业的招聘及培训成本，招聘到更有生产力的新生力量。

对于学校，不止为社会培养了具有高度社会实践能力的人才，也在培养人才过程中，可以和企业在同样的技术平台上进行科研及教学合作，真正实现产学研一体化。同时也可利用学校的智力资源，结合商业版软件的采购，为社会提供咨询服务，将知识转化为生产力，进而提高学校在学术界和产业界的影响力和声誉。

当前全球已经有超过 1500 所大学在教学和科研中用到了 Bentley 软件，形成了产学研良性循环的生态系统。Bentley 不止针对各个国家的语言及规范提供本地化的软件，而且 Bentley 学院还提供了大量的教学用课件及书籍，帮助广大专业教师迅速地使用 Bentley 软件进行备课并用于教学。

Bentley 教育包里产品包含以下领域：三维 CAD 设计和建模；水和废水；地质技术；三维图像，点云和测绘；建筑信息建模；建筑分析和设计；结构；桥梁；道路；铁路；矿山和地质；实景建模。以上展现了 Bentley 软件体系的完整性，并且所有软件在国际上都是具有广泛的影响力。

思考与练习题

13-1　传统测量和航空摄影测量的根本区别是什么？

13-2　航空摄影测量的基本原理是什么？

13-3　机载激光雷达测量与航空摄影测量各有哪些优缺点？

13-4　地面站的典型功能有哪些？

参 考 文 献

[1] 中华人民共和国行业标准. 城市测量规范 CJJ/T 8—2011 [S]. 北京：中国建筑工业出版社，2012.

[2] 中华人民共和国国家标准. 工程测量规范 GB 50026—2007 [S]. 北京：中国计划出版社，2008.

[3] 中华人民共和国行业标准. 建筑变形测量规范 JGJ/T 8—2007 [S]. 北京：中国建筑工业出版社，2007.

[4] 殷耀国，王晓明. 土木工程测量 第2版 [M]. 武汉：武汉大学出版社，2017.

[5] 黄显彬. 土木工程测量 [S]. 北京：中国建筑工业出版社，2017.

[6] 顾孝烈，鲍峰，程效军. 测量学（第四版）[M]. 上海：同济大学出版社，2011.

[7] 中华人民共和国国家标准. 国家基本比例尺地形图图式第1部分：1∶500 1∶1000 1∶2000 地形图图式 GB/T 20257.1—2007 [S]. 北京：中国标准出版社，2007.

[8] 胡伍生，潘庆林. 土木工程测量（第5版）[M]. 南京：东南大学出版社，2016.

[9] 武汉测绘科技大学《测量学》编写组. 测量学 [M]. 北京：测绘出版社，1996.

[10] 李青岳，陈永奇. 工程测量学（第2版）[M]. 北京：测绘出版社，1995.

[11] 杨德麟. 大比例尺数字测图的原理方法与应用 [M]. 北京：清华大学出版社，1998.

[12] 胡伍生，潘庆林，黄腾. 土木工程施工测量手册（第2版）[M]. 北京：人民交通出版社，2011.

[13] 潘正风，杨正尧，程效军，等. 数字测图原理与方法 [M]. 武汉：武汉大学出版社，2004.

[14] 金芳芳. 土木工程测量实训教程 [M]. 南京：东南大学出版社，2014.

[15] 中华人民共和国家标准. 国家基本比例尺地形图分幅和编号 GB/T 13989—1992 [S]. 北京：中国标准出版社，1992.

[16] 中华人民共和国行业标准. 公路路线设计规范 JTG/D 20—2017 [S]. 北京：人民交通出版社，2017.

[17] 中华人民共和国行业标准. 公路工程技术标准 JTG/B 01—2014 [S]. 北京：人民交通出版社，2014.

[18] 中华人民共和国国家标准. 三四等水准测量规范 GB/T 12989—2009 [S]. 北京：中国标准出版社，2009.

[19] 万刚. 无人机测绘技术及应用 [M]. 北京：测绘出版社，2015.

[20] 于起峰，尚洋. 摄影测量学原理与应用研究 [M]. 北京：科学出版社，2009.

[21] 赖旭东. 机载激光雷达基础原理与应用 [M]. 北京：电子工业出版社. 2010.

[22] 中华人民共和国行业标准. 机载激光雷达数据处理技术规范 CH/T 8023—2011 [S]. 北京：测绘出版社，2012.